utb 2709

Eine Arbeitsgemeinschaft der Verlage

Böhlau Verlag · Wien · Köln · Weimar
Verlag Barbara Budrich · Opladen · Toronto
facultas · Wien
Wilhelm Fink · Paderborn
A. Francke Verlag · Tübingen
Haupt Verlag · Bern
Verlag Julius Klinkhardt · Bad Heilbrunn
Mohr Siebeck · Tübingen
Ernst Reinhardt Verlag · München
Ferdinand Schöningh · Paderborn
Eugen Ulmer Verlag · Stuttgart
UVK Verlag · München
Vandenhoeck & Ruprecht · Göttingen
Waxmann · Münster · New York
wbv Publikation · Bielefeld

Birgit Emich, *geboren 1967, ist Professorin für Geschichte der Frühen Neuzeit an der Goethe-Universität Frankfurt am Main*

Birgit Emich

Geschichte der Frühen Neuzeit (1500–1800) studieren

2., völlig überarbeitete Auflage

UVK Verlag · München

Online-Angebote oder elektronische Ausgaben sind erhältlich unter www.utb-shop.de.

Bibliografische Information der Deutschen Bibliothek
Die Deutsche Bibliothek verzeichnet diese Publikation in der Deutschen Nationalbibliografie; detaillierte bibliografische Daten sind im Internet über <http://dnb.ddb.de> abrufbar.

Das Werk einschließlich aller seiner Teile ist urheberrechtlich geschützt. Jede Verwertung außerhalb der engen Grenzen des Urheberrechtsgesetzes ist ohne Zustimmung des Verlages unzulässig und strafbar. Das gilt insbesondere für Vervielfältigungen, Übersetzungen, Mikroverfilmungen und die Einspeicherung und Verarbeitung in elektronischen Systemen.

© UVK Verlag, München 2019 – ein Unternehmen der Narr Francke Attempto Verlag GmbH & Co. KG

Einbandgestaltung: Atelier Reichert, Stuttgart
Einbandmotiv: Miniatur „Hohe Schul zu Wirtzburg" aus der Würzburger Chronik des Lorenz Fries von 1580. © UB Würzburg M.ch.f.248-1, Bl 243r.
Satz: Claudia Wild, Konstanz
Druck und Bindung: CPI – Clausen & Bosse, Leck

UVK Verlag
Nymphenburger Str. 48
80335 München
Telefon: 089/452174-66
www.uvk.de

Narr Francke Attempto Verlag GmbH & Co. KG
Dischingerweg 5
72070 Tübingen
Telefon: 07071/9797-0
www.narr.de

UTB-Nr. 2709
ISBN 978-3-8252-4768-3

Inhalt

Vorwort	7
Vorwort zu 2. Auflage	9
1 Praktisches: Frühe Neuzeit im Studium	11
1.1 Geschichte studieren: Aber wo – und was genau?	11
1.2 Frühe Neuzeit im Studium	13
1.3 Die Frühe Neuzeit als Schwerpunkt im Studium	17
2 Theoretisches: Frühe Neuzeit als Wissenschaft	21
2.1 Geschichte, Geschichtsschreibung, Geschichtswissenschaft	21
2.2 Quellen und Quellenkritik	33
2.3 Kann Geschichte objektiv sein?	46
2.4 Zugänge zur Geschichte: Verstehen und Erklären	57
2.5 Theorie und Empirie	72
2.6 Periodisierung	87
2.7 Perspektiven der Frühneuzeitforschung	101
3 Methodisches: Quellen und Verfahren der Forschung	133
3.1 Quelle, Frage, Quellenlage	134
3.2 Textquellen	148
3.3 Nichtschriftliche Quellen	213
4 Technisches: Vom Proseminar zum Examen	255
4.1 Erste Informationen beschaffen	255
4.2 Quellen und Literatur finden	277
4.3 Fachliteratur einschätzen und auswerten	299
4.4 Seminarsitzungen gestalten	305
4.5 Die wissenschaftliche Hausarbeit	314
4.6 Kleinere schriftliche Arbeiten	327
Literaturempfehlungen	337
Wichtige Abkürzungen	340
Glossar	341
Bildnachweis	348
Register	349

Vorwort

Dies ist ein Buch für alle, die vielleicht keine Vorkenntnisse, aber Interesse an der Frühen Neuzeit mitbringen und diese faszinierende Epoche mit Freude und Erfolg studieren möchten. Es bietet Ihnen Orientierung an der Universität und bei der Studienorganisation, in den methodisch-theoretischen Grundfragen des Faches, beim praktischen Umgang mit den Quellen und nicht zuletzt im Blick auf die unverzichtbaren Arbeitstechniken und Hilfsmittel.

Das erste Kapitel will Ihnen Antworten auf die Fragen geben, die am Anfang des Geschichtsstudiums auf Sie einstürzen: Was ist überhaupt die Frühe Neuzeit? Welche Rolle spielen die verschiedenen Epochen in Ihrem Studium? Was hat es mit den alten und neuen Studiengängen auf sich? Welche beruflichen Möglichkeiten haben Sie nach Abschluss Ihres Geschichtsstudiums? Was können und sollten Sie schon während des Studiums tun, um den richtigen Einstieg in das Berufsleben zu finden? Was sind Vorlesungen, Proseminare und Übungen, und welche Veranstaltungen sind für Sie wichtig? Was können Sie noch tun, um sich besser an der Uni zurecht zu finden, um aus Ihrem Studium das Beste zu machen?

Im zweiten Kapitel werden grundlegende Fragen des Faches Geschichte behandelt. Was ist überhaupt Geschichte, was Geschichtsschreibung, und was macht Geschichte zur Wissenschaft? Was genau sind Quellen und wie ist mit ihnen umzugehen? Welche Rolle spielt dabei der Anspruch auf Objektivität, und lässt sich dieser einlösen? Will Geschichte Menschen verstehen oder Zusammenhänge erklären? In welchem Verhältnis stehen dabei große Theorien und kleine Details? Was hat es mit der Periodisierung der Geschichte und der Frühen Neuzeit als Epoche auf sich? Und was heißt das alles für die Erforschung der Frühen Neuzeit?

Nach so viel Theoretischem führt Sie das dritte Kapitel in die Praxis der historischen Arbeit. Näher vorgestellt werden sowohl die einzelnen Quellengattungen (Textquellen, Zahlenmaterial und serielle Daten, Sachquellen und Bildquellen) als auch die handwerklichen Tricks und Fertigkeiten, die wir für die Entschlüsselung der

Quellen benötigen. All dies wird nicht nur theoretisch erörtert, sondern an praktischen Beispielen vorgeführt. Sämtliche Beispiele entstammen dem gleichen Kontext: dem in Münster und Osnabrück ausgehandelten Westfälischen Frieden, der 1648 den Dreißigjährigen Krieg beendete. Nach der Lektüre des Kapitels dürfte Ihnen daher nicht nur klarer sein, was es mit den unterschiedlichen Perspektiven und Methoden der Geschichtswissenschaft auf sich hat. Sie haben dann bereits einiges über die Geschichte der Frühen Neuzeit gelernt.

Das vierte Kapitel will Ihnen die alltägliche Arbeit erleichtern. Vom Proseminar bis zum Examen – wer Geschichte studiert, muss sich ständig neue Themen erschließen. Immer wieder heißt es: Erste Informationen beschaffen und bibliographieren, nach Quellen fahnden und Literatur sichten, Referate halten oder ganze Sitzungen gestalten, Hausarbeiten schreiben oder kleinere schriftliche Arbeiten anfertigen. Wie das alles geht, erfahren Sie hier. Sie erhalten einen Überblick über die Hilfsmittel, Tricks und Techniken, die im Studium von Nutzen sind: Schritt für Schritt, von der Beschaffung erster Informationen bis zur Bewältigung des Examens.

Dieses Buch wendet sich nicht nur an Studierende, es ist auch mit der Hilfe von Studierenden entstanden. Natalie Krentz und Thomas Kossert haben ihre Erfahrungen als studentische Tutoren eingebracht und das mit dem klassischen Tutoratsstoff befasste vierte Kapitel mitgestaltet. Thomas Kossert kümmerte sich zuverlässig wie immer auch um technische Probleme und erstellte gemeinsam mit Natalie Krentz das Register. Larissa Wegner hat das gesamte Manuskript gründlich gelesen und kommentiert. Ihre kritischen Nachfragen und Anregungen haben dem Buch an nicht wenigen Stellen zu größerer Klarheit verholfen. Ihnen allen möchte ich für ihren engagierten Einsatz auch an dieser Stelle herzlich danken.

Zu danken habe ich auch meinem Freiburger Kollegen Christian Wieland für die kritische Lektüre des zweiten Kapitels. Und schließlich geht ein großes Dankeschön an Martin H. Bredol, von dessen energischer Geduld als Lektor Buch wie Autorin in vielerlei Hinsicht profitiert haben.

Freiburg, im Januar 2006 *Birgit Emich*

Vorwort zu 2. Auflage

13 Jahre nach der ersten Auflage erscheint die überarbeitete Neuauflage dieser Studieneinführung. In diesen 13 Jahren hat sich einiges verändert: Bachelor und Master haben die alten Magister- und Diplomstudiengänge ersetzt, der Siegeszug des Internet konnte auch im Fach Geschichte nicht ohne Folgen bleiben. Diesen Veränderungen trägt die Neuauflage Rechnung.

So zeigt Kapitel I zur Auswahl und Organisation des Studiums nun vor allem Wege auf, wie man in der Vielfalt der angebotenen Studiengänge und -fächer die Übersicht bewahren und sich schnell und präzise über die Fülle der Möglichkeiten informieren kann. Was es mit der Frühen Neuzeit auf sich hat und welche Rolle diese Epoche im Geschichtsstudium spielt, wird weiterhin erläutert. Der Versuch der ersten Auflage, die unterschiedlichen Studiengänge und verläufe auf Grundmuster zu reduzieren und auf diese Weise für Orientierung zu sorgen, ist hingegen dem Bemühen gewichen, die aktuell verfügbaren elektronischen Informationsquellen für die eigene, individuelle Recherche zu erschließen.

Auch das vierte Kapitel, das sich mit Hilfsmitteln und Arbeitstechniken befasst, wurde grundlegend überarbeitet. Weiterhin werden die wichtigen Suchinstrumente und Nachschlagewerke vorgestellt und ihre Anwendung erläutert. Nun aber finden die inzwischen etablierten elektronischen Varianten dieser Hilfsmittel ausführlich Berücksichtigung. Und ebenso werden genuin digitale Angebote zur frühneuzeitlichen Geschichte von Informationsportalen über Datenbanken bis hin zu Blogs und sozialen Medien in ihren Eigenheiten und Potentialen vorgestellt.

Die Abschnitte des Buches zu Theorien und Methoden sowie zur Arbeit mit den Quellen wurden um neue Entwicklungen und Möglichkeiten ergänzt. Dass hier vergleichsweise wenige Änderungen angefallen sind, macht eines deutlich: Dem wissenschaftlichen Kern des Faches Geschichte können auch 13 Jahre der Studienreform und Medienrevolution nichts anhaben. Und das ist ja auch ganz schön so.

Frankfurt am Main, im Januar 2019　　　　　　　　　　*Birgit Emich*

1 Praktisches: Frühe Neuzeit im Studium

Dieses Kapitel wird einige praktische Fragen beantworten, die sich Ihnen am Anfang Ihres Studiums stellen: Wo überhaupt studieren, und was genau? Was ist eigentlich die Frühe Neuzeit? Welche Rolle spielt sie im Geschichtsstudium? Und was könnte dafür sprechen, einen Schwerpunkt Ihres Studiums in diese Epoche zu legen?

1.1 Geschichte studieren: Aber wo – und was genau?

Sie haben sich entschieden, Geschichte zu studieren. Eine hervorragende Wahl! Jetzt müssen Sie allerdings noch einige weitere Entscheidungen treffen. Auszuwählen gilt es

- den Studienort, also die Hochschule, an der Sie studieren möchten,
- den Studiengang, also das Studienziel, auf das Sie zusteuern,
- das Studienfach, also die akademische Disziplin.

Bei der Wahl des Studienortes dürfte für die meisten Studierenden die Stadt ausschlaggebend sein. Ob Nord, Süd, West oder Ost – die Wahl der Stadt ist in weiten Teilen Geschmackssache, und da man an den allermeisten Hochschulen in Deutschland ordentlich studieren kann, ist das auch völlig in Ordnung.

Welcher Studiengang in Frage kommt, hängt natürlich von Ihren beruflichen Zielen ab. Aber keine Angst, Sie müssen sich noch nicht im Detail festlegen. Am Anfang gilt es vor allem eine Entscheidung zu treffen: Wenn Sie sich vorstellen können, später in den Schuldienst zu gehen, sollten Sie einen Lehramtsstudiengang bzw. einen Bachelor of Education wählen. Allein diese Studiengänge ermöglichen den regulären Eintritt in den Schuldienst.

Schon entschieden scheint hingegen die Frage des Studienfaches: Schließlich wollen Sie ja Geschichte studieren. Allerdings bieten viele Universitäten nicht nur das Fach Geschichte an. Hinzu kommen Studienfächer, die sich auf geographische Teilgebiete konzentrieren, so etwa die Osteuropäische Geschichte. Mitunter ergeben sich die Fachgrenzen aber auch aus der Konzentration auf bestimmte Epochen, also etwa auf die Neuere und Neueste Geschichte. Um sich zwischen diesen vielfältigen Möglichkeiten entscheiden zu können, müssten Sie zunächst wissen, welche Fächer es gibt und welche Studiengänge wo angeboten werden. Hier hilft das Internet schnell weiter – vorausgesetzt, man weiß, wo man suchen soll. Folgende Hilfsmittel informieren Sie über verschiedene Universitäten, Studiengänge und Studienfächer.

Rankings und Studienführer

Rankings sind Ranglisten, die den Anspruch erheben, bessere von schlechteren Angeboten zu unterscheiden. Manche solcher Rankings richten sich direkt an Studienanfänger, so etwa der kostenpflichtige Zeit-Studienführer, den es auch in der Printversion gibt. Dieser und andere Studienführer haben zweifellos interessante Informationen zu bieten. Ganz ohne Tücken sind sie aber nicht. Zum einen hängen die Noten, die ein Standort erhält, immer auch von Zufällen ab: Die Zahl der Befragten ist mitunter so gering, dass Statistiker die Ergebnisse für kaum belastbar halten. Zum anderen muss die Bewertung eines bestimmten Studiengangs nicht zwingend auch auf einen benachbarten Studiengang an der gleichen Hochschule übertragbar sein. Und zum dritten ist die Kritik an den methodischen Schwächen der Rankings so groß, dass manche Hochschulen, Fächer oder Institute einfach nicht mehr mitmachen und in den Ranglisten folglich gar nicht auftauchen.

Studieninformationsportale der Fachverbände

Zu den Fächern, in denen die Kritik an den Hochschulrankings besonders ausgeprägt ist, zählt auch die Geschichtswissenschaft. So hat sich die Interessenvertretung der Historiker und Historikerinnen Deutschlands, der sogenannte Historikerverband (VDH, Verband der Historiker und Historikerinnen Deutschlands), gemeinsam mit den Fachverbänden der Soziologie, der Erziehungswissenschaften und der Kommunikationswissenschaft dafür ausgesprochen, nicht mehr an solchen Datenerhebungen teilzunehmen. Gleichzeitig haben sich diese Fachverbände um eine Alternative bemüht: Sie betreiben ein gemeinsames Studieninformationsportal im Internet, das über sämtliche Studiengänge in den genannten Fächern informiert.

Erreichbar ist die Plattform unter www.studium.org, das Einzelportal des Faches Geschichte unter www.studium.org/geschichte.

Informationsangebote der Universitäten

Doch auch das beste Studieninformationsportal ist nicht immer auf dem neuesten Stand. Wenn Sie bereits einige Studienorte und Studiengänge in die engere Wahl gezogen haben, sollten Sie daher unbedingt auch Erkundungen vor Ort anstellen. Ausführliche und auch verbindliche Auskünfte erhalten Sie in der Studienberatung, die jede Universität anbietet. Erste Informationen bieten aber natürlich auch die Internetauftritte der Hochschulen. Eine Liste mit Links zu allen Historischen Seminaren in Deutschland, Österreich und der Schweiz finden Sie unter http://www.uni-muenster.de/Geschichte/dienste/lehre/MA/PS/historische_seminare.html

1.2 Frühe Neuzeit im Studium

Bei Ihrer Suche nach Informationen zum Geschichtsstudium ist Ihnen sicher schon eines aufgefallen: Frühe Neuzeit – das ist gar kein eigenständiges Fach! Stimmt, an kaum einer Hochschule in Deutschland wird ein Studienfach namens Frühe Neuzeit angebo-

1 Praktisches: Frühe Neuzeit im Studium

ten. Und doch: Wer Geschichte studiert, studiert in aller Regel auch Geschichte der Frühen Neuzeit. Denn hinter diesem Begriff verbirgt sich der **Zeitraum zwischen 1500 und 1800**. Und diese drei Jahrhunderte werden im Geschichtsstudium behandelt, ob das Studienfach nun Neuere und Neueste Geschichte, Mittlere und Neuere Geschichte oder einfach nur Geschichte heißt. Zu erkennen ist dies an zweierlei: Ob Bachelor, Master, Lehramt oder Master of Education – in fast allen Studiengängen müssen im Fach Geschichte auch Veranstaltungen zur Frühen Neuzeit besucht werden. Und diese Lehrveranstaltungen werden von Dozierenden angeboten, die speziell für die Zeit zwischen 1500 und 1800 zuständig sind. Lassen Sie sich also nicht irritieren: Sie studieren Frühe Neuzeit, auch wenn der Name Ihres Faches etwas anders lautet.

Ein Blick auf die Hintergründe dieser Begriffsverwirrung lehrt einiges über das Fach Geschichte. Schuld an diesen Unklarheiten ist ein Prozess, der in sehr vielen Disziplinen zu beobachten ist und auch die Geschichtswissenschaft prägt: der **Prozess der Spezialisierung**. Als die Geschichte im 19. Jahrhundert zum selbständigen Fach an den Universitäten wurde, studierte man schlicht Geschichte. Die Studenten (Studentinnen gab es ja so gut wie nicht) besuchten Vorlesungen zu allen Epochen von der Antike bis in ihre Gegenwart. Und die Professoren lehrten und forschten ohne Rücksicht auf die heute gültigen Epochengrenzen. Einer der größten dieser Professoren des 19. Jahrhunderts, **Leopold von Ranke** (1795–1886), schrieb nicht nur Bücher zur Geschichte zahlreicher Länder. Er befasste sich auch mit einem Zeitraum, der von der Antike bis in seine Gegenwart reichte und heute mindestens drei verschiedene Lehrstühle beschäftigen würde. Ein ähnlich weites Spektrum wie Ranke hatte ein ebenfalls berühmter Kollege: **Johann Gustav Droysen** (1808–1884) legte nicht weniger als 14 Bände zur Geschichte Preußens vor. Daneben verfasste er ein zweibändiges Werk zur Geschichte des Hellenismus. Und mit seiner HISTORIK hinterließ er auch noch ein Buch zur historischen Methode, das zu den Gründungsschriften der Geschichte als Wissenschaft zählt und noch heutigen Studierenden besser früher als später begegnen sollte

(→ S. 30). Nicht zuletzt dank Ranke und Droysen nahm die Geschichtswissenschaft eine rasante Entwicklung. Aber je weiter die Forschung voranschritt, je mehr es über die einzelnen Zeitabschnitte zu wissen gab, desto weniger konnte ein einzelner Wissenschaftler sämtliche Bereiche abdecken. Daher unterteilte man die Geschichte als Lehrfach in verschiedene Epochen. So gab es bald Professoren für die Geschichte des **Altertums**, für das **Mittelalter** und für die Geschichte der **Neuzeit**.

Doch auch die Neuzeit, die man damals wie heute um 1500 beginnen ließ, erwies sich als zu umfangreich. Nach dem Zweiten Weltkrieg besetzten die Hochschulen nicht mehr nur einen Lehrstuhl für die Geschichte der Neuzeit. Wie erstmals 1951 in Berlin, wurde jetzt immer öfter eine Professur mit der früheren Neuzeit, also mit dem 16. bis 18. Jahrhundert betraut. Um die spätere oder neuere Neuzeit, d. h. um den Abschnitt von etwa 1800 bis zur Gegenwart, kümmerte sich eine zweite Neuzeit-Professur. Zunächst trugen die Stellen für die frühe Neuzeit die Bezeichnung **Lehrstuhl für Neuere Geschichte**. Und noch heute firmiert die Mehrzahl der Professuren, die sich mit dem 16. bis 18. Jahrhundert beschäftigen, unter diesem Namen. Aber mittlerweile hatte sich in der internationalen Forschung eine andere Bezeichnung für diesen Zeitraum durchzusetzen begonnen: Im englischsprachigen Raum war nun die Rede von der **Early Modern History**, Frankreich entdeckte die **histoire moderne**, und in Deutschland sprach man zunehmend von der **Frühen Neuzeit**. Diese Entwicklung zeigte sich auch in der Benennung der Professuren: Als in den 1970er Jahren das deutsche Hochschulsystem massiv ausgebaut und neben ganzen Hochschulen auch neue Lehrstühle eingerichtet wurden, erhielten einige der Professuren die Bezeichnung „**Professur für Frühe Neuzeit**". Dieser Trend hält an: Bei der Umstrukturierung der ostdeutschen Hochschullandschaft Anfang der 1990er Jahre wurde an mehreren Universitäten ein Lehrstuhl für Frühe Neuzeit eingerichtet, und auch in den alten Bundesländern haben mittlerweile einige Professuren ihre Denomination (d. h. Benennung) von „Neuerer Geschichte" in „Geschichte der Frühen Neuzeit" geändert.

Diese Entwicklung, die sich im Übrigen auch in der Ausbildung weiterer Fächer (etwa der Wirtschafts- und Sozialgeschichte oder der Osteuropäischen Geschichte) niederschlug, ist mehr als ein Musterbeispiel für die Spezialisierung des Faches und für die Institutionalisierung neuer Teildisziplinen. Sie hat auch in der **Forschungslandschaft** ihre Spuren hinterlassen. So gibt es mittlerweile Forschungsinstitute speziell für die Frühe Neuzeit sowie eigene Fachzeitschriften für diese Epoche, z. B. das Journal „Frühneuzeit-Info" (→ **vgl. Kap. 4**). Innerhalb des Verbandes der Historiker und Historikerinnen Deutschlands (VDH) formierte sich 1994 eine Arbeitsgemeinschaft Frühe Neuzeit. Und dass die Frühe Neuzeit von ihren Vertretern gern mit großem F geschrieben wird, ist ein orthographischer Hinweis auf das Selbstverständnis dieser Historiker und Historikerinnen: Wie die Frühe Neuzeit zu einer eigenständigen Epoche geworden ist, so sehen sich ihre Historiker als eigenständige Gruppe innerhalb der Geschichtswissenschaft.

Doch bei aller Eigenständigkeit: Ein Studienfach Geschichte der Frühen Neuzeit bieten recht wenige Universitäten an, und wenn, dann nur für das Masterstudium, d. h. für die Spezialisierungsphase, die sich dem Bachelor-Studium anschließen kann. In den Lehramtsstudiengängen und im Bachelor-Studium ist die Frühe Neuzeit grundsätzlich eingebettet in ein **Studienfach**, das meist einfach Geschichte, mitunter aber auch Mittlere und Neuere Geschichte oder Neuere und Neueste Geschichte heißt. Da diese Bezeichnungen zunächst für Verwirrung sorgen, sei kurz geklärt, was es damit auf sich hat. Die **Mittlere und Neuere Geschichte** umfasst sowohl das Mittelalter (Mittlere Geschichte) als auch die komplette Neuzeit. Man mag sich fragen, warum die Neuzeit dann nicht Neuzeit, sondern Neuere Geschichte genannt wird. So muss man sich in dieser Einteilung an eine Neuere Geschichte gewöhnen, die vom Ende des Mittelalters bis zum heutigen Tag reicht. Etwas klarer liegen die Dinge, wenn das Fach **Neuere und Neueste Geschichte** heißt. Hier ist mit der Neueren Geschichte in aller Regel die Frühe Neuzeit (1500–1800) gemeint. Die Neueste Geschichte beginnt daher um 1800 und reicht bis heute. Aber Achtung: Es gibt auch Hochschulen, bei denen die Neuere Geschichte von 1500 bis zum Beginn der so genannten **Zeitgeschichte**, also bis ins 20. Jahrhundert hinein führt. Dass die Zeitgeschichte zwar allgemein als die Geschichte der heute noch Lebenden definiert wird, aber je nach Universität und Wissenschaftler mal 1917, mal 1945 beginnt, macht eines nochmals deutlich: Bei allen Versuchen, die Verwirrung bei den historischen Fächern aufzuklären – welche Einteilung an Ihrer Universität gilt und welche Veranstaltungen Sie wann besuchen müssen, können Sie am besten vor Ort ermitteln. Lesen Sie die Studienordnungen, verlassen Sie sich nicht auf Gerüchte, nutzen Sie die Informations- und Beratungsangebote Ihrer Hochschule. Dann werden Sie bald klarer sehen und feststellen, dass auch Sie Frühe Neuzeit studieren.

Literatur
Christoph Cornelißen (Hg.), **Geschichtswissenschaft.** Eine Einführung,
   4. Auflage Frankfurt am Main 2009.

1.3 Die Frühe Neuzeit als Schwerpunkt im Studium

Jetzt wissen Sie, dass die Frühe Neuzeit zu Ihrem Studium gehört. Aber Sie werden wahrscheinlich noch nicht wissen, ob Sie diesen Abschnitt zu einem **Schwerpunkt innerhalb Ihres Studiums** machen wollen. Die Studienordnungen schreiben zwar vor, dass Sie zu allen Abschnitten der Neuzeit Veranstaltungen besuchen müssen. Aber darüber hinaus lassen sie Ihnen genug Spielraum, um zu entscheiden, ob Sie Ihren persönlichen Schwerpunkt lieber in der Zeit ab 1800 oder in der Frühen Neuzeit setzen wollen.

Was könnte dafür sprechen, den **Schwerpunkt auf die Frühe Neuzeit** zu legen und vielleicht die Abschlussarbeit in diesem Gebiet anzusiedeln? Auf den ersten Blick nur wenig: in der Schule wird die Frühe Neuzeit heute kaum noch behandelt, und auch die historisch interessierte Öffentlichkeit befasst sich eher mit Themen

1 Praktisches: Frühe Neuzeit im Studium

aus der jüngeren bis jüngsten Vergangenheit. Auf den zweiten Blick entpuppt sich der Abschnitt zwischen 1500 und 1800 aber als spannende Zeit des Übergangs, als Umbruchphase, deren Kennzeichen ein Nebeneinander von **Statik und Dynamik** ist. **Statisch** wirkt vor allem die vorindustrielle Lebensweise: Der zentrale Bezugspunkt der Menschen war das so genannte „Ganze Haus", das nicht nur die Familie im modernen Sinn, sondern auch Mägde und Knechte umfasste. Die für die überwiegende Mehrheit der Menschen maßgebliche Wirtschaftsform war und blieb die Landwirtschaft. Und die soziale Ordnung war geprägt von der Vorstellung, dass jeder Mensch einem bestimmten Stand angehört und diese Stände – grob gesagt: Adel, Klerus, Bauern – sehr unterschiedliche Rechte und Pflichten haben. Politische Herrschaft übte nur ein Bruchteil der Menschen aus, die Masse zählte zu den Untertanen. Und eingebettet blieb diese Sozialordnung in ein Weltbild, das vom Christentum und seinen verschiedenen Konfessionen geprägt war.

Doch bei aller Statik sind die **dynamischen Elemente** der Frühen Neuzeit nicht zu übersehen: Die Erfindung des Buchdrucks löste die größte Medienrevolution seit der Erfindung der Schrift aus. Die Reformation zerbrach die kirchliche Einheit des Mittelalters und setzte eine Konkurrenz zwischen den Konfessionen frei, die in fast allen Lebensbereichen ihre Spuren hinterlassen hat. In der Wissenschaft hielten „moderne" Prinzipien Einzug, im Wirtschaftsleben regten sich die Kräfte des Frühkapitalismus. Die politische Ordnung erlebte die Entwicklung zum souveränen Staat, wie wir ihn heute noch kennen. Zwischen den Staaten formierte sich ein internationales System samt Kriegs- und Völkerrecht. Und auch der Ausgriff Europas auf die ganze Welt nahm in der Frühen Neuzeit seinen Anfang.

Wie in einem „**Musterbuch der Moderne**" (Winfried Schulze) sind in der Frühen Neuzeit zahlreiche Phänomene angelegt, die die Moderne prägen sollten. Die Frühe Neuzeit ist ihr Wurzelgrund, und erst vor dieser Folie gewinnt die Moderne ihr Profil. So mögen sich manche Studierende allein für die neueste Zeit interessieren.

Aber ohne den Blick auf die Frühe Neuzeit werden sie auch von der Moderne nur wenig verstehen.

Allerdings sollte man die Frühe Neuzeit nicht nur im Lichte der Moderne betrachten. Denn dann würde man **das Fremde** übersehen, das neben dem Bekannten steht. Schließlich hatte die Frühe Neuzeit in allen Bereichen des Lebens Alternativen zu bieten, die sich langfristig zwar nicht durchsetzen konnten, aber trotzdem und gerade deswegen bis heute faszinieren. Und da die Frühe Neuzeit nicht nur ein spannender Gegenstand, sondern überdies auch ein methodisch höchst innovatives Forschungsfeld ist, lautet das Fazit: Lassen Sie sich ein auf die Faszination, die von dieser eigentümlichen Mischung aus Statik und Dynamik, aus Fremdem und Bekanntem ausgehen kann, studieren Sie Frühe Neuzeit!

Literatur

Johannes Burkhardt, **Frühe Neuzeit**, in: Fischer Lexikon Geschichte, hg. von Richard van Dülmen, aktualisierte, vollständig überarbeitete und ergänzte Auflage Frankfurt a. M. 2003, S. 438–465. Anette Völker-Rasor (Hg.), **Frühe Neuzeit** (Oldenbourg Geschichte Lehrbuch), München 2000.

Winfried Schulze, **„Von den großen Anfängen des neuen Welttheaters"**. Entwicklung, neuere Ansätze und Aufgaben der Frühneuzeitforschung, in: Geschichte in Wissenschaft und Unterricht 44 (1993), S. 3–18.

Gerd Schwerhoff, **Frühe Neuzeit – Zum Profil einer Epoche** (PDF 2001). Online unter: https://tu-dresden.de/gsw/phil/ige/fnz/ressourcen/dateien/startseite/fnz_profil?lang=de

2 Theoretisches: Frühe Neuzeit als Wissenschaft

In diesem Kapitel werden grundlegende Fragen des Faches Geschichte behandelt. Was ist überhaupt Geschichte, was Geschichtsschreibung, und was macht Geschichte zur Wissenschaft? Was genau sind Quellen und wie ist mit ihnen umzugehen? Welche Rolle spielt dabei der Anspruch auf Objektivität, und lässt sich dieser einlösen? Will Geschichte Menschen verstehen oder Zusammenhänge erklären? In welchem Verhältnis stehen dabei große Theorien und kleine Details? Was hat es mit der Periodisierung der Geschichte und der Frühen Neuzeit als Epoche auf sich? Und was heißt das alles für die Erforschung der Frühen Neuzeit?

2.1 Geschichte, Geschichtsschreibung, Geschichtswissenschaft

Auf die Frage, was Sie studieren, werden Sie antworten: Geschichte. Aber sollten Sie nicht eher sagen: Geschichtswissenschaft? Was genau ist eigentlich der Unterschied zwischen diesen Begriffen? Und was bedeutet Geschichtsschreibung? In diesem Kapitel wird geklärt, was mit Geschichte, Geschichtsschreibung und Geschichtswissenschaft gemeint ist, in welchem Verhältnis diese Kategorien zueinander stehen und was Geschichte zur Wissenschaft macht.

2.1.1 Geschichte

Was ist Geschichte? Wie bei den meisten „Was ist …"- Fragen ist man auch hier gut beraten, zunächst die Herkunft und Bedeutung des Wortes genau zu klären. Geschichte, so lehrt der Blick in ein **ETYMOLOGISCHES** Wörterbuch, stammt von dem althochdeutschen Wort **gisciht** ab. „Gisciht" stand für „Geschehnis" oder „Ereignis", und in diesem Sinne wird der Begriff „Geschichte" in der Umgangssprache auch heute noch benutzt. Geschichte – das ist alles Geschehene, das ist die Gesamtheit des Vergangenen. „Die den Historiker interessierende Geschichte umfaßt menschliches Tun und Leiden in der Vergangenheit." Mit diesem Satz machte der noch heute berühmte Kulturhistoriker Jacob Burckhardt (1818–1897) klar, dass es um den Menschen geht, und zwar um den Menschen in seiner aktiven wie passiven Rolle, als Akteur und als Opfer. Mit dieser Bestimmung lässt sich der Gegenstandsbereich des Faches durchaus abstecken: Geschichte ist die Gesamtheit menschlichen Tun und Leidens in der Vergangenheit.

Allerdings hat die Geschichte noch eine zweite, in der bisherigen Definition nicht erfasste Ebene. Auch darauf weist bereits die Geschichte des Begriffs hin. So erweiterte sich die Bedeutung des Wortes „Geschichte" seit dem 15. Jahrhundert um eine Dimension, die noch heute mitschwingt, wenn wir von „Geschichte" reden. Geschichte wurde jetzt immer mehr mit **Historie** gleichgesetzt. Dieses eingedeutschte Wort geht, wie seine lateinische Variante, die „historia", auf das griechische Verb „historein" zurück. Und wie „historein" sowohl „Forschen" als auch „über das Erforschte Berichten" bedeutet, so stand Geschichte jetzt nicht mehr nur für die Summe des Vergangenen, sondern auch für dessen Erforschung und Darstellung.

Da nun aber die Geschichte niemals in ihrer Gesamtheit erforscht und dargestellt werden kann, kommt hier der Aspekt der Auswahl aus der Vielfalt des Vergangenen und mit ihm der Betrachter, der diese Auswahl vornimmt, ins Spiel. Geschichte in diesem Sinn ist nicht die Gesamtheit des menschlichen Tuns und Leidens in der Vergangenheit, sondern nur derjenige Teil, den wir, die Betrachter, gemäß unseren eigenen Interessen auswählen, erforschen und darstellen. Diese Einbeziehung des Betrachters und seiner Interessen führt zu einer weiteren Möglichkeit, Geschichte zu definieren. Der niederländische Historiker Johan Huizinga (1872–1945) etwa betrachtete Geschichte als „die geistige Form, in der

2.1 Geschichte, Geschichtsschreibung, Geschichtswissenschaft

sich eine Kultur über ihre Vergangenheit Rechenschaft gibt." (Geschichte und Kultur. Gesammelte Aufsätze, Stuttgart 1954, S. 13). Und der polnische Philosoph Leszek Kolakowski (1927–2009) erklärt: „Geschichte ist das, was ein Zeitalter an einem anderen interessant findet." (Zitiert nach Egon Boshof, Kurt Düwell, Hans Kloft, Geschichte, 5. Auflage Wien 1997, S. 5.)

Zwei Positionen stehen sich damit gegenüber: Einerseits erscheint Geschichte als die Summe des Vergangenen, das unabhängig von uns als Beobachter existiert. Andererseits gilt Geschichte als Produkt einer von den Interessen späterer Betrachter abhängigen Auswahl, und das heißt in letzter Konsequenz: Geschichte wird durch uns als Betrachter erst geschaffen. Doch so widersprüchlich dies klingt, so falsch wäre es, sich für eine der beiden Varianten zu entscheiden und die andere zu verwerfen. Wir haben es schlicht mit zwei Ebenen des gleichen Phänomens zu tun. So kann man durchaus sagen, dass Frauen erst zu ihrer Geschichte gefunden haben, seit dieses Thema in das Blickfeld von Geschichtsforschung und Geschichtsschreibung geraten ist. Aber man wird deswegen wohl kaum bestreiten, dass auch vor diesem Zeitpunkt Frauen existierten und ihren Anteil am „menschlichen Tun und Leiden in der Vergangenheit" (J. Burckhardt) hatten. Mit anderen Worten: Geschichte existiert auch ohne uns, und genau das sagt die erste Variante der Definition. Aber da wir nur von dem reden können, was wir selbst zum Gegenstand der Geschichte gemacht haben, trifft die zweite Variante der Definition ebenso zu. Sie dürfen sich von dieser doppelten Bedeutung des Begriffs nicht verwirren lassen. Sie sollten aber immer darauf achten, in welchem Sinn das Wort gebraucht wird. Dann werden Sie schnell feststellen, dass viele Grundfragen unseres Faches, etwa das Problem der Objektivität, mit diesem Spannungsverhältnis zwischen Geschichte als Gegenstand und Geschichte als Produkt zu tun haben.

Nimmt man die beiden Ebenen noch näher in den Blick, fallen weitere grundlegende Sachverhalte ins Auge. So signalisiert bereits Burckhardts Hinweis sowohl auf das Tun als auch auf das Leiden der Menschen, dass Geschichte als Summe des Vergangenen, der

Gegenstand des Faches also, wiederum aus zwei Basiskategorien besteht: aus dem Tun, d. h. dem Handeln der Menschen, dem individuellen, einmaligen, subjektiven, mit bestimmten Zielen und Motiven versehenen Handeln des Einzelnen, und aus dem Leiden, d. h. aus dem passiven Ausgesetztsein des Menschen, der immer eingebunden ist in Strukturen, also in überpersönliche, mitunter gar nicht bewusst wahrgenommene, aber doch handlungsbestimmende Umstände und Verhältnisse. Diese Doppelstruktur des Gegenstands wird uns bei der Frage, ob Geschichtswissenschaft menschliches Handeln verstehen oder gesellschaftliche Strukturen erklären will, nochmals begegnen.

Aber auch die Geschichte als Produkt des Betrachters hat zwei Dimensionen: die Forschung, d. h. die wissenschaftliche, methodische Ermittlung von historischen Wissensinhalten, und die Darstellung, die Präsentation des historischen Wissens in schriftlicher und damit auch literarischer Form. Hinter diesen beiden Aspekten verbergen sich die zwei großen methodischen Problemfelder, mit denen wir es im Fach Geschichte zu tun haben: Es geht sowohl um die Frage, wie sich historisches Wissen ermitteln lässt, als auch um die Frage, wie dieses Wissen darzustellen, wie also Geschichte zu schreiben ist.

Über beide Aspekte wurde und wird nachgedacht, seit Menschen ihre Geschichte aufschreiben. Allerdings haben sich im Laufe der Zeit die Gewichte zwischen den beiden Aspekten verschoben. Was es mit dieser Entwicklung auf sich hat, schildern die nächsten Abschnitte.

2.1.2 Geschichtsschreibung

Geschichtsschreibung oder **HISTORIOGRAPHIE** lässt sich ganz allgemein definieren als die literarische Präsentation des historischen Wissens. Diese Definition beinhaltet zwei bereits bekannte Aspekte: den Aspekt des historischen Wissens und damit der Forschung, und den Aspekt des Literarischen, also der Darstellung. Forschung und Darstellung – beides gehört zusammen, und nur

2.1 Geschichte, Geschichtsschreibung, Geschichtswissenschaft

wenn beides aufeinandertrifft, spricht man von Geschichtsschreibung. So behandeln Homers Epen über den Trojanischen Krieg und die Irrfahrten des Odysseus durchaus historische Stoffe. Aber da es Homer nicht um die möglichst genaue Darstellung des Geschehenen ging, sondern allein um dessen künstlerische Verarbeitung, wird man diese Werke nicht als Geschichtsschreibung im engeren Sinne bezeichnen. Erst der Grieche **Herodot** (ca. 485–425 v. Chr.) und kurz nach ihm sein Landsmann **Thukydides** (ca. 455–395 v. Chr.) verbanden den Anspruch auf historische „Wahrheit" mit ersten Ansätzen der methodischen Reflexion über den Weg zu dieser Wahrheit. Herodot sei der „Vater der Geschichtsschreibung", befand bereits der Römer Cicero. Und noch heute lässt man die eigentliche Geschichte der Historiographie mit Herodot beginnen. Aber auch wenn Herodot und Thukydides mit Verfahren wie der Berufung auf Augenzeugen und das eigene Erleben oder der Benutzung von Archivmaterialien wichtige Schritte auf dem Weg zu einer nachprüfbaren, methodisch reflektierten Geschichtsforschung getan haben, ist doch eines nicht zu übersehen: Fragen der Forschung waren weniger wichtig als Fragen der Darstellung, und dabei sollte es lange Zeit bleiben. So zeigt ein Blick auf die Entwicklung der Geschichtsschreibung, mit der sich im Übrigen die Teildisziplin **Geschichte der Geschichtsschreibung** oder **Historiographiegeschichte** beschäftigt, dass bis weit ins 18. Jahrhundert hinein Fragen der Darstellung im Mittelpunkt der Überlegungen standen. **Geschichtsschreibung** galt **als literarische Gattung**, und nachgedacht wurde vor allem darüber, wie Geschichte richtig zu schreiben sei. Das lag zum einen am Geschichtsbild der Zeit, und zum anderen an der Funktion, die der Geschichtsschreibung zugewiesen wurde. Das Geschichtsbild der Vormoderne, also der Zeit vor etwa 1800, lässt sich am besten mit einem Satz aus der Bibel charakterisieren: Es gibt nichts Neues unter der Sonne. Geschichte galt als Wiederkehr des Gleichen. Nicht, dass sich die exakt gleichen Situationen stets wiederholten. Aber was sich immer wieder zeigte, so die Meinung, waren zeitlos gültige Normen, Mechanismen und Verhaltensweisen. Die Vergangenheit war daher nicht etwas grundsätzlich anderes als die Gegenwart, sondern mit dieser unmittelbar zu vergleichen. Diese Vorstellung konnte nicht ohne Folgen für die Funktion der Geschichtsschreibung bleiben. Denn wenn sich in der Vergangenheit die Normen und Verhaltensweisen erkennen lassen, die noch in der Gegenwart gültig sind, dann kann man aus der Geschichte wie aus einem Lehrbuch lernen. Genau das ist mit einer berühmten alten Formel gemeint: **Historia magistra vitae**, die Geschichte ist die Lehrmeisterin des Lebens. Geschichtsschreibung hatte daher eine praktische, eine belehrende Funktion. Ihre Aufgabe war es, anhand bestimmter Begebenheiten aus der Vergangenheit Lehren zu formulieren, sie hatte diese Begebenheiten als **EXEMPEL** zu begreifen und mit ihrer Hilfe zeitlos gültige Verhaltensweisen und Normen zu illustrieren. Folglich kam es weniger darauf an, historische Sachverhalte in ihrem Ablauf möglichst genau zu rekonstruieren, also zu erforschen. Die eigentliche Herausforderung für die Geschichtsschreiber bestand vielmehr darin, möglichst kunstvoll Geschichten zu erzählen. Deswegen waren die Regeln der **RHETORIK** wichtiger als die Probleme der Forschung. Und aus diesem Grund galt die Geschichtsschreibung als Form der schönen Literatur.

> *Quelle*
> *Der deutsche Philosoph Arthur Schopenhauer (1788–1860) schrieb: „Hat einer den Herodot gelesen, so hat er [...] schon genug Geschichte studiert. Denn da steht schon alles, was die folgende Weltgeschichte ausmacht: das Treiben, Tun, Leiden und Schicksal des Menschengeschlechts, wie es aus besagten Eigenschaften und dem physischen Erdenlose hervorgeht" (Arthur Schopenhauer, Die Welt als Wille und Vorstellung, Bd. 2, IV, Zürich 1977, S. 523).*

Auch wenn noch Arthur Schopenhauer diese Meinung vertrat, hatte sich zu seinen Lebzeiten bereits ein tiefgreifender Wandel vollzogen. Denn die Überzeugung, aus historischen Exempeln lernen zu können, musste in dem Moment verloren gehen, in dem sich der Eindruck durchsetzte, dass die Geschichte nicht immer

2.1 Geschichte, Geschichtsschreibung, Geschichtswissenschaft

gleich verlaufe, dass es durchaus Neues unter der Sonne geben könne. Und genau diesen Eindruck vermittelten die tiefgreifenden Veränderungen, die mit der Amerikanischen und Französischen Revolution sowie mit der Industriellen Revolution einhergingen. Angesichts der gesellschaftlichen und politischen Umbrüche, die in der zweiten Hälfte des 18. Jahrhunderts einsetzten, erschien die Zukunft nun nicht mehr als Wiederkehr bekannter Muster. Die Zukunft brachte Neues, Unbekanntes, sie wurde offen. Damit veränderten sich aber auch das Bild von der Geschichte und die Funktion der Geschichtsschreibung. Denn wenn die Zukunft etwas anderes bringen würde als das aus der Vergangenheit Bekannte, dann musste die Geschichte ihren exemplarischen Charakter und die Geschichtsschreibung ihre belehrende Funktion verlieren. Bezeichnend für diese Entwicklung ist eine Veränderung im Sprachgebrauch: Solange die Vergangenheit als Sammlung beispielhafter Geschichten galt, sprach man auch nur von „den Geschichten" im Plural. Der uns heute vertraute **Singular Geschichte** konnte sich erst durchsetzen, als die Zukunft als offen empfunden wurde und die Geschichte damit ihren exemplarischen Charakter verlor. Als „Inbegriff alles in der Welt Geschehenen" (so die Definition im Grimm'schen Wörterbuch), also als Singular, der alles bündelt und daher auch **Kollektivsingular** genannt wird, begegnet die Geschichte daher erst in der zweiten Hälfte des 18. Jahrhunderts.

Was dies für den Umgang mit der Geschichte bedeutet, liegt auf der Hand. Jetzt ging es nicht mehr darum, durch das möglichst effektvolle Erzählen von Geschichten zeitlos Gültiges zu verdeutlichen. Jetzt galt es, die historischen Phänomene in ihrer Eigenheit zu erfassen und das heißt: zu erforschen. Zunächst geschah dies unter den Vorzeichen der Aufklärung, die in der Geschichte den stetigen Fortschritt der Zivilisation auszumachen versuchte. Es folgte die Phase des so genannten „Historismus", der uns noch ausführlich beschäftigen wird. Diese Akzentverschiebung kennzeichnete das Nachdenken über Geschichte im gesamten 19. Jahrhundert. Das bisher zweitrangige Problem, wie sich Geschichte erforschen lasse, trat in den Mittelpunkt. Die bislang dominierende

Frage, wie Geschichte zu schreiben sei, verlor dagegen zusehends an Bedeutung. Das heißt nun nicht, dass die Geschichtsforscher ihren literarischen Anspruch aufgegeben oder gar das Schreiben verlernt hätten. Im Gegenteil: Die Historiker des 19. Jahrhunderts waren oft auch großartige Stilisten, und 1902 erhielt der Althistoriker Theodor Mommsen für seine „Römische Geschichte" gar den Nobelpreis für Literatur. Aber wichtiger als die Kunst, Geschichte zu schreiben, war jetzt die Methode, mit der sich Geschichte erforschen ließ. Dies hatte weitreichende Folgen: Die Geschichte galt dank der Auseinandersetzung mit der Forschung und ihrer Methode zunehmend als Wissenschaft, und die Geschichtsschreibung wandelte sich von einer literarischen Gattung zur wissenschaftlichen Literatur. Sprache galt mehr und mehr als bloßes Medium: Man konnte sie benutzen, um historisches Wissen mitzuteilen, über sie nachdenken musste man nicht. Diesen **instrumentellen Charakter der Darstellung** brachte Ernst Bernheim in seinem 1889 erschienenen „Lehrbuch der historischen Methode" auf den Punkt: Die Aufgabe des Historikers sei es, so Bernheim, „die gewonnenen Forschungsresultate möglichst unentstellt zur Mitteilung zu bringen". Damit schien die Frage, wie Geschichte darzustellen sei, endgültig beantwortet. Und so drehte sich die theoretische Diskussion um die Geschichte bis weit ins 20. Jahrhundert hinein fast ausschließlich um Probleme der Forschung. Erst in den 1960er und 1970er Jahren wurde der Aspekt der Darstellung als methodisches Problem wiederentdeckt und im Zeichen des so genannten LINGUISTIC TURN grundsätzlicher diskutiert als je zuvor (→ **Kap. 2.3.3**). In der Zwischenzeit hatte sich aber eine Entwicklung vollzogen, die man die „Verwissenschaftlichung" der Geschichte nennt. Was es damit auf sich hat, behandelt der nächste Abschnitt.

2.1.3 Geschichtswissenschaft

Im 19. Jahrhundert erlebte die Beschäftigung mit der Geschichte zwei tiefgreifende, eng miteinander verbundene Wandlungen: In institutioneller Hinsicht wurde die Geschichte zum eigenständigen

2.1 Geschichte, Geschichtsschreibung, Geschichtswissenschaft

akademischen Fach mit professionellen Vertretern, in inhaltlicher Hinsicht entwickelte sich dieses Fach zur Wissenschaft. Ausgehend von Deutschland entstand so ein Modell, das sich in den folgenden Jahrzehnten als Exportschlager erwies und die institutionelle wie inhaltliche Form des Faches weltweit prägte.

Beide Entwicklungen hingen eng mit dem Wandel des Geschichtsbildes zusammen. So konnte die **Institutionalisierung der Geschichte als eigenständiges akademisches Fach** nicht beginnen, solange die Geschichte als Sammlung von Lehrbeispielen galt, mit deren Hilfe sich bestimmte Aussagen illustrieren ließen. In diesem Verständnis erwies die Beschäftigung mit der Vergangenheit zwar anderen Fächern gute Dienste. Einen Wert an sich hatte historisches Wissen aber nicht. Folglich rangierte die Geschichte im Gefüge der universitären Fächer am Beginn der Neuzeit zunächst als Teil einer allgemeinen Tugendlehre, ihrem primär literarischen Selbstverständnis entsprechend oft in Kombination mit Poesie und Rhetorik. Später wurde sie auch als „ancilla", so die Zeitgenossen, also als Magd oder Hilfskraft für Theologie und Jurisprudenz in Anspruch genommen. Zwar gewann das historische Wissen im Rahmen der Theologen- und vor allem der Juristenausbildung zusehends an Gewicht. An manchen Universitäten wurden für die historisch-juristische Ausbildung Lehrstühle geschaffen. Aber auch wenn deren Inhaber mit der Geschichte befasst waren, gehörten sie doch noch zur Juristischen Fakultät. Erst mit dem grundlegenden Wandel des Geschichtsbildes im 18. Jahrhundert wurde der Weg frei für die Verselbständigung als eigenes Fach. Nun kam es zur Gründung eigenständiger **Historischer Seminare**: erstmals 1766 in Göttingen, kontinuierlich ab 1832. Aber nicht nur Seminare im Sinne von Instituten wurden gegründet. Auch das Seminar als Veranstaltungsform hat hier seine Wurzeln. In dieser „Pflanzschule", so die wörtliche Übersetzung, versammelten sich Studenten, die bestimmte Themen zwar selbständig erarbeiteten, aber im Seminar vorstellten und unter Anleitung des akademischen Lehrers diskutierten. Dass sich erst für diese nun systematisch ausgebildeten Geschichtsforscher der uns heute geläufige Begriff „Historiker" durchsetzte, spiegelt diese doppelte Entwicklung wider: Mit der Institutionalisierung des Faches war auch eine **Professionalisierung** seiner Betreiber verbunden.

Für die Zukunft des neuen Faches Geschichte entscheidend war indes seine innere Entwicklung zur Wissenschaft, d. h. die endgültige **Verwissenschaftlichung** des Umgangs mit der Vergangenheit. Was damit gemeint ist, lässt sich schnell erklären: Wissenschaft ist charakterisiert durch das Vorgehen nach einer gewissen Methode. METHODE ist definiert als die Summe der geregelten, nachprüfbaren Verfahrensweisen, die wissenschaftlich abgesicherte Erkenntnis ermöglichen. Folglich wird Geschichte zur Wissenschaft, wenn und indem ein Verfahren gefunden ist, mit dem sich nachprüfbare historische Erkenntnisse gewinnen lassen. Und genau das geschah im 19. Jahrhundert. Ansätze zur methodischen Reflexion gab es zwar seit Herodot, und auf dem langen Weg bis zum 19. Jahrhundert wurden durchaus Fortschritte in der Forschung erzielt. Aber zu einer systematischen Bestimmung der methodischen Grundlagen unseres Faches, zur Ausarbeitung einer in sich geschlossenen HISTORIK kam es erst im 19. Jahrhundert. Wollte man diesen methodischen Durchbruch einer einzigen Person zuschreiben, so fiele die Wahl auf **Johann Gustav Droysen (1808–1884)**. Denn Droysen war der erste, der seine Überlegungen systematisch darlegte und nicht nur seinen Studenten in einer Vorlesung vortrug, sondern auch 1857 unter dem bezeichnenden Titel „Historik" veröffentlichte. Allerdings war Droysen zu seiner Zeit bei weitem nicht der einzige, der sich über die historische Methode Gedanken machte. Sein Werk war Teil und Ausdruck einer geistigen Strömung, die maßgeblich zur Verwissenschaftlichung des Faches beitrug. Der Name dieser Strömung wird daher oft zur Kennzeichnung jener Phase verwendet, in der unser Fach seine wissenschaftlichen Grundlagen erhielt. Er lautet: **Historismus**. Der Begriff selbst stammt aus dem 19. Jahrhundert und kann zweierlei bedeuten: im allgemeinen Sinne eine Weltanschauung, im besonderen Sinne eine wissenschaftliche Methode. Als Weltanschauung geht der Historismus von der Grundüberzeugung aus, dass die

2.1 Geschichte, Geschichtsschreibung, Geschichtswissenschaft

Wirklichkeit nur in ihrer historischen Entwicklung verstanden werden kann. Und da dies für die Gegenstandsbereiche zahlreicher Fächer gilt, hat der Historismus z. B. auch in den Sprachwissenschaften, in der Rechtswissenschaft oder in der Nationalökonomie der Zeit seine Spuren hinterlassen.

Info: Methodische Grundpositionen des Historismus
- *Historische Forschung ist grundlegend quellenbezogen;*
- *der Umgang mit den Quellen muss kritisch sein;*
- *Individualität als bestimmende Kategorie historischer Erkenntnis;*
- *Unvergleichbarkeit historischer Prozesse und Strukturen (Ranke: „Jede Epoche ist unmittelbar zu Gott");*
- *Beschreibung des Einmaligen statt Formulierung abstrakter Erklärungsmodelle;*
- *Verstehen (statt Erklären) als spezifische Form historischer Erkenntnis;*
- *enge Verbindung von Wissenschaftlichkeit und literarischem Anspruch (Literatur-Nobelpreis 1902 für Theodor Mommsen, Römische Geschichte).*

Wie viele andere wissenschaftliche Positionen kann man auch die des Historismus besser verstehen, wenn man sich klar macht, wovon sich die neuen Vorstellungen absetzen wollen. Beim Historismus ist zunächst das alte Bild von der Geschichte als Lehrmeisterin des Lebens zu nennen. Entgegen dieser traditionellen Vorstellung galt dem Historismus die Individualität als das alles bestimmende Prinzip: Jede Zeit und jedes Phänomen hat seine Eigenheiten, und weil sie derart individuell sind, können historische Phänomene nicht miteinander verglichen werden. Verallgemeinernde Aussagen sind kaum möglich, Gesetze oder abstrakte Erklärungsmodelle kann die Geschichtsforschung nicht formulieren.

Damit aber deutet sich bereits die zweite Position an, von der sich der Historismus absetzen wollte: von der neuen, höchst modernen Konkurrenz der Naturwissenschaften. Denn diese erhoben ihr eigenes Erkenntnisideal, die Formulierung allgemeingültiger Aussagen, das kausale Erklären, zum Maßstab von Wissenschaftlichkeit überhaupt. Wäre die Geschichte dem gefolgt, hätte sie entweder ebenfalls nach Gesetzmäßigkeiten forschen (so gefordert vom Positivismus, der sich allerdings nicht durchsetzte) oder aber ihren Anspruch, eine Wissenschaft zu sein, aufgeben müssen. Beides taten die Vertreter des Historismus nicht. Stattdessen betonten sie, dass Geschichte einen eigenen Erkenntnisgegenstand und damit auch eine eigene, von der naturwissenschaftlichen Methode abweichende Erkenntnisweise habe: Der Erkenntnisgegenstand ist der Mensch in seiner Individualität, die Methode ist das Verstehen dieser Individualität.

Wie sich bei einem näheren Blick auf diese zentralen Begriffe zeigen wird, wurden die Grundpositionen des Historismus zwar prägend für das Fach, aber auch kritisiert und weiterentwickelt. Bis heute Bestand hat allerdings die Antwort des Historismus auf die Frage, wie sich nachprüfbare historische Erkenntnisse gewinnen lassen, und das heißt: wie Geschichte wissenschaftlich betrieben werden kann.

Geschichte wird zur Wissenschaft, so das Credo des Historismus, durch die Konzentration auf die Quellen. Um auch für andere nachvollziehbar und kontrollierbar (man sagt auch: **INTERSUBJEKTIV ÜBERPRÜFBAR**) zu sein, müssen historische Aussagen belegt werden. Dazu genügt es keineswegs, sich wie bisher auf die Glaubwürdigkeit anderer Erzählungen zu verlassen. Nötig ist vielmehr die kritische Analyse von zuverlässigen Augenzeugenberichten und zeitgenössischen Dokumenten. Denn nur mit solchen kritisch überprüften Quellen lassen sich historische Aussagen belegen, und nur anhand solcher Belege können auch andere die Ergebnisse der Forschung nachprüfen.

„Quellen" und „Quellenkritik" – das sind die methodischen Kernbegriffe des Historismus. Was damit im Einzelnen gemeint ist, erläutert der nächste Abschnitt.

Literatur

Wolfgang Hardtwig, **Die Verwissenschaftlichung der neueren Geschichtsschreibung**, in: Hans-Jürgen Goertz (Hg.), **Geschichte**. Ein Grundkurs, Reinbek 1998, S. 245–260.

Stefan Jordan, **Theorien und Methoden der Geschichtswissenschaft**, 3., aktualisierte Auflage Paderborn 2016.

Reinhart Koselleck, **Art. Geschichte**, in: Geschichtliche Grundbegriffe. Historisches Lexikon zur politisch-sozialen Sprache in Deutschland, Bd. 2, Stuttgart 1975, S. 593–717.

Ders., **Historia Magistra Vitae**. Über die Auflösung des Topos im Horizont neuzeitlich bewegter Geschichte (1967), in: Reinhart Koselleck, Vergangene Zukunft. Zur Semantik geschichtlicher Zeiten, Frankfurt a. M. 1979, S. 38–66.

Jörn Rüsen, **Historik**. Theorie der Geschichtswissenschaft, Wien 2013.

Markus Völkel, **Geschichtsschreibung**. Eine Einführung in globaler Perspektive, Köln/Weimar/Wien 2006.

2.2 Quellen und Quellenkritik

Geschichte, so die noch heute gültige Position des Historismus, wird durch Quellen und Quellenkritik in ihren Aussagen überprüfbar und damit zur Wissenschaft. Damit stellen sich zwei grundlegende Fragen: Was sind Quellen? Und was versteht man unter Quellenkritik?

2.2.1 Die Quellen: Definition und Kategorien

Als Quellen bezeichnen wir alles, worauf unsere Kenntnis der Vergangenheit ursprünglich zurückgeht. So zutreffend diese Definition ist, so wenig hilfreich mag sie auf den ersten Blick scheinen. Alles – das ist nicht gerade übersichtlich.

Aber immerhin enthält die Definition mit dem Wort „ursprünglich" eine Abgrenzung: Quellen sind etwas anderes als Fachliteratur. Fachliteratur präsentiert Erkenntnisse, die anhand von Quellen erarbeitet wurden. Sie stützt sich also bereits auf Quellen und ist daher im Unterschied zu diesen nicht die ursprüngliche, erste Wurzel unserer historischen Kenntnis. Deswegen wird sie auch als **Sekundärliteratur** bezeichnet. Mit dieser Abgrenzung ist das Feld zwar eingegrenzt, doch immer noch weit genug. Aber keine Angst: Für Ordnung in der Vielfalt der Quellen und für eine leichtere Orientierung sorgen einige Unterkategorien, mit deren Hilfe dieses ominöse „alles" klassifiziert und sortiert werden kann. So lassen sich Quellen nach ihrer materiellen Beschaffenheit unterscheiden (Texte, Gegenstände, Tatsachen), aber auch nach ihrer Nähe zum Geschehen (Primärquellen, Sekundärquellen) und schließlich nach ihrer Aussageabsicht (Tradition, Überrest). Keines dieser Klassifizierungsangebote ist ohne Einwände geblieben. Aber alle haben sie gleich mehrere Vorteile. Sie erleichtern die Orientierung, sie weisen auf Quellen hin, an die man zunächst vielleicht nicht gedacht hätte, und sie schärfen den Blick für die Eigenarten und Vor- wie Nachteile der einzelnen Quellenarten.

Eine Klassifizierung der Quellen nach ihrer materiellen Beschaffenheit nimmt die Definition vor, die der Mittelalter-Historiker Paul Kirn (1890–1965) in seiner 1947 erstmals veröffentlichten „Einführung in die Geschichtswissenschaft" angeboten hat: „Quellen nennen wir alle **Texte, Gegenstände oder Tatsachen**, aus denen Kenntnis der Vergangenheit gewonnen werden kann." Texte, Gegenstände, Tatsachen – diese Kategorien erleichtern in der Tat den Zugang zur Vielfalt der Quellen. Dabei scheint der erste Begriff keiner weiteren Klärung zu bedürfen. **Texte** sind schriftlich fixierte, zusammenhängende sprachliche Äußerungen, also das, was man als schriftliche Quellen bezeichnen kann. Schnell definiert ist auch die zweite Kategorie: **Gegenstände** (auch Sachquellen oder Realien genannt) sind materielle, also physisch vorhandene, nichtschriftliche Quellen. Sie für die historische Analyse zu erschließen ist meist die Aufgabe spezialisierter Teil- oder Nachbardisziplinen: von so genannten „historischen Hilfswissenschaften", die sich etwa auf Münzen (Numismatik), Wappen (Heraldik) oder Siegel (Sphragistik) spezialisiert haben, aber auch von Nachbarwis-

2.2 Quellen und Quellenkritik

senschaften wie etwa der Archäologie. Was man mit solchen Funden anfangen kann, hängt nicht zuletzt von den technischen Möglichkeiten ab. Illustrieren mag dies ein etwas eigentümlicher Gegenstand: Wallensteins Schienbein. An diesem Knochen lässt sich nachweisen, dass der große Söldnerführer des Dreißigjährigen Krieges wahrscheinlich an Syphilis litt. Und da Syphilis im Endstadium auch das Denk- und Urteilsvermögen beeinträchtigt, könnte dieser medizinische Befund das mitunter rätselhafte Verhalten Wallensteins gegen Ende seines Lebens erklären helfen. Zu den Gegenständen gehören aber nicht nur Münzen, Wappen, alte Krüge oder archäologische Spuren, Massengräber und sonstige Knochenfunde, sondern auch Kunstwerke. So zeigt schon der erste Blick auf das Schloss Ludwigsburg (→ **Abb. 1**), dass sich sein Bauherr, der württembergische Herzog Eberhard Ludwig (reg. 1693–1733), an einem berühmten Vorbild orientierte: am Schloss von

Abb. 1: Kunstwerke als Quellen: Das Schloss Ludwigsburg, erbaut in den Jahren 1704–1733.

Versailles, das noch heute als Inbegriff der absoluten Herrschaft seines Bauherren, des französischen Sonnenkönigs Ludwig XIV., gilt. Dies ist nicht nur kunsthistorisch interessant, es lässt auch in historischer Hinsicht Rückschlüsse zu: etwa auf die Vorbildfunktion der französischen Monarchie für die Fürsten im deutschen Raum, aber auch auf das Selbstverständnis Eberhard Ludwigs, der sich offenbar selbst gerne in der Rolle eines württembergischen Sonnenkönigs gesehen hätte.

Dass auch **Tatsachen** als historische Quellen in Frage kommen, mag zunächst etwas irritieren. Aber in der Tat lehren faktisch gegebene Sachverhalte wie etwa Sprachgrenzen, Nationalfeiertage oder die föderale Ordnung der Bundesrepublik einiges über die Geschichte. Nehmen wir die religiösen Feiertage: Wenn Sie einer Fronleichnamsprozession begegnen, wissen Sie mindestens eines: In dem Gebiet, in dem Sie sich befinden, dürfte die katholische Kirche eine nicht unwesentliche Rolle spielen. Denn die Fronleichnamsprozession wird ausschließlich von Katholiken begangen. Und da Konfessionsverhältnisse historisch entstanden sind, kann eine Prozession von heute durchaus Hinweise auf den Ausgang der für die Frühe Neuzeit so wichtigen konfessionellen Auseinandersetzungen liefern.

Natürlich sind die Grenzen zwischen den einzelnen Quellenarten fließend: Tatsachen werden schriftlich oder durch Sachquellen überliefert, auf Sachquellen wie etwa Münzen kann sich immer auch Schriftliches finden. Aber wie gesagt: Es geht nicht darum, eindeutige Kriterien zu finden, es geht darum, Ordnung zu schaffen, den Blick zu schärfen für mögliche Quellen und für die Eigenschaften der unterschiedlichen Quellen.

Diesem Ziel dienen auch zwei weitere Einteilungsverfahren, die sich vor allem auf Textquellen beziehen. So wird gelegentlich zwischen **Primär- und Sekundärquellen** unterschieden. Kriterium ist hier nicht die materielle Beschaffenheit der Quellen, sondern ihre Nähe zum Geschehen. Interessiert man sich für ein bestimmtes politisches Ereignis, wären die damit befassten Amtsakten als Primärquellen zu betrachten. Die oft deutlich später verfassten

Memoiren der beteiligten Politiker sind in diesem Fall hingegen als Sekundärquellen zu begreifen. Wohlgemerkt: in diesem Fall! Denn je nach Fragestellung kann aus einer Primärquelle schnell eine Sekundärquelle werden und umgekehrt. Wenn ich mich also nicht für ein bestimmtes politisches Ereignis, sondern für die Selbstwahrnehmung und Außendarstellung eines bestimmten Politikers interessiere, werden dessen Memoiren für mich zur Primärquelle. Die Unterscheidung zwischen Primär- und Sekundärquellen stammt eben aus einer Zeit, in der sich die historische Forschung bevorzugt mit politischen Ereignissen beschäftigte. Und in diesem Rahmen ist die Klassifizierung nach der Nähe zum Geschehen durchaus sinnvoll.

Noch älter, aber unverändert wichtig ist die Klassifizierung der Quellen als **Tradition und Überrest**. In der Sache stammt diese Unterscheidung von Droysen, begrifflich auf den Punkt gebracht wurde sie von Ernst Bernheim (1850–1942). Kriterium ist hier die Frage, ob eine Quelle unbewusst bzw. unabsichtlich Zeugnis ablegt oder dies absichtlich tut. So versteht man unter Überresten alles, was unmittelbar von den Begebenheiten erhalten geblieben ist; d. h. die unabsichtliche, unwillkürliche Hinterlassenschaft vergangener Zeiten. Traditionsquellen sind hingegen geprägt vom Willen eines Menschen, der Mit- oder Nachwelt mitzuteilen, wie er die Dinge sieht. Typische Quellen aus der Rubrik Überrest wären neben Sachquellen wie Knochen oder alten Schuhen etwa Güterverzeichnisse oder sonstige Auflistungen, die nicht anderen Menschen eine gewisse Sicht der Dinge vermitteln wollen, sondern schlicht ihrem Autor zu Verwaltungs- oder anderen praktischen Zwecken dienen. Eine typische Quelle aus der Gattung der Tradition wäre hingegen ein Brief oder ein Tagebuch, das ausdrücklich dazu gedacht ist, anderen Menschen, ob jetzt oder in ferner Zukunft, eine bestimmte Deutung vor Augen zu führen. Ob Tradition oder Überrest, ist nicht immer eindeutig zu bestimmen. Auch hier hängt die Klassifizierung der Quellen von der Fragestellung ab. Aber dennoch ist und bleibt die klassische Unterteilung von Tradition und Überrest hilfreich. Denn sie schärft den Blick für das, was im Umgang mit allen Quellen, ohne jede Ausnahme, unverzichtbar ist: die Quellenkritik, genauer: die Anwendung der historisch-kritischen Methode.

2.2.2 Die historisch-kritische Methode

Nachdem geklärt wäre, was Quellen sind, stellt sich die Frage, wie mit diesen Quellen umzugehen ist. Kritisch, lautet die Antwort des Historismus, oder genauer gesagt: gemäß der **historisch-kritischen Methode**. Diese in Droysens „Historik" erstmals ausformulierte Methode bezieht sich vorrangig auf Textquellen, ist aber auch, mit den entsprechenden Modifikationen, auf andere Quellen anwendbar.

Wohlgemerkt: Es geht hier um den Umgang mit Quellen, um **das handwerkliche Grundgerüst**. Die historisch-kritische Methode legt keineswegs fest, wie die Untersuchung konkret verlaufen wird. Wie wir vorgehen, hängt immer von der Fragestellung ab, von dem, was wir wissen wollen, von dem, was wir als relevanten Teil der Vergangenheit betrachten und untersuchen möchten, davon also, ob wir menschliches Handeln verstehen oder eher anonyme Strukturen erklären wollen (→ Kap. 2.4). Trotzdem ist die historisch-kritische Methode ein unverzichtbarer Leitfaden für jede geschichtswissenschaftliche Untersuchung. Denn sie gibt den Rahmen vor, sie benennt die einzelnen Arbeitsschritte, die immer notwendig sind, und sie leitet an zum handwerklich gründlichen Arbeiten. Als eine solche Anleitung zum wissenschaftlichen Umgang mit den Quellen hat die historisch-kritische Methode bis zum heutigen Tag nicht an Gültigkeit verloren. Wer sich mit Geschichte beschäftigt, sollte sich daher auch mit dieser Methode auseinandersetzen.

Die historisch-kritische Methode besteht insgesamt aus drei Schritten:
1 Heuristik,
2. Kritik,
3. Interpretation.

2.2 Quellen und Quellenkritik

1. Heuristik:
Das Wort bedeutet exakt übersetzt die „Findekunst". Was in diesem ersten Schritt gefunden werden soll, liegt auf der Hand: die Quellen. Was für uns im konkreten Fall eine Quelle sein kann und was nicht, hängt von der Frage ab, die wir untersuchen wollen. Folglich geht der HEURISTIK, der Suche nach den Quellen, immer eines voraus: die **Formulierung einer Fragestellung**. Am Anfang des historisch-kritischen Vorgehens steht also die Frage, nicht die Quelle! So heißt es bei Droysen: „Die Forschung sucht etwas, sie ist nicht auf ein bloß zufälliges Finden gestellt; man muss zuerst wissen, was man suchen will, dann kann man finden [...]. So ist der Anfang der Methode nicht die Kritik, sondern die Frage", und erst, wenn diese klar ist, folgt „das Suchen aus der Frage", das Suchen nach den Quellen. Und wie findet man solche Quellen? Genau darin besteht die **Findekunst**, die Heuristik.

Ob Sie nach archivalischen Quellen suchen oder, wie in den ersten Semestern üblich, nach Editionen: Einen Einstieg ermöglichen die Hinweise der Forschungsliteratur auf einzelne Quellen, aber auch auf Quellensammlungen, in denen Sie dann selbst nach für Sie interessanten Dokumenten fahnden können. Eine systematischere Suche erlauben spezielle Quellenverzeichnisse, für die Reformationszeit etwa:

- Karl Schottenloher, Bibliographie zur deutschen Geschichte im Zeitalter der Glaubensspaltung 1517–1585, 6 Bde., Leipzig 1932–1940. 2. Auflage in 7 Bänden, Stuttgart 1956–1966.
- Allgemein zur deutschen Geschichte der „Dahlmann-Waitz": Friedrich Christoph Dahlmann, Georg Waitz, Quellenkunde zur deutschen Geschichte, 10. Auflage Stuttgart 1969–1999.

Weitere Quellenverzeichnisse sind mit den üblichen bibliographischen Verfahren (→ **Kap. 4.2**) zu erschließen.

Haben Sie eine Quelle gefunden, die Ihnen bei der Beantwortung der Ausgangsfrage helfen könnte, sollten Sie den zweiten Schritt der historisch-kritischen Methode in Angriff nehmen: die **Quellenkritik**.

2 Theoretisches: Frühe Neuzeit als Wissenschaft

> *Info*
> *Ein sprachlicher Ableger der Heuristik wird Ihnen oft begegnen: das Wort „heuristisch". So ist oft die Rede von „heuristischen Begriffen", „heuristischen Gliederungen", „heuristischen Annahmen" etc. Auch die Bedeutung dieses Wortes hängt mit dem Finden zusammen: Heuristisch ist alles, was uns hilft, die Antwort auf eine Frage zu finden.*

2. Quellenkritik:

Damit ist nichts anderes gemeint als ein kritischer, aufmerksam-vorsichtiger Umgang mit den Quellen. Man könnte auch sagen: Auf dem Weg der Quellenkritik soll geklärt werden, welchen Aussagewert die jeweilige Quelle für eine konkrete Fragestellung hat. Dabei kann man leicht einen Aspekt übersehen, und um das zu vermeiden, wird die Quellenkritik gerne in ein feingliedriges Schema mit zahlreichen Unterpunkten und Hinweisen aufgegliedert. Hier dürfte es genügen, die wichtigsten Schritte und Fragen aufzuführen.

a. Textkritik oder äußere Kritik:

Ist die Quelle echt? Stammt sie tatsächlich aus der angegebenen Zeit und vom angegebenen Autor? Ist sie später verändert worden oder gar vollständig gefälscht? Überprüfen lässt sich das anhand des Materials (chemische Analyse zur Altersbestimmung), aber auch anhand des Textes (Stilkritik, Sprachgeschichte etc.). Was passieren kann, wenn diese Kritik der Echtheit nicht gründlich betrieben wird, musste eine deutsche Zeitschrift in den 1980er Jahren erfahren. So hatte der „Stern" bereits einige Auszüge aus den angeblichen Tagebüchern Adolf Hitlers abgedruckt, als mit Hilfe einer Materialanalyse bewiesen werden konnte, dass diese obskuren Texte das Machwerk eines durchaus begabten Fälschers waren. Auch solche Fälschungen besitzen einen gewissen Quellenwert – aber eben nicht für die ursprüngliche Frage (in unserem Beispiel: Was dachte Hitler?), sondern vielmehr für den Kontext der Fälschung (hier etwa: Interessierte sich die deutsche Öffentlichkeit in den 1980er Jahren für die Person Hitlers?). Zur äußeren Quellenkritik gehört aber nicht nur die Enttarnung spektakulärer Fälschungen. Oft besteht die Hauptarbeit darin, einen so genannten „authentischen Text" herzustellen. Schließlich können von einer Schrift gleich mehrere Exemplare vorliegen. Und wenn diese voneinander abweichen, muss geklärt werden, welche Version die ursprünglichste ist.

b. Innere Kritik:
Wenn die Echtheit der Quelle geklärt ist, kann man sich ihrem Inhalt zuwenden. Grundlegend ist hier ein Katalog scheinbar banaler, in der Praxis aber nicht immer leicht zu bewältigender Fragen: Wer sagt was (und was nicht!)? Zu wem? Wann? Wo? Mit welchen Mitteln? Zu welchem Zweck? Mit welchem Erfolg? Mit welchen sonstigen Folgen? Um all dies beantworten zu können, ist es zunächst nötig, unbekannte Wörter zu klären und Informationen über im Text genannte Personen, Orte, Ereignisse und Zusammenhänge zu beschaffen. Dabei ist auch zu bedenken, welcher Gattung (Brief, Amtsakten, Tagebuch, Lied, Publizistik etc.) die Quelle zuzuordnen ist. Denn nur so lassen sich bestimmte Elemente wie **TOPOI** oder rhetorische Muster identifizieren, die für die Gattung spezifisch sind und daher weniger über den Autor als über die Schreibkonventionen seiner Zeit sagen.

Zur inneren Kritik gehören des Weiteren Fragen, die zuweilen als **ideologische Kritik** zusammengefasst werden: Welchen politischen, weltanschaulichen Standpunkt nimmt der Verfasser ein? Wie steht es um den institutionellen Entstehungshintergrund der Quelle, wie um die konkrete Schreibsituation? Hier erweisen im Übrigen die genannten Klassifizierungen der Quellen ihren praktischen Nutzen: Wer die Unterscheidung von Tradition und Überrest kennt, wird immer besonders genau auf die Aussageabsichten des Autors achten. Und wer zwischen Primär- und Sekundärquellen zu unterscheiden gewohnt ist, wird klären, wie nah der Verfasser der Quelle am berichteten Geschehen war.

Schließlich sind Fragen zu stellen, die man als **historische Kritik** bezeichnen kann. Hier geht es um die Einordnung der Quelle in den historischen Kontext. Zu klären sind also die politischen, sozialen, wirtschaftlichen, kulturellen, religiösen Rahmenbedingungen, unter denen die Quelle entstanden ist. Zu ermitteln ist aber auch die Wirkungsgeschichte der Quelle, d. h. ihre Aufnahme durch die Zeitgenossen und ihre langfristige REZEPTION.

3. Interpretation:
Diese letzten Fragen sind nicht allein aus der Quelle selbst zu beantworten und gehen damit schon über in den dritten Teil der historisch-kritischen Methode: in die **Interpretation**. Während die Quellenkritik auf überprüfbare Weise die Tatsachen ermitteln soll, die die Quellen zu erkennen geben, ist es die Aufgabe der Interpretation, diese Tatsachen wie Mosaiksteinchen zu einem Bild zusammenzusetzen. Die Interpretation stellt also Zusammenhänge her zwischen den Befunden, die sich aus dem kritischen Umgang mit den Quellen ergeben haben. Welcher Art diese Zusammenhänge sind und auf welche Weise sie methodisch abgesichert hergestellt werden können, wird uns noch beschäftigen (→ Kap. 2.4). Zunächst aber sei ein Blick auf jene Darbietungsform von Quellen geworfen, die Ihnen im Studium am häufigsten begegnen wird: die Quellenedition.

2.2.3 Kritische Quelleneditionen

Quellen können im Archiv lagern, sie können aber auch ediert, d. h. veröffentlicht vorliegen. Diese Veröffentlichungen lassen sich in zwei große Gruppen einteilen: in die kritischen und die nicht-kritischen EDITIONEN. Nicht-kritische Editionen sind eher zum Schmökern gedacht, kritische Editionen hingegen für wissenschaftliche Zwecke bestimmt. Was diese beiden Möglichkeiten der Quellenveröffentlichung unterscheidet, steckt schon im Begriff „kritisch": In nicht-kritischen Editionen werden Quellen meist kommentarlos und weitgehend unbearbeitet abgedruckt, **kritische Editionen** bieten Quellen dar, die nach den Regeln der Quellenkritik bearbeitet wurden. Folglich gibt es kritische Editio-

2.2 Quellen und Quellenkritik

nen erst seit der Formulierung der historisch-kritischen Methode durch den Historismus. Da dessen Vertreter nicht nur die Methode entwickelt, sondern auch die Arbeit mit den Quellen in den Mittelpunkt der historischen Forschung gerückt haben, verwundert es nicht, dass in der Zeit des Historismus die junge Form der kritischen Edition regelrecht boomte. Dies betraf auch die Quellen zur Frühen Neuzeit: So begann 1893 die Edition der Deutschen Reichstagsakten aus dem 16. Jahrhundert, und schon 1883 wurde die kritische Gesamtausgabe der Schriften, Briefe und auch Tischreden Martin Luthers in der berühmten, nach dem Sitz der Herausgeber benannten „Weimarer Ausgabe" in Angriff genommen.

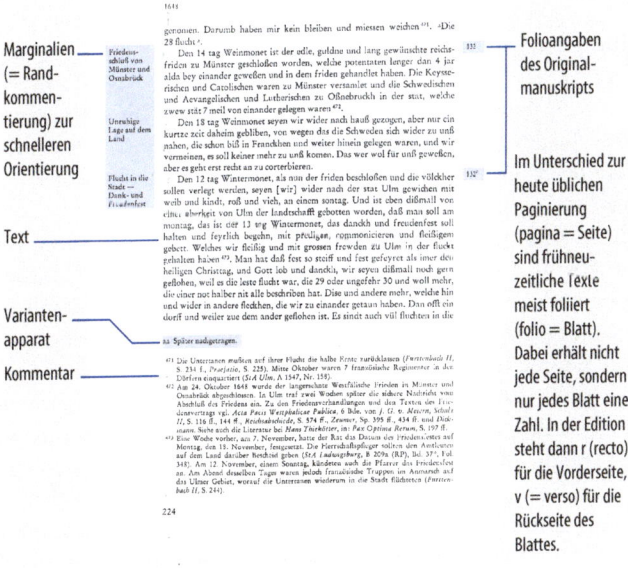

Abb. 2: Eine historisch-kritische Edition: Auszug aus dem „Zeytregister" des bei Ulm lebenden Bauern Hans Heberle aus der Zeit des Dreißigjährigen Krieges.

Politische Großereignisse wie die Reichstage und die Werke „großer Männer" wie Luther – das war es, was den Historismus besonders interessierte. Und wie zu jeder Zeit schlugen und schlagen sich die Interessenschwerpunkte der Historiker und Historikerinnen auch in ihrer Editionstätigkeit nieder. An dieser inhaltlichen Schwerpunktsetzung in der Forschung und bei den Editionen hat sich mittlerweile einiges geändert (→ **Kap. 2.7**). Aber die Regeln, nach denen ediert wird, sind die gleichen geblieben. Zu sehen ist in Abbildung 2 die kritische Edition einer Quelle, für die sich der Historismus nicht interessiert hätte: Es handelt sich um ein Selbstzeugnis, in dem ein Bauer aus der Gegend von Ulm über sein Leben in der Zeit des Dreißigjährigen Krieges berichtet. Im Original ist die Quelle handschriftlich verfasst, hier wird sie in Druckschrift wiedergegeben. Aber da auch die Eigenheiten der Textgestaltung im Original wie etwa spätere Streichungen oder Hinzufügungen von Bedeutung für das Verständnis des Textes sein können, werden sie in Fußnoten vermerkt. Dieser Teil des Anmerkungsapparates wird auch **Variantenapparat** genannt. Denn wenn eine Quelle in mehreren, stellenweise voneinander abweichenden Fassungen vorliegt, werden in diesen Fußnoten die Varianten angegeben, die sich in den unterschiedlichen Exemplaren finden. Hinzu kommt ein zweiter Block im Fußnotenteil, der **Kommentar**. Hier sind sowohl Erklärungen für ungewohnte Wörter als auch Informationen zu den im Text genannten Personen, Orten und Ereignissen zu finden. Aber das ist noch nicht alles, was eine kritische Edition bietet. So dürfen Sie davon ausgehen, dass der Editor bereits die **Echtheit der Quelle** geprüft hat. Überdies enthalten die meisten Editionen eine **Einleitung**, die sowohl eine inhaltliche Einordnung der Quelle vornimmt als auch auf deren Rezeptionsgeschichte eingeht und weitere nützliche Informationen liefert.

Insgesamt können kritische Editionen ihren Benutzern also eine Menge Arbeit ersparen. Sie sind daher gut beraten, auf solche Quellenausgaben zurückzugreifen. Aber bedenken Sie eines: Ihren kritischen Blick auf die Quellen kann auch eine kritische Edition nicht ersetzen! Denn auch bei der Arbeit mit den Quellen hängt alles von der Fragestellung ab, und diese Fragestellung kann keine Edition vorgeben.

Tipp: Arbeit mit Quelleneditonen
Seien Sie kritisch: Auch Quelleneditionen verfolgen Absichten. Manchmal wollen sie ganz ausdrücklich eine bestimmte Auffassung be- oder widerlegen. Und auch wenn dies nicht der Fall ist: Kaum eine Edition kommt umhin, eine Auswahl aus dem existierenden Material zu treffen. Überdies werden oft Kürzungen innerhalb einzelner Texte vorgenommen. Beides, Auswahl wie Kürzungen, folgt bestimmten Kriterien. Und Sie können nicht sicher sein, dass diese Kriterien Ihren eigenen Fragen an die Quellen gerecht werden. Wenn Sie mit Quelleneditionen arbeiten, sollten Sie daher immer deren Konzeption, ihre Absichten und die Kriterien der Auswahl klären. Und noch etwas: Lesen Sie Quellen nach Möglichkeit in der Originalsprache. Jede Übersetzung ist schon eine Interpretation!

Literatur
Klaus Arnold, **Der wissenschaftliche Umgang mit den Quellen**, in: Hans-Jürgen Goertz (Hg.), Geschichte. Ein Grundkurs, Reinbek 1998, S. 42–58.
Johann Gustav Droysen, **Historik**. Historisch-Kritische Ausgabe, hg. von Peter Leyh, Bd. 1, Stuttgart 1977.
  Mittlerweile gibt es die „Historik" auch online: http://www.deutsch estextarchiv.de/book/show/droysen_historik_1868
Im Internet finden sich einige Tutorials zum Umgang mit Quellen, die aus der universitären Lehre hervorgegangen sind, etwa:
Sabine Büttner, **Tutorium Arbeiten mit Quellen**: Einleitung, in: histori cum-estudies.net, http://www.historicum-estudies.net/etutorials/ tutorium-quellenarbeit/
oder: http://www.uni-konstanz.de/FuF/Philo/Geschichte/Tutorium/ Themenkomplexe/Quellen/quellen.html
Mit der Arbeit mit archivalischen, d.h. nicht edierten Quellen befasst sich der Online-Lehrgang der Universität Zürich **„Ad fontes"**: http://www.adfontes.uzh.ch

2 Theoretisches: Frühe Neuzeit als Wissenschaft

2.3 Kann Geschichte objektiv sein?

Die historisch-kritische Methode sorgt für intersubjektive Überprüfbarkeit, Quellen werden kritisch behandelt und kritisch ediert – bei all dieser kritischen Wachsamkeit der Historiker und Historikerinnen könnte man die Geschichtswissenschaft für eine Disziplin halten, der es um die historische „Wahrheit" geht. Aber kann es eine solche Wahrheit überhaupt geben? Kann Geschichte objektiv sein? **Objektiv** zu sein heißt, in der Beobachtung und Beschreibung einer Sache diesem Objekt zu entsprechen, und das heißt auch, alles Subjektive, aus der Person des Beobachters (Subjekt) Stammende auszuklammern. Dass der Historiker als Subjekt die Geschichte als Objekt wirklich objektiv, allein der Sache entsprechend erfassen kann, steht zu bezweifeln. Schließlich ist schon im Begriff der Geschichte ein Spannungsverhältnis zwischen Objekt und Subjekt angelegt: Denn wenn Geschichte nicht nur die Summe des Vergangenen ist, sondern immer auch das Produkt einer Auswahl der Historiker und Historikerinnen (→ **Kap. 2.1.1**), dann kann Geschichte streng genommen nicht objektiv sein. Aber wenn sie das nicht sein kann, was heißt das dann für den Anspruch auf Wissenschaftlichkeit? Nicht nur, wer sich mit Geschichte beschäftigt, wird früher oder später vor diesem Problem stehen. Im so genannten „postfaktischen Zeitalter", in dem „fake news" und „alternative Fakten" durch Medien und Politik geistern, stehen wir alle vielleicht nicht mehr denn je, aber so offensichtlich wie selten zuvor vor der Frage, wo die Trennlinie zwischen persönlicher Anschauung und unhaltbarer Verdrehung der Tatsachen verläuft. Ein Blick auf die Antworten, die im Laufe der Zeit auf diese bis heute aktuelle Frage gegeben worden sind, ist daher nicht nur Historikern und Historikerinnen zu empfehlen.

2.3.1 „Zeigen, wie es eigentlich gewesen": das Postulat der Unparteilichkeit

Am Anfang der Debatte über die Objektivität der modernen Geschichtswissenschaft steht ein berühmtes Zitat eines ebenso berühmten Historikers. **Leopold von Ranke (1795–1886)**, der dank seiner grundlegenden Beiträge zur Verwissenschaftlichung des Faches oft auch als Begründer der modernen Geschichtswissenschaft bezeichnet wird, schrieb im Blick auf die Aufgabe der Geschichtswissenschaft: Der Historiker wolle „**bloß zeigen, wie es eigentlich gewesen**". Dieser Satz gehört zu den am meisten zitierten Aussagen zum Fach Geschichte überhaupt, und das nicht ohne Grund. So verbergen sich in Rankes schlichten Worten zwei grundlegende Einschätzungen der Geschichte und ihrer Erforschbarkeit. Zum einen gibt es für Ranke eine „eigentliche", einzige Geschichte, die so und nicht anders verlaufen ist, und damit auch nur eine einzige historische Wahrheit. Zum anderen sind Historiker prinzipiell imstande, diese eine und einzige historische Wahrheit zu erkennen und sie zu „zeigen", also darzustellen. Wie dieses Ziel für Ranke zu erreichen ist, liegt auf der Hand. Schließlich hat der – wie nach ihm Droysen – in Berlin lehrende Historiker die historische Methodenlehre des Historismus zwar nicht schriftlich festgehalten, aber doch gedanklich miterarbeitet. Und so führt der Weg zur historischen Wahrheit für Ranke über die Quellen und deren historisch-kritische Bearbeitung.

Diese Ansicht war im Kern keineswegs neu. Schon Thukydides hatte es für möglich gehalten, durch die strenge Unterscheidung zwischen Erdachtem (**res fictae**) und Tatsächlichem (**res factae**) zu erkennen, „wie es eigentlich gewesen". Aber da Ranke diese Position in der entstehenden Geschichtswissenschaft verankerte und mit dem Hinweis auf die Quellen zugleich den methodischen Weg zur Erkenntnis beschrieb, verband sich sein Name untrennbar mit dieser Ansicht. Dem Andenken des armen Ranke ist das nicht gut bekommen. So ist er für kritische Geister, die nicht an die Möglichkeit objektiver Erkenntnis glauben, zum Inbegriff eines naiven,

2 Theoretisches: Frühe Neuzeit als Wissenschaft

unkritischen Erkenntnisoptimismus geworden. Das aber ist etwas ungerecht. Denn Ranke wusste sehr wohl, dass auch die Person des Historikers und somit subjektive Faktoren in der Geschichtswissenschaft eine Rolle spielen: „Die Absicht eines Historikers hängt von seiner Ansicht ab." Und weil er das wusste, forderte er von den Historikern absolute Unparteilichkeit. In diese Richtung zielte im Übrigen auch seine vielzitierte, aber oft aus dem Zusammenhang gerissene Aussage. Ranke wandte sich nämlich ausdrücklich gegen die noch zu seiner Zeit dominierende Geschichtsschreibung der Aufklärung, die durch einen festen Glauben an den Fortschritt charakterisiert war und daher auch in der Geschichte eine Entwicklung zum Besseren erkennen wollte. Folglich neigten die Geschichtsschreiber der Aufklärung dazu, ihre eigene Gegenwart höher zu schätzen als die Vergangenheit und diese Vergangenheit mit moralischen Kategorien in bessere und schlechtere Zeiten einzuteilen. Genau darauf bezog sich Ranke in der Vorrede zu seinem Erstlingswerk von 1824: „Man hat der Historie das Amt, die Vergangenheit zu richten, die Mitwelt zum Nutzen zukünftiger Jahre zu belehren, beigemessen. So hoher Ämter unterwindet sich gegenwärtiger Versuch nicht: er will blos zeigen, wie es eigentlich gewesen." (Geschichten der romanischen und germanischen Völker von 1494 bis 1514, Vorrede).

Dass er um die Schwierigkeiten wusste, alle subjektiven Faktoren aus dem Erkenntnisprozess auszuklammern, belegt ein Stoßseufzer des großen Ranke: „Ich wünschte mein Selbst gleichsam auszulöschen und nur die Dinge reden [...] zu lassen." (Englische Geschichte, Beginn des 5. Buchs). Aber für ihn blieb es dabei: Objektivität ist möglich, Unparteilichkeit daher die Pflicht eines jeden Historikers. In Ranke'scher Klarheit lautete die Aufgabe der Geschichtswissenschaft daher: „kritisches Studium der echten Quellen, unparteiische Auffassung, objektive Darstellung".

2.3.2 „Sehepunkte": die Standortgebundenheit historischer Erkenntnis

Was aber, wenn sich subjektive Faktoren nie ganz aus dem Erkenntnisprozess ausklammern lassen, wenn Geschichte also gar nicht objektiv sein kann und das Postulat der Unparteilichkeit eine Illusion ist? Solche Zweifel wurden bereits geäußert, bevor Ranke sein Postulat der Unparteilichkeit aufstellte. So schrieb schon **Johann Martin Chladenius** in seiner „Allgemeinen Geschichtswissenschaft" von 1752: „Die Geschichte ist einerlei, die Vorstellung aber davon ist verschieden und mannigfaltig." Schuld daran seien die so genannten **Sehepunkte**, die Standpunkte oder Perspektiven also, von denen aus verschiedene Menschen die Dinge eben auch unterschiedlich sehen: „Aus dem Begriff des Sehepunktes folgt, dass Personen, die eine Sache aus verschiedenen Sehepunkten sehen, auch verschiedene Vorstellungen von der Sache haben müssen." Auch das war keine grundlegend neue Einsicht. Neu und zukunftsweisend war aber, dass Chladenius den Einfluss subjektiver Faktoren differenzierte und unterschiedlich bewertete: Auf der einen Seite sah er die **Standortgebundenheit oder Perspektivität** des Historikers: Jede historische Darstellung ist abhängig von den jeweils eigenen Lebensumständen des Betrachters, von seinen persönlichen Einstellungen und Interessen. Da dies unvermeidlich so ist, hielt Chladenius den Anspruch auf absolute Objektivität ebenso wie die später von Ranke formulierte Vorstellung, man könne sein „Selbst gleichsam auslöschen", für eine Illusion. Und weil alle Darstellung von Geschichte perspektivisch gebrochen ist, lässt sich auch nicht beschreiben, „wie es eigentlich gewesen". Völlig freie Bahn haben die subjektiven Faktoren damit aber nicht. So sah Chladenius als Gegenüber der unvermeidlichen Standortgebundenheit die durchaus vermeidbare und auch unbedingt zu vermeidende **Parteilichkeit**. Parteilichkeit, verstanden als das Verdrehen von Tatsachen wider besseres Wissen, ist unzulässig, und um solchen Verzerrungen zu entgehen, hat sich der Historiker auf das Ideal einer möglichst objektiven, nicht wertenden Beurteilung der Quellen zu verpflichten.

2 Theoretisches: Frühe Neuzeit als Wissenschaft

Die Standortgebundenheit des Historikers ist als unvermeidlich hinzunehmen, Parteilichkeit gilt es hingegen zu vermeiden – mit dieser Differenzierung war eine Alternative zu der mit Ranke identifizierten Forderung nach einer interesselosen, ja selbstlosen Forschung geboten. Und diese Alternative sollte sich schließlich auch durchsetzen. So wurde die Perspektivität der historischen Forschung vor allem nach der Blütezeit des Historismus zunehmend akzeptiert und nun auch methodisch verstärkt reflektiert. Im so genannten **Werturteilstreit** um 1900 erklang zwar nochmals die alte Forderung nach vollständiger Wertfreiheit der Forschung. Aber in dieser Debatte wurde auch die Position formuliert, die bis heute Gültigkeit hat. Sie stammt von einem Denker, der als Begründer der Soziologie gilt, aber auch einige für die Geschichtswissenschaft grundlegende Texte geschrieben hat und uns noch des Öfteren begegnen wird: **Max Weber (1864–1920)**. Als Antwort auf die an Ranke gemahnende Forderung nach Wertfreiheit unterschied Weber zwischen Werturteilen und Wertbeziehung. Werturteile sind moralische Bewertungen, die wissenschaftlich nicht begründbar und daher als solche zu kennzeichnen oder ganz zu vermeiden sind. Die Wertbeziehung hingegen ist unvermeidlich: Wir müssen aus der unendlichen Vielfalt der historischen Phänomene auswählen, was uns interessant erscheint, und da diese Auswahl von unseren eigenen Lebensbedingungen und Denkweisen, von den leitenden Wertideen unserer eigenen Zeit abhängt, ist die historische Forschung immer auf Werte bezogen. Deswegen kann es, so Weber, keine schlechthin objektive, von eigenen Werten freie Analyse der Geschichte geben. Wie aber kann dann die Geschichte an ihrem Anspruch festhalten, eine Wissenschaft zu sein? Ganz einfach: Indem die Historiker ihre leitenden Wertideen (der Philosoph Jürgen Habermas [geb. 1929] sprach später vom „**erkenntnisleitenden Interesse**") reflektieren und offenlegen. Warum wir uns wofür interessieren, müssen wir uns selbst und auch anderen gegenüber klarmachen. Objektivität ist in diesem Verständnis also nicht das Gegenteil von Subjektivität. Objektivität entsteht vielmehr durch den reflektierten Umgang mit der Subjektivität, mit der eigenen Standortgebundenheit.

Außerdem, und dieser Punkt ist mindestens ebenso wichtig, heißt Standortgebundenheit ja keineswegs Beliebigkeit! Schon Chladenius hatte auf die Notwendigkeit hingewiesen, die eigenen Aussagen an den Quellen zu überprüfen. Und nichts anderes meinte der Historiker Reinhart Koselleck (1923–2006) mit seiner berühmt gewordenen Formulierung vom **„Vetorecht der Quellen"**: Quellen können uns zwar nicht sagen, was wir sagen sollen, aber sie sagen uns, was wir nicht sagen dürfen.

Info: Das Vetorecht der Quellen
„Streng genommen kann uns eine Quelle nie sagen, was wir sagen sollen. Wohl aber hindert sie uns, Aussagen zu machen, die wir nicht machen dürfen. Die Quellen haben ein Vetorecht. Sie verbieten uns, Deutungen zu wagen oder zuzulassen, die aufgrund eines Quellenbefundes schlichtweg als falsch oder als nicht zulässig durchschaut werden können. Falsche Daten, falsche Zahlenreihen, falsche Motiverklärungen, falsche Bewußtseinsanalysen: all das und vieles mehr läßt sich durch Quellenkritik aufdecken. Quellen schützen uns vor Irrtümern, nicht aber sagen sie uns, was wir sagen sollen."
Reinhart Koselleck, Standortbindung und Zeitlichkeit. Ein Beitrag zur historiographischen Erschließung der geschichtlichen Welt (1977), in: Ders., Vergangene Zukunft. Zur Semantik geschichtlicher Zeiten, Frankfurt a. M. 1989, S. 176–207, hier S. 206.

Quellen sind folglich ein wichtiges Korrektiv gegenüber subjektiven Faktoren in der historischen Forschung: Nur mit kritisch bearbeiteten, in ihrem Vetorecht ernst genommenen Quellen werden historische Aussagen belegbar und für andere nachvollziehbar. Quellen sorgen also für die intersubjektive Überprüfbarkeit, und mit dieser Überprüfbarkeit durch andere ist ein wesentliches Kriterium von Wissenschaftlichkeit erfüllt. Aber was, wenn Historiker die Quellen und Fakten, die gegen ihre Deutung sprechen, übersehen oder gar absichtlich verschweigen? Dann stehen genug

2 Theoretisches: Frühe Neuzeit als Wissenschaft

andere Historiker und Historikerinnen bereit, um das Vetorecht der Quellen ernst zu nehmen und die nötigen Gegenargumente vorzubringen. Dies verweist auf ein weiteres Argument gegen die angebliche Beliebigkeit der Forschung: Geschichtswissenschaftliche Erkenntnis ist keine Einzelleistung, sie ist ein **Prozess**. In diesem Prozess können historische Aussagen nur einen begrenzten, keinen absoluten Wahrheitsanspruch erheben. Sie sind prinzipiell FALSIFIZIERBAR und korrigierbar, und zwar durch Überprüfung und neue Diskussion. Kriterium für die Gültigkeit historischer Aussagen ist hierbei nicht eine absolute Objektivität oder Wahrheit, die es nicht geben kann, sondern die Zustimmung der anderen Historiker und Historikerinnen. Und diese Zustimmung wird umso größer sein, je näher sich eine historische Arbeit dem Ideal der Objektivität nähert. Absolute Objektivität lässt sich nicht erlangen, aber es gibt objektivere und weniger objektive Arbeiten. Und weil vom erreichten Maß der Objektivität die Überzeugungskraft historischer Studien abhängt, kann man mit Thomas Nipperdey den Anspruch auf Objektivität als Ideal, als „**regulative Idee**" der Forschung bezeichnen.

Insgesamt können wir festhalten: Es gibt nicht die historische Wahrheit, und es gibt nicht die Geschichte. Wir können nicht „zeigen, wie es eigentlich gewesen", wir können nur Deutungen liefern, und dabei sind wir immer an unseren Standpunkt gebunden. Weil diese Standortgebundenheit unvermeidlich ist, kann es absolute Objektivität nicht geben. Dennoch sind Perspektivität und Objektivität keine unvereinbaren Gegensätze, die man gegeneinander ausspielen sollte. Gerade, weil wir um unsere Standortgebundenheit wissen, müssen wir am Ideal der Objektivität festhalten: durch den reflektierten Umgang mit subjektiven Faktoren wie unseren erkenntnisleitenden Interessen, die es offenzulegen gilt, und durch die Ausrichtung unserer Forschungsarbeit an der Objektivität als regulativer Idee. So mag es nicht die eine, immer gültige historische Wahrheit geben. Aber es kann auch nicht jeder behaupten, was ihm oder ihr gerade einfällt: Historiker und Historikerinnen haben Standpunkte zu reflektieren und Aussagen mit

Quellenbelegen intersubjektiv überprüfbar zu machen; was dieser Überprüfung nicht standhält, kann keinen Anspruch auf Gültigkeit erheben. Und auch alle anderen Zeitgenossen sind gut beraten, dem Gerede von der postfaktischen Beliebigkeit das „Vetorecht der Quellen" entgegenzuhalten. Dass Perspektivität und Objektivität keine Gegensätze, sondern aufeinander bezogene Momente des Erkenntnisprozesses sind, macht im Übrigen eine weitere Beobachtung deutlich: Gerade weil historische Forschung immer standortgebunden bleiben wird, kann sie nie zu einem Ende kommen. Veränderte Lebensbedingungen in der Gegenwart eröffnen neue Fragen und Perspektiven auf die Geschichte. Und so ist es letztendlich die Standortgebundenheit der Historiker, die den Erkenntnisprozess voranbringt. Perspektivität als Antriebskraft der Forschung und damit als Chance – auch das hat bereits Max Weber gesehen: „Es gibt Wissenschaften, denen ewige Jugendlichkeit beschieden ist, und das sind alle historischen Disziplinen, alle die, denen der ewig fortschreitende Fluß der Kultur stets neue Problemstellungen zuführt."

2.3.3 Alles nur Fiktion? Der Linguistic Turn und die Folgen

Mit der Standortgebundenheit ist die historische Methodologie fertig geworden: Dass eine absolute Objektivität nicht erreichbar ist, nimmt der Geschichte nicht ihren Charakter als Wissenschaft. Eine neue Herausforderung an die Objektivität und Wissenschaftlichkeit historischer Erkenntnis stellte erst der so genannte **Linguistic Turn** in den 1980er Jahren dar. Diese LINGUISTISCHE oder „sprachliche Wende" sollte sich allerdings schnell zu einem Frontalangriff auf das Fach als Wissenschaft auswachsen.

Der Siegeszug dieses Ansatzes und die damit verbundene Hinwendung zur Sprache (nichts anderes bedeutet „Linguistic Turn") wurde in der Geschichtswissenschaft mit einer gewissen Skepsis verfolgt. Denn wenn die Geschichtswissenschaft diesen Ansatz in seiner ganzen Schärfe akzeptierte, würde sie sich ihres Gegenstandes, der Geschichte als Realität jenseits der Sprache, berauben und

2 Theoretisches: Frühe Neuzeit als Wissenschaft

> *Info: Der Lingusitic Turn*
>
> *Was ist der „Linguistic Turn"? Dieser Begriff bündelt eine Reihe von Denkansätzen des 20. Jahrhunderts. Im Detail können diese Ansätze sehr unterschiedlich sein, im Kern verbindet sie alle die Skepsis gegenüber der Sprache, besser gesagt: die Skepsis gegenüber der Vorstellung, Sprache sei ein transparentes, wenn nicht gar neutrales Medium, mit dem sich die Wirklichkeit erfassen und beschreiben lasse. Diese traditionelle Bestimmung des Verhältnisses von Sprache und Wirklichkeit lehnen die Vertreter des Linguistic Turn ab. Sie gehen stattdessen davon aus, dass sich die Sprache auf nichts außerhalb der Sprache bezieht, dass sie viel mehr ein sich selbst regulierendes System von Zeichen ohne jede Anbindung an die Wirklichkeit ist. Dieser Gedanke fußt auf dem so genannten „Zeichenmodell" des Sprachforschers **Ferdinand de Saussure** (1857–1913), für den Sprache eine reine Konvention ist: Wir nennen einen Stuhl allein deswegen „Stuhl", weil wir uns darauf geeinigt haben, dass diese Lautkette diesen Gegenstand bezeichnet. Mit der außersprachlichen Wirklichkeit hat das nichts zu tun. Wir könnten denselben Gegenstand theoretisch auch „Topf" nennen, ohne dass es den Gegenstand verändern würde. Wir hätten dann lediglich ein kleines Kommunikationsproblem mit unserem Umfeld. Gleichzeitig gilt den Vertretern des Linguistic Turn die Sprache als eine unhintergehbare Bedingung des Denkens. Jede menschliche Erkenntnis ist durch Sprache strukturiert, aber weil diese Sprache sich auf nichts außerhalb ihrer selbst bezieht, kann man mit dem Denken und Erkennen nicht mehr zur Wirklichkeit vordringen. Wir können uns daher nicht mit der Wirklichkeit, sondern nur noch mit der Sprache beschäftigen. Sprache und damit Text ist der einzige thematisierbare Gegenstand überhaupt. Genau das steckt hinter dem ebenso rätselhaften wie berühmten Satz des französischen Philosophen Jacques Derrida (1930–2004): „Il n'y a pas de hors-texte" – **„Es gibt nichts außer Text"** oder wörtlich übersetzt: „Ein Text-Äußeres gibt es nicht".*

2.3 Kann Geschichte objektiv sein?

sich damit in letzter Konsequenz selbst abschaffen. Dennoch sind auch hier Auswirkungen der ursprünglich aus der Sprachphilosophie und Literaturtheorie stammenden Wende zu spüren. Vereinfacht könnte man sagen: Das Interesse an Sprache ist auch in der Geschichtswissenschaft gestiegen, und das in doppelter Hinsicht. Zum einen wird die Sprache als historischer Untersuchungsgegenstand ernster genommen. Dies wird uns unter den Stichworten „Begriffs"- und „Diskursgeschichte" (→ **Kap. 2.7.3**) näher beschäftigen. Zum anderen, und das ist im Blick auf die Debatte über die Objektivität historischer Erkenntnis wichtig, wuchs mit dem Linguistic Turn wieder das Interesse an der Darstellung der Geschichte. Wie Geschichte zu schreiben sei – diese Frage hatte bis ins 18. Jahrhundert hinein im Mittelpunkt des Nachdenkens über Geschichte gestanden, um spätestens mit dem Historismus in den Hintergrund zu treten. Jetzt aber rückte das Schreiben der Geschichte wieder ins Zentrum der Debatte. Aufbauen konnte die neue Diskussion auf der Einsicht, dass jede geschichtswissenschaftliche Darstellung eine **narrative Struktur** hat und damit eine **Erzählung** ist. Um Missverständnisse zu vermeiden, sollte man zwei Bedeutungen des Begriffs „Erzählung" auseinanderhalten: Im traditionellen und alltagssprachlichen Verständnis ist mit Erzählung eine kunstvolle, mit literarischen Mitteln ausgeschmückte Präsentation eines Geschehens gemeint. In seiner hier gebrauchten literaturtheoretischen Bedeutung bezeichnet der Begriff „Erzählung" hingegen die Darstellungsform, die jede historische Aussage strukturiert. Dementsprechend ist die narrative Struktur nicht gleichzusetzen mit dem romanhaften Erzählen oder gar Erfinden. Vielmehr verweist dieser Begriff darauf, dass Historiker und Historikerinnen eine Geschichte erzählen, wenn sie etwas erklären wollen, dass die Erklärung historischer Sachverhalte also immer in der Form einer Erzählung mit Anfang und Ende und somit in Form einer Narration daherkommt. Aber auch wenn man diese Begriffe säuberlich auseinanderhält, wird man sich fragen können, welchen Einfluss die narrative Struktur einer historischen Darstellung auf ihren Inhalt hat. Genau das tat der amerikanische Histo-

2 Theoretisches: Frühe Neuzeit als Wissenschaft

riker **Hayden White**. In seinem Buch „Metahistory" von 1973 analysierte White berühmte Werke der Geschichtsschreibung mit Blick auf ihre literarischen, d. h. poetischen und rhetorischen Aspekte: nicht etwa, um Tipps für einen guten Stil zu geben, sondern vielmehr, weil er zeigen wollte, dass die narrative Struktur, die Art des Erzählens, den Inhalt eines Textes weit mehr bestimmt als die untersuchten Fakten. Die Verknüpfung historischer Fakten zu einem Ganzen sei ein dichterischer Akt, Geschichtsschreibung daher enger verwandt mit fiktionaler Literatur, als sie selbst gerne glauben möchte. **Auch Klio dichtet**, lautet die Formel, auf die Hayden White seine Position brachte. Klio war die Tochter von Göttervater Zeus und von Mnemosyne und zählt zu den neun Musen. Dass sie als Muse der Geschichtsschreibung nicht nur auch, sondern ausschließlich dichtet, dass Historiker und Historikerinnen also keine Wissenschaftler, sondern Dichter seien, ist die radikale Schlussfolgerung aus diesen Beobachtungen.

Mit dieser Lesart des Linguistic Turn konnten sich die Berufshistoriker (und die langsam zunehmende Zahl der Berufshistorikerinnen) aus naheliegenden Gründen nicht anfreunden. Aber dass Geschichtsschreibung immer eine Erzählung mit Anfang und Ende ist und damit auch eine narrative Struktur hat, dass Historiker also eine Geschichte erzählen, wenn sie historische Sachverhalte erklären wollen, dass sie dabei in der Tat mit Mitteln der Fiktion arbeiten, sobald sie mehr tun als Fakten aufzuzählen, dass also die Darstellung keineswegs nur instrumentellen Charakter hat, wie Ernst Bernheim geglaubt hatte (→ **Kap. 2.1.2**) – all das wird seit dem Linguistic Turn verstärkt reflektiert.

Die vom Linguistic Turn wiederbelebte Diskussion über den zwingend narrativen Charakter jeder Geschichtsschreibung erinnerte auch daran, dass die literarisch anspruchsvolle Darstellung von Geschichte keineswegs identisch ist mit Unwissenschaftlichkeit. So hat der Linguistic Turn mit seinem Interesse an der Art, Geschichte zu schreiben, die Geschichte nicht ihrer Wissenschaftlichkeit beraubt. Im Gegenteil: Entgegen der ursprünglichen Intention dieser Autoren wurde in den Debatten um White und andere klar, dass Geschichtswissenschaft auch dann eine Wissenschaft bleiben kann, wenn man ihre Produkte mit Vergnügen liest.

Literatur

Jürgen Habermas, **Erkenntnis und Interesse**, Frankfurt am Main 1968.

Wolfgang Hardtwig, **Formen der Geschichtsschreibung**: Varianten des historischen Erzählens, in: Hans-Jürgen Goertz (Hg.), Geschichte. Ein Grundkurs, Reinbek 1998, S. 169–188.

Georg G. Iggers, **Geschichtswissenschaft im 20. Jahrhundert.** Ein kritischer Überblick im internationalen Zusammenhang, Göttingen 2007, v. a. S. 101–110 zum Linguistic Turn.

Achim Landwehr, **Die anwesende Abwesenheit der Vergangenheit.** Essay zur Geschichtstheorie, Frankfurt am Main 2016, v. a. S. 89–117 zu Wirklichkeit und S. 190–208 zu Wahrheit.

Thomas Nipperdey, **Kann Geschichte objektiv sein?**, in: GWU 30 (1979), S. 329–342.

Max Weber, **Die „Objektivität" sozialwissenschaftlicher und sozialpolitischer Erkenntnis** (1904), in: Ders., Schriften zur Wissenschaftslehre, Stuttgart 1991, S. 21–101.

2.4 Zugänge zur Geschichte: Verstehen und Erklären

Geschichtswissenschaft möchte historische Sachverhalte ermitteln. Aber was heißt das genau? Will das Fach individuelle Phänomene beschreiben oder generalisierende Aussagen treffen? Verbergen sich hinter den Sachverhalten also einzelne Menschen, ihr Denken, Handeln und Empfinden? Oder geht es eher um überpersönliche Strukturen und Entwicklungsprozesse? Und was bedeutet „ermitteln"? Welche Verfahren sind damit gemeint? Um diese elementaren Fragen an das Fach zu beantworten, werden im Folgenden die zentralen Verfahrensweisen der Geschichtswissenschaft vorgestellt: das Verstehen (die Hermeneutik) und das Erklären (die Analytik).

Dabei wird sich zeigen, dass es hier nicht nur um technische Verfahren geht, sondern um unterschiedliche Zugänge zur Geschichte. Kurz gesagt: Erst das gewählte Verfahren bestimmt darüber, wie die historisch-kritische Methode mit ihrem Dreischritt aus Heuristik, Quellenkritik und Interpretation konkret durchgeführt wird. So unterscheiden sich je nach Verfahren das Verständnis von den Kräften, die die historische Entwicklung vorantreiben, damit auch die Themenfelder, die bevorzugt untersucht werden, die Fragen, die an die Geschichte gestellt werden, die Quellen, die im Vordergrund stehen, und nicht zuletzt auch die Art, Geschichte zu schreiben.

Verstehendes Verfahren und erklärendes Verfahren	
hermeneutisch	analytisch
Sinn	Kausalität
Intention, Selbstverständnis, Motivation, Emotion	Ursachen, Wirkungen, Folgen
der Mensch, das Individuum	Gruppen, Schichten, Klassen
Singuläres	Gesetzmäßigkeiten
das Einmalige	das Allgemeine
Handlung	Struktur
intentional, weil personal	nicht-intendiert, weil abstrahiert, anonym
einfühlendes Nacherleben	kaltes Analysieren
idiographisch (das Einzelne beschreibend)	nomothetisch (nach Gesetzen suchend), nomologisch (um Gesetze wissend)

Allerdings sollte auch deutlich werden, dass sich diese beiden Verfahren keineswegs ausschließen. Zwar ist die Entwicklung des Fachs als Wissenschaft von einer oft erbittert geführten Debatte um das Verstehen und Erklären geprägt. Aber wie der abschließende Blick

2.4 Zugänge zur Geschichte: Verstehen und Erklären

auf diese Debatte zeigen wird, resultiert der Streit nicht selten aus einem Missverständnis. Um diese Missverständnisse zu vermeiden, sollten Sie sich von Anfang an zweierlei klar machen: Zum einen haben die in der Alltagssprache nahezu austauschbaren Begriffe „Verstehen" und „Erklären" im Kontext der Methodendiskussion eine engere Bedeutung: Im wissenschaftlichen Sprachgebrauch heißt „Verstehen", nach dem Sinn zu fragen, der Sachen, Vorgängen oder Handlungen zugeschrieben wird. „Erklären" heißt hingegen, Phänomene auf ihre Ursachen zurückzuführen. Zum anderen, und das macht die Angelegenheit so verwirrend, will auch das verstehende Verfahren historische Sachverhalte erklären, also auf ihre Ursachen zurückführen. Der Unterschied zwischen Erklären und Verstehen besteht also nicht darin, dass Erklären nach kausalen Zusammenhängen fragt, während das Verstehen von Ursachen und Wirkungen nichts wissen will. Der Unterschied besteht vielmehr darin, dass die verstehende Methode die Ursachen in anderen Bereichen sucht als die erklärende Methode: Hermeneutische, also verstehende Ansätze ermitteln die Ursachen menschlichen Handelns in den **INTENTIONEN,** d. h. den Absichten der Akteure, analytische, also erklärende Ansätze suchen sie in den strukturellen Bedingungen des menschlichen Lebens.

2.4.1 Verstehen

Schon die Begriffspaare in der Tabelle machen deutlich, dass es sich beim Verstehen und Erklären nicht nur um verschiedene Erkenntnisweisen handelt, sondern auch um verschiedene Erkenntnisgegenstände. **Verstehen** fragt nach dem **Sinn**, den Menschen sich selbst, der Welt und ihren Handlungen geben. Verstehen will man das Selbstverständnis und die Weltsicht, die Intentionen, Motivationen und Emotionen von Menschen, von konkreten Menschen in konkreten Situationen. Es geht hier also nicht um Gesetzmäßigkeiten, es geht um das individuelle Denken und Handeln in einmaligen, so nicht wiederkehrenden Situationen. Deren Einzigartigkeit lässt sich daher nicht in allgemeine Aussagen fassen oder gar aus Gesetzen ableiten, sie lässt sich nur beschreiben. Da es beim Verstehen um die Deutung des menschlichen Handelns geht, könnte man das Verfahren als einfühlendes Nacherleben, als Sich-Hineinversetzen umschreiben. Für dieses Verfahren gibt es allerdings auch einen Fachbegriff: die **HERMENEUTIK**. Ganz allgemein ist Hermeneutik definiert als das Verstehen von Sinnzusammenhängen in menschlichen Lebensäußerungen aller Art. Im engeren Sinne bezeichnet der Begriff die Kunst der Textauslegung, also das Verstehen von Texten, die Interpretation. Dieser Hinweis auf Texte und damit auf Quellen sollte vor dem Missverständnis bewahren, das Verstehen sei ein allein auf Intuition gegründetes, wissenschaftlich nicht kontrollierbares Verfahren. Hermeneutik kann zwar in der Tat keinen Anspruch auf absolut gültige Interpretation erheben: „Die Möglichkeit, dass der andere Recht hat, ist die Seele der Hermeneutik", schrieb der wichtigste Vertreter der modernen Hermeneutik, **Hans-Georg Gadamer** (1900–2002). Aber der andere, mit dem wir über unsere Interpretation streiten, ist im Fall der Geschichtswissenschaft nicht nur der andere Historiker, sondern auch und vor allem der historische Akteur. Weil wir verstehen wollen, welchen Sinn er seinen Handlungen, der Welt und sich selbst beigemessen hat, müssen wir alle Zeugnisse über ihn, die Quellen, möglichst kritisch behandeln. Und weil sich Sinnstiftungen heute wie in der Vergangenheit nicht im luftleeren Raum abspielen, haben wir stets auch den historischen Kontext der Handlungen und Äußerungen zu berücksichtigen. Dabei kommt es im Übrigen nicht darauf an, ob die historischen Akteure mit ihren Deutungen der Welt jeweils Recht hatten oder nicht: Nehmen wir den Sturm auf die Bastille am 14. Juli 1789. Die Pariser Bevölkerung stürmte dieses Gefängnis, weil es ihr als Symbol der Monarchie erschien und sie diese Monarchie für den Anstieg der Brotpreise verantwortlich machte. Dass das Gefängnis so gut wie leer und die Teuerung mitnichten die Schuld der Krone war, spielt für die hermeneutische Erklärung dieses Ereignisses keine Rolle. Historiker und Historikerinnen sind dank ihrer rückschauenden Perspektive notorische „Besserwisser". Aber

2.4 Zugänge zur Geschichte: Verstehen und Erklären

das sollte uns nicht dazu verführen, das Handeln der Menschen an unseren heutigen Maßstäben und Kenntnissen zu messen.

Wie die Auslegung eines Textes und damit auch die hermeneutische Interpretation einer Quelle funktionieren, wird gern mit dem Ausdruck **hermeneutischer Zirkel** umschrieben. Hinter diesem Bild verbirgt sich ein abstraktes Prinzip: Das Ganze wird aus dem Einzelnen und das Einzelne aus dem Ganzen verstanden. Vereinfacht ausgedrückt heißt das, dass wir zunächst die einzelnen Bestandteile (Wörter, Sätze, Absätze) eines Textes verstehen müssen, um das Textganze zu verstehen, dass sich aber im Lichte des Textganzen unser Verständnis der einzelnen Textbestandteile wieder ändern kann. Dieses Prinzip gilt nicht nur für das Verhältnis von einzelnen Wörtern oder Sätzen zum Gesamttext, sondern auch für andere Bereiche, etwa für den Zusammenhang von Text und Kontext: Durch den Kontext verstehen wir den Text besser, aber durch den Text sehen wir auch manchmal den Kontext klarer. Insgesamt lässt sich das hermeneutische Verfahren der Quelleninterpretation als Prozess des zunehmenden Verständnisses beschreiben. Und da dieser Prozess anders als bei einem Zirkel niemals zurück an den Ausgangspunkt führt, sollte man statt von einem hermeneutischen Zirkel wohl besser von der hermeneutischen Spirale sprechen.

Doch gleichgültig, wie weit wir es auf dieser hermeneutischen Spirale nach oben schaffen: Zwischen uns und dem Text wird immer eine Kluft bestehen bleiben, die so genannte **hermeneutische Differenz**. In Zeiten des Historismus wollte man dies nicht wahrhaben und glaubte stattdessen, durch Einfühlen die Differenz oder Distanz überwinden zu können. In der heutigen Hermeneutik geht es eher darum, die Differenz, das uns Fremde in den Texten und Phänomenen, zu akzeptieren und durch eine möglichst mikroskopische, so genannte **dichte Beschreibung** zu erfassen.

Welche Art von Quellen für hermeneutische Ansätze bevorzugt in Frage kommen, liegt auf der Hand: die Traditionsquellen, die ja gerade dadurch definiert sind, dass ihre Autoren ihre Sicht der Dinge mitteilen wollen. Welche Themen mit Hilfe hermeneutischer Ansätze zu erschließen sind, ist ebenfalls offenkundig: Wo Menschen denken und handeln, ist die Hermeneutik gefragt. Hinter dieser schlichten Aussage verbirgt sich allerdings eine grundlegende Festlegung: Wer bevorzugt mit hermeneutischen Methoden arbeitet, dürfte von der Annahme ausgehen, dass die Menschen selbst die treibende Kraft der historischen Entwicklung sind. Eine Variante dieser Grundüberzeugung kennen Sie: „**Männer machen Geschichte**", verkündete der Berliner Historiker **Heinrich von Treitschke** (1834–1896). Und wie der auf Grund seiner oft schon demagogischen politischen Stellungnahmen bis heute umstrittene Treitschke interessierten sich auch die sympathischeren Vertreter des Historismus für die „großen Männer". Große Männer, das sind im Verständnis des Historismus, der als erste Hochphase der historischen Hermeneutik gilt, vielleicht auch Denker, doch vor allem Staatsmänner. Und so konzentrierte sich der Historismus denn auch vorrangig auf die politische Geschichte, die er aus den Handlungen dieser Männer zusammensetzte und mit deren Intentionen erklärte. In jüngeren hermeneutisch orientierten Ansätzen hat sich das Interesse von den großen Männern auf die kleinen Leute verschoben, auf deren Alltag, auf die so genannte „Volkskultur". Aber auch hier ist die Auffassung spürbar, dass die Menschen ihre Geschichte selbst machen oder doch mindestens in den Mittelpunkt der historischen Betrachtung gehören.

Und noch etwas verbindet die hermeneutischen Ansätze älteren und jüngeren Datums: Eben weil es ihnen um die Menschen und deren Handeln und Leiden in der Vergangenheit geht, führt diese Art der Geschichtsbetrachtung häufig zu einer Geschichtsschreibung, die für **erzählende Formen und literarische Mittel** offener ist als andere. Dies gilt im Übrigen auch umgekehrt: So präsentieren historische Spielfilme, die der Anschaulichkeit und dem Erfolg zuliebe bewusst mit erzählerischen und künstlerischen Mitteln arbeiten, vorrangig jene Aspekte ihres Themas, die in der Forschung mit hermeneutischen Ansätzen bearbeitet werden. Luthers Ringen um das Seelenheil lässt sich eben besser darstellen als die

2.4 Zugänge zur Geschichte: Verstehen und Erklären

Abb. 3: „Männer machen Geschichte" – wenigstens im Film. Szene aus dem Kinofilm „Luther" von 2003.

nicht-intentionalen Strukturen der Kirche, und eine Szene wie der (angebliche!) Thesenanschlag (→ **Abb. 3**) vom 31. Oktober 1517 gibt in filmischer Hinsicht deutlich mehr her als eine mühsame Rekonstruktion der politischen Verhältnisse. Dass Luther seine 95 Thesen höchstwahrscheinlich nie angeschlagen, sondern lediglich mit der Post verschickt hat, scheint die Regisseure wenig zu stören. Das Drehbuch zu diesem Film, und damit kommen wir zu einem Beispiel für hermeneutische Ansätze in der historischen Forschung, hätte von Ranke stammen können. Über Luthers Ringen um das Seelenheil in seiner Zeit als Mönch im Erfurter Kloster erfahren wir bei Ranke: „Wie hätte er aber hier Ruhe finden sollen, in all der aufstrebenden Kraft jugendlicher Jahre hinter die enge Klosterpforte verwiesen, in eine niedrige Zelle mit der Aussicht auf ein paar Fuß Gartenland, zwischen Kreuzgängen, und zunächst nur zu den niedrigsten Diensten verwendet! […] Alle früheren Zweifel und inneren Bedrängnisse kehrten von Zeit zu Zeit mit doppelter Stärke zurück." Und in Luthers 95 Thesen zum Ablasshandel erkannte Ranke, „welch ein kühner, großartiger und fester Geist in Luther arbeitet. Die Gedanken sprühen ihm hervor, wie unter dem Hammerschlag die Funken."

Weniger offen als für erzählerische Elemente sind hermeneutische Ansätze hingegen für Aussagen, die über den Einzelfall hinausreichen. Sie sind grundsätzlich **eher individualisierend als verallgemeinernd**, und genau das ist ihr methodisches Problem.

2.4.2 Erklären

Erklären in der Geschichte heißt, ein geschichtliches Ereignis auf seine Ursachen und Bedingungen zurückzuführen. Zu den Ursachen können auch die intentionalen Handlungen gehören, mit denen sich die Hermeneutik befasst. Deswegen ist das Begriffspaar „Verstehen und Erklären" so missverständlich, und deswegen sollte man besser von **verstehendem Erklären** und **analytischem Erklären** reden. So verstanden, hat diese Abgrenzung durchaus ihre Berechtigung. Denn während hermeneutische Verfahren die Ursachen im intentionalen Handeln der Menschen suchen und daher vor allem auf Handlungen beruhende Geschehensabläufe erklären können, suchen analytische Verfahren die Ursachen historischer Phänomene im weiten Feld des Nicht-Intentionalen. Sie fragen nach Umständen und Verhältnissen, die das Handeln der Menschen zwar mitbestimmen, von diesen aber nicht verstanden, ja oft noch nicht einmal bewusst zur Kenntnis genommen werden. Kurz gesagt: Analytische Ansätze fragen nach STRUKTUREN. Unter einer Struktur (von latein. struere = aufbauen, ordnen) versteht man ein relativ stabiles Muster, nach dem bestimmte Beziehungen, aber auch langfristige Abläufe oder kürzer während Geschehnisse wie etwa Revolutionen gestaltet sind. Die Struktur gibt die Ordnung vor, in der die verschiedenen Elemente eines Ganzen zueinander stehen. Als Muster werden die Strukturen bezeichnet, weil sie immer Abstraktionen, Verallgemeinerungen einzelner Befunde sind. Als relativ stabil gelten sie, weil sie einzelne Ereignisse und Konflikte überdauern und, in einer zeitlichen Dimension gesehen,

2.4 Zugänge zur Geschichte: Verstehen und Erklären

gewissermaßen tiefer liegen als die Handlungen oder Ereignisse. Solche Strukturen lassen sich in verschiedenen Bereichen der Wirklichkeit formulieren: Soziale Strukturen bezeichnen die relativ stabilen Über- und Unterordnungsverhältnisse, die Beziehungen zwischen Gruppen, Klassen und Schichten, die Art sozialer Beziehungen überhaupt. Politische Strukturen beschreiben die Form, nach der politische Macht verteilt ist und ausgeübt wird. Mit ökonomischen Strukturen sind die relativ stabilen Muster der Verteilung von Ressourcen und Erwerbsmöglichkeiten, aber auch Konjunkturen gemeint.

Ziel einer an Strukturen interessierten Geschichtswissenschaft ist es nun, Wirkungszusammenhänge entweder zwischen strukturellen Phänomenen oder zwischen diesen und dem Handeln einzelner Menschen oder Gruppen zu erkennen. Diese Wirkungszusammenhänge können eine ganze Reihe struktureller Faktoren aus verschiedenen Bereichen der Wirklichkeit miteinander verknüpfen, so etwa Klimaschwankungen mit ihren Folgen für die Agrarproduktion, deren Auswirkungen auf die Preisentwicklung und schließlich deren Konsequenzen für die Lebenschancen der Menschen im Allgemeinen und das durchschnittliche Heiratsalter im Besonderen. Dieses Interesse an Wirkungszusammenhängen verweist darauf, dass es analytischen Verfahren nicht nur um die Trägheit der Strukturen geht, sondern auch um deren Veränderungen, also um den Wandel einzelner Strukturen oder ganzer Gesellschaften, kurz: um **PROZESSE**. Welche Rolle hierbei und für die analytischen Ansätze insgesamt die Theorien spielen, wird in → **Kap. 2.5** dargelegt.

Und wie können solche Strukturen, Zusammenhänge und Prozesse untersucht werden? Nicht mit der hermeneutischen Frage nach dem Sinn: Strukturen lassen sich nicht auf Intentionen zurückführen, und sie selbst verfolgen auch keine Absichten. Überdies geht es bei den Strukturen und Prozessen ja gerade nicht um den individuellen Einzelfall, sondern um die Regel, zu der sich die Masse der Einzelfälle generalisieren lässt. Wer nach Strukturen fragt, möchte verallgemeinerungsfähige Aussagen formulieren, und wer Prozesse untersucht, muss über den individuellen Fall hinausgehen.

Dieses Bemühen um generalisierende Aussagen prägt den wissenschaftlichen Prozess in allen seinen Phasen. ANALYTISCHE Verfahren werden sich thematisch auf nichtintentionale Bereiche wie Wirtschaftsprozesse, soziale Schichtung, aber auch Klima- und Bevölkerungsentwicklung konzentrieren. Als Quellen kommen für solche, nicht an Sinnspuren interessierte Ansätze vor allem die Überreste in Frage. Aber auch Quellen mit Traditionsqualität können sich anbieten: nämlich dann, wenn sie neben bestimmten Weltsichten auch Datenmaterial etwa für Bevölkerungsstatistiken oder Preisentwicklungen zu bieten haben. Denn auf der Suche nach verallgemeinerungsfähigen Aussagen bedienen sich analytische Ansätze oft auch QUANTIFIZIERENDER **Verfahren**. Auf diesem Wege werden bestimmte Tatsachen überhaupt erst geschaffen: die AGGREGIERTEN **Daten** oder Fakten, die im Rahmen eines quantifizierenden Verfahrens aus verschiedenen Quellen addiert oder hochgerechnet werden (von latein. aggregare = anhäufen). Besonders willkommen sind hierbei **serielle Quellen**, Quellen also, die in Serie, in einer ganzen Reihe vorliegen, sich auf den gleichen Aspekt hin (z. B. Brotpreis) untersuchen lassen und insgesamt über eine bestimmte Entwicklung Auskunft geben.

Organisiert und durchgeführt werden solche Studien im Wortsinne analytisch, also das Ganze in seine Einzelteile zerlegend: Um Strukturen, d. h. die Ordnung verschiedener Elemente eines Ganzen zueinander, bestimmen zu können, müssen zunächst die einzelnen Faktoren eines solchen Komplexes getrennt beleuchtet werden. Und um Wirkungszusammenhänge zu ergründen, empfiehlt sich das gleiche Vorgehen. Dementsprechend ist oft auch die Darstellung der solcherart gewonnenen Ergebnisse analytisch: Anstatt eine Geschichte von Anfang bis Ende zu erzählen, werden einzelne Teile des Ganzen nacheinander behandelt. Dass diese Art der Darstellung schnell zu einer zahlenlastigen, mitunter trockenen Präsentation führt, liegt nahe. Aber auch wenn die Vertreter der analytischen Geschichtsforschung und -schreibung diesen freiwilligen

2.4 Zugänge zur Geschichte: Verstehen und Erklären

Verzicht auf literarische Gestaltungsmöglichkeiten gern als Ausdruck ihrer Wissenschaftlichkeit verstehen, sollte man nicht übersehen, dass auch diese sprachliche Selbstbeschränkung nichts an der narrativen Grundstruktur geschichtswissenschaftlicher Arbeiten ändert (→ **Kap. 2.3.3**): Hinter all den Zahlen steht die Vorstellung einer Entwicklung in der Zeit, die man beschreiben und ergründen möchte. Welche Faktoren in der Sicht der analytischen Historiker und Historikerinnen die geschichtliche Entwicklung vorantreiben, ist klar: die anonymen Strukturen. Mit dieser Grundüberzeugung sind sowohl die Stärken als auch die Gefahren des analytischen Vorgehens verbunden: Auf der einen Seite erweitert dieser nicht an intentionalem Handeln interessierte Ansatz den Gegenstandsbereich der Geschichtswissenschaft um das weite und wichtige Feld der Strukturen. Auf der anderen Seite ist damit immer die Gefahr verbunden, Geschichte als eine Art Sachzwang wahrzunehmen und den Menschen aus den Augen zu verlieren.

Illustrieren lässt sich dies an einem Beispiel aus der marxistischen Forschung, die nicht nur verallgemeinernde Aussagen treffen, sondern das menschliche Bewusstsein und Handeln aus gesetzmäßig verlaufenden strukturellen Prozessen erklären möchte. Über Luthers Weg zur reformatorischen Erkenntnis heißt es in einem Lehrbuch aus der DDR: „So erwies sich die gedankliche Arbeit Luthers objektiv als theologischer Ausdruck des ökonomischen und politischen Kampfes des Bürgertums und der Volksmassen gegen die von Rom gelenkte, allen gesellschaftlichen Fortschritt hemmende Papstkirche. [...] Was Luther schuf, ist keine persönliche und isolierte Leistung eines ‚begnadeten Gottesmannes'. Sie wurzelt in den Bedürfnissen der deutschen Gesellschaft des beginnenden 16. Jahrhunderts."

2.4.3 Verstehen und Erklären

Wie steht es nun um das Verhältnis dieser beiden Erkenntnisweisen? Schließen sie sich aus, oder ergänzen sie sich? Bei einem Blick auf die Entwicklung der Geschichte als Wissenschaft scheint die

2 Theoretisches: Frühe Neuzeit als Wissenschaft

Antwort eindeutig: Hermeneutische und analytische Ansätze schließen sich aus. Wenigstens wurde die Debatte über den „richtigen" Charakter historischen Fragens und Forschens meist erbittert geführt, und bis in die jüngste Zeit schlug das Pendel oft in die Extreme aus.

Ihre Wurzeln hat diese Debatte in der Zeit des Historismus, genauer: im Legitimationsdruck, dem sich die junge Geschichtswissenschaft durch die Naturwissenschaften ausgesetzt sah (→ S. 31 f.). Eben weil sie deren Erkenntnisideal des kausalen Erklärens weder übernehmen wollten noch konnten, besannen sich die Vordenker des Historismus auf das Verstehen als Inbegriff der historischen Methode. „**Das Wesen der historischen Methode ist, forschend zu verstehen**", verkündete Droysen in seiner „Historik". Diese methodische Absetzung von den Naturwissenschaften schlug sich im Übrigen auch in der Begriffsgeschichte nieder. Denn erst jetzt, gegen Ende des 19. Jahrhunderts, kommt die uns so vertraute **Gegenüberstellung von Natur- und Geisteswissenschaften** auf. **Wilhelm Dilthey** (1833–1911) prägte nicht nur dieses Begriffspaar, er propagierte auch die methodische Unvereinbarkeit von Natur- und Geisteswissenschaften: „Die Natur erklären wir, das Seelenleben verstehen wir". Die Naturwissenschaften seien eben um das Aufstellen von Gesetzen bemüht und damit NOMOTHETISCH, das Wesen der Geisteswissenschaften sei hingegen IDIOGRAPHISCH.

Allerdings waren die Geisteswissenschaften im Allgemeinen und die Geschichtswissenschaft im Besonderen mit diesem Abgrenzungseifer auf dem besten Weg, sich in eine Sackgasse zu manövrieren. So wurde das Verstehen immer stärker an die Intuition gebunden: Dilthey etwa befand, der Historiker könne unter Einsatz von Seele und Gemüt die Vergangenheit nachempfindend erkennen, modern gesprochen: er könne die hermeneutische Differenz durch Einfühlen überwinden. Umgekehrt galt nun jedes Bemühen um Aussagen, die über das Individuelle hinausreichten, als Verrat an der Eigenständigkeit der Geschichtswissenschaft. Zu spüren bekam dies vor allem der Leipziger Historiker **Karl Lamp-**

recht (1856–1915). Vor allem, weil er nach dem „Typischen, Regelmäßigen, Gesetzmäßigen" vergangenen menschlichen Handelns fragte, fiel Lamprecht der heftigen Opposition seiner Kollegen und schließlich der bis heute wirksamen wissenschaftlichen **MARGINALISIERUNG** zum Opfer. Der Begriff **Lamprecht-Streit**, der sich dafür eingebürgert hat, ist daher nur eine beschönigende Umschreibung dieser mit harten Bandagen und nicht immer fairen Mitteln geführten Kontroverse. Langfristig ließ sich die Entwicklung der historischen Methode von einem verengten Verstehensbegriff hin zur Integration analytischer Ansätze allerdings nicht aufhalten (zur weiteren Entwicklung siehe → **Kap. 2.5.2**).

In der so genannten „nachhistoristischen" Geschichtswissenschaft überwog zunächst das andere Extrem. Dies signalisieren schon die Namen der Strömungen, die in Deutschland seit den 1960er Jahren die Vormachtstellung des Historismus endgültig überwanden: Sowohl die **Strukturgeschichte** als auch die aus ihr in den 1970er Jahren hervorgehende **Historische Sozialwissenschaft** oder **Gesellschaftsgeschichte** legten ihren Schwerpunkt auf überindividuelle, strukturelle Phänomene. Für diese Strömungen wurden Begriffe wie „Historismus" und „Narration" zum Schimpfwort. Und nicht besser erging es der Hermeneutik. Gegen diese Dominanz der analytischen Ansätze konnten sich erst seit den 1980er Jahren Strömungen behaupten, die, wie etwa die **Alltagsgeschichte**, wieder offen waren für hermeneutische Ansätze und daher auch prompt als neohistoristisch beschimpft wurden.

Mittlerweile haben sich die alten Gegensätze etwas entspannt. Auch in den Grundsatzdebatten setzte sich eine Einsicht durch, die ein Blick auf die Forschungspraxis ohnehin nahelegt: Worauf es ankommt, ist die **Kombination der Verfahren**. Historische Vorgänge sind zu komplex, als dass sie sich allein mit analytischen oder allein mit hermeneutischen Ansätzen erklären ließen. Um bei unserem Beispiel zu bleiben: Der Erfolg der von Luther ausgehenden Reformation ist nur mit einem ganzen Bündel von Faktoren zu erklären und daher auch nur mit einer Kombination hermeneutischer und analytischer Verfahren zu erhellen. Dass und warum

Luther um sein Seelenheil bangte, können wir nur verstehend nachvollziehen und damit hermeneutisch erklären. Aber warum seine Botschaft auf einen derart fruchtbaren Boden fiel und er selbst von verschiedenen politischen Kräften beschützt wurde, wird man nur begreifen, wenn man auch strukturelle Faktoren wie die ökonomische Entwicklung und die politische Verfasstheit der frühneuzeitlichen Gesellschaft berücksichtigt. Dieses Beispiel kann noch etwas illustrieren: Oftmals sind es gerade die nicht-intendierten Folgen einer Handlung, die historisch bedeutsam werden. Luthers Intention war ja keineswegs die Spaltung der Kirche in zwei oder gar drei Konfessionen, sondern ihre Reform. Wie es zu solchen unbeabsichtigten Folgen kommen konnte, ist ebenfalls nur durch die Kombination der Methoden zu erklären.

Wir können also festhalten: Komplexe historische Phänomene bedürfen MULTIKAUSALER **Erklärungen**, und diese sind sowohl hermeneutisch als auch analytisch zu rekonstruieren. Damit wäre auch ein weiterer Punkt geklärt: Die Frage, welches der Verfahren das bessere sei, lässt sich nicht ein für alle Mal entscheiden. Die Eignung einer Vorgehensweise hängt immer von der konkreten Fragestellung ab. Das soll nun nicht heißen, dieses Kapitel hätte eine unsinnige Theoriedebatte ohne jeden Nutzen für die historische Praxis behandelt. Im Gegenteil! Ein Blick auf die verschiedenen Varianten des geschichtswissenschaftlichen Fragens lohnt sich aus mehreren Gründen. Denn grundsätzlich gilt: Nur wenn wir uns klarmachen, was wir eigentlich tun, wenn wir forschen, können wir mit den Eigenheiten der verschiedenen Verfahren methodisch reflektiert umgehen. Überdies erweist sich die Debatte um das Verstehen oder Erklären als Schlüssel zum Verständnis vieler anderer Diskussionen. Sollte Ihnen etwa das beliebte Gegensatzpaar **Ereignisgeschichte und Strukturgeschichte** begegnen, wissen Sie jetzt, was davon zu halten ist: Auch wenn sich die auf menschlichem Handeln gründenden Ereignisse in Entstehung, Verlauf und Wahrnehmung für hermeneutische Verfahren geradezu aufdrängen, sind sie ohne strukturelle Faktoren doch nie zu erklären. Und auch wenn strukturgeschichtliche Themen

2.4 Zugänge zur Geschichte: Verstehen und Erklären

nach analytischen Verfahren rufen, bleibt jede Aneinanderreihung strukturgeschichtlicher Befunde ohne den Blick auf die Menschen und ihre Sinnstiftungen nicht nur im Wortsinne blutleer. Es geht daher nicht nur darum, verstehende neben erklärende Verfahren zu stellen. Das Ziel der historischen Forschung sollte es immer sein, das Individuelle mit dem Allgemeinen zu verbinden und die Wechselwirkungen zwischen diesen beiden Elementen der Vergangenheit zu erfassen.

Ähnlich verhält es sich mit dem Begriffspaar **Makrogeschichte und Mikrogeschichte**. Makrohistorische Ansätze beschäftigen sich mit größeren Einheiten und Prozessen, etwa mit der Ausbildung des frühmodernen Staates oder mit der Industrialisierung in einem bestimmten Land. Mikrohistorische Ansätze verkleinern hingegen den Untersuchungsfokus: Sie fragen zwar auch nach solchen großen Prozessen, untersuchen diese jedoch wie mit einer Lupe für kleinere Einheiten, etwa für ein einzelnes Dorf. Der Sinn der Sache sollte nach dem Blick auf die methodischen Eigenheiten des Verstehens und Erklärens deutlich sein: Eben, weil die mikrohistorischen Ansätze nicht nur strukturelle Prozesse erklären, sondern diese auch mit konkreten Menschen in Beziehung setzen und nach deren Wahrnehmungen, Widerständen und Beiträgen zur „großen Geschichte" fragen wollen, müssen sie, so eine einprägsame Formulierung, „im Kleinen schauen". Dies führt zu einem weiteren Nutzen der Beschäftigung mit den unterschiedlichen geschichtswissenschaftlichen Verfahren: Auch hinsichtlich der Entwicklung der Geschichtswissenschaft samt ihrer thematischen Schwerpunktsetzung und methodischen Neuerungen erweisen sich Hermeneutik und Analytik als hilfreiche Orientierungspunkte: Die Geschichte der Geschichtswissenschaft vom späten 18. bis ins frühe 21. Jahrhundert lässt sich viel leichter nachvollziehen, wenn man sie als Pendelbewegung zwischen Verstehen und Erklären begreift (dazu mehr in → **Kap. 2.7**).

Und schließlich macht ein Blick auf das Spannungsverhältnis zwischen dem Individuellen und dem Allgemeinen auch leichter verständlich, worum es im nächsten Abschnitt geht: um die Rolle von Theorien in der Geschichtswissenschaft, um das Verhältnis von Theorie und Empirie.

Literatur

Hans-Jürgen Goertz, **Umgang mit Geschichte. Eine Einführung in die Geschichtstheorie**, Reinbek 1995, Kap. 8: Historische Hermeneutik – Verstehen, S. 105–117; Kap. 9: Ursache und Wirkung – Erklären, S. 118–129.

Chris Lorenz, **Konstruktion der Vergangenheit. Eine Einführung in die Geschichtstheorie**, Köln/Weimar/Wien 1997.

Ulrich Muhlack, **Verstehen**, in: Hans-Jürgen Goertz (Hg.), Geschichte. Ein Grundkurs, Reinbek 1998, S. 99–131.

Thomas Welskopp, **Erklären**, in: Hans-Jürgen Goertz (Hg.), Geschichte. Ein Grundkurs, Reinbek 1998, S. 132–168.

Luise Schorn-Schütte, **Karl Lamprecht**. Kulturgeschichtsschreibung zwischen Wissenschaft und Politik, Göttingen 1984.

2.5 Theorie und Empirie

Sollten Sie versucht sein, dieses Kapitel zu überblättern, weil es Ihnen irgendwie „zu theoretisch" erscheint, lesen Sie die folgende Definition: **THEORIEN** werden allgemein definiert als ordnende Verknüpfungen von (Einzel-)Beobachtungen über Gegenstände, Sachverhalte, Vorgänge und Handlungen. Die Einzelbeobachtungen der Geschichtswissenschaft sind die Tatsachen, die wir aus den Quellen erheben können, jene Aussagen also, die wir auf der Grundlage der Quellen und deren methodisch-kritischer Auswertung treffen und mit unseren Quellenbelegen auch für andere plausibel machen können. Jede Verknüpfung dieser Tatsachen ist folglich schon Theorie. Dieser weite Theoriebegriff, der neben ausgefeilten Theorien auch theoriehaltige Begriffe umfasst, steckt hinter einer auf das Fach Geschichte zugespitzten und oft zitierten Definition: **Historische Theorien** sind, so Jürgen Kocka, „Begriffs- und Kategoriensysteme, die der Identifikation, Erschlie-

2.5 Theorie und Empirie

ßung und Erklärung von bestimmten zu untersuchenden historischen Gegenständen dienen sollen und sich nicht hinreichend aus den Quellen ergeben, nicht aus diesen abgeleitet werden können." Das klingt zwar immer noch recht theoretisch. Aber eines zeichnet sich bereits in dieser Definition ab: **Ohne Theorien gibt es keine Geschichtswissenschaft.** Warum das so ist, welche Arten von Theorien es gibt und welche Funktionen sie erfüllen, wird in diesem Abschnitt erläutert. Dabei ist auch jeweils auf das einzugehen, was man als Gegenbegriff der Theorie bezeichnen könnte: die **EMPIRIE**. Unter Empirie versteht man im Allgemeinen eine Form der Erkenntnis, nämlich die Wahrnehmung mit den Sinnen. Nun ist das, womit sich die Geschichtswissenschaft beschäftigt, vergangen und damit nicht mehr sinnlich wahrnehmbar. Wahrnehmbar sind jedoch noch die Quellen, und folglich bedeutet Empirie in der Geschichtswissenschaft die Arbeit mit den Quellen. Darauf fußt der angebliche Gegensatz zwischen Empirikern und Theoretikern oder, so Max Weber, „Stoffhubern und Sinnhubern": Die einen vergraben sich in den Quellen, die anderen ergehen sich in Theoriebildung. Dass dieser Gegensatz höchstens Vorlieben und Tendenzen angibt, in der historischen Praxis aber immer beides, Theoriebildung und Quellenarbeit, vonnöten ist, will dieses Kapitel auf drei Ebenen zeigen:

- auf der Ebene der Begriffe, die festlegen, worüber wir reden;
- auf der Ebene der Typen, mit deren Hilfe sich das Spannungsverhältnis zwischen dem Individuellen und dem Allgemeinen lösen lässt;
- auf der Ebene der Theorien im engeren Sinne, die eine bestimmte historische Entwicklung in ein Modell bringen. Um Missverständnisse zu vermeiden, sei angemerkt, dass die Grenzen zwischen Begriffen, Typen und Theorien in der Praxis fließend sind. So lässt sich ein Begriff wie z. B. „Absolutismus" auch als Typus und als Theorie begreifen. Der Zweck dieser Einteilung ist daher heuristischer Natur: Begriffe, Typen und Theorien im engeren Sinne werden hier getrennt behandelt, um die unterschiedlichen Möglichkeiten und Funktionen der

2 Theoretisches: Frühe Neuzeit als Wissenschaft

Theorienanwendung in der Geschichtswissenschaft Schritt für Schritt deutlich zu machen.

2.5.1 Begriffe

Historische Theorien sind „Begriffs- und Kategoriensysteme, die der Identifikation [...] von bestimmten zu untersuchenden historischen Gegenständen dienen". So lautet der erste Teil der zitierten Definition von Jürgen Kocka. Begriffe definieren also den Gesamtbereich möglicher Geschichte, und wofür keine Begriffe zur Verfügung stehen, das kann auch nicht als Geschichte thematisiert werden. Dieser abstrakte Umstand dürfte an einem Beispiel deutlicher werden. Die Geschichtswissenschaft trägt schon seit längerem dem Umstand Rechnung, dass sich die Lebensbedingungen der Geschlechter unterscheiden und Männer daher vielleicht eine andere Geschichte haben könnten als Frauen. Allerdings ging man bis vor kurzem davon aus, dass es sich bei der Kategorie Geschlecht um einen biologischen Befund handelt, der sich in der Geschichte nicht verändert und damit auch kein Thema für die Geschichtswissenschaft ist. Seit den 1970er Jahren setzte sich allerdings der Gedanke durch, dass sich vielleicht nicht das biologische Geschlecht, wohl aber die sozialen Rollen der Geschlechter ändern können. Ein Mann zu sein, bedeutete in der Frühen Neuzeit etwas anderes als heute: Die Männlichkeitsideale waren andere, mit ihnen auch die Verhaltensnormen, die Selbstwahrnehmung und das Verhältnis zwischen den Geschlechtern. In diesem Sinne unterscheidet die Forschung seit einiger Zeit zwischen dem biologischen Geschlecht (**Sex**) und dem Geschlecht als historisch wandelbarer Rolle, als sozialer Konstruktion (**Gender**).

Dies aber hat weitreichende Folgen. Denn seitdem die mit dem Geschlecht verbundene soziale Rolle entdeckt und mit „gender" auf den Begriff gebracht worden ist, können wir **Gender-Forschung** betreiben. Mit diesem Begriff erschloss sich auch für die Geschichtswissenschaft ein gänzlich neues Feld. Und langsam, aber sicher setzte sich die Einsicht durch, dass das Geschlecht auch im Sinne von Gender als eine historische Grundkategorie wie Alter, Klasse oder Stand anzusehen ist. In diesem Falle besteht das Verhältnis zwischen Begriff und Empirie also darin, dass die Kategorie die historische Wirklichkeit erst benennbar und damit untersuchbar macht. Und weil hier erst die Begriffe bestimmen, was wir als Geschichte begreifen, weil der Begriff folglich die Empirie erst möglich macht, spricht man auch von **kategorialen Grundbegriffen**.

Aber nicht nur die kategorialen Grundbegriffe haben einen theoretischen Gehalt. Auch andere Begriffe gehen über das hinaus, was direkt aus den Quellen zu erheben ist. Nehmen wir den Begriff **Reformation**. Wenn Sie dieses Wort hören, verbinden Sie damit eine Reihe von Vorstellungen: Luthers angeblichen Thesenanschlag, die Auseinandersetzung mit dem Papst, die Spaltung der Kirche in drei Konfessionen. All das (und noch viel mehr) steckt tatsächlich in diesem Begriff. Die Zeitgenossen, die diese Geschehnisse miterlebt haben, sprachen allerdings nicht von einer Reformation. Denn dieser Begriff kam erst um 1700 auf, und erst Ranke machte ihn zu einer Bezeichnung für die gesamte Epoche. Es muss uns also klar sein, dass im Begriff „Reformation" schon eine Verknüpfung von Einzeltatsachen zu einem Gesamtgeschehen und damit eine Interpretation steckt, die über die Quellenbefunde hinausgeht.

In anderen Fällen sind die Folgen noch schwerwiegender. Wenn wir etwa für die Frühe Neuzeit von **Staat** reden, laufen wir Gefahr, mit diesem Begriff völlig falsche, weil unserer Zeit entstammende und damit ANACHRONISTISCHE Vorstellungen zu transportieren. Auf den Staat der Frühen Neuzeit trifft keines der drei Kriterien zu, die gemeinhin den modernen Staat kennzeichnen (einheitliches Territorium, einheitliches Staatsvolk, einheitliche Staatsgewalt). Wir verwischen mit dieser Bezeichnung also charakteristische Elemente der Frühen Neuzeit. Wenn wir dennoch den modernen, in den Quellen der Zeit übrigens so nicht verwendeten Begriff „Staat" gebrauchen wollen, sind wir daher gut beraten, zur Kennzeichnung der Differenz wenigstens vom „frühneuzeitlichen Staat" zu sprechen.

Nun könnte man als Ausweg aus diesen Schwierigkeiten vorschlagen, in der Geschichtsschreibung dann eben nur noch solche Begriffe zu verwenden, die sich bereits in den Quellen finden. Ein solches Vorgehen hätte allerdings gleich mehrere Nachteile: Zum einen würden wir es uns unmöglich machen, solche Fragen zu stellen, die sich aus unserer eigenen Zeit ergeben und sich auch nur mit unserer heutigen Sprache formulieren lassen – der Begriff „Gender" dürfte illustrieren, was damit gemeint ist. Zum anderen kann uns auch ein Quellenbegriff nicht immer vor Irrtümern schützen. Schließlich hat auch die Sprache eine Geschichte, und so bedeuten viele Begriffe aus den Quellen heute etwas anderes. Ein Beispiel: Schon in der Frühen Neuzeit gab es so etwas wie **Polizei** samt Polizeiordnungen. Aber mit „Polizei" ist im frühneuzeitlichen Sprachgebrauch keine Organisation mit Menschen in Uniform gemeint, sondern ganz allgemein die „gute Ordnung". Und die Polizeiordnungen regeln daher auch nicht das Verhalten im Dienst, sondern von der Kleiderordnung bis zum Brandschutz alle Bereiche des Lebens. Wer von „frühneuzeitlicher Polizei" spricht, muss daher deutlich machen, dass dieses Phänomen etwas anderes ist als die moderne Polizei. Aus diesem Grunde übernehmen viele Historiker und Historikerinnen einfach die Orthographie aus den Quellen und schreiben **Policey**.

Allerdings steht nicht immer ein solcher orthographischer Notbehelf zur Verfügung. In aller Regel bleibt uns keine andere Wahl als zu übersetzen, als **Begriffe zu bilden**. Es gehört zu den zentralen Aufgaben der Historiker und Historikerinnen, Sachverhalte aus der Vergangenheit in einer Sprache zu präsentieren, die heute verstanden wird. Bei dieser Übersetzungsarbeit kommt es darauf an, die Balance zu halten zwischen Anschaulichkeit und Abstraktion, zwischen der Sprache der Quellen und unseren modernen Begriffen. Und genauso wichtig ist es, auch hier das Vetorecht der Quellen zu akzeptieren. Wir müssen beiden Seiten gerecht werden: den Quellen von einst und dem Publikum von heute. Um den Quellen gerecht zu werden, haben wir uns auf dem Wege der Begriffsgeschichte mit ihrer Terminologie vertraut zu machen, um heute verstanden zu werden, müssen wir Anachronismen vermeiden und unsere Begriffe definieren. Nur auf diese Weise lässt sich den Gefahren entgehen, die der Theoriegehalt der Begriffe mit sich bringt. Ein Weg, der zu möglichst scharfen, exakt definierten Begriffen führt, wird im nächsten Abschnitt behandelt.

2.5.2 Typen

Wie oft sagen wir, etwas sei ja mal wieder ganz typisch. Was heißt das? Es heißt, dass wir in einem bestimmten Verhalten oder Umstand etwas Charakteristisches, regelmäßig Wiederkehrendes entdeckt haben. Über die Details des konkreten Falles gehen wir dabei hinweg: Auch wenn sich kleinere Abweichungen eingestellt haben, bleibt das Verhalten oder der Umstand doch im Kern typisch. Nichts anderes macht die Geschichtswissenschaft, wenn sie Typen bildet: Sie versucht, in der unendlichen Vielfalt der historischen Einzelphänomene charakteristische Grundformen zu erkennen. Nun wissen Sie bereits, dass um 1900 **Karl Lamprecht** mit seinem Versuch, genau das zu tun, nämlich nach dem Typischen, Regelmäßigen in der Geschichte zu fragen, auf heftige Kritik bei seinen Fachkollegen gestoßen ist. Langfristig ließ sich die Öffnung der Geschichtswissenschaft für typologische, auf Vergleich und generalisierende Aussagen angelegte Verfahren aber nicht verhindern. Verantwortlich hierfür waren, wie oft in der Wissenschaftsgeschichte, auch außerwissenschaftliche Faktoren. Seit dem Beginn des 20. Jahrhunderts beschleunigte sich der historische Wandel derart, dass sich die Menschen die Veränderung ihrer Lebensbedingungen nicht mehr allein mit den Intentionen und Handlungen einzelner Akteure erklären konnten. Die Entwicklung schien wie durch anonyme Kräfte gesteuert, und so rückten nun auch die Strukturen und Prozesse in den Blickpunkt der Historiker (Historikerinnen waren noch immer die Ausnahme). Die Methoden, mit denen sich die nicht-intentionalen Ebenen der Vergangenheit erfassen ließen, stellten eine neue Konkurrenz für die Geschichtswissenschaft bereit: die sich etablierenden Sozialwissenschaften, allen voran die junge Soziologie. Hier wurden Verfahren erarbeitet, die nicht mehr nur den Einzelfall erfassen und mit Intentionen erklären, sondern generalisierende Aussagen treffen, Phänomene vergleichen, das Spezifische dadurch präziser beschreiben, das Vergleichbare auf typische Muster zurückführen und in komplexere Verlaufsmodelle einbinden wollten.

Zu diesen Verfahren gehörte auch die Bildung von Typen oder, wie sie auch genannt werden, **Idealtypen**. Wer diese Idealtypen theoretisch reflektiert und auch für die historische Praxis nutzbar gemacht hat, können Sie fast erraten: Es war **Max Weber**. Idealtypen, so Weber, sind gedankliche Konstruktionen. Sie gehen zwar von dem empirisch Feststellbaren aus, wählen aber bestimmte, nämlich die regelmäßig auftauchenden, typischen Elemente der Wirklichkeit aus und fügen diese zu einem in sich stimmigen, logisch widerspruchsfreien Typus zusammen. Diese Typen werden folglich zwar aus Elementen der Wirklichkeit gewonnen, sie selbst kommen in der Wirklichkeit aber nicht vor. Deswegen nannte Weber sie Idealtypen: nicht im Sinne eines erstrebenswerten Vorbilds, sondern wegen ihres Charakters als Idee, als Konstrukt.

Solche Grundmuster oder Typen lassen sich für höchst unterschiedliche historische Phänomene formulieren: für bestimmte Strukturen (z. B. das Lehenswesen oder die ständische Gesellschaft), für Gruppen historischer Akteure (z. B. der frühneuzeitliche Bauer), für den Verlauf bestimmter Ereignisse (z. B. frühneuzeitliche Revolutionen), aber auch für Weltbilder (z. B. die christliche Religion) und Handlungsmuster (z. B. militärische Strategien). Produziert und angewendet werden sie jedoch alle auf die gleiche Weise. Dies sei an einem berühmten Beispiel für eine Typologie politischer Strukturen illustriert: am Beispiel der von Weber entwickelten und bis heute immer wieder angewandten **drei reinen Typen der Herrschaft**. Herrschaft, definiert als die Chance, für einen bestimmten Befehl Gehorsam zu finden, muss zwei Voraussetzungen erfüllen: Sie muss legitimiert werden, und sie muss organisiert werden. Beides hat in der Geschichte zahlreiche Ausprägungen gefunden. Reduzieren lässt sich diese unüberschaubare Menge der Einzelfälle,

indem man aus den zahllosen Aspekten der Herrschaft die beiden zentralen Aspekte, die Legitimation und die Organisation, herausgreift. Mit deren Hilfe lassen sich drei grundlegende Muster oder Typen bilden:
- Bei der **charismatischen Herrschaft** von Propheten, Kriegshelden oder Demagogen stehen sich Führer und Jünger gegenüber. Die Herrschaft des Führers basiert auf dem Glauben der Jünger an seine Erwähltheit, organisatorisch umgesetzt wird sie durch Leute, die nicht nach Eignung oder Privilegien, sondern allein nach ihrer Hingabe dem charismatischen Führer gegenüber ausgewählt werden. Hitler, aber auch militärische Führer wie Napoleon oder Alexander der Große wären diesem Typus zuzuordnen.
- Die **traditionale Herrschaft** beruht auf dem Alltagsglauben der Untertanen an die Heiligkeit der Traditionen und der in ihnen verankerten Ordnung. Organisatorisch umgesetzt wird diese Herrschaft eines Herrn über seine Untertanen durch einen Verwaltungsstab, der weder auf charismatisch bedingter Hingabe noch auf abstrakten Dienstpflichten, sondern auf der persönlichen Treue der Diener ihrem Herrn gegenüber basiert. Dieser Typus von Herrschaft ist das, was uns in der Frühen Neuzeit erwartet.
- Beamte, die sich allein ihrem Amt verpflichtet fühlen und ihren Vorgesetzten gemäß Dienstvorschrift Folge leisten, finden wir erst in der **legalen Herrschaft**. Diese beruht auf einer Verfassung. Die Herrschenden werden gewählt, die Beherrschten sind nicht mehr Untertanen, sondern Bürger. Dieser Typus bezeichnet folglich den bürokratischen Rechts- und Verfassungsstaat.

Worin besteht nun der praktische Nutzen dieser Idealtypen? Zum einen reduzieren sie die unendliche Vielfalt der Wirklichkeit auf eine kleine Zahl von Grundmustern, mit deren Hilfe sich Ordnung schaffen lässt. **Reduktion von Komplexität**, könnte man das nennen, und genau darin hat ein anderer Soziologe, Niklas Luhmann (1927–1998), die Hauptaufgabe von Wissenschaft gesehen.

Zum anderen liefern die Idealtypen **scharfe Begriffe**, mit deren Hilfe sich die Wirklichkeit möglichst präzise beschreiben lässt. Herrschaft, Legitimitätsglauben und Verwaltungsstab, Verfassung, Tradition und Charisma, Beamte, Diener und Jünger – mit diesen Kategorien lässt sich arbeiten, und das ist der Beitrag der Idealtypen zur historischen Begriffsbildung. Vor allem aber dient der **Idealtypus als Maßstab zum Vergleich**, und das in doppelter Hinsicht. Einerseits fordert er dazu auf, den individuellen historischen Fall mit dem Idealtypus zu vergleichen, an ihm zu messen, festzustellen, wo die Wirklichkeit nicht mit dem Typus übereinstimmt. Auf diese Weise leitet der Typus dazu an, die konkreten Phänomene möglichst exakt zu beschreiben. Andererseits wird mit der Typenbildung auch der Vergleich zwischen konkreten historischen Phänomenen möglich. Eben weil der Idealtypus als Maßstab, als **TERTIUM COMPARATIONIS**, zur Verfügung steht, lassen sich individuelle Erscheinungen in einer intersubjektiv überprüfbaren Form miteinander vergleichen. Überdies ermöglicht die Typenbildung nach Webers Rezept der Geschichtswissenschaft das, was den um Abgrenzung von den Naturwissenschaften bemühten Vertretern des Historismus als rotes Tuch erschienen war: die **Integration so genannten NOMOLOGISCHEN Wissens** anderer Disziplinen. Eben weil der Idealtypus so konstruiert sein muss, dass er uns plausibel erscheint, darf er weder unserer Erfahrung noch unserem Wissen widersprechen. Und da zu diesem Wissen auch die Theorien und Gesetzmäßigkeiten gehören, die andere Fächer wie etwa die Wirtschaftswissenschaften ermitteln, kann dieses gesetzesförmige, nomologische Wissen auch in die Typenbildung einfließen. So käme wohl niemand auf die Idee, den Kapitalismus idealtypisch zu erfassen, ohne die Erkenntnisse der Ökonomen zu berücksichtigen. Gesetze will die Geschichtswissenschaft damit noch immer nicht aufstellen: Die Formulierung von Idealtypen ist nicht das Ziel, sondern lediglich ein Mittel der historischen Erkenntnis, und nichts anderes gilt für die Modelle und Theorien der Nachbardisziplinen. Aber indem sich die Geschichte den auch in Form von Gesetzen formulierten Einsichten anderer Wissenschaften öffnet, erreicht sie ein Niveau an Abstraktion und Theoriefähigkeit, das für den Historismus mit seiner Begeisterung für das Individuelle undenkbar gewesen wäre.

Exakte Beschreibung des individuellen Falls, Vergleich mit anderen, ebenso individuellen Fällen, Zuordnung zu Typen, in denen das Regelmäßige, Charakteristische all dieser Fälle erfasst wird, Verwendung gesetzesförmiger Einsichten aus den Nachbardisziplinen – angesichts dieser Funktionen und Leistungen wird klar, welche Rolle der Idealtypus in einem altbekannten methodischen Streit spielt: Die Typenbildung verbindet wie ein Scharnier die Beschreibung des Einzelnen mit der Formulierung generalisierender Aussagen, das Individuelle mit dem Allgemeinen. Mit anderen Worten: Mit der Typenbildung (man spricht auch von Typisierung oder typologischem Vorgehen) kann die Geschichtswissenschaft mehr leisten als individuelle Phänomene zu rekonstruieren.

Damit ist auch das **Verhältnis zwischen Theorie und Empirie** für diesen Fall bestimmt: Der Idealtypus, der ja niemals in der Wirklichkeit und in den Quellen zu finden und daher Theorie ist, strukturiert die Erforschung und Deutung der Empirie. Er ist ein heuristisches Instrument, und der einzige Maßstab für seinen Wert ist sein Nutzen für die Forschung. Aber auch umgekehrt fließt die Empirie in die Theorie ein: Der Idealtypus wird aus Elementen der Wirklichkeit, aus Quellenbefunden konstruiert. Und nur wenn er ihnen Rechnung trägt, kann er seinen Zweck erfüllen. Dementsprechend kann der Typus anhand empirischer Befunde stets widerlegt und verworfen werden. Wenn sich durch die vom Typus selbst angeregte Forschung herausstellt, dass die Elemente der Wirklichkeit zu einem unrealistischen Grundmuster zusammengesetzt wurden und der Typus daher zu viele falsche Vorstellungen beinhaltet, dann wird er verworfen. Dieses Schicksal erlebt seit einigen Jahren der **Typus Absolutismus**. Er hat zwar jahrzehntelang die Forschung geleitet, ihr als Leitfaden gedient, Fragen aufgeworfen und den Vergleich ermöglicht. Aber da mittlerweile zu viel Nicht-Absolutistisches in den angeblich absolutistischen Monarchien der Frühen Neuzeit gefunden wurde, plädieren heute nicht wenige Historiker und Historikerinnen dafür, diesen typologischen Begriff fallen zu lassen.

Dass auch historische Theorien im engeren Sinne einen heuristischen Zweck haben und folglich von einem solchen Schicksal bedroht sind, zeigt der nächste Abschnitt.

2.5.3 Theorien mittlerer Reichweite

Historische Theorien unterscheiden sich von den Begriffen und Typen vor allem in ihrer Reichweite. Begriffe wollen primär Sachverhalte benennen, Typen betonen das Charakteristische, Regelmäßige an Strukturen, Handlungen oder Personen. Theorien im engeren Sinne wollen dagegen historische Prozesse erklären, sie wollen Einzelbeobachtungen in einen Zusammenhang bringen und diesen Zusammenhang in Form einer möglichst plausiblen Geschichte erzählen. In diesem Sinne schreibt Jörn Rüsen, einer der führenden Geschichtstheoretiker: „**Historische Theorien** sind nichts anderes als Gedankengebilde, die dazu dienen, den in einer Geschichte behaupteten zeitlichen Zusammenhang von Tatsachen der Vergangenheit dort plausibel zu machen, wo er […] über das hinausgeht, was die Quellenkritik aus der empirischen Dokumentation der Vergangenheit intersubjektiv überprüfbar ermittelt." Nun könnte man einwenden, dass auch Idealtypen von historischen Verläufen wie etwa von Revolutionen nichts anderes bezwecken. In der Tat sind die Grenzen zwischen Typen und Theorien wie auch zwischen Begriffen und Typen fließend. Aber während Verlaufstypen das Charakteristische bestimmter historischer Vorgänge herausarbeiten, wollen historische Theorien einen größeren Ausschnitt der gesellschaftlichen Entwicklung erklären. Zu diesem Zweck verbinden Theorien eine ganze Reihe von THESEN zu einem Gesamtkonzept. Andererseits darf der Anspruch solcher Theorien oder Gesamtkonzepte auch nicht zu weit reichen. Eine die gesamte Gesellschaft zu allen Zeiten umspannende Theorie, wie sie die in Deutschland vor allem von Niklas Luhmann vertretene Systemtheorie sein möchte, lässt sich höchstens in Teilen auf historische Phänomene anwenden. Brauchbar für die praktische Arbeit sind daher vor allem so genannte **Theorien mittlerer Reichweite**: In ihrem Anspruch sind sie sowohl zeitlich als auch räumlich eingrenzbar, in ihrem Abstraktionsgrad liegen sie zwischen der Typenbildung und einer weltumspannenden Theorie.

Vorschläge, wie sich solche Theorien in der geschichtswissenschaftlichen Praxis gewinnbringend anwenden lassen, machte schon Max Weber. Auf breiter Front durchsetzen konnten sich diese theoriegeleiteten Verfahren allerdings erst nach der endgültigen Überwindung des theoriearmen Historismus (→ S. 69). So verwies Reinhart Koselleck noch 1972 mahnend auf die „**Theoriebedürftigkeit der Geschichtswissenschaft**". Und erst mit der Neukonzeption der Geschichte als Historische Sozialwissenschaft in den 1970er Jahren kam eine lebhafte, mitunter sehr theoretische Diskussion über die Rolle der Theorien in Gang. Doch schon vor dieser Blütezeit der Theoriedebatte wurde in der Praxis mit Theorien gearbeitet. So stammt ein Musterbeispiel für eine Theorie mittlerer Reichweite, die überdies in der Frühneuzeitforschung der letzten Jahrzehnte eine zentrale Rolle gespielt hat, aus den 1960er Jahren. Gemeint ist die Theorie der **Sozialdisziplinierung**. Entwickelt wurde sie in Begriff und Inhalt von **Gerhard Oestreich** (1910–1978). Nachdem sich Oestreich selbst lange mit den im engeren Sinne politischen Aspekten frühneuzeitlicher Herrschaft befasst hatte, stellte sich ihm eine Frage: Welche Auswirkungen hatte die unübersehbare Intensivierung und Verdichtung der Herrschaft auf die Lebensweise der Menschen? Seine Antwort: Diese Verdichtungsprozesse, die traditionell unter dem typologischen Begriff „Absolutismus" gebündelt werden, hatten auch eine Innenseite: die Sozialdisziplinierung des gesamten frühneuzeitlichen Europa. Unter „Sozialdisziplinierung" verstand Oestreich einen Prozess, der nicht nur die politischen und gesellschaftlichen Grundstrukturen umgestaltet, sondern auch zu einer langfristigen Veränderung sozialer Einstellungen, Normen und Verhaltensweisen geführt habe. „Der Mensch wurde in seinem Wollen und in seiner Äußerung diszipliniert", befand Oestreich. Und weil dies nicht nur für einzelne Menschen, sondern für die gesamte Gesellschaft galt, sah er im Prozess der Sozialdisziplinierung einen Fundamentalvorgang der frühneuzeitlichen Geschichte. Nutznießer und Triebkraft dieses Prozesses, der die Menschen zu fleißigen, gehorsamen, sittsamen Untertanen erzog, war die weltliche Obrigkeit. Ihr Ziel verfolgte sie mit einem ganzen Arsenal von Instrumenten: In obrigkeitlichen Erlassen wie den Policeyordnungen wurden die neuen Verhaltensnormen kundgetan, die Strafjustiz samt Zucht- und Arbeitshaus verfolgte jeden Verstoß, das Militär, die Kirche, die Schule, aber auch die Armenfürsorge und die Manufakturen sorgten für eine Erziehung der Menschen im gewünschten Sinn. Am Ende dieses Prozesses, der die gesamte Frühe Neuzeit währte, stand ein einheitlicher Untertanenverband, der in Oestreichs Augen für den nächsten Schritt der historischen Entwicklung reif war: Der Fundamentaldisziplinierung folgte im 19. Jahrhundert die Fundamentaldemokratisierung.

Diese Theorie ist mittlerweile in vielen Punkten stark relativiert, wenn nicht vollständig widerlegt worden. Dennoch eignet sie sich bestens, um die **Funktionen einer Theorie** in der Geschichtswissenschaft zu veranschaulichen. Zunächst und vor allem verbindet die Theorie eine ganze Reihe von Einzelbeobachtungen zu einem plausiblen Gesamtgeschehen. Die Sozialdisziplinierung stellt nicht nur einen Zusammenhang zwischen so unterschiedlichen Gegenständen wie einem Zuchthaus und der Kirchenpredigt her, sie erklärt auch, wie diese Elemente gemeinsam für den sozialen Wandel verantwortlich sind. Überdies hat Oestreichs Theorie mit der Frage nach der Innenseite des bis dahin nur in politisch-institutioneller Hinsicht untersuchten Absolutismus ein neues Forschungsfeld erschlossen. Sie hat damit neue Fragen aufgeworfen, die Forschung angeregt und angeleitet. Dass Oestreichs Sozialdisziplinierung eine kaum noch überschaubare Flut von Studien nach sich gezogen hat, kann angesichts der vielfältigen Instrumente und Aspekte in seiner Theorie kaum verwundern. Schließlich musste jede einzelne der Thesen, aus denen sich die Theorie zusammensetzt, empirisch überprüft werden. Das Arbeitshaus als Disziplinierungsinstrument, Disziplinierung durch die Kirche, das Militär als Schule der Disziplin – jeder dieser beispielhaft ausgewählten Thesen aus Oestreichs Gesamtgebäude lassen sich mittlerweile zahlreiche Studien zuordnen. Auf diese Weise ist die Sozialdisziplinierung zu dem geworden, was man in Anlehnung an einen Begriff aus der Wissenschaftstheorie ein **Paradigma** nennt: eine Orientierungsgröße, an der sich die Forschung ausrichtet und abarbeitet. Aber gerade, weil die Theorie der Sozialdisziplinierung ihre forschungsanregende und -anleitende Funktion so gut erfüllt hat, ist ihr das übliche Schicksal solcher Paradigmen nicht erspart geblieben. Historische Forschung soll und will Theorien nicht zementieren, sondern empirisch überprüfen, und einer solchen kritischen Überprüfung hat Oestreichs Konzept in seiner Reinform langfristig nicht standgehalten.

So bestätigt auch dieses Beispiel, in welchem Verhältnis Theorie und Empirie in der Geschichtswissenschaft stehen: Die Bildung von Hypothesen und Thesen sowie deren Verknüpfung zu komplexen Theorien muss empirisch gesättigt sein. Nur wenn sie eine gewisse Überzeugungskraft haben, können Theorien ihre Funktion erfüllen und ihrerseits die empirische Erforschung der Realität anleiten. Sobald aber die Quellen ihr Vetorecht einlegen, muss die Theorie modifiziert oder aufgegeben werden.

Fassen wir zusammen: Theorien sind begriffliche Instrumente mit heuristischem Zweck. Sie legen fest, was wir überhaupt als Geschichte betrachten, sie dienen der Erschließung der historischen Phänomene, sie sind unverzichtbar, sobald wir die aus den Quellen ermittelten Tatsachen in einen Zusammenhang bringen, sie stellen Leitfäden zu ihrer Interpretation dar, sie ermöglichen sowohl eine präzise Beschreibung des Einzelfalles als auch Vergleiche und verallgemeinernde Aussagen. Sie bieten damit eine Lösung für das Spannungsverhältnis zwischen dem Individuellen und dem Allgemeinen. Gesetze sind Theorien allerdings nicht: Der Geschichtswissenschaft geht es nur in ihrer marxistischen Version um das Aufstellen von Gesetzen, denen sich die historische Realität zu beugen hat. Im nichtmarxistischen Verständnis der Geschichtswissenschaft misst sich der Wert einer Theorie allein an ihrem Nutzen. Da sie dennoch oder gerade deswegen von herausragender Bedeutung für die historische Forschung sind, sollten Theorien stets EXPLIZIT und damit auch kritikfähig gemacht, d. h. zur Diskussion gestellt und der empirischen Überprüfung ausgesetzt werden. Mit anderen Worten: Theorie und Empirie sind nur aufeinander bezogen sinnvoll. Dass ein und derselbe Historiker, nämlich Reinhart Koselleck, sowohl das „Vetorecht der Quellen" auf den Punkt gebracht als auch auf die „Theoriebedürftigkeit der Geschichtswissenschaft" verwiesen hat, macht diesen Zusammenhang besonders deutlich. Man kann es aber auch mit Albert Einstein sagen: „Es gibt nichts Praktischeres als eine gute Theorie."

Literatur

Karl Härter, **Sozialdisziplinierung**, in: Anette Völker-Rasor (Hg.), Frühe Neuzeit (Oldenbourg Geschichte Lehrbuch), München 2000, S. 294–299 und 312.

Jürgen Kocka, **Theorien in der Sozial- und Gesellschaftsgeschichte. Vorschläge zur historischen Schichtungsanalyse**, in: Geschichte und Gesellschaft 1(1975), S. 9–42.

Reinhart Koselleck, **Über die Theoriebedürftigkeit der Geschichtswissenschaft (1972)**, in: Ders., Zeitschichten. Studien zur Historik, Frankfurt am Main 2000, S. 298–316.

Jörn Rüsen, **Theorie der Geschichte**, in: Fischer Lexikon Geschichte, hg. von Richard van Dülmen, aktualisierte, vollständig überarbeitete und ergänzte Auflage Frankfurt a. M. 2003, S. 15–37.

Volker Sellin, **Einführung in die Geschichtswissenschaft**, erweiterte Neuausgabe Göttingen 2005, Kap. 10: Typus und Struktur, S. 140–153.

Max Weber, **Die drei reinen Typen der legitimen Herrschaft** (1922), in: Ders., Soziologie, Universalgeschichtliche Analysen, Politik, hg. von Johannes Winckelmann, Stuttgart 1973, S. 151–166.

Max Weber, **Die „Objektivität" sozialwissenschaftlicher und sozialpolitischer Erkenntnis (1904)**, in: Ders., Schriften zur Wissenschaftslehre, Stuttgart 1991, S. 21–101 [auch zum Idealtypus].

2.6 Periodisierung

Der Begriff **Periodisierung** bezeichnet die Untergliederung der Geschichte in kleinere Einheiten, in Epochen. Ihre Funktion ist es, die unüberschaubare Fülle der Vergangenheit in chronologische Sinneinheiten zu zerlegen und auf diese Weise handhabbar zu machen. Ohne Periodisierungen lässt sich über Geschichte kaum reden: Wenn wir etwa vom „Staat" sprechen, meinen wir immer eine bestimmte Form des Staates, seine moderne, heutige Variante, seine frühneuzeitliche Ausprägung oder das, was dem Staat im Mittelalter entsprochen haben könnte. Ohne Periodisierung lässt sich Geschichte auch nicht studieren. Dass Sie eine bestimmte Anzahl an ECTS-Punkten für bestimmte Epochen erwerben müssen, ist schließlich kein Ausdruck der Willkür, sondern ein notwendiges Gliederungsprinzip im Studium. Ob wir wollen oder nicht: Wir periodisieren die Geschichte, und mit diesen Epocheneinteilungen transportieren wir bereits bestimmte Vorstellungen. Mit diesen Vorstellungen verbinden sich gewisse Wertungen, am deutlichsten, aber keineswegs nur dann, wenn statt von „Neuzeit" von „Moderne" die Rede ist und Geschichte im Sinne der so genannten „Modernisierungstheorien" als fortschreitende Entwicklung hin zu einer als positiv angesehenen Moderne begriffen wird. Wir können also festhalten: Periodisierungen sind notwendige, ja **unverzichtbare Hilfsmittel**, die aber immer auch **inhaltliche Aussagen IMPLIZIEREN**.

Nun könnte man meinen, dass mit solchen Aussagen das Wesen einer Epoche erfasst würde, dass sich Periodisierungen folglich aus der Geschichte selbst ergeben, in ihr verborgen liegen und von den Historikern und Historikerinnen nur noch zu Tage gefördert werden müssen. In diesem Sinne verstehen ließe sich auch die in → **Kap. 1.3** vorgenommene Charakterisierung der Frühen Neuzeit als eine Phase des Übergangs, die vom Nebeneinander dynamischer und statischer Elemente geprägt war. Allerdings haben wir es bei dieser Vorstellung mit einer Verknüpfung einzelner Beobachtungen zu einem Gesamtbild zu tun, und genau dies ist die Definition einer Theorie. **Periodisierungen sind also Theorien!** Wie jede Theorie in der Geschichtswissenschaft dienen sie heuristischen, ordnenden, erkenntnisfördernden Zwecken. Und wie bei jeder Theorie kommt es darauf an, sich ihrer bewusst zu werden. Um die Verknüpfungen, die sie vornehmen, und die Deutungen, die sie transportieren, nicht unreflektiert zu übernehmen, müssen wir uns über die jeweils zugrundeliegenden Epochenbegriffe und -einteilungen, ihre Entstehung und ihre Begründung Klarheit verschaffen. Genau das will der folgende Abschnitt leisten.

Zu diesem Zweck werden zunächst Probleme der Periodisierung angesprochen. Dabei dürfte deutlich werden, dass Epocheneinteilungen von zahlreichen Faktoren abhängen und damit auch dem historischen Wandel unterliegen. Anschließend rückt die für uns zentrale Frühe Neuzeit als Epoche der europäischen Geschichte in den Blick. Behandelt werden zwei für jede Periodisierung wichtige Aspekte: die Sicht der Zeitgenossen und damit die Entstehung dieses Epochenbegriffs, und die Sicht der Historiker und Historikerinnen, die aus ihrer heutigen Perspektive vielleicht mehr erkennen können als die Augenzeugen.

2.6.1 Probleme der Periodisierung

Wenn Periodisierungen Theorien und Konstrukte sind, stellt sich eine Frage: Von welchen Faktoren hängt ihre Konstruktion ab? Zunächst und vor allem ist die Periodisierung der Geschichte abhängig vom Standpunkt derer, die sie vornehmen, von ihrer Weltanschauung, von ihrem generellen **Geschichtsbild**. Wie unterschiedlich diese Geschichtsbilder sein können, signalisiert bereits der Begriff der Periodisierung. Denn der Wortstamm PERIODOS heißt im Griechischen „Kreislauf", und in der Tat haben die Griechen – wie vor ihnen die alten Ägypter und nach ihnen die Römer – die Geschichte vorwiegend als Kreislauf, als ZYKLUS ohne Anfang und Ende begriffen. In Anlehnung an die Zyklen der Natur wurde die Geschichte meist in Phasen der Blüte, der Reife und des Verfalls eingeteilt. Dieser Ablauf wiederholte sich in immer neuen Zyklen, und so spricht man hier von einem **zyklischen Geschichtsbild**.

2.6 Periodisierung

Dass die Geschichte nicht zyklisch, sondern linear verlaufen, dass sie auf ein Ziel zusteuern und auch ein Ende haben könnte, dieser Gedanke setzte sich erst im jüdisch-christlichen Denken durch. Das war kein Zufall: Schließlich hat der Gott des Alten Testaments die Ankunft des Messias vorhergesagt. Für die Christen war mit Jesus der Messias zwar gekommen. Aber da im Neuen Testament eine zweite Ankunft Christi auf Erden vorhergesagt wurde, blieb auch für sie die Geschichte auf dieses Ziel ausgerichtet. Das jüdisch-christliche Geschichtsbild ist somit TELEOLOGISCH. Das Ziel der Geschichte und gleichzeitig ihr Ende ist die Wiederkehr des Messias und das damit verbundene Jüngste Gericht. Die Geschichte bis zu diesem Jüngsten Tag, mit dem das Reich Gottes beginnt, ist nach christlichem Verständnis **Heilsgeschichte**. Was dies für ihre Periodisierung bedeutet, werden wir noch sehen.

Erst in der Neuzeit wurde das christliche Verständnis der Geschichte als Heilsgeschichte säkularisiert, d. h. verweltlicht und durch ein SÄKULARES **Geschichtsbild** ersetzt. In manchen Varianten dieses säkularen Geschichtsbildes blieb die teleologische Ausrichtung auf ein Ziel zwar erhalten: In Hegels Geschichtsphilosophie schreitet der Weltgeist seiner Entfaltung entgegen, bei Marx tritt die klassenlose Gesellschaft an die Stelle des christlichen Gottesreiches. Für die Periodisierung der Geschichte stellte sich mit dieser Säkularisierung des Geschichtsbildes aber eine neue Frage: Nach welchen Maßstäben, wenn nicht mehr nur nach theologischen, soll die Geschichte betrachtet und eingeteilt werden? Mit anderen Worten: Nun stand die Frage nach dem **Leitsektor der Periodisierung** im Raum. Was dies bedeutet, kann ein Blick auf die Nachbardisziplinen klarmachen: Die Kunstgeschichte legt ihre Epochen nach kunsthistorischen Gesichtspunkten fest, die Literaturgeschichte folgt literarhistorischen Aspekten. Aber die Geschichte? Soll sie sich auf die politische Entwicklung konzentrieren oder auf die wirtschaftliche? Ist stattdessen der kulturellen oder der kirchlich-religiösen Dimension der Vergangenheit Vorrang zu geben? Ansätzen, die einen bestimmten Sektor der Vergangenheit in den Mittelpunkt ihres Interesses rücken, fällt die Entscheidung zwischen den Feldern und damit auch die Periodisierung der Geschichte leicht. So hat der Historismus zwar den Eigenwert jeder Zeit betont und die gleichberechtigte Behandlung aller Epochen gefordert. Das meinte Ranke im Übrigen mit der Formulierung, jede Epoche sei gleich nah zu Gott. Aber in der Praxis von Forschung und Lehre war eine Unterteilung der Stoffmasse unumgänglich, und diese Periodisierung erfolgte ganz selbstverständlich anhand der politischen Geschichte. Ebenso selbstverständlich erklärte das marxistische Geschichtsbild die ökonomischen Strukturen als Basis der jeweiligen Gesellschaftsformation zum Leitsektor der Periodisierung: Der Sklavenhaltergesellschaft folgte der Feudalismus, diesem der Kapitalismus, und am Ende der Geschichte wird der Kommunismus mit seiner klassenlosen Gesellschaft stehen.

Die nichtmarxistische, nachhistoristische Geschichtswissenschaft hat es nicht so leicht. Die Politikgeschichte hat ihre dominierende Rolle eingebüßt, und wenn man nicht in alte Muster zurückfallen will, darf nicht abermals einem einzigen Sektor eine derart zentrale Bedeutung beigemessen werden. Folglich sind moderne Periodisierungsvorschläge vom Bemühen geprägt, zur Begründung ihrer Grenzziehungen ein ganzes **Bündel von Faktoren** aus unterschiedlichen Feldern zu nennen.

Mit dem Hinweis auf die Faktorenbündel ist die Frage nach der **Art der Epochenwende** fast schon beantwortet. Dass ein einziges Ereignis eine neue Epoche einläuten könne, legt die Begriffsgeschichte nahe: So heißt das griechische Wort EPOCHÉ in seiner ursprünglichen Bedeutung so viel wie „Haltestelle" oder „Wendepunkt". Als Bezeichnung für einen Zeitraum wird der Begriff erst seit Ranke verwendet. Dieser alte Wortsinn wirkt bis heute nach: Der Fall der Mauer am 9. November 1989 oder die Ereignisse vom 11. September 2001 werden oft und gern als epochale Einschnitte bezeichnet. Aber zum einen wird sich wie bei jeder Periodisierung erst im Nachhinein sagen lassen, ob diese Ereignisse tatsächlich etwas epochal Neues ausgelöst haben. Dass wenigstens im 20. Jahrhundert wohl kaum ein Jahr vergangen ist, das nicht von irgendeinem Beobachter zur Epochenwende erklärt wurde, sollte hier

Warnung genug sein. Und zum anderen bleibt abzuwarten, welche Sektoren der Wirklichkeit tatsächlich von dieser vermuteten Epochenwende betroffen sind. Wenn Periodisierungen nicht nur für einzelne Felder wie etwa die Politik gelten sollen, kann ein einzelnes Ereignis nicht die Wende bringen. Dementsprechend werden Epochengrenzen heute nicht mehr mit klaren, auf den Tag datierbaren Einschnitten verbunden. Stattdessen operieren moderne Periodisierungen mit **breiten Übergangsphasen**, die Phänomene des Neuen in möglichst vielen Bereichen des Lebens bündeln.

Allerdings muss man sich hierbei der **begrenzten geographischen Reichweite** jeder Periodisierung bewusst sein. Eine Epochengliederung der Universalgeschichte ist nicht zu leisten: Je nach Weltregion haben wir es zur gleichen Zeit mit ganz verschiedenen Konstellationen und Entwicklungslinien zu tun, und diese **Gleichzeitigkeit des Ungleichzeitigen** macht es unmöglich, die gesamte Geschichte einem einheitlichen Schema zu unterwerfen. Ja mehr noch: Wie die Formel von der Gleichzeitigkeit des Ungleichzeitigen andeutet, ist auch bei Periodisierungsfragen die Gefahr groß, die eigene Geschichte zum Maß aller Dinge zu erheben: Ungleichzeitig, das klingt nach rückständig, und zwar nach dem Maßstab derer, die solche Urteile fällen. Versuche, die ganze Welt mit dem Epochendenken der Europäer zu erfassen oder gar in Entwicklungsstufen nach Maßgabe des europäischen Modells einzuteilen, werden mittlerweile als Relikte kolonialen Denkens kritisiert. EUROZENTRISCH sind solche Ansätze auf jeden Fall, und so zeigt sich hier, dass Periodisierungsfragen oft auch eine ideologische Dimension haben.

Andererseits: Die Geschichte einer Stadt oder eines kleineren Raumes ließe sich vielleicht ohne größere ideologische Schwierigkeiten in verschiedene Epochen einteilen. Aber wenn die Reichweite der Theorie derart beschränkt ist, hält sich mit ihrer Übertragbarkeit auch der Nutzen der Periodisierung in engen Grenzen. Praktikable Epocheneinteilungen beziehen sich daher meist auf ein Land oder eine größere Region, im Falle der hier präsentierten Überlegungen auf Europa. Dass für die Geschichtswissenschaft vor allem **Theorien mittlerer Reichweite** von praktischem Nutzen sind, gilt eben auch in dieser Hinsicht. Dass Periodisierungen aber immer auch nach ihren versteckten Werturteilen zu befragen sind, sollte deutlich geworden sein.

Man könnte nun noch einen Schritt weitergehen und die traditionellen Vorstellungen von Raum und Zeit problematisieren. Tatsächlich hat die Geschichtswissenschaft im so genannten **SPATIAL TURN** gelernt, dass Raum keineswegs von der Natur vorgegeben ist: Von uns als selbstverständlich hingenommene Räume mit ihren Grenzen und Spezifika werden in sozialen Prozessen konstituiert, also gewissermaßen von Menschen gemacht, um dann ihrerseits auf die Menschen einzuwirken. Was Europa sein könnte und wofür es steht, hat sich im Laufe der Jahrhunderte stark gewandelt. Und auch wenn der Verlauf der Meere und Kontinente über Jahrtausende nahezu konstant war, so kam beispielsweise die uns heute geläufige Vorstellung eines „atlantischen Raums" erst mit den zunehmenden Handelsverflechtungen über den Atlantik auf. Eine weitere Schwierigkeit der Periodisierung liegt im **Zeitbegriff**. Sowohl der Historismus als auch das marxistische Geschichtsbild gehen von einem objektiven Zeitbegriff aus: Die Zeit verläuft immer gleich schnell, und alles, was passiert, lässt sich an diesem objektiven, aus der Aneinanderreihung von Jahreszahlen bestehenden Zeitstrahl chronologisch einordnen. Eine solche Vorstellung erscheint auf den ersten Blick naheliegend. Dass man die Geschichte allerdings auch auf verschiedenen Zeitebenen ansiedeln kann, hat der französische Historiker **Fernand Braudel** (1902–1985) gezeigt. In seinem erstmals 1949 auf Französisch erschienenen, bis heute und sehr zu Recht berühmten Buch über „Das Mittelmeer und die mediterrane Welt in der Epoche Philipps II." entwickelte Braudel das Konzept der **drei Zeitebenen**:

> *Info: Zeitebenen der Geschichte nach Fernand Braudel*
> - *Ebene der kurzen Dauer (temps court): Ereignisgeschichte,*
> - *Ebene der mittleren Dauer (moyenne durée): Strukturgeschichte,*
> - *Ebene der langen Dauer (longue durée): Geschichte des Menschen in seiner Umwelt (z. B. Entwicklung des Klimas).*

Nach Braudel geht es zwar auch darum, die Wechselwirkungen zwischen den Ebenen in den Blick zu bekommen. Aber da jede Zeitebene für sich genommen ihren eigenen Rhythmus hat, kann es auch keine einheitliche Periodisierung der Geschichte geben.

Nicht alle Historiker mochten Braudel darin folgen. Aber eines unterstreicht dieser Ansatz ebenso wie der kritische Blick auf den Raum: Periodisierungen liegen nicht in der Geschichte selbst. Es sind die Historiker und Historikerinnen, die sie vornehmen, und da ihre Vorschläge stets von einer ganzen Reihe von Faktoren abhängig sind, bleibt die Periodisierung wie jede Theoriebildung ein wandelbares Konstrukt.

Gänzlich beliebig sind Periodisierungen jedoch nicht. Sie haben sowohl das Epochenbewusstsein der Zeitgenossen als auch die nachträglichen Interpretationen der Historiker und Historikerinnen zu berücksichtigen. Um dies für unsere Epoche zu illustrieren, sei zunächst geklärt, wie die Menschen der Frühen Neuzeit ihre eigene Gegenwart in der Geschichte verortet haben.

2.6.2 Die Entdeckung der Neuzeit

Hätte man die Menschen der Frühen Neuzeit gefragt, in welcher Zeit sie zu leben glauben, wären mehrere Antworten denkbar gewesen. Die schlichteste Variante hätte damals wie heute darin bestanden, einfach eine Jahreszahl zu nennen. 1548 nach Christus wäre eine solche Antwort. Aber selbst diese scheinbar schlichte Form der Zeitmessung enthält eine grundlegende Aussage zur Geschichte überhaupt. So entspricht die **Rechnung in Jahren ab Christi Geburt**, die im 6. Jahrhundert als Ersatz für die Zeitrechnung ab der Ära des Christenverfolgers Diokletian (d. h. ab 284) vorgeschlagen wurde und sich seit dem 8. Jahrhundert durchsetzte, einer heilsgeschichtlichen Periodisierung: In Jahren gemessen wird die mittlere Zeit der Gnade zwischen der ersten und der zweiten Ankunft Christi, also zwischen der Geburt Jesu und seiner in der Bibel vorhergesagten Wiederkehr am Jüngsten Tag. Heute mag uns das nicht mehr bewusst sein. Doch in der Frühen Neuzeit war

Geschichte zunächst nicht anders denn als Heilsgeschichte denkbar. Dies illustriert auch die aus dem Mittelalter stammende und noch im 16. Jahrhundert dominierende Variante der Periodisierung, die so genannte **Vier-Reiche-Lehre**. Sie geht zurück auf das Buch Daniel im Alten Testament, genauer: auf einen Traum des Königs Nebukadnezar, den der Prophet Daniel auslegt. In diesem Traum war ein Standbild aus Gold, Silber, Eisen und Bronze erschienen und am Ende zerstört worden. Für Daniel standen die Teile dieses Standbildes für die vier Weltreiche, in die sich die Geschichte unterteilen ließ: für das babylonische, das persische, das griechische und das römische Weltreich. Das letzte dieser Reiche, das römische, stand am Ende aller Tage. Damit gemeint war zunächst, d. h. zur Entstehungszeit des Buches Daniel, das antik-römische Reich. Aber noch in der Frühen Neuzeit glaubten die Menschen, in diesem Reich zu leben. Diese Vorstellung macht zwar die so genannte **Endzeiterwartung** vieler Menschen verständlich: Eben, weil sie im vierten und damit letzten Reich lebten, musste das Jüngste Gericht mehr oder minder unmittelbar bevorstehen. Aber wie erklärten sich die Menschen, dass zwar das Römische Reich der Antike, nicht aber die ganze Welt untergegangen und der Jüngste Tag bislang ausgeblieben war? Hier half die Vorstellung von der TRANSLATIO IMPERII, also von der Übertragung des Reiches: Das Römische Reich war gar nicht untergegangen, sondern mit der Kaiserkrönung Karls des Großen im Jahr 800 auf diesen und seine Nachfolger übergegangen. An der Stelle der Caesaren standen nun die christlichen Kaiser, an die Stelle des Römischen Reiches war das mittelalterliche Kaiserreich getreten. Dies ist im Übrigen der Grund, warum dieses Gebilde als **Heiliges Römisches Reich** bezeichnet wird.

Diese heilsgeschichtlich unterfütterte Periodisierung wurde im deutschsprachigen Raum noch bis ins 18. Jahrhundert vertreten. Mittlerweile hatten sich aber konkurrierende Angebote entwickelt. So war im 16. Jahrhundert die heute naheliegende **Rechnung in Jahrhunderten** aufgekommen. Erstmals in einem protestantischen Werk zur Kirchengeschichte, den **Magdeburger**

2.6 Periodisierung

Zenturien von 1559, angewandt, fand diese Art der Zeitangabe bald Verbreitung. Mit Blick auf das Epochenbewusstsein weit wichtiger wurde jedoch ein anderes, ebenfalls nicht mehr heilsgeschichtlich geprägtes Modell: die uns heute so selbstverständliche Einteilung der Geschichte in **Antike, Mittelalter und Neuzeit**. Ihre Wurzeln hatte diese Trias in einem Problem der Humanisten. Wie für die RENAISSANCE insgesamt gab es auch für die Humanisten nur zwei relevante Zeitalter: die Antike, die in der Renaissance wiedergeboren (genau das bedeutet das Wort „Renaissance") und als Maß aller Dinge entdeckt wurde, und die eigene Zeit, die diesem Ideal nachzueifern hatte. Die Zeit dazwischen galt ihnen als eine Zwischenphase, als ein mittleres Zeitalter. Dessen Ruf war nicht der beste. Schließlich waren die antiken Texte, für die sich die Humanisten vor allem interessierten, in diesen Jahrhunderten zwar oft abgeschrieben und damit überliefert, aber auch verändert, in ihrer klassischen Reinheit beschädigt, ja verdunkelt worden. Mit dieser Vorstellung war das „dunkle Mittelalter" geboren, und da sich die Humanisten von dieser Phase absetzen wollten, sahen sie sich selbst in einer neuen Zeit.

Die Unterteilung in Antike, Mittelalter und Neuzeit war also ursprünglich nur auf die Entwicklung der Sprache bezogen und damit eine rein philologische Periodisierung. Dennoch setzte sich bald die Vorstellung durch, um 1500 habe eine neue Zeit begonnen. Die Humanisten verwiesen vor allem auf ihre eigene Wiederentdeckung der antiken Schriftsteller, aber auch auf die geographischen Entdeckungen und die technischen Erfindungen ihrer Zeit. Und für die Protestanten stellte die Reformation zwar die Rückkehr zur wahren Kirche, aber doch eine einschneidende Zäsur in ihrem Geschichtsbild dar. Ende des 17. Jahrhunderts fand die Aufteilung der Weltgeschichte in drei große Epochen dann auch ihren schulbuchmäßigen Niederschlag. Dies ist sehr wörtlich zu verstehen: Denn in einem für den Gebrauch an der Schule gedachten Lehrbuch von 1685 schrieb der damalige Gymnasialdirektor und spätere Geschichtsprofessor **Christoph Cellarius** (1638–1707): „Historia universalis, in antiquam, medii aevi novam

2 Theoretisches: Frühe Neuzeit als Wissenschaft

divisa" – die Weltgeschichte gliedert sich in die alte, die mittlere und die neue Geschichte.

Nun lernten also schon Schüler, dass um 1500 die Neuzeit begonnen habe. Allerdings hat ein solches Konzept ein Problem: Von Neuzeit kann man im Grunde nur reden, solange man glaubt, noch in der gleichen Zeit zu leben. Und genau dieser Glaube sollte gegen Ende des 18. Jahrhunderts verloren gehen. Schuld daran war eine Entwicklung, die uns bereits begegnet ist: Angesichts der massiven Neuerungen, die mit den politischen Revolutionen in Amerika und Frankreich und der zu dieser Zeit einsetzenden Industriellen Revolution einhergingen, veränderte sich das Geschichtsbild der Zeitgenossen. Da es offenbar doch Neues unter der Sonne gab, wurde die Geschichte nicht mehr als Sammlung zeitloser Exempel begriffen, sondern als ein in die Zukunft offener Prozess (→ **Kap. 2.1.2**). Aber auch das Zeitbewusstsein veränderte sich: Eben weil in schneller Folge so vieles geschah, entstand der **Eindruck einer beschleunigten Entwicklung**. Und da diese Entwicklung etwas Neues, anderes mit sich zu bringen schien als das, was man bisher als „Neuzeit" kannte, konnte auch dieser Begriff nicht mehr für die eigene Gegenwart passen. Spätestens mit der Französischen Revolution war in der Sicht der Zeitgenossen eine neue Epoche angebrochen. Die Revolutionäre selbst machten dies sinnfällig, in dem sie den bisherigen Kalender abschafften und eine neue Wochen- und Monatsrechnung einführten. Dieser Revolutionskalender hatte zwar nicht lange Bestand. Aber im allgemeinen Bewusstsein blieb es dabei: Mit der Französischen Revolution hatte die **neueste Geschichte** begonnen. Ranke etwa hielt ganz selbstverständlich Vorlesungen über die „neueste Geschichte", die er mit Friedrich dem Großen, der Amerikanischen oder der Französischen Revolution beginnen ließ. Und für Rankes Nachfahren wurde diese Periodisierung immer überzeugender. Auch das hatte mit den eigenen Erfahrungen zu tun: Industrielle Wirtschaftsweise, soziale Gliederung in Klassen und politische Partizipation der Massen wurden zum Signum der Moderne, und da man den Beginn dieser Entwicklungen in der Zeit um 1800 sah, wurden die

Jahrhunderte vor dieser eigentlichen Modernisierungsschwelle immer fremder. Die Epochengrenze um 1500 galt zwar noch immer als Beginn der Neuzeit. Aber da die Neuzeit erst um 1800 wirklich neu geworden war, galten die drei Jahrhunderte zwischen 1500 und 1800 als eine Art Vorphase der Neuzeit, als frühe Neuzeit. Die Frühe Neuzeit ist damit eine Phase des Nicht-Mehr und Noch-Nicht: Sie ist nicht mehr Mittelalter, aber noch nicht die neueste Zeit, die sich als solche auch wahrnimmt. Genau das meinte Johannes Burkhardt mit seiner Definition der Epoche: „Die Frühe Neuzeit ist der Teil der Neuzeit, der seine Neuzeitlichkeit noch nicht wahrhaben wollte."

2.6.3 Die Frühe Neuzeit als Epoche

Dass die Frühe Neuzeit eine eigene Epoche zwischen Mittelalter und Neuester Geschichte sei, ist also eine Idee mit Tradition. Für die Wissenschaft auf den Begriff gebracht wurde diese Idee allerdings erst in den 1950er Jahren. 1950 sprach der Schweizer Historiker Werner Näf erstmals von „Früher Neuzeit", 1953 tauchte dieser Begriff bei Gerhard Oestreich auf, und Oestreich war auch der erste, der einen Lehrstuhl für Neuere Geschichte erhielt. Wie in → **Kap. 1.2** bereits berichtet, dauerte es nicht mehr lange, bis dieser Begriff in Forschung und Lehre immer selbstverständlicher wurde. Das aber muss noch lange nicht heißen, dass diese Periodisierung auch wissenschaftlich sinnvoll ist. Denn eines muss klar sein: Bisher haben wir uns mit dem Epochenbewusstsein der Zeitgenossen beschäftigt. Dieses Epochenbewusstsein ist zwar ein Argument für die Periodisierung. Es ist aber noch lange keine wissenschaftliche Begründung. Daher seien abschließend die Argumente zusammengestellt, mit denen die heutige Geschichtswissenschaft das Festhalten an einer Epoche namens Früher Neuzeit rechtfertigt.

Grundsätzlich wird die Frühe Neuzeit als **eine Phase des Übergangs zwischen zwei Modernitätsschwellen** gesehen. Die erste Schwelle ist der Beginn der Neuzeit um 1500, die zweite Schwelle

2 Theoretisches: Frühe Neuzeit als Wissenschaft

ist der Eintritt in die eigentliche Moderne um 1800. Beide Schwellen sind nicht auf ein Datum zu reduzieren, sondern als eine breite Phase des Übergangs zu verstehen: Der Beginn der Neuzeit wird zwischen 1450 und 1550 gesehen, der Übergang in die Moderne zwischen 1750 und 1850. Die Jahreszahlen 1500 und 1800 sind daher nicht als exakte Datierungen, sondern als pragmatische Kürzel für längere Phasen der Epochenwende zu verstehen. Für beide Schwellen werden eine ganze Reihe von Faktoren aus unterschiedlichen Feldern der historischen Wirklichkeit genannt. Hin und wieder begegnen auch einzelne Daten, für den Beginn der Neuzeit etwa die Eroberung Konstantinopels durch die Osmanen 1453, die Entdeckung Amerikas 1492 oder Luthers angeblicher Thesenanschlag als Auftakt zur Reformation 1517. Aber zum einen stehen diese Daten nur symbolisch für verschiedene Entwicklungen. Und zum anderen wird der Charakter der Epochenwende gerade darin gesehen, dass sich diese Tendenzen überlagert und wechselseitig beeinflusst haben.

In diesem Sinne ist der **Beginn der Neuzeit** markiert durch folgende Phänomene: Mit der **Reformation** brach nicht nur die Vorstellung einer einheitlichen Christenheit auseinander; mit der Ausbildung verschiedener Konfessionen (Luthertum, Katholizismus, Calvinismus) kam auch ein Prozess in Gang, der als **Konfessionalisierung** bezeichnet wird und die Untertanen sowohl zu guten Christen ihrer jeweiligen Konfession als auch zu braven Untertanen erzogen haben soll. Dieser mit Oestreichs Sozialdisziplinierung verwandte Prozess stellte auch eine treibende Kraft für das **Wachstum der Staatsgewalt** dar. Der frühmoderne Staat erlebte v. a. im 16. Jahrhundert einen Entwicklungsschub, der sich besonders in einer Ausweitung von Gewaltmonopol, zunehmend professioneller Verwaltungstätigkeit und Finanzhoheit äußerte. Damit verbunden war eine Intensivierung der zwischenstaatlichen Kriege, die nicht nur zur Ausbildung stehender Heere, sondern langfristig auch zur **Entwicklung des europäischen Staatensystems** mit Gleichgewichtsgedanken und Völkerrecht führte. In ökonomischer Hinsicht äußerte sich der **Frühkapitalismus** mit Kreditwirtschaft und Fernhandel, und auf dem Land kam es zu einer auch als **Protoindustrialisierung** bezeichneten Entwicklung ganzer Gewerbelandschaften etwa in der Textilproduktion. Die **Entdeckungen** führten zur Europäisierung und Christianisierung der Welt. Die europäische **Expansion** hatte aber auch Folgen für die Wirtschaft (z. B. Einführung neuer Kulturpflanzen wie der Kartoffel) und das Weltbild. Das Weltbild änderte sich aber nicht nur durch die Glaubensspaltung und die Entdeckungen, sondern auch durch die Entwicklung der **modernen Naturwissenschaften** mit ihrem experimentellen Charakter. Der Durchbruch der kopernikanischen Lehre von der Drehung der Erde um die Sonne war lediglich ein früher Schritt auf diesem Weg. Als Verbreitungsmedium der neuen Erkenntnisse von zentraler Bedeutung war der **Buchdruck**. Seine Entdeckung im späteren 15. Jahrhundert kam einer Medienrevolution gleich, die in ihrer Tragweite nur mit der Entwicklung der Schrift zu vergleichen ist. Der Buchdruck verhalf nicht nur der Reformation zu ihrer Durchschlagskraft, er führte auch zu einer Zunahme der Alphabetisierung und ermöglichte schließlich das Entstehen einer neuen Form der **Öffentlichkeit**.

All diese Faktoren verleihen der Frühen Neuzeit ein bislang nicht gekanntes Maß an Dynamik. Allerdings ist auch hier eine gewisse **Gleichzeitigkeit des Ungleichzeitigen** zu verzeichnen. Denn neben den dynamischen Elementen finden sich ausgesprochen statische Felder. Und auf vielen dieser Felder brachte erst die **zweite Modernitätsschwelle um 1800** Bewegung. Einige der sich überlagernden Tendenzen und Entwicklungen, die den Epochenübergang zwischen 1750 und 1850 ausmachen, wurden schon genannt: die **Industrielle Revolution** als die langfristig wohl folgenreichste Veränderung auch im Blick auf das Konfliktpotenzial der Gesellschaft, die **politischen Revolutionen**, die mit dem **Nationalstaat** eine neue Bezugsgröße politischen Denkens mit Folgen für die politische Partizipation und Theorie, aber auch für die Art der Kriegführung mit sich brachten. Zu nennen wären überdies der um die Mitte des 18. Jahrhunderts erfolgte Durchbruch zu einem rasanten **Bevölkerungswachstum**, das der vergleichsweise statischen vorindustriellen Bevölkerungsweise ein Ende bereitete; der Wandel von der ständischen Gesellschaft zur **Klassengesellschaft**, der in der Frühen Neuzeit zwar auf vielfältige Weise vorbereitet wurde, sich aber erst jetzt voll durchsetzte; oder die fortschreitende **Säkularisierung des Denkens**, die nun endgültig die **Religion zur Privatsache** machte. All diese Veränderungen werden oft unter dem Begriff der **Sattelzeit** gebündelt. Reinhart Koselleck, von dem diese Bezeichnung stammt, hat sie ursprünglich auf die semantischen Veränderungen, also auf die Umstellungen im Sprachgebrauch zwischen 1750 und 1850 bezogen. Aber mittlerweile ist der Begriff „Sattelzeit", der die aus der Differentialrechnung bekannte Vorstellung eines Sattel- oder Wendepunktes mit der Idee einer zeitlichen Übergangsphase kombiniert, zum Synonym für die Epochenwende um 1800 geworden.

Beginn der Neuzeit, Sattelzeit – so überzeugend das alles klingen mag, so wenig sollten Sie eines übersehen: Wie jede Epocheneinteilung bleibt **auch diese Periodisierung ein Konstrukt**. Dass man auch andere Epochengrenzen ziehen könnte, und zwar mit genauso guten Argumenten, belegt der wichtigste Gegenentwurf zur hier vorgestellten Gliederung. Dieser Gegenentwurf behält zwar die Modernitätsschwelle um 1800 bei, die Schwelle um 1500 wird hingegen eingeebnet. Schließlich seien die genannten Prozesse und Tendenzen um 1500 nicht vom Himmel gefallen, sondern ihrerseits Phasen in noch längerfristigen Prozessen. Ob Streben nach Kirchenreform oder Staatsbildung: all dies habe bereits im Hochmittelalter eingesetzt, und so könne man die gesamte Zeitspanne zwischen 1200 und 1800 zu einer einzigen Epoche namens **Alteuropa** bündeln. Dieses vornehmlich von Dietrich Gerhard und Otto Brunner vertretene Konzept hat zwar durchaus Anhänger gefunden. So fühlt sich etwa die für die Frühneuzeitforschung sehr wichtige **Zeitschrift für Historische Forschung** dem Alteuropa-Konzept verpflichtet und daher für den gesamten Zeitraum zuständig. Überdies hat „Alteuropa" seine Spuren in Form einer gewissen Begriffsverwirrung hinterlassen: Für die Vertreter des Alteuropa-Konzepts ist die Frühe Neuzeit die **Vormoderne**, für die Befürworter einer eigenen Epoche namens Frühe Neuzeit ist sie mitunter die **Frühmoderne**. Vor allem aber wirft das Konzept eine Reihe von wichtigen und richtigen Fragen auf, Fragen, die auf die Vorgeschichte der als Epochengrenze betonten Phänomene zielen und damit an einen wichtigen Punkt erinnern: Periodisierungen sind wie alle Theorien in der Geschichtswissenschaft Hilfsmittel. Sie sollen die Erkenntnis fördern, nicht den Blick verstellen. Um das zu vermeiden, muss jeder, der sich mit Geschichte befasst, die jeweils zugrunde gelegten Epochengliederungen, ihre Entstehungsgeschichte und Argumente kennen. Handhaben sollte man sie jedoch flexibel.

Literatur

Johannes Burkhardt, **Frühe Neuzeit**, in: Fischer Lexikon Geschichte, hg. von Richard van Dülmen, aktualisierte, vollständig überarbeitete und ergänzte Auflage Frankfurt a. M. 2003, S. 438–465.

Christian Jaser, Ute Lotz-Heumann, Matthias Pohlig (Hg.), **Alteuropa – Vormoderne – Neue Zeit**. Epochen und Dynamiken der europäischen Geschichte (1200–1800), Berlin 2012.

Jacques Le Goff, **Geschichte ohne Epochen?** Ein Essay, Darmstadt 2016.

Wolfgang Reinhard, **Probleme deutscher Geschichte 1495–1806.** Reichsreform und Reformation 1495–1555 (Gebhardt Handbuch der deutschen Geschichte, 10., völlig neu bearbeitete Auflage, Bd. 9), Stuttgart 2001, Kap. I, § 2: Periodisierungsprobleme, S. 47–64.

Winfried Schulze, **Neuere Geschichte – ein problematisches Fach**, in: Hans-Jürgen Goertz (Hg.), Geschichte. Ein Grundkurs, Reinbek 1998, S. 287–317.

2.7 Perspektiven der Frühneuzeitforschung

Jetzt wissen Sie einiges über die grundlegenden Theorie- und Methodenfragen der Geschichtswissenschaft. Und Sie wissen auch, was es mit der Frühen Neuzeit als Epoche auf sich hat. Zu klären bleibt in diesem theoretischen Kapitel daher nur noch, was

2 Theoretisches: Frühe Neuzeit als Wissenschaft

das eine mit dem anderen zu tun hat. Wie also wirken sich die Methodendiskussionen des Faches auf die konkrete Erforschung der Frühen Neuzeit aus? Welche Ansätze, welche **Forschungsperspektiven** haben die methodischen Debatten und Entwicklungen hervorgebracht?

Solche Überlegungen sind kein Selbstzweck. Im Gegenteil: Sie helfen, sich in der nicht mehr überschaubaren Flut von Forschungsliteratur zu unserer Epoche zurechtzufinden. Ja mehr noch: Sie erleichtern die Orientierung im Fach Geschichte überhaupt. Denn die **verschiedenen Ansätze**, um die es im Folgenden geht, spielen ja nicht nur in der Frühneuzeitforschung eine Rolle. Die hier zu skizzierende Entwicklung **vom Historismus zur kulturalistischen Wende** gilt für die gesamte Geschichtswissenschaft. Und wenn Sie einmal verstanden haben, was mit den unterschiedlichen Ansätzen gemeint ist, werden die zahlreichen im Umlauf befindlichen Etiketten, Schlagworte und Label Sie nicht mehr erschrecken können.

Gewiss ließe sich die Geschichte und ihre Erforschung auch nach anderen Kriterien gliedern: etwa **nach dem Untersuchungsraum** in die Geschichte von Städten, Regionen, Ländern, Staaten, Kontinenten oder der ganzen Welt, oder **nach Themenfeldern** in Wirtschafts-, Politik-, Sozial-, Kirchen- oder Ideengeschichte. Dass beide Möglichkeiten der Einteilung heuristisch ebenso sinnvoll sind wie die Untergliederung der Geschichte in Epochen, zeigt schon ein Blick auf das weite Feld der entsprechend spezialisierten Nachschlagewerke und Hilfsmittel (→ **Kap. 4**). Dem tieferen Verständnis des Faches weit dienlicher ist es jedoch, sich an den jeweils zugrundeliegenden **Fragen und Methoden** zu orientieren. Denn zum einen sind es diese Fragen und Methoden, die über den Untersuchungsgegenstand entscheiden. Und zum anderen ist die Entwicklung des Faches ja gerade von dem Bemühen geprägt, die aus praktischen Gründen gezogenen Grenzen zwischen den Themenbereichen zu überwinden. Genau das lag ja schon dem ersten großen Schritt auf dem Weg der methodischen Entwicklung zugrunde: der Ablösung der historistischen Geschichtswissenschaft durch die Gesellschaftsgeschichte. Sowohl dieser Prozess als auch die sich anschließende Neubelebung hermeneutischer Ansätze ist uns bereits begegnet. Was dies konkret für die Erforschung der Frühen Neuzeit bedeutete und wie die Entwicklung bis in unsere Zeit weiterging, werden die folgenden Abschnitte zeigen.

2.7.1 Historismus

Gemäß der Überzeugung, dass die Geschichte von den großen Männern gemacht werde, standen im Historismus neben einzelnen Denkern vor allem die mächtigen Staatsmänner im Mittelpunkt des Interesses. Methodisch dominierten hermeneutische Verfahren, in der Darstellung die auf Personen und ihre Handlungen bezogene, stark beschreibende Erzählung. Inhaltlich konzentrierte sich der Historismus auf die **Politikgeschichte**, und das in einem sehr engen Verständnis: Politik war für die Historiker des 19. Jahrhunderts all das, was mit dem Staat zu tun hatte, mit dem Staat in seiner damaligen, für gut befundenen Form: So wie sie selbst als Zeitzeugen die Ausbildung starker Nationalstaaten erlebt hatten, so galt für sie auch in der Geschichte der nach innen wie außen starke Staat als Maß aller Dinge. Gerade in Deutschland, das erst mit der Reichsgründung von 1871 zu einem dieser starken Nationalstaaten wurde, neigten die Historiker zur Verherrlichung des Machtstaates. Diese „Staatsfrömmigkeit", so ein späterer Kritiker (Otto Hintze), führte in der Forschung zu einer Konzentration auf die **Haupt- und Staatsaktionen**, d. h. auf die wichtigen Entscheidungen und Ereignisse, bei denen die Staatsmänner ihre Größe unter Beweis stellen konnten. Nach sozio-ökonomischen Hintergründen des Handelns wurde dabei ebenso wenig gefragt wie nach den gesellschaftlichen Bedingungen der Politik. Dass Politikgeschichte als die eigentliche Geschichte galt und überdies als Geschichte starker Staaten konzipiert wurde, schlug sich auch in der **Erforschung der Frühen Neuzeit** nieder. Mit viel Sympathie konnte diese Epoche wenigstens in Deutschland nicht rechnen. Schließlich ist die Frühe Neuzeit im deutschen Raum mit seinem komplizierten Heiligen Römischen Reich gerade durch das Fehlen einer starken Zentralgewalt gekennzeichnet. Aber allen Entwicklungen, die auf den von Preußen geprägten, protestantisch dominierten Nationalstaat von 1871 hinzusteuern schienen, war die Aufmerksamkeit der Historiker sicher. Dies galt einerseits für die **Reformation**, mit der sich, so die Sicht der protestantischen Historiker, Deutschland vom Joch der römischen Kirche befreite. Und es galt andererseits für den **Aufstieg Brandenburg-Preußens** zum Machtstaat auf deutschem Boden. Dass Leopold von Ranke neben mehreren Büchern über die Geschichte einzelner Staaten von Frankreich über Italien bis Spanien sowohl eine „Geschichte Deutschlands im Zeitalter der Reformation" als auch eine „Preußische Geschichte" verfasst hat, ist durchaus symptomatisch für dieses Forschungsinteresse.

2.7.2 Struktur- und Gesellschaftsgeschichte

Gegen dieses Verständnis von Geschichte regte sich allerdings auch Widerspruch. Wichtige Impulse gingen hierbei vor allem von Frankreich aus, genauer: von einer Gruppe von Historikern und Vertretern benachbarter Disziplinen, die sich nach der von ihnen schon 1929 gegründeten Zeitschrift **Annales** (Jahrbücher) nannte. Einen führenden Vertreter der Annales kennen Sie bereits: **Fernand Braudel**, der in seinem Mittelmeer-Buch von 1949 auf die unterschiedlichen Zeitebenen und Entwicklungsrhythmen der Geschichte hingewiesen hatte (→ **Kap. 2.6.1**). Damit dürfte auch klar sein, welche Alternative Braudel der traditionellen Politikgeschichte entgegenhielt: Statt sich auf die Ereignisgeschichte und damit auf die Ebene der kurzen Dauer zu konzentrieren, müssen, so Braudel, auch die tieferliegenden Schichten erfasst werden: auch die quasi unbewegte Geschichte der geologischen Gegebenheiten, aber vor allem **die Strukturen**, die sich im Rhythmus von Generationen oder Jahrhunderten verändern und daher oft der longue durée zugerechnet werden. Gemessen an diesen Ebenen der langen Dauer nimmt sich die bislang betriebene Ereignisgeschichte wie ein leichtes Kräuseln auf dem Meer der Geschichte aus: Ereignisse

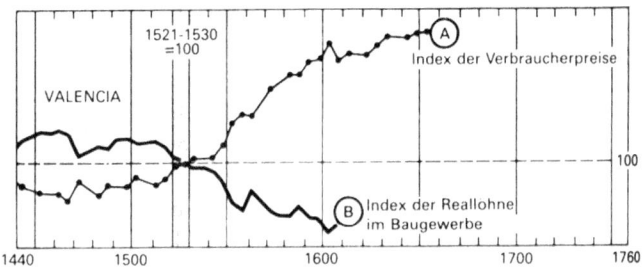

Abb. 4: Eine Tabelle aus Braudels Mittelmeer-Buch: Preise und Reallöhne in Valencia.

und mit ihnen die traditionelle Politikgeschichte sind fast bedeutungslos, was zählt, sind die Strukturen. Inhaltlich ging es Braudel zwar nicht nur, aber vorrangig um **ökonomische Strukturen**. Methodisch dominierten daher **quantifizierende Verfahren** auf der Grundlage serieller Quellen. Ein Beispiel hierfür liefert die Grafik (→ **Abb. 4**) aus Braudels Buch.

Dargestellt ist die Entwicklung der Löhne und Preise in Valencia für einen Zeitraum von über 200 Jahren. Dass diese Art der Forschung anders als der Historismus nicht primär nach Intentionen und individuellem Handeln fragt, wird schon beim ersten Blick auf die Grafik deutlich. Dass weder der Staat noch die Politikgeschichte für die Annales-Schule im Mittelpunkt standen, liegt ebenfalls auf der Hand. Nicht zuletzt deswegen hatten die Annales-Historiker keine Berührungsängste gegenüber der **Frühen Neuzeit** mit ihrer noch im Wachstum befindlichen Staatsgewalt. Im Gegenteil: Gerade diese Epoche faszinierte viele Vertreter der Annales, und so ging aus diesem Kreis eine ganze Reihe von Regionalstudien zum frühneuzeitlichen Frankreich hervor, in denen die Entwicklung des Klimas und der Preise, aber auch der Bevölkerung und der politischen wie sozialen Strukturen nachgezeichnet wird.

Allerdings begegnen in der langen Geschichte der Annales, die sich in mehrere Generationen mit verschiedenen inhaltlichen und auch methodischen Schwerpunkten untergliedern lässt, auch Phasen, in denen andere als die von Braudel betonten Strukturen im Vordergrund stehen. Dies gilt vor allem für die mentalen Strukturen, also für die kollektiven Vorstellungen, die handlungsleitenden Ideen, Grundhaltungen und Glaubensgewissheiten größerer Gruppen, kurz: für die MENTALITÄTEN. Im Unterschied zur Ideen- oder Geistesgeschichte historischer Prägung, die nach den Gedanken großer Männer fragte, befasst sich die Mentalitäts- oder **Mentalitätengeschichte** – beide Begriffe werden meist synonym gebraucht (→ **Kap. 2.7.3**) – also mit kollektiven, von der Masse der Bevölkerung geteilten Vorstellungen. So haben wir es auch mit Blick auf die mentalen Strukturen mit einer Erweiterung der Geschichte um tieferliegende Ebenen zu tun. Mit Fragen dieser Art beschäftigten sich vor allem die Generationen der Annales vor und nach Braudel. Schon einer der Mitbegründer der Namen gebenden Zeitschrift, **Marc Bloch** (1886–1944) hatte die für uns merkwürdig wirkende, aber in Mittelalter und Früher Neuzeit verbreitete Vorstellung untersucht, die Könige könnten durch Handauflegen Wunderheilungen vollbringen. Blochs Studie über **Die wundertätigen Könige** von 1924 eröffnete mit dem Blick auf diese kollektive Vorstellung auch einen neuen Zugang zum frühneuzeitlichen Verständnis des Königtums und gilt noch heute als Pionierleistung der Mentalitätengeschichte. Es folgten zahlreiche weitere Studien mentalitätsgeschichtlicher Ausrichtung: über die Geschichte der Kindheit, über Tod und Angst, über Familie und Sexualität. Dass Vertreter der Annales auch noch entdeckten, wie sich mentalitätengeschichtliche Fragen mit Hilfe quantitativer Methoden untersuchen lassen, wird uns noch beschäftigen (→ **Kap. 3.1.1**). Hier bleibt zunächst festzuhalten, dass neben der strukturgeschichtlichen Erweiterung der Forschung und der Etablierung quantifizierender Methoden auch die Entdeckung der Mentalitätengeschichte zu den Verdiensten der Annales gehört.

In Deutschland wurden die Werke der Annales-Historiker zwar erst seit den 1970er Jahren und damit deutlich verspätet rezipiert. Aber nachdem der Zweite Weltkrieg das destruktive Potenzial des einst verklärten starken Nationalstaats vor Augen geführt hatte, kam es auch hier zu einer Ablösung vom Historismus und seiner staatsfixierten Politikgeschichte. So radikal wie in Frankreich war die Abwendung von der Ereignis- und Politikgeschichte in Deutschland zwar nicht. Sowohl für die **Strukturgeschichte** der 1950er Jahre als auch für die sich daraus in den 1960er Jahren entwickelnde **Historische Sozialwissenschaft** oder **Gesellschaftsgeschichte** blieb die Politikgeschichte ein wichtiges Thema. Allerdings verstanden die Vertreter dieser Strömungen, die seit den späten 1960er Jahren die Vorherrschaft in der deutschen Geschichtswissenschaft übernahmen, unter Politik weit mehr als den Staat und sein Handeln. So lenkte schon die **Strukturgeschichte** den Blick auf die Namen gebenden Strukturen: auf die überindividuellen Verhältnisse, Entwicklungen und Prozesse, und zwar auch auf jene im Feld der Politik. Einen Schritt weiter ging die **Gesellschaftsgeschichte**. Auch für ihre Vertreter spielen die Strukturen eine weit wichtigere Rolle als das individuelle Handeln. Aber während diese Strukturen bislang getrennt voneinander untersucht und die politischen folglich neben die sozialen und ökonomischen Strukturen gestellt wurden, plädiert die Gesellschaftsgeschichte dafür, alle Bereiche des Lebens aufeinander zu beziehen. Gesellschaft ist also ein Sammelbegriff für die einzelnen Teilbereiche wie Wirtschaft, Politik, Kultur. Allerdings wird in dieser Konzeption einem Bereich eine besonders große Bedeutung beigemessen: nicht mehr, wie im Historismus, der Politik, sondern vielmehr der sozialen Ebene. Und dies in doppelter Hinsicht. Zum einen befassen sich viele Studien aus dem Umfeld der Gesellschaftsgeschichte mit sozialgeschichtlichen Themen: Wenn man **Sozialgeschichte als Teilbereich** der gesamten Geschichte neben anderen Feldern wie etwa Politik und Kultur betrachtet, dann fallen unter diesen Begriff alle Themen, die auf die sozialen Beziehungen der Menschen zielen. Solche Themen wären etwa Arbeitsverhältnisse, Stände und Klassen, soziale Ungleichheit, soziale Proteste, aber auch Prozesse wie die Industrialisierung oder Urbanisierung und ihre Folgen. Und genau diese Themen erlebten seit den 1960er Jahren einen massiven Aufschwung. Zum anderen

2 Theoretisches: Frühe Neuzeit als Wissenschaft

kann man Sozialgeschichte aber nicht nur als Teilbereich neben anderen verstehen, sondern auch als **Perspektive, als einen spezifischen Zugriff auf die gesamte Geschichte**. Schließlich haben alle Bereiche, ob Kultur, Wirtschaft oder Politik, eine soziale Dimension. Und diese Dimension steht nun im Vordergrund: Eine Politikgeschichte unter diesen Vorzeichen fragt daher weniger nach den Intentionen der Akteure als vielmehr nach den sozialgeschichtlichen Bedingungen und Folgen politischen Handelns. Eine Ideengeschichte in sozialhistorischer Perspektive konzentriert sich nicht mehr auf die großen Denker, sondern auf deren soziales Umfeld und auf die sozialen Gründe für den Erfolg ihrer Ideen. Die Entwicklung hin zur Gesellschaftsgeschichte bedeutete also für die deutsche Geschichtswissenschaft dreierlei:
- eine Erweiterung des Forschungsgegenstandes um sozialgeschichtliche Themen,
- eine Neukonzeption des Zugangs zur Geschichte, der auf Strukturen und Prozesse im Allgemeinen und die soziale Dimension allen Geschehens im Besondern abhebt,
- und schließlich den Versuch einer Synthese, die alle Bereiche des menschlichen Lebens erfassen und miteinander in Beziehung bringen will.

Wie dies alles methodisch funktionieren soll, deutet sich in einer verbreiteten Bezeichnung dieser Strömung an: Die Gesellschaftsgeschichte wird nicht nur nach der Wirkungsstätte ihres führenden Vertreters **Hans-Ulrich Wehler** (1931–2014) die **Bielefelder Schule** genannt. Sie begegnet auch unter dem Label **Historische Sozialwissenschaft**. Dieser Begriff, der im Übrigen dem Untertitel der als Zentralorgan der Gesellschaftsgeschichte 1975 gegründeten Zeitschrift **Geschichte und Gesellschaft** entnommen ist, verweist schon auf den ersten Blick auf die Nähe dieser Strömung zu den Systematischen Sozialwissenschaften, allen voran zur Soziologie. Von der Soziologie und hier vor allem von dem erst jetzt in Deutschland massiv rezipierten Max Weber hat die Gesellschaftsgeschichte Folgendes übernommen: den bewussten Einsatz von Theorien und

Begriffen, die typisierende und vergleichende Arbeitsweise und nicht zuletzt die Vorliebe für quantifizierende Verfahren. Dass mit diesem Methodenarsenal nicht nur eine Abkehr von der traditionellen Politikgeschichte, sondern insgesamt eine antihermeneutische Wende verbunden war, liegt auf der Hand. Statt hermeneutischem Sinn-Verstehen individuellen Handelns stand nun das analytische Erklären makrohistorischer, gesamtgesellschaftlicher Prozesse im Mittelpunkt. Vor allem eine Theorie spielte für die Gesellschaftsgeschichte eine zentrale Rolle: die **Modernisierungstheorie**. Unter diesem Begriff werden alle Bemühungen gebündelt, die Entwicklung der westlichen Gesellschaften von der Sattelzeit hin zur Moderne, d. h. hin zur liberalen Demokratie und industriellen Massengesellschaft des 20. Jahrhunderts in einem theoretischen Modell zu erfassen, d. h. in ihrem idealtypischen Verlauf festzuhalten und die fördernden wie hemmenden Faktoren zu benennen. Gemessen an diesem Standardweg in die grundsätzlich positiv bewertete Moderne schien die deutsche Geschichte vom Kurs abgekommen zu sein: Der **deutsche Sonderweg** führte nicht in die Moderne, sondern in den Nationalsozialismus. Diese heute eher kritisch bewertete Sonderweg-These wirkte in der Neuesten Geschichte überaus anregend. Aber auch für die **Erforschung der Frühen Neuzeit** gingen von der Gesellschaftsgeschichte zahlreiche Impulse aus. Denn auch wenn die Modernisierungstheorie wie die Gesellschaftsgeschichte überhaupt ihren zeitlichen Schwerpunkt eindeutig im 19. und 20. Jahrhundert hat, begegnen seit den späten 1960er Jahren auch für die Jahrhunderte vor 1800 **Theorien mit modernisierungsgeschichtlicher Ausrichtung**. Eine davon kennen Sie bereits: Es ist das Konzept der **Sozialdisziplinierung** von Gerhard Oestreich (→ **Kap. 2.5.3**). Noch wirkungsreicher als diese ohnehin einflussreiche Theorie wurde allerdings ein anderes Konzept: die Anfang der 1980er von Wolfgang Reinhard und Heinz Schilling vorgestellte Theorie der **Konfessionalisierung**. Ganz im Sinne der um eine Synthese bemühten Gesellschaftsgeschichte ist die Konfessionalisierung als Erweiterung der Sozialdisziplinierung um Befunde aus der Kirchengeschichte und

2 Theoretisches: Frühe Neuzeit als Wissenschaft

der politischen Geschichte zu verstehen. Aus der Kirchengeschichte stammt die Einsicht, dass sich alle Konfessionen seit dem 16. Jahrhundert darum bemühten, ihre Mitglieder zu ebenso frommen wie bewussten Anhängern der jeweiligen Glaubensrichtung zu erziehen. Zur politischen Geschichte gehört der Befund, dass dieser Erziehungsprozess nicht nur fromme Christen, sondern auch gehorsame und loyale Untertanen produziert und somit dem Wachstum der Staatsgewalt gute Dienste erwiesen hat. Und mit der Sozialdisziplinierung ist die Konfessionalisierung insofern verwandt, als beide auf einen gesamtgesellschaftlichen Wandel abzielen und im Grunde nur zwei verschiedene chronologische Phasen des gleichen Prozesses darstellen: Die Konfessionalisierung ist die erste Phase der Sozialdisziplinierung, in der die Kirche dem noch schwachen Staat die Erziehung der Untertanen im beiderseitigen Interesse abnehmen musste.

Aber nicht nur dieses Konzept, das die Frühneuzeitforschung seit den 1980er Jahren stark geprägt hat, belegt die anregende Wirkung der Gesellschaftsgeschichte. Dass der damals an der Uni Bochum lehrende Winfried Schulze die Frühe Neuzeit jetzt zum „Musterbuch der Moderne" erklärte, illustriert ebenfalls, wie attraktiv die Suche nach modernisierenden, in die Moderne weisenden Tendenzen geworden war. Gleichzeitig wuchs das Interesse an einzelnen sozialen Schichten und Gruppen, aber auch an Strukturen jeder Art und nicht zuletzt an sozialen Konflikten. Studien über die Bauern in der Frühen Neuzeit oder den Adel, über die Amtsträger im Dienst der Staatsgewalt und die sozialen Schichten, auf die sich frühneuzeitliche Herrschaftssysteme stützen konnten, über die ständische Gesellschaft insgesamt, über Agrarkonjunkturen und Preisentwicklungen, über Unruhen und Aufstände bestimmten nun das Bild. Diese in Themenwahl wie Zugriff sozialgeschichtliche Perspektive rückte nun nicht mehr nur die Herrschaft an sich, sondern auch die Beherrschten, ihre Gegenwehr und Gegenstrategien in den Fokus. Aber auch wenn jetzt Minderheiten ebenso thematisiert wurden wie Kriminalität und DEVIANZ – noch traten die historischen Akteure nicht als Individuen, sondern als Mitglieder einer kollektiven Einheit, einer bestimmten sozialen Gruppe in Erscheinung. Und genau das sollte sich in den 1980er Jahren ändern.

2.7.3 Neue Kulturgeschichte

Die Strukturgeschichte der Annales und die Gesellschaftsgeschichte hatten eines gemeinsam: Konkrete Menschen kamen kaum vor. Es ging um Schichten und Klassen, um Strukturen und Prozesse. Der einzelne Mensch und sein individuelles Handeln, sein Denken und Fühlen, seine Wünsche und Entscheidungen schienen hinter den Strukturen zu verschwinden. Wenn Menschen vorkamen, dann als Repräsentanten eines Kollektivs, als Träger der für diese Gruppe typischen Merkmale. Und da die strukturellen Bedingungen nach Auffassung der Gesellschaftsgeschichte das Handeln nahezu vollständig bestimmten, wurden die Menschen, so eine treffende Formulierung, zu **Marionetten der Strukturen** (Reinhard Sieder).

Genau dagegen richtete sich das, was in den 1980er Jahren begann und mittlerweile als **die kulturalistische Wende** der Geschichtswissenschaft bezeichnet wird. Eine ganze Reihe verschiedener Ansätze mit je nach Land und Zeit unterschiedlichen Namen und Schwerpunkten verfolgte ein gemeinsames Ziel: Zurück zum Menschen, zurück zu den Handlungen, zurück zu den Fragen nach Sinn, nach Deutungen, nach Bedeutungen. „**Aus Marionetten werden Menschen**", nannte der Historiker Otto Ulbrich diesen Vorgang in Anlehnung an die zitierte Kritik an der Gesellschaftsgeschichte. Denn jetzt kam die subjektive Seite der Geschichte wieder in den Blick: die Innenansicht der Strukturen und Prozesse, die Art und Weise, wie sich die Menschen die strukturellen Gegebenheiten angeeignet haben, ihr Eigensinn, d. h. ihre ganz individuelle, keineswegs von den Strukturen fast automatisch vorgegebene Auslegung der Welt.

Zunächst wurden bislang vernachlässigte Themen erschlossen: die Geschichte der Unterschichten etwa oder die Geschichte der Frauen. Aber schon bald zeigte sich, dass die neuen Strömungen

2 Theoretisches: Frühe Neuzeit als Wissenschaft

nicht nur das Themenspektrum der Sozialgeschichte erweitern, sondern zu einem grundlegenden Neuansatz gelangen wollten. Für diese fundamentale Umorientierung, die seit den 1980er Jahren nicht nur in der deutschen historischen Forschung, sondern in vielen Geisteswissenschaften und in zahlreichen Ländern zu beobachten ist, hat sich der Begriff der kulturalistischen Wende eingebürgert. Wie weit diese Wende reicht, zeigt sich nicht zuletzt darin, dass zahlreiche Fächer, die man seit Diltheys Begriffsschöpfung (→ S. 68) als Geisteswissenschaften bezeichnet hat, sich nun selbst zunehmend als Kulturwissenschaften verstehen. Die geschichtswissenschaftlichen Ansätze, die zu dieser Wende beigetragen haben oder aus ihr hervorgegangen sind, werden meist unter der Bezeichnung **Neue Kulturgeschichte** – neu in Abgrenzung von älteren, inhaltlich anders gelagerten Ansätzen – gebündelt.

Im Kern könnte man die kulturalistische Wende als **Ablösung der Gesellschaft durch die Kultur** begreifen. Während die Historische Sozialwissenschaft die Geschichte unter dem Leitbegriff „Gesellschaft" betrachtete und die sozialen Beziehungen in allen Bereichen des Lebens in den Vordergrund rückte, erfassen die neuen Ansätze die Vergangenheit unter dem Leitbegriff „Kultur". Mit KULTUR ist hier keineswegs die Hochkultur im Sinne von Oper und Feuilleton gemeint. Kultur umfasst vielmehr die gesamte Dimension der Vergangenheit, die mit **Sinnstiftungen und Bedeutungszuweisungen** zu tun hat. Deswegen ist auch die Rede von **Kultur als Sinnuniversum** oder von Kultur als dem selbstgesponnenen Netz aus Bedeutungen, in dem der Mensch verstrickt ist (Clifford Geertz, Max Weber aufgreifend). Kulturgeschichte heißt nun, die Vergangenheit mit Blick auf diese Ebene zu analysieren, d. h. zu fragen, wie die historischen Akteure sich selbst und die Welt gedeutet, wie sie ihr Handeln und Leiden mit Sinn und Bedeutung versehen haben. Dies ist nun keineswegs als inhaltliche Ergänzung der Gesellschaftsgeschichte um eine bislang vernachlässigte Ebene zu begreifen. Die Kulturgeschichte versteht sich vielmehr (wie vor ihr schon die Gesellschaftsgeschichte) als neuer Zugang zur gesamten Geschichte, als **neue Perspektive auf sämt-**

liche Bereiche und Themenfelder der Vergangenheit. Denn zum einen haben wir es überall dort, wo Menschen handeln, mit der Frage nach Sinn und Bedeutung zu tun, und so können sämtliche Themen der historischen Forschung auch in kulturgeschichtlicher Perspektive analysiert werden. Kulturgeschichte definiert sich also nicht über ihre Themen, sondern über ihre Perspektiven und Fragestellungen! Und zum anderen ist die Ebene der Deutungen und Bedeutungen keineswegs als eigenständiges, abtrennbares Feld zu begreifen: Während der Historismus sich für individuelles Handeln ohne Rücksicht auf die Strukturen interessierte und die Historische Sozialwissenschaft auf eine Strukturgeschichte ohne Individuen hinauslief, will die Kulturgeschichte beide Ebenen, das individuelle Handeln und die strukturellen Gegebenheiten, miteinander verbinden. Sie geht daher von einem wechselseitigen, **dialektischen Verhältnis von Struktur und Individuum** aus. Die strukturellen Bedingungen schränken die Deutungs- und Handlungsmöglichkeiten auf ein gewisses Spektrum ein, ohne sie exakt vorzugeben. Die Individuen eignen sich diese Gegebenheiten daher auf subjektiv unterschiedliche Weise an, d. h. sie gehen unterschiedlich damit um. Und indem sie dies tun, reproduzieren sie die Strukturen nicht nur, sie können sie auch modifizieren. Strukturen prägen zwar das Individuum und sein Handeln, werden aber zugleich durch Handeln und das heißt von Menschen geschaffen. Angesichts dieser untrennbaren Verzahnung von Struktur und Individuum, von strukturellen Gegebenheiten und individuellem Handeln, Denken und Empfinden lautet die Grundüberzeugung der kulturgeschichtlichen Forschung: Historische Phänomene gleich welcher Art können niemals unabhängig von den Wahrnehmungsmustern und Bedeutungszuschreibungen der historischen Akteure erfasst werden.

Stützen können sich Historiker und Historikerinnen, die die alte Grundfrage nach dem Verhältnis von Struktur und Handlung auf diese neue Weise beantworten, auf eine Reihe soziologischer Theorieangebote. Der britische Soziologe Anthony Giddens (*1938) spricht in seiner „Theorie der Strukturation" nicht mehr von einem

2 Theoretisches: Frühe Neuzeit als Wissenschaft

„Dualismus" von Handlung und Struktur, also von einem Gegenüber, sondern von „Dualität": Weil Handlungen sich an Strukturen ausrichten, Strukturen aber durch Handlungen entstehen, sind Handlung und Struktur die beiden Seiten einer Medaille (nämlich der Strukturation, d. h. der Ausformung der gesellschaftlichen Ordnung). Wo und wie diese beiden Dimensionen, die gesellschaftlichen Strukturen und das individuelle Handeln, Wahrnehmen und Empfinden aufeinandertreffen, hat der französische Soziologe Pierre Bourdieu (1930–2002) mit dem Begriff des Habitus beschrieben: Der HABITUS, das sind die Vorlieben, Gewohnheiten, Verhaltensweisen einer Person, ihr Geschmack, ihre Sprache, ihr Kleidungsstil, all das also, was wir auf den ersten Blick für absolut individuell halten wollen. Doch bei allem individuellen Spielraum: Letztendlich, so Bourdieu, ist der Habitus geprägt von den sozialen Strukturen der Gesellschaft, die der Mensch verinnerlicht. So schlägt sich die Zugehörigkeit zu unterschiedlichen Klassen und Gruppen nieder in Verhaltensweisen und Umgangsformen, und wer die entsprechenden Muster zu lesen vermag, kann die Individuen anhand solcher „feinen Unterschiede" (so der Titel einer berühmten Studie Bourdieus) ihren Gruppen und Klassen zuordnen. Das macht verständlich, warum sich kulturhistorische Ansätze besonders für PRAKTIKEN interessieren: Mit diesem in der Geschichtswissenschaft der letzten Jahre fast allgegenwärtig gewordenen Wort sind eben jene Verhaltensweisen der Menschen gemeint, die selten ausdrücklich thematisiert werden, aber doch eine Menge sagen: über die Muster, Vorstellungen und Regeln, die in einer bestimmten Gruppe oder Gesellschaft gelten, aber auch über den individuellen Menschen, der sich keineswegs immer vollständig an diese Regeln hält. Gerade mit diesen Abweichungen demonstrieren die Akteure, dass sie eben nicht als Marionetten der Strukturen zu begreifen sind: Auch wenn ihr Verhalten Muster aufweist, verfügen sie selbst doch über Freiheiten der Entscheidung; von ihrem Handeln, das ja wiederum auf die Strukturen der Gesellschaft einwirkt, geht eine Wirkmächtigkeit aus (der etwas sperrige Fachbegriff für diese Wirkmächtigkeit der Akteure und ihres Handelns lautet im Übrigen **AGENCY**). Strukturation als Verbindung von Handeln und Struktur, Habitus, Praktiken, Agency – offenbar haben wir es hier mit einem **Paradigmenwechsel**, mit einem neuen Grundverständnis des Faches zu tun. Wie aber kam es dazu? Mitverantwortlich für diese kulturalistische Wende waren auch hier **außerwissenschaftliche Gründe**. Die Moderne westlicher Prägung, die der Gesellschaftsgeschichte nach den Erfahrungen des Zweiten Weltkriegs als Ideal und Ziel aller historischen Entwicklung erschienen war, hatte ihre Faszination verloren. Der Glaube an die **GROSSE ERZÄHLUNG** vom Aufstieg des Westens zum Wohle der gesamten Welt war durch weitere Kriege, aber auch durch Umweltkatastrophen und die gesellschaftlichen Veränderungen im Westen selbst ins Wanken geraten. Die Suche nach allem, was auf diese Moderne hinzuweisen schien, verlor an Attraktivität, zunehmend Interesse fanden alle gegenläufigen, aus modernisierungstheoretischer Sicht eher störenden Entwicklungen, der menschliche, soziale und kulturelle Preis der Modernisierung sowie alle Widerstände gegen Tendenzen in dieser Richtung. Schließlich machte das Menschenbild des späten 20. Jahrhunderts die Vorstellung immer plausibler, die kleinen Leute seien keineswegs willen- und machtlose Marionetten der Strukturen, sondern durchaus bereit und fähig zum **Widerstand** gegen den Lauf der Welt gewesen. Zu diesen gesamtgesellschaftlichen Veränderungen kamen **innerwissenschaftliche Gründe**: Aus der etablierten, in Deutschland das Feld beherrschenden Gesellschaftsgeschichte kamen nur noch wenige Innovationen. Umso mehr Inspiration ging von neuen Ansätzen aus, die sich im Widerspruch zur Gesellschaftsgeschichte entwickelten und oft auf deren heftige Gegenwehr stießen. Solche Ansätze stammten teils von jüngeren Historikern und Historikerinnen in Deutschland – wissenschaftliche Debatten sind nicht selten auch Generationenkonflikte. Ein großer Teil der Anregungen kam jedoch aus anderen europäischen Ländern und hier vor allem aus der methodisch überaus innovativen Frühneuzeitforschung. Werfen wir also einen Blick auf einige der Strömungen, die unter dem

Label „Neue Kulturgeschichte" zusammengefasst werden und ihren jeweils eigenen Beitrag zur kulturalistischen Wende geleistet haben.

Vor allem in methodischer Hinsicht innovativ erwies sich schon in den 1970er Jahren die **italienische Microstoria oder Mikrogeschichte**. Wie ihr Name schon sagt, geht es diesem Ansatz um die Verkleinerung der Untersuchungsperspektive, um eine mikroskopische Analyse von Einheiten, die dementsprechend klein gewählt sein müssen. Die kleinste Einheit ist der Mensch, und mit einem solchen Menschen befasst sich auch eine klassische Studie der Microstoria. Sie stammt von Carlo Ginzburg, trägt den Titel **Der Käse und die Würmer** und behandelt dem Untertitel zufolge die Welt eines Müllers um 1600. Vorgestellt wird der Müller Menocchio, der durch seine unorthodoxen Reden vor die Inquisition geraten war. Wie Menocchio die Welt und das Universum sah, nämlich als Käse, in den Würmer Löcher gefressen hatten, kann Ginzburg anhand der Verhörprotokolle des am Ende hingerichteten Müllers rekonstruieren. Ginzburgs eigentliches Thema ist allerdings nicht der Müller Menocchio. Wie es der Mikrogeschichte insgesamt darum geht, in den kleinen Einheiten große Themen zu behandeln (→ **Kap. 2.4.3**), so will auch Ginzburg hinter Menocchios Weltbild die **Volkskultur** entdecken, die Werte und Vorstellungen also, die sich in der italienischen Bevölkerung um 1600 zum Leidwesen der Inquisition gehalten hatten. Dass dieser Volkskultur eine hier durch die Kirche vertretene **Elitenkultur** gegenübergestanden habe und der Kulturwandel der Frühen Neuzeit als Prozess der Verdrängung populärer Vorstellungen durch die Vorgaben der Eliten zu verstehen sei, wird zwar heute bezweifelt. Aber auch wenn man mittlerweile von einem Wechselverhältnis zwischen den von oben vorgegebenen Normen und den Aneignungen von unten ausgeht, ist Ginzburgs Methode, die mikrohistorische Konzentration des Blicks auf Einzelfälle, auf fruchtbaren Boden gefallen.

Verantwortlich für den Erfolg mikrohistorischer Methoden war nicht zuletzt der wachsende Einfluss einer zu diesem Zeitpunkt ebenfalls auf die genaue Beschreibung und hermeneutische Deutung des Einzelfalls konzentrierten Nachbardisziplin. Die

Ethnologie, d. h. die um das Verstehen fremder Kulturen bemühte „Völkerkunde" (so der veraltete Begriff), erreichte mit der kulturalistischen Wende jene Stellung, die in Deutschland zuvor die Soziologie innehatte: Sie wurde zur **Leitdisziplin für die Geschichtswissenschaft**, zu jener Nachbardisziplin also, von der die meisten Anregungen für die historische Forschung ausgingen. Der Grund hierfür ist schlicht, aber aufschlussreich. Die Historiker kamen sich jetzt vor wie die Ethnologen: Seit sie sich für das alltägliche Verhalten der kleinen Leute interessierten, seit sie nach deren Sinnstiftungen und Deutungen fragten, hatten sie das Gefühl, vor Fremdem zu stehen. Wie die Ethnologen durch die Welt reisen, um fremde Kulturen zu studieren, so reisen die Historiker durch die Zeit, um ebenfalls auf Fremdes zu stoßen. Historiker und Historikerinnen, die nicht länger nur nach Entwicklungen fahnden wollten, die auf die Moderne hinweisen, übernahmen den **ethnologischen Blick**: Sie fragten verstärkt nach den mentalen und sozialen Eigenstrukturen, nach dem **Eigensinn** vergangener Gesellschaften, nach den **Praktiken und Symbolen,** in denen sich diese Eigenstrukturen äußerten, nach dem **individuellen und kollektiven Gedächtnis**, mit dem die Menschen ihrer Geschichte Sinn verliehen. Und sie akzeptierten mehr und mehr, dass sie ihre Untersuchungsobjekte, die historischen Akteure, nicht an heutigen Maßstäben messen, sondern nur verstehen können, wenn sie deren damalige Regeln, Normen und Sinnstiftungen aus sich heraus zu erfassen suchen.

Dies aber muss eine Reihe methodischer Konsequenzen haben. Zum einen erklärt die Einsicht in die Unmöglichkeit, das fremde historische Gegenüber durch Einfühlen verstehen zu können, warum die von Clifford Geertz für die Ethnologie entwickelte **dichte Beschreibung** jetzt auch für die Geschichtswissenschaft attraktiv wurde (→ **Kap. 2.4.1**): Weil die hermeneutische Differenz eine unaufhebbare, durch kein Hineinversetzen zu überbrückende Distanz zwischen uns und den Menschen der Vergangenheit darstellt, können wir das Fremde nur dicht beschreiben, das heißt einerseits möglichst detailliert und nah an den Quellen nachvollziehen und andererseits aus sich selbst heraus verstehen. „Die Erfahrungen anderer Leute im Kontext ihrer eigenen Ideen betrachten", heißt das bei Geertz. Damit war eine massive Wiederbelebung der von der Gesellschaftsgeschichte nur wenig geschätzten **hermeneutischen Verfahren** verbunden. Aber auch quantitative Methoden und auf die Strukturen gerichtete Fragen behielten ihre Berechtigung. Schließlich sollten die Wahrnehmungen und Deutungen immer auch auf die konkreten Lebensbedingungen bezogen werden. Die kulturelle Ebene der Sinnstiftung ließ sich mit den strukturellen und materiellen Dimensionen zu einer umfassenden Sicht auf die Geschichte aber nur verbinden, wenn man in der praktischen Arbeit den Untersuchungsgegenstand verkleinerte. Und genau dieses wachsende Interesse am Einzelfall förderte die Rezeption der mikrohistorischen Methode. In Frankreich etwa betrat in den 1980er Jahren mit der so genannten **Nouvelle Histoire** die vierte Generation der Annales die Bühne, die sich im Unterschied zu ihren Vorgängern weit mehr für individuelle Praktiken und Aneignungen interessierte als für kollektive Mentalitäten. Dass jetzt meist von „Mentalitätengeschichte" im Plural statt, wie bisher, von „Mentalitätsgeschichte" die Rede war, spiegelt die Erweiterung des Blicks von den groben Strukturen auf die Vielfalt der Phänomene. In Deutschland wurden solche Ansätze, die ethnologisch inspiriert waren und meist mikrohistorisch arbeiteten, unter verschiedenen Begriffen gebündelt. Zunächst war von der **Alltagsgeschichte** die Rede – wobei diese etwas missverständliche Bezeichnung keineswegs nur die alltäglichen Verrichtungen, sondern auch und gerade die Wahrnehmungen und Sinnstiftungen der Akteure meint. Ihren Schwerpunkt hatte die Alltagsgeschichte in der Erforschung des 19. und 20. Jahrhunderts, und so blieb vor allem dort dieses gern als Gegenbegriff zur Gesellschaftsgeschichte verwendete Label lange Zeit die beherrschende Bezeichnung. Aber auch in der **Frühneuzeitforschung** entstanden nun Arbeiten, die sich selbst als Beitrag zur Alltagsgeschichte begriffen. Eine ganze Reihe dieser Studien nahm sich der großen Theorien wie der Konzepte der **Sozialdisziplinierung** und **Konfessionalisierung** an. Aber in neuer Perspektive: Den Prozess von oben, aus der Sicht der Obrigkeit zu betrachten, galt nun als verwerfliche Fixierung auf den Staat, als methodisch überholter ETATISMUS. Stattdessen wurden die Bemühungen der Obrigkeiten nun von unten, aus der Sicht einzelner Menschen oder mit Blick auf Dörfer und Regionen analysiert. Dass die Anstrengungen von Staat und Kirche zwar durchaus Wirkung gezeigt hätten, aber sowohl Sozialdisziplinierung als auch Konfessionalisierung nicht als Einbahnstraßen, sondern als komplexes Zusammenwirken von Obrigkeiten und Untertanen zu verstehen seien, lautete der seitdem weitgehend akzeptierte Befund. Andere Arbeiten konzentrierten sich nach dem Vorbild der Microstoria auf kleine Räume, aber umfassende Fragen. Die berühmteste Studie dieser Art dürfte das Buch von **Hans Medick** über den schwäbischen Ort Laichingen sein. Konzipiert als „Detailgeschichte des Ganzen", präsentiert dieses stark auf quantifizierende Verfahren gestützte Buch über das **Weben und Überleben in Laichingen** (1996) sowohl wirtschaftsgeschichtliche Befunde als auch Informationen zur Rolle der Kleidung als Merkmal sozialer DISTINKTION, zum Heiratsverhalten der Laichinger und zu ihrem Verhältnis zu Büchern. Überdies zeigt Medick am Laichinger Beispiel, dass auch andere Wege in den Kapitalismus möglich waren als die von den großen Theorien vorgesehenen. Wie sich, so der Untertitel, **Lokalgeschichte als Allgemeine Geschichte** schreiben lässt, führt diese mikrohistorische Musterstudie in der Tat vor.

Stärker noch als hier kam der auch von Medick immer wieder eingeforderte und umgesetzte ethnologische Blick auf die Wahrnehmungen und Deutungen in einer Strömung zum Tragen, die sich schon bald in den Vordergrund schieben sollte: die **Historische** ANTHROPOLOGIE. Im engeren Sinne ist die Historische Anthropologie ein Ansatz, der sich mit anthropologischen, d.h. dem Menschen als Menschen eigenen Themen befasst. Aber anders als die biologische Anthropologie geht es ihrer historischen Variante nicht um das Menschsein an und für sich. Die Vertreter der Historischen Anthropologie fragen vielmehr nach den sich verändernden Möglichkeiten von Menschsein, nach dem historischen

2 Theoretisches: Frühe Neuzeit als Wissenschaft

Wandel also, der im Umgang mit Themen wie Jugend, Alter und Tod, Krankheit und Gesundheit, Körper und Geschlecht, Zeit und Raum zu beobachten ist. Dieser Katalog ließe sich unschwer erweitern. Denn das Themenspektrum, das die Historische Anthropologie der Forschung eröffnet hat, ist nahezu unbegrenzt, und gerade für die Frühe Neuzeit wird es auch intensiv bearbeitet. Nicht zuletzt wegen seiner inhaltlichen Weite hat sich der Begriff „Historische Anthropologie" von dieser engeren Bedeutung zur Sammelbezeichnung für all jene Strömungen entwickelt, die sich mit kulturgeschichtlichen Fragen befassen. Greifbar wird dies abermals in der Gründung einer Zeitschrift: Seit 1993 erscheint die Zeitschrift „Historische Anthropologie", deren Untertitel „Kultur – Gesellschaft – Alltag" nicht zufällig so weit gefasst ist.

Thematisch wie methodisch erweitert wurde die kulturgeschichtliche Forschung aber nicht nur von der Ethnologie. Wichtige Anregungen gingen auch von einem Ansatz aus, den Sie bereits kennen: vom **Linguistic Turn** (→ Kap. 2.3.3). Diese verschiedenen Disziplinen übergreifende Wende regte dazu an, das Verhältnis von Sprache und Wirklichkeit auch aus der Sicht der Geschichtswissenschaft zu überprüfen. Dass Geschichte nichts anderes als Dichtung sei und ihren Gegenstand, die Vergangenheit, ohnehin nicht erkennen könne – diese radikale Lesart machte sich zwar in der historischen Forschung kaum jemand zu eigen. Aber dass es sich lohnen könnte, die Sprache als historischen Untersuchungsgegenstand ernster zu nehmen, haben einige Ansätze aus dem Umfeld des Linguistic Turn unter Beweis gestellt. Ganz neu ist das Interesse an der Sprache der Quellen natürlich nicht: In Deutschland hat der große Reinhart Koselleck schon in den 1970er Jahren unter Beweis gestellt, was eine an der Bedeutung einzelner Begriffe und ihrem Wandel interessierte **Begriffsgeschichte** zu leisten vermag: Das maßgeblich von Koselleck geprägte Lexikon „Geschichtliche Grundbegriffe" zeichnet in sieben dicken Bänden anhand von Schlüsselbegriffen der politischen Sprache nach, wie sich mit den Begriffen die hinter ihnen stehenden Konzepte und Denkweisen, ja generell die Erfahrungen und Erwartungen der Menschen

2.7 Perspektiven der Frühneuzeitforschung

in der Sattelzeit (also in der Umbruchsphase zwischen 1750 und 1850) veränderten. In England hat die so genannte **Cambridge School** um Quentin Skinner und John G. A. Pocock dafür geworben, neben den klassischen Texten der meist vorwurfsvoll-ironisch so genannten „Höhenkamm-Literatur" auch weniger prominente Textquellen zu analysieren und das Quellenkorpus damit zu erweitern. Und auch in anderen Ländern und Sprachräumen haben sich verschiedene Ausprägungen einer **Historischen Semantik** etabliert. Dass Sprache die Wirklichkeit aber nicht nur abbildet, sondern eigentlich erst schafft, diese Grundüberzeugung des Linguistic Turn hat sich indes vor allem die **Diskursanalyse** zu eigen gemacht. Dieser Ansatz ist untrennbar mit dem Namen des französischen Philosophen **Michel Foucault** (1926–1984) verbunden, dessen Werk auch in Deutschland ebenso stark rezipiert wie kontrovers diskutiert wurde. Unter einem **Diskurs** versteht Foucault ein System von sprachlichen Regeln, die darüber bestimmen, was innerhalb eines bestimmten Ausschnittes der Wirklichkeit als sinnvoll und wahr gelten kann. Indem sie manche Aussagen ausschließen, andere aber möglich machen, entscheiden die Diskurse darüber, welche Bedeutungen erzeugt und vermittelt werden. Sie regeln also, was wir wissen, was wir für wahr halten und was wir nicht glauben wollen. Der Diskurs über den Wahnsinn zum Beispiel bestimmt nicht nur, wen oder was wir für wahnsinnig halten. Er hat den Wahnsinn als Phänomen, das uns heute so selbstverständlich zu existieren scheint, benennbar gemacht, inhaltlich bestimmt und damit erst hervorgebracht. Aufgabe der Diskursanalyse ist es nun zu klären, wie solche Diskurse entstanden sind und wie sie funktionieren. Untersucht wird dafür zum einen der Diskurs selbst, also die Art und Weise, wie bestimmte Akteure oder Institutionen ihre Auffassung vom jeweils gültigen Wissen sprachlich zum Ausdruck bringen (Foucault nennt das auch **diskursive Praktiken**). Die Diskursanalyse erfasst aber auch die **nichtdiskursiven, nichtsprachlichen Praktiken**, also all das, was die mit den Diskursen verbundenen Institutionen und Akteure zur Umsetzung „ihrer" Wahrheit tun – in unserem Beispiel also etwa die Irrenhäuser und

Psychiater. Gerade für die Frühe Neuzeit hat Foucault eindrucksvolle Studien vorgelegt, etwa sein Buch „Überwachen und Strafen" (1975, deutsch 1976) über, so der Untertitel, die **Geburt des Gefängnisses**: Dass Gefängnisse als Besserungsanstalten eingerichtet wurden, äußerte sich nicht nur in der konkreten Institution mit ihren nichtdiskursiven Praktiken. Es setzte auch eine entsprechende Entwicklung des sprachlichen Diskurses über Gewalttäter, Kriminelle, Erziehen und Strafen voraus.

Diese Anregungen der linguistischen Wende für die Geschichtswissenschaft lassen sich verallgemeinern: Wenn die Sprache dem Denken und Handeln vorgelagert ist – und davon gehen die Vertreter des Linguistic Turn einschließlich Foucault ja aus –, wenn also die Sprache unhintergehbar ist und darüber bestimmt, wie wir denken und handeln können, dann bestimmt die Sprache auch die Denk- und Handlungsmöglichkeiten der historischen Akteure. Wer also die Denk- und Handlungsmöglichkeiten der Menschen in der Vergangenheit untersuchen will – und das will ja die Neue Kulturgeschichte –, der muss folglich auch die sprachlichen Systeme, die Diskurse analysieren, in denen diese Menschen gefangen sind.

Vor allem ein geschichtswissenschaftlicher Ansatz hat die Vorstellung, dass Sprache die Wirklichkeit nicht spiegelt, sondern konstituiert, schon früh gewinnbringend umgesetzt: die **Frauen- und Geschlechtergeschichte**. Entstanden vor dem Hintergrund der Frauenbewegung vor allem in den USA der 1970er Jahre, gab sich die Historische Frauenforschung zunächst thematisch innovativ, aber methodisch konventionell. Neu war die Frage nach der Geschichte der Frauen, die in der Gesellschaftsgeschichte nur am Rande vorgekommen waren. Aber da es zunächst darum ging, wie einst für die Männer nun für die Frauen deren Lebensbedingungen und Erfahrungen in der Vergangenheit zu rekonstruieren, war dieser Ansatz lediglich eine Ergänzung der klassischen Sozialgeschichte. In der Frühneuzeitforschung etwa schlug sich dies in Studien über als typisch weiblich identifizierte Berufe wie den der Hebamme nieder. Interesse fanden aber auch Herrscherinnen und vor allem das Verhältnis von Männern und Frauen. Aber solange Geschlecht als biologische Gegebenheit ohne eigene Geschichte begriffen wurde, beschränkte sich der Ansatz darauf, Frauen als historische Subjekte zu entdecken und ihre Geschichte zu derjenigen der Männer hinzuzuaddieren. Dies sollte sich erst mit der Einführung der Kategorie **Gender** (→ Kap. 2.5.1) grundlegend ändern. Aus der Vorstellung, das Geschlecht sei nicht nur eine vorgegebene, unveränderliche biologische Größe, sondern auch eine gesellschaftlich produzierte soziale Rolle, erwuchs nun ein ganz neuer Blick auf die Gesamtgeschichte. Denn wenn Gender gesellschaftlich hervorgebracht wird, wenn also die Geschlechterrollen durch sprachliche wie nichtsprachliche Praktiken erst geschaffen werden, dann lässt sich dieser Prozess (auch „doing gender" genannt) untersuchen. Und da Gender Frauen wie Männer betrifft, muss diese Kategorie in allen Lebensbereichen von Bedeutung sein. Die Frühneuzeitforschung konnte dies für zahlreiche Felder zeigen: etwa für den geschlechtsspezifischen Begriff von Ehre, der Frauen fast ausschließlich an ihrem Sexualverhalten maß und z. B. vor Gericht in Anklageverhalten und Urteilssprechung massiv zum Tragen kam; oder aber für die Alltagsnormen, die Alkoholgenuss für Männer zur sozialen Verpflichtung, für Frauen hingegen zum Zeichen der Liederlichkeit machten. Indem die Frauengeschichte die lebensbestimmende und auch strukturbildende Macht kultureller Faktoren wie der Sprache und der Diskurse zur Kenntnis nahm und sich selbst zur Gender-Forschung weiterentwickelte, war aus einem thematisch begrenzten Teilbereich der Forschung ein neuer Blick auf die Gesamtgeschichte geworden. Und weil sich dieser Prozess hier früher abspielte als auf anderen Feldern, gilt die Frauen- und Geschlechtergeschichte als Musterbeispiel für die kulturalistische Wende.

Während sich die Überlegungen im Umfeld des Linguistic Turn vor allem auf die Sprache konzentrierten, weisen andere Ansätze darauf hin, dass sich Kultur nicht in Text und Sprache erschöpft und der Kulturgeschichte mithin zahlreiche weitere Quellen und Erkenntnisweisen zur Verfügung stehen: Der Visual Turn wirbt für

2 Theoretisches: Frühe Neuzeit als Wissenschaft

Kunstwerke und Bilder jeder Art, der Material Turn interessiert sich für Artefakte, d. h. für von Menschen gemachte oder bearbeitete Gegenstände in ihrer Materialität. Etwas anders gelagert ist der Performative Turn: Statt um Dinge, die, wie Kunstwerke und andere Artefakte, als Repräsentationen einer bestimmten Weltsicht interpretiert werden, geht es dieser Wende um Handlungen und dynamische Prozesse, in denen die Akteure solche Dinge herstellen und in mannigfachen Formen mit ihnen umgehen.

Dass all diese Ansätze im globalen Englisch als „Turn" bezeichnet werden, mag etwas albern klingen. Aber schließlich zielen die Überlegungen auf die Grundfragen der Kultur- und Geisteswissenschaften, und in der Tat haben die entsprechenden Debatten die Paradigmen, also die Grundorientierungen zahlreicher Disziplinen zu verändern begonnen. Um diese tiefgreifenden Neuerungen in den internationalen Kulturwissenschaften zu markieren, hat sich der Begriff des Turns durchgesetzt. Nicht jede Wende mag für jeden Historiker gleich plausibel und relevant sein. Anregend und interessant sind sie aber allemal, und da die Begriffe ohnehin durch die geschichtswissenschaftliche Fachliteratur geistern, sollte man sich zur Orientierung einen ersten Überblick über die Turns verschaffen.

Unter dem Schlagwort eines **Iconic**, **Pictorial** oder VISUAL TURN wird seit den 1990er Jahren die Rolle von Bildern und allem Visuellen betont: So wie Menschen mit sich selbst und ihrer Umwelt nicht nur über Sprache in Kontakt treten, sondern auch mit nichtsprachlichen Mitteln, so müsse der Linguistic Turn um einen Visual Turn erweitert und auch dieses Feld der Medien erschlossen werden. Der Begriff, der ja deutlich in Analogie zur linguistischen Wende gebildet ist, umfasst ein ganzes Spektrum an Fragen. Sehr konkrete Anstöße können in der Geschichtswissenschaft unmittelbar Anwendung finden und ihren Nutzen entfalten: Einzelne Kunstwerke lassen sich auf ihre Aussagen abklopfen, aber auch nach ihren Entstehungsbedingungen und Verwendungszwecken. Der alltägliche Umgang mit Visuellem wie etwa religiöser Kunst dürfte einiges über Mentalitäten und ihren Wandel sagen.

Und im Sinne der Quellenkritik lohnt sich der Blick auf das Wechselverhältnis von Schrift und Bild nicht nur bei Text-Bild-Medien wie illustrierten Flugblättern, sondern immer dann, wenn Text- und Bildmedien zur gleichen Frage vorliegen (und das kommt häufiger vor, als man denkt). Auf einer abstrakteren Ebene geht es dem Visual Turn aber auch um die Rolle, die Bilder im Denk- und Erkenntnisprozess spielen, etwa wenn wir in Form von Metaphern Sprachbilder entwickeln, Befunde in Schaubildern zusammenfassen oder, was vor allem in den Naturwissenschaften üblich ist, bildgebende Verfahren wie das Röntgen einsetzen. Letztendlich geht es also wie bei den Texten auch hier um den Sinn, den Bilder erzeugen, und die Art und Weise, wie sie das tun. Dass Bilder tatsächlich etwas tun, dass sie handeln oder mindestens Handlungen von Menschen auslösen, wird maßgeblich von Horst Bredekamp und seiner Theorie des Bildaktes vertreten. Bredekamp ist nicht nur einer der für die historische Forschung wohl anregendsten Kunsthistoriker unserer Zeit. Er hat auch ein ausgeprägtes Interesse an der Frühen Neuzeit und mit Studien etwa zum Titelkupfer des „Leviathan" von Thomas Hobbes aus dem Jahr 1651 vorgeführt, welchen Erkenntnisgewinn die Bildanalyse für die Geschichte des politischen Denkens haben kann.

Natürlich spielt im Umgang mit Bildern auch deren Materialität eine Rolle. Damit führt der Visual Turn bereits zum **MATERIAL TURN**. Unter diesem Schlagwort wird seit den 2000er Jahren verstärkt nach der materiellen Beschaffenheit von konkreten Dingen, aber auch ganz allgemein nach der materiellen Kultur einer Gesellschaft gefragt. Auf einer ersten Ebene geht es darum, was einzelne **ARTEFAKTE** und Objekte über eine Gesellschaft und ihre Geschichte aussagen; Funktion, Gebrauchswert, symbolischer Mehrwert – all das kann von Interesse sein. Nun mag man einwenden, dass schon Droysen mit seiner Kategorie der Überreste auf die Dinge als historische Quellen verwiesen und mit der historisch-kritischen Methode den Blick auf die materielle Beschaffenheit der Quellen gelenkt hat. Aber zum einen hat die Geschichtswissenschaft nach Droysen die materiellen Quellen eher der

Volkskunde oder der Archäologie überlassen, so dass eine Erinnerung an deren Wert für die historische Forschung durchaus angebracht war. Und zum anderen kennt auch der Material Turn Spielarten, die deutlich über das Interesse an einzelnen Objekten hinausgehen. So haben sich mit der Geschichte der Kleidung, der Konsumgeschichte, der Lebensstilforschung oder der Museologie und Sammlungsgeschichte eigene Ansätze entwickelt, die unser Wissen nicht nur über die Frühe Neuzeit bereichern. Und auch hier fehlt es nicht an Überlegungen, den Dingen (wie Bredekamp den Bildern) mehr als nur eine passive Rolle zuzuschreiben: Für den französischen Wissenschaftssoziologen Bruno Latour sind technische Dinge eine Art Akteur (zur Unterscheidung von menschlichen Akteuren nennt er sie Aktanten). Akteur und Aktant, also etwa: ein Mensch und eine Pistole, handeln gemeinsam: Die Waffe in der Hand entscheidet mit darüber, wie sich der Mensch verhält, und in diesem Sinne geht auch von den Dingen eine gewisse Agency, eine Wirkmächtigkeit aus.

Visual Turn und Material Turn deuten es bereits an: Parallel zu diesen Wendungen hin zu Bildern und Gegenständen hat sich das Interesse kulturwissenschaftlicher und auch kulturhistorischer Forschung an der Dimension des Handelns intensiviert: der **PERFORMATIVE TURN** zeigt seine Wirkung. Dieses neue Interesse an den Handlungen ist uns schon begegnet: Praktiken bezeichnen im Grunde nichts anderes als Handlungen, weswegen manche auch von einer **praxeologischen Wende** sprechen. Aber was ist daran interessant oder gar neu? Der Begriff der Praktiken zielt vor allem auf die nicht reflektierten, wiederkehrenden Handlungen und Routinen, auf die alltäglichen sayings und doings (so der US-amerikanische Philosoph Theodore Schatzky), die eher mit gesellschaftlichen Konventionen und Gewohnheiten als mit Intentionen zu tun haben. Praktiken wie etwa Körperpflege oder Zeitungslesen, aber auch zeittypische Formen der Gewaltausübung oder der Liebeserklärung sagen daher mehr über die Gesellschaft, in der sie sich verbreiten, als über die Motive, Wünsche und Ziele der einzelnen Person. Wir haben es hier also wie schon zu Rankes

Zeiten mit dem Handeln unserer Akteure zu tun, aber – und das ist das Neue daran – nicht mit Fokus auf hermeneutischen Fragestellungen, die sich für die Eigenheiten des konkreten Individuums interessieren würden. Was die praxeologische Wende auch und besonders in den Blick rückt, ist die überindividuelle Aussagekraft scheinbar individuellen Handelns.

Dies gilt auch für diejenigen Varianten von Handlungen, auf die sich der Performative Turn im Besonderen konzentriert: Gemeint sind die namensgebenden Performances, d. h. Aufführungen, Inszenierungen und Rituale. Gemeinsam ist diesen Handlungsketten, dass sie etwas tun: Sie bilden nicht nur die Ordnung der Gesellschaft ab, sie stiften zugleich auch Bedeutung und sie erzeugen Identität. Gesellschaften verständigen sich über das, was sie im Innern zusammenhält, weit mehr über Inszenierungen und Rituale als über Texte und das gesprochene Wort: Fußballweltmeisterschaften verdeutlichen dies ebenso wie Vereidigungszeremonien, Wahlen oder der Große Zapfenstreich. Und genau diese Handlungen, an denen meist größere Gruppen beteiligt sind (und sei es nur als Adressaten einer Selbstinszenierung), faszinieren die historische Forschung.

Warum das so ist, lässt sich über den Begriff der symbolischen KOMMUNIKATION verdeutlichen, der in der deutschsprachigen Frühneuzeitforschung der letzten Jahrzehnte eine große Rolle gespielt hat. Der Ausgangsgedanke leuchtet schnell ein: Damit Kommunikation funktionieren kann, damit also eine mitgeteilte Information auch als solche verstanden wird, ist eine gemeinsame Grundlage nötig, eine Sprache etwa, die alle Beteiligten verstehen. Und da diese gemeinsamen Grundlagen der Kommunikation in jeder einzelnen kommunikativen Handlung zum Vorschein kommen, lassen sich anhand solcher Handlungen auch die zugrunde liegenden Regeln und Konventionen erkennen. Nun ist die geschriebene oder gesprochene Sprache aber nur eines von mehreren möglichen Mitteln, um zu kommunizieren. Etwas mitteilen lässt sich auch durch Bilder und Gegenstände, durch Gesten und Gebärden und eben auch durch kompliziertere Handlungs-

2 Theoretisches: Frühe Neuzeit als Wissenschaft

abfolgen wie **RITUALE** und **ZEREMONIEN**. Aber auch in diesen Fällen funktioniert die Kommunikation nur, wenn sie einem Code folgt, den alle Beteiligten kennen. Eine japanische Teezeremonie mit ihren strikt geregelten Bewegungsabläufen mag uns zunächst fremd vorkommen; wir kennen einfach den Code nicht, dem diese Zeremonie folgt. Ist dieser Code hingegen bekannt, sind hinter den zeremoniellen Handlungen unschwer die Wertvorstellungen und Handlungsnormen der japanischen Gesellschaft zu erkennen. Für Historiker und Historikerinnen, die sich für diese Ebene der Normen, **WERTE** und Bedeutungen interessieren, dürfte es sich daher lohnen, solche Zeremonien und andere Formen der symbolischen Kommunikation zu untersuchen. Akte der symbolischen Kommunikation eröffnen aber nicht nur einen Zugang zu den Werten, Deutungsmustern und Normen, die eine Gesellschaft verbinden. Sie lenken den Blick zugleich auf Konflikte, die innerhalb dieser Gesellschaft ausgetragen werden, und sie bringen nicht zuletzt die Ansprüche zum Ausdruck, die einzelne Personen oder Gruppen erheben. Nehmen wir das höfische Zeremoniell der Frühen Neuzeit. Katzbuckelnde Adlige, die unter Verbeugungen im Rückwärtsgang den Raum verlassen, mögen in Kostümfilmen für Heiterkeit sorgen. Am Hof Ludwigs XIV. in Versailles war die zeremonielle Ordnung und ihre Einhaltung hingegen bitterer Ernst: Das Zeremoniell mit seinen Regeln, wer wann wo zu gehen, stehen und sitzen hatte, bildete die Hierarchie des Hofes ab. Wer sich daran hielt, bestätigte die Ordnung und auch den eigenen Platz darin, wer gegen das Zeremoniell verstieß, stellte zugleich die Hierarchie und mit ihr seine persönliche Ein- und Unterordnung in Frage. Rangstreitigkeiten, wie sie in der ständischen Gesellschaft der Frühen Neuzeit an der Tagesordnung waren, wurden daher oft im Medium des Zeremoniells ausgetragen. Dass Akte der symbolischen Kommunikation den gültigen, auf den Normen und Wertvorstellungen einer Gesellschaft basierenden Code sowohl bestätigen und damit stabilisieren als auch angreifen können, gilt aber nicht nur für Rangfragen. Auch ideologische Konflikte lassen sich auf der Ebene des Symbolischen austragen. Greifbar wird dies etwa im Phänomen des **Bildersturms.** Ob in der Reformation oder bei den Taliban: zerschlagen werden Bilder und Kunstwerke, gemeint ist die ihnen zugrunde liegende Ordnung. Umgekehrt können kommunikative Akte aber auch neue Werte schaffen helfen. Ein Musterbeispiel hierfür ist die **Französische Revolution.** Wie es sich für eine Revolution gehört, wurden die alten Zeichen der königlichen Macht, Porträts des Monarchen oder Statuen etwa, zertrümmert. Gleichzeitig sollten in den revolutionären Festen, aber auch in Symbolen wie der Trikolore, in Liedern wie der Marseillaise und schließlich in der Figur der Marianne, die bis heute Frankreich verkörpert, die Werte der neuen Gesellschaftsordnung inszeniert werden. Inszeniert, nicht abgebildet, denn die nationale Einheit, die etwa die Feste der Revolution beschworen, gab es noch gar nicht. Akte dieser Art können offenbar das, was sie darstellen, erst versuchen zu schaffen. Dies ist keineswegs ungewöhnlich: Auch das Ritual der kirchlichen Trauung stellt das, was es beschreibt, nämlich die Ehe, ja erst her. Und wenn sich ein Politiker als souveräner Chef seiner Partei darstellt, möchte er es durch solche Inszenierungen oft erst noch werden. In Anlehnung an die sprachwissenschaftliche Sprechakt-Theorie nennt man solche Akte, die Zustände nicht nur beschreiben, sondern das, was sie beschreiben, erst herbeiführen wollen, PERFORMATIVE AKTE. „Ich erkläre die Sitzung für eröffnet", wäre ein Beispiel für einen performativen Sprechakt, der nicht nur etwas sagt, sondern auch etwas tut; „Ich verurteile Sie", „Ich taufe Dich" sind weitere Varianten. Die Kaiserkrönung, in der der Kaiser durch die Krönung überhaupt erst zum Kaiser wird, dürfte hingegen illustrieren, was mit performativen Akten im historischen Kontext gemeint ist. Barbara Stollberg-Rilinger macht in ihrem grundlegenden Lehrbuch zur Ritualforschung am Aspekt der Performativität im Übrigen den Unterschied zwischen Zeremoniell und Ritual fest: Während Zeremonien als geregelte, oft wiederholte Abfolge menschlicher Handlungsabläufe Ordnungen widerspiegeln, aber nicht verändern (soweit sie denn nicht durch Verstöße gestört werden), führen Rituale Statusveränderungen herbei:

Sie stellen nicht nur etwas dar, sie stellen es zugleich auch her, sie sind performativ.

Der **Performative Turn** interessiert sich zwar auch für die performativen Akte im engeren Sinne, legt aber nicht unbedingt die strikte Definition der Sprachwissenschaften zugrunde. Oftmals ist mit der performativen Wende ganz allgemein die neue Aufmerksamkeit für den Aspekt der Aufführung und der Handlungen gemeint: Eben weil unsere historischen Akteure mit ihren Handlungen nicht nur Auskunft geben über ihre Selbst- und Weltsicht, sondern die Ordnung der Welt, die sie beschreiben, zugleich auch herstellen, stabilisieren oder herausfordern, erscheinen im Lichte des Performative Turn im Grunde alle Praktiken, Zeremonien und Rituale als Teil der Produktion unserer Wirklichkeit.

Schwirrt Ihnen der Kopf? Keine Angst, das ist normal. Bei den meisten Versuchen, einen Überblick über die Turns der letzten Jahrzehnte zu gewinnen, ist am Ende die Rede von Schwindelgefühlen und ähnlichen Zeichen der Verwirrung, die der Schnelldurchgang durch die Wendungen auslöst. Und dabei könnte man die Liste der Turns noch fortsetzen: Der **Spatial Turn** (→ S. 92) hat die Aufmerksamkeit auf den Raum gelenkt, der nicht länger als starrer und neutraler Container begriffen wird, sondern als menschliches Konstrukt gilt und die Geschichtswissenschaft sowohl nach der Entstehung solcher Raumvorstellungen als auch nach deren Rückwirkungen auf die Menschen fragen lässt. Ein **Acoustic Turn**, der schon mehrfach angekündigt wurde, aber noch nicht so recht zu erkennen ist, müsste zunächst zeigen, wie sich die akustische Dimension der Vergangenheit rekonstruieren und als Quelle erschließen lässt. Der **Animal Turn** will nicht nur Tier-Mensch-Beziehungen als Thema der Geschichtswissenschaft etablieren, sondern auch die Agency der Tiere vom Mops bis zum Elefanten betonen.

An Turns herrscht also kein Mangel, und dabei dürfte es auch bleiben. Solche Grundsatzdebatten und Wendungen haben immer mit der eigenen Zeit zu tun: Der Visual Turn etwa ist ohne die Bilderflut moderner Technik kaum zu denken, der Spatial Turn reagiert auch auf die Globalisierung und den Wunsch, die globale Ungleichheit nicht auch noch im Medium der Wissenschaft zu reproduzieren, der Performative Turn hängt zweifellos mit der Allgegenwart von Selbstinszenierungen in den Sozialen Medien zusammen. Bleibt zu fragen, wie dieser stete Strom der Veränderung zu bewerten ist. Nehmen wir unseren Ausgangspunkt aus der Zeit des Historismus, die Politikgeschichte. In den Fragestellungen und Methoden unseres Faches hat sich seitdem zweifellos viel geändert: Aus der klassischen Politikgeschichte des Historismus mit ihren Großen Männern und Haupt- und Staatsaktionen ist über das Interesse an politischen Sprachen, symbolischer Kommunikation, Bildern, Artefakten und Ritualen eine Kulturgeschichte des Politischen geworden. Uns mag das als Fortschritt erscheinen: Das Bild der Vergangenheit ist durch den Einsatz neuer Methoden und Quellen deutlich vielschichtiger geworden. Aber am Ende einer Entwicklung sind wir damit nicht angekommen. Eben weil der Blick auf die Vergangenheit stets in der eigenen Gegenwart verankert ist, wird die Theorie- und Methodendiskussion weitergehen. Und das ist auch gut so.

Dass und wie sich diese Entwicklungen, Turns und Trends auf den Umgang mit den Quellen und die praktische Arbeit der Historiker und Historikerinnen auswirken, zeigt das nächste Kapitel.

Literatur

Doris Bachmann-Medick, **Cultural Turns.** Neuorientierungen in den Kulturwissenschaften, 5. Auflage Hamburg 2014. (Als Neubearbeitung in englischer Übersetzung: Cultural Turns: New Orientations in the Study of Culture, Berlin/Boston 2016.)

Hort Bredekamp, **Theorie des Bildakts.** Frankfurter Adorno-Vorlesungen 2007, Frankfurt am Main 2010.

Ders., **Thomas Hobbes. Der Leviathan**: Das Urbild des modernen Staates und seine Gegenbilder. 1651–2001, Berlin 2003.

Ute Daniel, **Kompendium Kulturgeschichte.** Theorien, Praxis, Schlüsselwörter, Frankfurt a. M. 2001.

2 Theoretisches: Frühe Neuzeit als Wissenschaft

Joachim Eibach, Günther Lottes (Hg.), **Kompass der Geschichtswissenschaft**. Ein Handbuch, Göttingen 2002.

Fischer Lexikon Geschichte, hg. von Richard van Dülmen, aktualisierte, vollständig überarbeitete und ergänzte Auflage Frankfurt a.M. 2003.

Clifford Geertz, **Dichte Beschreibung**. Beiträge zum Verstehen kultureller Systeme, Frankfurt a.M. 1987.

Lutz Raphael, **Geschichtswissenschaft im Zeitalter der Extreme**. Theorien, Methoden, Tendenzen von 1900 bis zur Gegenwart, München 2003.

Winfried Schulze, **„Von den großen Anfängen des neuen Welttheaters"**. Entwicklung, neuere Ansätze und Aufgaben der Frühneuzeitforschung, in: Geschichte in Wissenschaft und Unterricht 44 (1993), S. 3–18.

Reinhard Sieder, **Sozialgeschichte auf dem Weg zu einer historischen Kulturwissenschaft?**, in: Geschichte und Gesellschaft 20 (1994), S. 445–468.

Barbara Stollberg-Rilinger, **Symbolische Kommunikation in der Vormoderne**. Begriffe – Thesen – Forschungsperspektiven, in: ZHF 31 (2004), H. 4, S. 491–527.

Dies., **Rituale**, Frankfurt a.M. 2013.

Otto Ulbricht, **Aus Marionetten werden Menschen**. Die Rückkehr der unbekannten historischen Individuen in die Geschichte der Frühen Neuzeit, in: Richard van Dülmen, Erhard Chvojka, Vera Jung (Hg.), Neue Blicke. Historische Anthropologie in der Praxis, Wien/Köln/Weimar 1997, S. 13–32.

3 Methodisches: Quellen und Verfahren der Forschung

Nach so viel Theoretischem führt Sie dieses Kapitel in die Praxis der historischen Arbeit. Näher vorgestellt werden nicht nur die einzelnen Quellengattungen (Textquellen, Zahlenmaterial und serielle Daten, Sachquellen und Bildquellen), sondern auch die handwerklichen Tricks und Fertigkeiten, die wir für die Entschlüsselung der Quellen benötigen. Zur Verfügung gestellt wird dieses Handwerkszeug von den so genannten Historischen Hilfswissenschaften. Deren Nutzen will dieses Kapitel an konkreten Beispielen vorführen. Dabei wird sich zeigen, dass jede der Hilfswissenschaften nicht nur unverzichtbare Kenntnisse für die Arbeit mit den Quellen liefert, sondern gleichzeitig auch einen eigenen Zugang zur frühneuzeitlichen Geschichte eröffnet. Des Weiteren illustriert das Kapitel, welche Anregungen die Nachbardisziplinen der Geschichtswissenschaft für diese zu bieten haben. Und schließlich sollte deutlich werden, dass und wie sich Fragestellung, Quellenauswahl und Methode gegenseitig beeinflussen.

All dies wird nicht nur theoretisch erörtert, sondern an praktischen Beispielen vorgeführt. Alle Beispiele entstammen dem gleichen Kontext: dem von 1643 bis 1648 in Münster und Osnabrück ausgehandelten Westfälischen Frieden, der 1648 den Dreißigjährigen Krieg beendete. Nach der Lektüre des Kapitels dürfte Ihnen daher nicht nur klarer sein, was es mit den unterschiedlichen Perspektiven und Methoden der Geschichtswissenschaft auf sich hat. Sie werden auch einiges über die Geschichte der Frühen Neuzeit gelernt haben.

3 Methodisches: Quellen und Verfahren der Forschung

3.1 Quelle, Frage, Quellenlage

„Der Ausgangspunkt des Forschens ist die historische Frage." Dieser Satz aus Droysens „Historik" ist von grundlegender Bedeutung, wie Sie bereits wissen. Die Fragestellung leitet die Suche nach den Quellen an, sie bestimmt darüber, was wir überhaupt als Quelle ansehen, und von ihr hängt es auch ab, welchen QUELLENWERT wir der jeweiligen Quelle zumessen. Aber andererseits: Ohne Quellen lässt sich keine Fragestellung beantworten. Offenkundig hat auch die Quellenlage einen gewissen Einfluss auf die Frage, der wir forschend nachgehen. Diese schlichte Beobachtung stellt uns vor zwei Aufgaben: Zum einen gilt es, das wechselseitige Verhältnis von Quellen und Fragestellung näher zu bestimmen. Zum anderen ist zu klären, wie es um die Quellenlage zur frühneuzeitlichen Geschichte bestellt ist.

3.1.1 Quellenwert und Fragestellung

Dass nicht nur die Fragestellung die Suche nach den Quellen bestimmt, sondern dass auch umgekehrt die Quellen auf die Fragestellung zurückwirken können, zeigt sich in der Forschungspraxis immer wieder. Schon in den ersten Hausarbeiten, in denen Sie mit Quellen arbeiten, wird Ihnen dieses Phänomen begegnen: Sie haben sich in ein Thema eingearbeitet und mit Hilfe der Sekundärliteratur eine Fragestellung konzipiert. Nun greifen Sie zu den Quellen. Aber anstatt einer prompten und eindeutigen Antwort auf Ihre Frage liefern Ihnen die Quellen zunächst etwas anderes: Anregungen, wonach Sie auch fragen könnten, Hinweise, in welche Richtung sich Ihre Ausgangsfrage weiterentwickeln ließe. Es ist wie beim hermeneutischen Zirkel: Ihre Fragestellung hilft Ihnen, die Quellen zu finden und zum Reden zu bringen. Aber das, was die Quellen zu sagen haben, lässt auch Ihre Frage in einem neuen Licht erscheinen. Gewiss sollte man nicht jeder Versuchung nachgeben und immer neue Fragen entwerfen – die Hausarbeit muss schließlich irgendwann fertig werden. Aber dass die Quellen nicht nur ein Vetorecht gegenüber unhaltbaren Thesen haben, sondern auch Anregungen für weitere Forschungen liefern, werden Sie schnell zu schätzen lernen.

In manchen Fällen will diese Wechselwirkung zwischen Frage und Quellen allerdings nicht in Gang kommen, nämlich dann, wenn Sie für Ihre Frage einfach keine Quellen finden. Damit sind wir bei einer zweiten Ergänzung zu Droysens wichtigem Merksatz. Auch die beste Fragestellung kann sich ihre Quellen nicht selbst erschaffen. Die historische Forschung ist immer auch abhängig von der Quellenlage, und auf manche Fragen wird man deshalb wohl nie eine Antwort erhalten. Dies ist allerdings nicht als Aufforderung zu verstehen, die Flinte ins Korn zu werfen und die eigenen Forschungsinteressen mit dem Hinweis auf die zu dünne Quellenbasis aufzugeben. Denn dass Quellen oft über Dinge berichten, nach denen man ursprünglich gar nicht gefragt hat, lässt sich auch umkehren: Auch Quellen, die mit der Fragestellung scheinbar nichts zu tun haben, können Antworten liefern. Um etwa Auskunft über die Frömmigkeit der frühneuzeitlichen Menschen zu erlangen, ist man nicht auf religiöse Bekenntnisse angewiesen. Auch die in Finanzaufstellungen oder in Testamenten festgehaltene Bereitschaft, Geld für das eigene Seelenheil aufzuwenden, kann hier als Indikator dienen. So hat der französische Historiker **Michel Vovelle** in einer berühmt gewordenen Studie von 1973 den langsamen Bedeutungsverlust des christlichen Glaubens im 18. Jahrhundert für das französische Bürgertum anhand von Tausenden von Testamenten untersucht. Sein Befund: Die testamentarisch verfügten Ausgaben für das Seelenheil gingen seit der Mitte des Jahrhunderts merklich zurück. Seine Schlussfolgerung: Wenn die Menschen weniger Geld für ihr Seelenheil aufzuwenden bereit waren, scheint auch die Bedeutung der Religion nachgelassen zu haben. Dass die Zahl der gestifteten Seelenmessen und das Gewicht der dafür bestimmten Kerzen zum Indikator für religiöse Veränderungen werden können, zeigt sehr schön, wie sich auf den ersten Blick hermeneutische Fragen (die Bedeutung der Religion für die Menschen) mit seriellen Quellen (tausende Testamente) und quantifizierenden Verfahren (Auswertung der Zahlenangaben) bearbeiten lassen. Und genau diese Verbindung von Mentalitätengeschichte und quantifizierenden Verfahren war die bereits angesprochene (→ S. 106) Entdeckung der Annales-Generation von Michel Vovelle.

Vor allem aber unterstreicht das Beispiel, dass Quellen auch **gegen den Strich gelesen** werden können. Sie lassen sich nach Dingen befragen, mit denen sie auf den ersten Blick nur wenig zu tun haben. Die Suche nach solchen Quellen ist nicht ganz einfach. Wie in unserem Beispiel braucht man hierfür ein bestimmtes Vorwissen (Religiosität drückt sich in den testamentarischen Verfügungen für das eigene Seelenheil aus). Aber wie Vovelle vorgeführt hat, lassen sich mit Hilfe von Kenntnissen, wie sie der Literatur zu entnehmen sind, auch für solche Fragen quellengesättigte Antworten finden, für die auf den ersten Blick kein Material zur Verfügung steht. Der Phantasie sind hierbei keine Grenzen gesetzt.

Doch bei aller Kreativität in methodischen Fragen: Bestimmte Grenzen lassen sich nicht überwinden. Und da diese Grenzen mit der Quellenlage gesetzt sind, sei ein Blick auf die Situation für die Frühe Neuzeit geworfen.

3.1.2 Die Quellenlage zur Geschichte der Frühen Neuzeit

Dass die Quellenlage maßgeblich von der Zeit abhängt, mit der man sich beschäftigen möchte, liegt auf der Hand: Niemand wird für die Frühe Neuzeit mit Ton- oder Bildaufnahmen rechnen, und auch die mündliche Befragung, ein als ORAL HISTORY in der Zeitgeschichte eingeführtes Verfahren, scheidet für die Zeit vor dem 20. Jahrhundert aus. Aber nicht nur die Lücken in der Quellenlage, auch die Art der vorhandenen Quellen sind auf die **Rahmenbedingungen ihrer Entstehungszeit** zurückzuführen und lehren daher einiges über die Epoche, aus der sie stammen. So stellen für die Frühe Neuzeit im Unterschied zur Antike und zu weiten Teilen des Mittelalters die Schriftquellen die mit Abstand größte Gruppe unter den Quellen dar. Verantwortlich hierfür ist eine regelrechte **Explosion der Schriftlichkeit** zu Beginn der Neuzeit. Überdies verlagerte sich das Schwergewicht innerhalb der Textgattungen: Die Schriftquellen des Mittelalters bestehen vorrangig aus Schriftstücken, die rechtliche Vorgänge festhalten, zu diesem Zweck beglaubigt werden und nach bestimmten formalen Vorschriften gestaltet sind, mit einem Wort: aus **Urkunden**. Die Neuzeit hingegen gilt als das Zeitalter der **Akten**, d.h. der Schriftstücke, die zur Vorbereitung und Durchführung eines Rechts- oder Verwaltungsgeschäfts angelegt wurden. Explosion der Schriftlichkeit, **Übergang vom Urkundenzeitalter zum Zeitalter der Akten** – was verbirgt sich hinter diesen beiden Entwicklungen? Dass immer mehr geschrieben wurde, und zwar im staatlichen wie im „privaten" Bereich, mag mit der besseren Versorgung mit Papier zu tun haben. Es ist aber auch auf die zunehmende Komplexität des Lebens im Allgemeinen und der politischen Herrschaft im Besonderen zurückzuführen. Eben weil die Staatsgewalt expandierte, immer mehr Aufgaben an sich zog, intensivierte sich auch die schriftliche Kommunikation. Und weil damit der Bedarf an weniger förmlichen Dokumenten wuchs, stand am Beginn der Neuzeit auch die Ablösung der Urkunden durch die Akten.

Dass verschiedene Zeitalter unterschiedliche Quellen hervorbringen und hinter diesen epochenspezifischen Gattungen konkrete Entwicklungen der Zeit stehen, bestätigt ein Blick auf die **Publizistik**: Mit der Erfindung des Buchdrucks kam es auch im Bereich der Publizistik zu einem ganz neuen Boom und damit auch zu neuen Medien: Neben den Büchern sind hier vor allem die für die Frühneuzeitforschung äußerst wichtigen Flugblätter und Flugschriften und die ab dem frühen 17. Jahrhundert erscheinenden ersten Zeitungen zu nennen. Mit dem **Beginn der GUTENBERG-GALAXIS**, wie manche Forscher diesen tief greifenden Einschnitt in der Mediengeschichte nennen, konnten eben auch erste Formen einer politischen Öffentlichkeit entstehen, und genau dieser fundamentale Prozess spiegelt sich in der Quellenlage.

Ebenfalls von der Entstehungszeit der Quellen hängt ab, was überhaupt aufbewahrt wird. Dass man sich darüber streiten kann,

3 Methodisches: Quellen und Verfahren der Forschung

welche Dokumente als bewahrenswert gelten und daher archiviert werden, zeigt schon ein Blick in jede private Sammlung von Unterlagen: Auch Sie werfen einiges weg, anderes heben Sie auf. Nicht anders geht es in den städtischen oder staatlichen ARCHIVEN (Archiv: von griech. Arché = Behörde, Amt) zu, die für die Aufbewahrung wichtiger behördlicher Unterlagen zuständig sind. Durch den Anstieg der produzierten Akten muss heute mehr denn je ausgewählt werden: In Deutschland findet kaum noch ein Zehntel der amtlichen Unterlagen den Weg ins Archiv. Mit den gleichen Problemen haben im Übrigen auch die neben den städtischen und staatlichen Archiven existierenden Kirchen-, Privat- und Firmenarchive zu kämpfen.

Aber auch in der Frühen Neuzeit wurde bei weitem nicht alles aufgehoben. Sowohl Privatleute als auch Vertreter der Staatsgewalt sammelten, was man weiterhin brauchte, also vor allem Unterlagen, die Rechtsansprüche dokumentieren, und das waren primär die Urkunden. Die alltäglichen Amtsakten wurden erst nach und nach als bewahrenswert erkannt. **Staatsarchive**, in denen die Unterlagen verschiedener Stellen gesammelt wurden, entstanden daher erst seit dem 16. Jahrhundert. Und erst in der Französischen Revolution setzte sich die Vorstellung durch, dass nicht nur der rechtliche, sondern auch der historische, wissenschaftliche oder künstlerische Wert bei der Auswahl des Aufzubewahrenden eine Rolle spielen sollte. Vor allem dem vom Historismus geprägten 19. Jahrhundert blieb es überlassen, Denkmäler und andere Zeugnisse der Vergangenheit für prinzipiell bewahrenswert zu erachten. Der Ausbau des Archivwesens, aber auch die Gründung von Nationalmuseen und die Durchsetzung des Denkmalschutzes belegen dies eindrücklich.

Hinzu kommt ein weiterer Faktor, der über jede Quellenlage mit entscheidet: der **Zufall**. Kunstwerke fallen gelegentlich der Zerstörung anheim, Gebäude werden abgerissen, Archive können komplett verloren gehen, v. a. durch Krieg und Feuer. Aber nicht nur ein gelegentliches Feuer, sondern auch der Zahn der Zeit nagt an den Beständen. Tintenfraß ist eine treffende Bezeichnung für

> *Info: Wichtige Begriffe zum Archivwesen*
> ***Pertinenzprinzip:*** *das bis weit ins 19. Jahrhundert hinein vorherrschende Ordnungsprinzip der Archive. Die Unterlagen werden nach bestimmten Sachbetreffen geordnet (z. B. nach bestimmten Steuern, Bauprojekten oder politischen Vorgängen). Dieses Prinzip erleichtert zwar die Suche nach Themen, reißt aber die Bestände der einzelnen Behörden auseinander und zerstört so den Entstehungszusammenhang der einzelnen Dokumente.*
> ***Provenienzprinzip:*** *das im europäischen Archivwesen seit dem Ende des 19. Jahrhunderts allgemein angewandte Ordnungsprinzip. Die Bestände der einzelnen abgebenden Stellen werden nicht auseinandergerissen, sondern nach ihrer Provenienz (Herkunft) sortiert.*
> ***Kassation:*** *das Ausscheiden von Akten. Archive müssen angesichts der Masse Unterlagen als nicht bewahrenswert aussortieren und vernichten („kassieren").*
> ***Findmittel:*** *Bücher, Verzeichnisse und sonstige Unterlagen, die den Bestand eines Archivs systematisch erschließen und damit das Auffinden bestimmter Quellen erleichtern.*

das, was Dokumenten je nach verwendetem **Material und Art der Lagerung** passieren kann: Wenn Sie im Archiv ein Aktenbündel aufschlagen und Ihnen das, was einst die Schrift war, in Form schwarzer Krümel entgegenrieselt, wissen Sie, was mit Tintenfraß gemeint ist. Dass heutige Tinte deswegen weniger aggressiv ist, weil sie nach etwa 30 Jahren ohnehin unlesbar wird, ist ein wohl eher schwacher Trost. Und dass sich mit den modernen Medien wie Film, Fax, Email und SMS nicht nur die Art der Kommunikation, sondern auch das Material der Datenträger verändert hat, kann nicht ohne Folgen für die Quellenlage bleiben. Wenigstens sollte das gravierende Problem der beschränkten Haltbarkeit elektronischer Speichermedien nachdenklich stimmen.

Aber es gibt auch eine gute Nachricht: Gelegentlich nehmen die Quellen zu, und das auch für die Frühe Neuzeit. Damit kommen wir zu einem weiteren wichtigen Faktor für die Quellenlage: Welche Quellen der historischen Forschung zur Verfügung stehen, ist immer auch von der eigenen Zeit abhängig. Zum einen eröffnen sich mit **neuen technischen Möglichkeiten** auch neue Wege der Quellenanalyse. Die EDV etwa hat die großangelegte Auswertung serieller Quellen mit ihrem Zahlenmaterial möglich gemacht. Computerprogramme durchleuchten elektronisch gespeicherte Textkorpora in fast beliebiger Größe auf die Verwendung und Entwicklung bestimmter Begriffe oder Wortfelder. Und an Wallensteins Schienbein wurde bereits illustriert, welche Rolle neue wissenschaftliche Verfahren auch im Umgang mit Sachquellen spielen (→ S. 35). Vor allem aber ändern sich die Fragestellungen und Forschungsinteressen der Geschichtswissenschaft. **Neue Fragen** lenken den Blick auf neue Quellen, auf Quellen also, die bislang unbeachtet in den Archiven schlummerten. Was dies konkret bedeutet, wird im Folgenden an einem Beispiel aus der Praxis dargelegt. Dem besseren Verständnis zuliebe sei aber zunächst ein Blick auf dieses Beispiel geworfen.

3.1.3 Das Beispiel: der Westfälische Frieden

Was es mit dem Zusammenhang von Fragestellung und Quellen auf sich hat, wie die verschiedenen Quellen mit Unterstützung der Historischen Hilfswissenschaften handwerklich zu erschließen sind und welche Impulse hierbei von den Nachbardisziplinen der Geschichtswissenschaft ausgehen können – all dies lässt sich am besten an einem konkreten Beispiel zeigen: Unser Beispiel wird der **Westfälische Frieden** sein. Dieser Friedensschluss von 1648 beendete den **Dreißigjährigen Krieg** und gehört damit, wie der Krieg selbst, zu den herausragenden Ereignissen der frühneuzeitlichen Geschichte. Worum ging es? Krieg wie Frieden drehten sich im Wesentlichen um drei Punkte.

Erstens ging es um die **Reichsverfassung**, d. h. um die Organisation jenes Heiligen Römischen Reiches deutscher Nation, das sich als Rechtsnachfolger des römischen Imperiums ansah (→ S. 94), seit etwa 1500 aber durch die auch als Reichsreform bezeichnete Ausbildung von Institutionen wie dem Reichstag mehr und mehr zum politischen System allein des deutschsprachigen Raumes wurde und daher jetzt auch den Namenszusatz „deutscher Nation" erhielt. Dieses Reich war eine Art Dachverband, der, einem Flickenteppich nicht unähnlich, aus einer ganzen Reihe von Bausteinen bestand.

Bei diesen Bausteinen handelte es sich um nahezu unabhängige Herrschaftsgebiete, die zwar unterschiedlich groß und im Innern jeweils verschieden beschaffen waren, aber grob in zwei große Gruppen unterteilt werden können: Auf der einen Seite gab es die **Territorien** unter der Herrschaft eines Landesherrn. Dieser Landesherr konnte entweder ein **weltlicher Fürst** sein: ein Kurfürst (d. h. einer der sieben bzw., ab 1648, acht zur Wahl des Königs berechtigten Fürsten des Reiches) wie im Kurfürstentum Sachsen oder ein Herzog wie im Herzogtum Württemberg. Der Landesherr konnte aber auch ein **Geistlicher** sein: ein Erzbischof wie jener von Mainz, der das Erzbistum Mainz wie ein weltlicher Herr regierte und ebenfalls zu den Kurfürsten gehörte, oder auch ein Abt, der nicht nur seinem Kloster, sondern auch dem Land vorstand, das diesem Kloster unterworfen war. Neben diesen Territorien, die den Großteil des Reichsgebiets ausmachten, gab es aber auch Reichsstädte wie Nürnberg, Ulm oder Augsburg, die formal nur dem Kaiser unterstanden und daher ebenfalls nahezu unabhängig waren.

Die Herrscher all dieser Gebiete, die weltlichen und geistlichen Landesherren und die Vertreter der freien Reichsstädte, werden als die **Reichsstände** bezeichnet. Ihre Herrschaftsgebiete, die Bausteine also, bildeten gemeinsam das Territorium des Reiches. Das Reich selbst, d. h. die politischen Institutionen des Reiches, überwölbte diese Bausteine, es fasste sie zu einer Einheit zusammen und lässt sich daher als eine Art zweiter Ebene über der Ebene der einzelnen Territorien und Städte begreifen. Damit aber stellen sich zwei Fragen: Welche Rechte sollte diese zweite Ebene, das Reich, über die erste Ebene, die Landesherren und freien Städte haben? Und wer hatte auf der Reichsebene das Sagen? Genau um diese Fragen wurde während der gesamten Frühen Neuzeit und auch im

Dreißigjährigen Krieg gerungen. Zwei Parteien standen sich hierbei gegenüber: Auf der einen Seite der **römische König**, d. h. der König, der dem Heiligen Römischen Reich deutscher Nation vorstand und daher diesen etwas verwirrenden Titel trug. Da mit diesem Amt der Anspruch auf das Kaisertum verbunden war, wird der römische König oft auch schlicht als der **Kaiser** bezeichnet. Die Grundlage dieser Position war jedoch seine Wahl zum römischen König, und diese Wahl erfolgte durch die Kurfürsten. Obschon das Reich damit formal eine **Wahlmonarchie** war, konnte sich eine Familie während der Frühen Neuzeit so gut wie immer den Königstitel sichern: die Dynastie der **Habsburger**. Die Habsburger waren zwar selbst Landesherren von Österreich, Böhmen und anderen Gebieten, d. h. Herrscher über einige Bausteine des Reiches und damit Reichsstände. Aber in ihrer Eigenschaft als Kaiser ging es ihnen darum, auf der Ebene des Reiches die Zügel in die Hand zu bekommen und die Mitspracherechte der Reichsstände möglichst zurückzudrängen. Damit wäre auch geklärt, wer das politische Gegenüber des Kaisers war: die Reichsstände, die sich auf dem **Reichstag** versammelten und ihrerseits versuchten, die Institutionen des Reiches (z. B. das Reichskammergericht) unter ihre Kontrolle zu bringen und die Rechte des Kaisers, die so genannten RESERVATRECHTE, zu beschneiden. Nun sollte man das Verhältnis zwischen Kaiser und Reichsständen nicht dramatisieren: Auf den Reichstagen, auf denen Stände und Kaiser zusammentrafen, überwog oft die Suche nach einer gemeinsamen Lösung. Und wie die zeitgenössische Formulierung **Kaiser und Reich** zum Ausdruck bringt, sahen sich beide Parteien als Teil eines Ganzen. Allerdings unternahmen die Kaiser immer wieder Anläufe, das Reich im Sinne einer monarchischen Reform umzugestalten, ihre Kompetenzen auszubauen, in die Gebiete der Reichsstände hineinzuregieren und für sich selbst eine ähnlich starke Stellung durchzusetzen, wie sie etwa der französische König gegenüber seinen deutlich schwächeren Ständen genoss. Man könnte auch sagen: Der Kaiser versuchte, aus dem losen Reichsverband einen straff organisierten Staat zu machen, an dessen Spitze allein er, der

Kaiser, stand. Da nun aber die Reichsstände ihre Gebiete als Quasi-Staaten und sich selbst als Quasi-Monarchen verstanden, mussten solche Versuche zu Konflikten führen. Und genau das, ein **Ständekonflikt** zwischen Kaiser und Reichsständen, wurde im Dreißigjährigen Krieg ausgetragen.

Überlagert wurde die Frontlinie zwischen Kaiser und Reichsständen allerdings von einer weiteren, ebenso wichtigen Auseinandersetzung: dem **Konfessionskonflikt**. Weil die Landesherren und Stadträte im 16. Jahrhundert die ja immer auch politisch relevante Glaubensfrage in die Hand genommen und die Reformation entweder eingeführt oder aber verhindert hatten, gab es sowohl katholische als auch protestantische (d. h. lutherische, später auch calvinistische) Gebiete. In manchen Städten existierten mehrere Konfessionen nebeneinander. Aber in den Territorien galt stets nur eine Konfession, und die bestimmte nach den Regelungen des **Augsburger Religionsfriedens von 1555** der Landesherr (CUIUS REGIO, EIUS RELIGIO). Dies führte nicht nur zu Konflikten mit den Untertanen, die den konfessionspolitischen Entscheidungen ihrer Landesherren entweder folgen mussten oder bestenfalls auswandern konnten. Die konfessionelle Spaltung der Reichsstände lähmte auch die Zusammenarbeit auf der Ebene des Reiches. In Konfessionsfragen standen sich daher nicht der Kaiser einerseits und die Stände andererseits gegenüber. Sobald die Glaubensfrage berührt war, bildeten die katholischen Stände und der katholischen Kaiser die eine, die protestantischen Reichsstände die andere Partei. Nun spielte die Glaubensfrage aber in fast jeden Bereich der frühneuzeitlichen Politik hinein, und so musste der Konfessionskonflikt den Ständekonflikt immer wieder überlagern, zusätzlich aufheizen und seinerseits zur Verschärfung der Auseinandersetzungen im Dreißigjährigen Krieg beitragen.

Entzündete sich der Dreißigjährige Krieg an einem konfessionell aufgeladenen Ständekonflikt innerhalb des von den Habsburgern als Landesherren beherrschten Böhmen (Prager Fenstersturz 1618), zog der Krieg bald weite Kreise. Aus einem regionalen Problem wurde schnell ein **internationaler Konflikt um die Vorherr-**

schaft in Europa. Als 1630 das protestantische Schweden und 1635 das schon vorher hinter den Kulissen agierende katholische Frankreich auch offiziell in den Krieg eintraten, hatte dies auch konfessionelle Gründe. Vor allem aber ging es den Mächten darum, die Kräfteverhältnisse in Europa zu ihren Gunsten zu verändern. **Schweden** wollte zur Vormacht in Nordeuropa aufsteigen, **Frankreich** sah die Chance gekommen, die habsburgische Bedrohung ein für alle Mal zu zerschlagen. Immerhin lagen die Bemühungen Kaiser Karls V., zur mittelalterlichen Universalmonarchie zurückzukehren und alle anderen Mächte, v. a. Frankreich, der Dominanz des Reiches zu unterwerfen, noch nicht lange zurück. Und da nicht nur im Reich, sondern seit Karl V. auch in Spanien die Habsburger regierten, musste sich Frankreich von dieser Dynastie in die Zange genommen fühlen. Die Gelegenheit zum Befreiungsschlag gegen diese **Habsburger Klammer** schien mit dem Dreißigjährigen Krieg gekommen: Der Kaiser sah sich massiven inneren Problemen gegenüber, Spanien war in den Niederlanden, die es als seine Provinz betrachtete, seit dem dortigen Aufstand in einen langwierigen Krieg verstrickt. Diese Chance konnte sich Frankreich nicht entgehen lassen.

So vielschichtig wie der Konflikt selbst, so kompliziert waren auch die **Friedensverhandlungen**. 1641 einigte man sich darauf, solche Verhandlungen in Angriff zu nehmen. Als Verhandlungsorte wurden zwei benachbarte Städte in Westfalen ausersehen: nahe genug beieinander, um das Ganze als einen einzigen Kongress betrachten zu können, aber doch in zwei Städten, damit man nach Konfessionen getrennt tagen konnte. In **Münster** sollten die Vertreter von Kaiser und Reich mit Frankreich verhandeln, für die Gespräche mit den Schweden, die sich geweigert hatten, auf den als Vermittler tätigen Vertreter des Papstes zu treffen und daher nicht in Münster untergebracht werden konnten, war **Osnabrück** vorgesehen. Insgesamt tätig wurden 37 ausländische und 111 deutsche Gesandtschaften. Die ersten von ihnen trafen ab 1643 ein; zu einem Ergebnis, dem **Westfälischen Frieden**, kamen sie aber erst 1648. Dass die Reichsstände im Vorfeld durchgesetzt hatten, als eigene Verhandlungsparteien vertreten zu sein, machte den Friedenskongress zu einer Art Reichstag mit internationaler Beteiligung. Gleichzeitig war damit bereits vorentschieden, wie der Kampf um die Reichsverfassung ausgehen würde. Tatsächlich hatten sich mit Blick auf die **Reichsverfassung** die Stände durchgesetzt: Der letzte Versuch einer monarchischen Reichsreform war gescheitert, die Staatsbildung, die Intensivierung der Herrschaft samt Ausbau des Herrschaftsapparats wurde fortan auf der Ebene der Territorien, nicht auf der Ebene des Reiches fortgesetzt. Das zentrale politische Organ des Reiches war weiterhin der Reichstag, ohne dessen Zustimmung der Kaiser wie bisher weder Steuern noch Gesetze beschließen, neuerdings aber auch nicht mehr über Krieg und Frieden entscheiden konnte. Weiter gestärkt wurde die Quasi-Souveränität der Landesherren: einerseits nach innen durch die Bestätigung des IUS TERRITORIALE, d.h. der Landeshoheit, dank derer die Erhebung von Steuern, die Gesetzgebung und das Aufstellen von Truppen im Belieben des Landesherrn standen, andererseits nach außen durch die Bestätigung des Bündnisrechts, des IUS FOEDERIS. Danach durften die Stände sowohl untereinander als auch mit auswärtigen Mächten Bündnisse schließen, soweit sich diese nicht gegen Kaiser und Reich richteten. Weitere Bestimmungen zur Reichsverfassung zielten auf die Gleichberechtigung der Konfessionsparteien auf Reichsebene, die so genannte **Parität**.

Das **Konfessionsproblem** selbst versuchte man durch einen Kompromiss zu lösen: Anerkannt wurde nun neben der katholischen und der evangelischen auch die calvinistische Konfession. Was die Ansprüche und Besitzverteilungen zwischen den Konfessionen anging, sollten die Verhältnisse des so genannten **Normaljahres** gelten, d.h. alles würde so bleiben bzw. wieder werden, wie es am 1. Januar 1624 gewesen war. Fortan durfte zwar noch der Landesherr seinen Glauben ändern, aber nun konnte er seinen Untertanen nicht mehr vorschreiben, mit ihm die Konfession zu wechseln. Glaubensfreiheit war damit gewiss noch nicht erreicht. Aber für die Untertanen bedeutete der Westfälische Frieden zweifellos eine Verbesserung.

Klare Sieger sind im Blick auf die **internationale Politik** auszumachen. Sowohl Schweden als auch Frankreich gewannen neben anderen Entschädigungsleistungen auch Gebiete hinzu, die das Reich abtreten musste: **Schweden** erhielt die Herzogtümer Bremen und Verden, Vorpommern mit der Stadt Stettin, der Odermündung, den Inseln Usedom, Wollin, Rügen sowie die Stadt Wismar; an **Frankreich** gingen die in Lothringen gelegenen Bistümer Metz, Toul und Verdun sowie die habsburgischen Besitzungen im Elsass. Für Frankreich fast noch wichtiger war indes, dass der Habsburger Kaiser ohne Rücksicht auf das habsburgische **Spanien** Frieden geschlossen hatte. Derart allein gelassen von der Nebenlinie in Wien, mussten die spanischen Habsburger bis 1659 weiter Krieg gegen Frankreich führen und im **Pyrenäenfrieden** empfindliche Einbußen hinnehmen. Da Spanien überdies 1648 den Kampf in den **Niederlanden** aufgegeben und die bisherige Provinz in die Unabhängigkeit entlassen hatte, gehörte die iberische Monarchie zu den großen Verlierern. Frankreich hingegen war der eigentliche Gewinner. Die habsburgischen Ansprüche auf europäische Vorherrschaft konnten zerschlagen, universale Herrschaftskonzepte endgültig zurückgewiesen werden. Damit war der Weg frei für eine neue Phase in der Geschichte der internationalen Beziehungen: An die Stelle der alten Hierarchien war das Nebeneinander prinzipiell gleichberechtigter souveräner Staaten getreten.

Angesichts dieser Inhalte verwundert es nicht, dass Dreißigjähriger Krieg und **Westfälischer Frieden in der historischen Forschung** lange Zeit als Tiefpunkt der deutschen Geschichte, ja gar als „deutsche Katastrophe" galten. Schließlich war für die Historiker des Historismus (Historikerinnen gab es damals ja an den Universitäten nicht) der starke Staat das Maß aller Dinge, und da die Regelungen von 1648 das Reich sowohl nach innen wie nach außen geschwächt hatten, konnte der Westfälische Frieden wenigstens unter deutschen Historikern nicht mit Sympathien rechnen. Auf Interesse stieß er erst wieder nach dem Zweiten Weltkrieg, nun aber unter völlig veränderten Vorzeichen: Der starke Staat war in Verruf geraten, die Schwäche des Reiches nach außen wurde nun, nach den Erfahrungen des Zweiten Weltkriegs, als sympathischer Zug begriffen. Und dass dieses Gebilde im Innern eher einem losen Zusammenschluss als einem straffen Nationalstaat glich, verlieh dem Reich in den Zeiten der europäischen Einigung einen zusätzlichen Reiz. Aus diesen Gründen haben es der Westfälische Frieden und das nun liebevoll das **Alte Reich** genannte Heilige Römische Reich deutscher Nation in den letzten Jahrzehnten zu bevorzugten Studienobjekten der deutschen Frühneuzeitforschung gebracht. Dass veränderte Lebensbedingungen und Interessen in der Gegenwart neue Fragen und Perspektiven auf die Geschichte eröffnen, ist uns in der Theorie bereits begegnet (→ **S. 53**). Mit dem Alten Reich im Allgemeinen und dem Westfälischen Frieden im Besonderen haben wir nun auch ein praktisches Beispiel für diesen Umstand vor Augen, den Max Weber die „ewige Jugendlichkeit" der Geschichtswissenschaft genannt hat.

Allerdings haben sich in den letzten Jahrzehnten nicht nur die Bewertung des Friedens und seine Würdigung in der Geschichtswissenschaft verändert. Dass dies auch für die konkreten Fragen, die herangezogenen Quellen und die angewandten Methoden gilt, werden die nächsten Abschnitte zeigen.

Literatur
Zum Zusammenhang von Fragestellung, Methoden und Quellenwert:
Martha Howell, Walter Prevenier, **Werkstatt des Historikers. Eine Einführung in die historischen Methoden**, Köln 2004.

Martin Lengwiler, **Praxisbuch Geschichte**. Einführung in die historischen Methoden, Zürich 2011.

Volker Sellin, **Einführung in die Geschichtswissenschaft**, 2. Auflage der erweiterten Neuauflage Göttingen 2008.

Zu den Historischen Hilfs- oder Grundwissenschaften:
Friedrich Beck, Eckart Henning (Hg.), **Die archivalischen Quellen. Mit einer Einführung in die Historischen Hilfswissenschaften**, 5., erweiterte und aktualisierte Auflage Köln/Weimar/Wien 2012.

Ahasver von Brandt, **Werkzeug des Historikers**, 18. Auflage Stuttgart 2012.

Zur Geschichte des Archivwesens:
Markus Friedrich, **Die Geburt des Archivs**. Eine Wissensgeschichte, München 2013.

3.2 Textquellen

Mit dem Beginn der Neuzeit, genauer: seit der Mitte des 15. Jahrhunderts, stieg die Zahl der schriftlichen Quellen dramatisch an. Schriftquellen sind daher die für die Neuere Geschichte zentrale Art von Quellen. Aber was genau verbirgt sich hinter dieser Sammelbezeichnung? Man kann die **Vielfalt von Quellengattungen** in unterschiedlicher Weise einteilen: Manche Autoren unterscheiden zwischen historischen Aufzeichnungen, Geschäftsquellen (Urkunden und Akten), Publizistik und Literatur. Andere differenzieren zwischen erzählenden Quellen, Rechtsquellen (Urkunden) und Sozialquellen (Akten). Man könnte die Einteilung auch nach den Urhebern der Quellen vornehmen: nach Untertanen und Obrigkeit, nach Kirche und Staatsgewalt, oder nach Themenfeldern wie Justiz und Policey, Diplomatie und Steuerwesen. Und schließlich ließe sich nach dem Grad fragen, nach dem die Autoren der Quellen über sich selbst sprechen. So werden Quellen, deren Verfasser sich selbst thematisieren, in der Forschung als Selbstzeugnisse oder Ego-Dokumente zusammengefasst.

Offenbar sind solche Systematisierungen der Schriftquellen mit einer gewissen Beliebigkeit verbunden: Man kann es so machen, aber auch anders. Dennoch ist die Frage, zu welcher Quellengattung ein bestimmtes Dokument gehört, oft hilfreich für sein Verständnis. Schließlich besitzen nicht wenige Schriftquellen gattungsspezifische Eigenheiten, eine bestimmte äußere Form etwa oder festgelegte Formulierungen. Diese Eigenheiten führen dazu, dass bestimmte Quellengattungen den Einsatz bestimmter Handwerkstechniken nötig machen und die Kategorisierung der Quellen somit auch den Überblick über die Historischen Hilfswissenschaften erleichtert. Und nicht zuletzt lässt sich mit Hilfe solcher

Kategorien klarer machen, welcher Zusammenhang zwischen der Fragestellung und der Auswahl der Quellen besteht. Daher wird auch im Folgenden zwischen verschiedenen Gruppen von Textquellen unterschieden: zwischen den Urkunden und Akten, der Publizistik und den Selbstzeugnissen.

3.2.1 Urkunden und Akten

Urkunden und Akten stellen jene Dokumente dar, in denen sich die rechtliche, aber auch politische und ökonomische Geschäftstätigkeit in allen Bereichen der Gesellschaft niederschlägt. Sie lassen sich daher auch unter dem Begriff der **Geschäftsquellen** zusammenfassen. Wie Urkunden und Akten definiert werden, wissen Sie bereits: **Urkunden** sind Schriftstücke, die rechtliche Vorgänge festhalten, zu diesem Zweck beglaubigt werden und nach bestimmten formalen Vorschriften gestaltet sind. **Akten** sind hingegen Schriftstücke, die zur Vorbereitung und Durchführung eines Rechts- oder Verwaltungsgeschäfts angelegt wurden, also Berichte, Amtskorrespondenzen, Denkschriften, Steuerlisten oder Protokolle.

Schon mit diesen Definitionen dürfte klar sein, dass wir für unser Beispiel, den Westfälischen Friedenskongress, sowohl Urkunden als auch Akten zur Verfügung haben. Eine Urkunde wäre etwa das wohl prominenteste Dokument dieser Verhandlungen überhaupt: der Friedensvertrag von 1648. Genauer gesagt: **die drei Friedensverträge von 1648**, die in den westfälischen Städten Münster und Osnabrück abgeschlossen wurden und daher in einer etwas unpräzisen, aber weit verbreiteten Formulierung als **Der Westfälische Frieden** bezeichnet werden.

Welche Fragen uns diese Verträge beantworten, liegt auf der Hand: Sie enthalten die in jahrelangen mühsamen Gesprächen ausgehandelten Bestimmungen des Friedens. Wer in klassisch politikgeschichtlicher Manier wissen will, wie der Dreißigjährige Krieg ausgegangen ist, muss sich folglich mit diesen Urkunden befassen. Der Text dieser im Original auf Lateinisch abgefassten Verträge ist nicht nur in mehrere Sprachen übersetzt worden, sondern auch in

3 Methodisches: Quellen und Verfahren der Forschung

> *Info: Der Westfälische Frieden*
> *besteht aus:*
> - *dem Friedensschluss zwischen Spanien und der damit unabhängig gewordenen Republik der Vereinigten Niederlande, unterzeichnet am 30. Januar 1648 in Münster, ratifiziert am 15. Mai 1648;*
> - *dem Vertrag zwischen Frankreich, dem Kaiser und den Reichsständen, ausgehandelt in Münster und dort auch am 24. Oktober 1648 unterzeichnet, ratifiziert am 18. Februar 1649, bekannt unter der Bezeichnung IPM (Instrumentum Pacis Monasteriense);*
> - *dem Vertrag zwischen Schweden, dem Kaiser und den Reichsständen, ausgehandelt in Osnabrück, unterzeichnet ebenfalls am 24. Oktober 1648 in Münster, ratifiziert am 18. Februar 1649, bekannt unter der Bezeichnung IPO (Instrumentum Pacis Osnabrugense).*

verschiedenen Editionen und mittlerweile sogar im Internet zugänglich (**www.pax-westphalica.de**). Aber auch die Originale kann man gelegentlich bestaunen: entweder auf Ausstellungen und später in den entsprechenden Katalogen, oder in FAKSIMILE-Ausgaben. In Abbildung 5 sehen Sie die Schlussseite des Vertrages zwischen Frankreich, dem Kaiser und den Reichsständen (IPM), genauer: eine der AUSFERTIGUNGEN dieses Vertrages. Schließlich wollte jede Partei ein Exemplar des Friedens mit nach Hause nehmen. Und so wurden mehrere Exemplare des von den Diplomaten ausgehandelten und am 24. Oktober 1648 unterzeichneten Regelwerks ausgefertigt. Je eine Ausfertigung erhielten der französische König, der Kaiser sowie der Mainzer Erzbischof, der nicht nur Kurfürst, sondern auch Erzkanzler des Reiches war und kraft dieses traditionsreichen Amtes sowohl das Reichsarchiv führte als auch das Reich vertrat. Allerdings waren die Reichsstände konfessionell gespalten, und um dem Rechnung zu tragen, ging ein viertes Exemplar des Friedens an den Kurfürsten von Sachsen als Vertreter der protestantischen Reichsstände.

3.2 Textquellen

Abb. 5: Instrumentum Pacis Monasteriense (IPM), Ausfertigung des Vertragstexts für den Kurfürsten von Sachsen (oben), Ausschnitt aus der Urkunde (unten), Dresden, Sächsisches Hauptstaatsarchiv.

Stellen Sie sich vor, Sie wollten mit dieser Urkunde arbeiten. Schon auf den ersten Blick dürfte klar werden, dass hier eine ganze Reihe von Hilfswissenschaften zum Einsatz kommen müsste. Bereits bei der Schrift könnten wir Hilfe gebrauchen, und diese Hilfestellung bietet uns die Paläographie.

3 Methodisches: Quellen und Verfahren der Forschung

Die PALÄOGRAPHIE ist die Lehre von den alten Schriften. Schreiben ist eine Kulturtechnik, und die **Geschichte der Schrift** kann einiges über ihren jeweiligen historischen Hintergrund lehren. Nehmen wir nur unsere eigene, die lateinische Schrift. Ihre Wurzeln hat sie zwar schon in der römischen Antike, in der sich seit dem 7. Jahrhundert v. Chr. aus dem Griechischen das lateinische Alphabet entwickelte. Diese Schrift wurde zunächst mit der lateinischen Sprache im römischen Imperium und damit in weiten Teilen Europas verbreitet, mit dem Ende des Römischen Reiches aber überlagert von frühen Formen der so genannten „gotischen Schrift", die sich seit dem 7. Jahrhundert bei den Westgoten im christlichen Spanien entwickelte. Karl der Große und die Karolinger griffen die antike lateinische Schriftform wieder auf, aber auch die karolingische Schrift, eine Weiterentwicklung der antiken lateinischen, wurde seit dem 12. Jahrhundert fast überall von der gotischen Variante abgelöst.

Die Wende kam erst mit der Wiederentdeckung der Antike in der Renaissance und dem Humanismus. Genauer gesagt: mit einem Irrtum der Humanisten des 15. Jahrhunderts. Denn da sie die antiken Texte zwar meist in Abschriften aus dem 9. und 10. Jahrhundert kennen lernten, diese aber für antike Originale hielten, glaubten die Humanisten, die antike Schrift vor sich zu sehen. Aufgrund dieses Missverständnisses wurde die karolingische Schrift nun als **Antiqua** bezeichnet und von den Verehrern der Antike wiederverwendet. Nicht zuletzt dank der Humanisten konnte sich die Antiqua in weiten Teilen Europas durchsetzen: zunächst nur in Verbindung mit der lateinischen Sprache, aber schon bald auch beim Schreiben in der Landessprache. Die gotischen Schriften wurden dabei nach und nach verdrängt.

Allerdings gelang der Antiqua dieser Sieg über ihre gotische Konkurrenz nicht in ganz Europa: Im deutschen Sprachraum konnten sich die gotischen Schriften halten. Dies sorgte für eine schriftgeschichtliche Sonderentwicklung: In unserem Raum und damit auch in unseren Quellen haben wir es in der Frühen Neuzeit mit dem eigentümlichen Phänomen der **Zweischriftigkeit** zu tun.

Humanisten und andere Gelehrte benutzten die Antiqua für Latein und andere romanische Sprachen, die gotische Schrift hingegen dominierte in deutschen Texten. In Luthers Handschrift führte dies zu einer Mischform aus Antiqua und gotischer Schrift; der humanistisch geschulte Reformator Philipp Melanchthon wusste zu trennen: Seine lateinischen Werke schrieb er in der Antiqua, seine deutschen hingegen in der gotischen Schrift. Andere Autoren passten sogar innerhalb des gleichen Textes die Schrift der Sprache an, und so begegnet in deutschen Texten inmitten der gotischen Schrift zuweilen ein lateinisches Wort in der Antiqua. Dass dies auch umgekehrt der Fall sein kann, wird unser Friedensvertrag zeigen.

Dominierend blieb hingegen die gotische Schrift, und das bis ins 20. Jahrhundert. Wir finden sie seit der Frühen Neuzeit auf allen Ebenen: Im Buchdruck, d. h. als Druckschrift kam zunächst die **Schwabacher Letter** zum Einsatz, die das Schriftbild der gesamten Reformationszeit maßgeblich prägte. Aus diesen Lettern entwickelte sich die **Fraktur** (Beispiele sehen Sie in → **Abb. 8 und 9**), und diese blieb bis ins 20. Jahrhundert das Grundmuster für das deutsche Druckgewerbe.

In Fraktur geschrieben wurde allerdings nur bei besonders festlichen Anlässen. Schließlich stellt das Schreiben mit Federkiel auf Papier andere Anforderungen an eine Schrift als das Zuschneiden oder Gießen von Lettern. Deshalb existierten neben den Buchschriften immer auch so genannte **Geschäftsschriften**, die auch als KURRENTSCHRIFTEN oder KURSIVE, d. h. als geläufige Schriften bezeichnet werden und an den LIGATUREN (Verbindungslinien) zwischen den Buchstaben zu erkennen sind. Für die Neuzeit im deutschen Raum ist hier die **Kanzleischrift** zu nennen, die nur halb kurrent und daher nicht leicht zu schreiben war. Diese Schrift finden wir vor allem auf Urkunden und anderen offiziellen Dokumenten. Zur eigentlichen Geschäftsschrift wurde die **Deutsche Kurrent**, eine flüssige Verkehrsschrift, die im 16. Jahrhundert entstand und bis ins 20. Jahrhundert die Grundlage aller deutschen Schriften blieb. Die letzte Variante dieser „deutschen Schrift"

3 Methodisches: Quellen und Verfahren der Forschung

könnten Sie aus Briefen Ihrer Ur-Großeltern noch kennen: Es ist die von einem Berliner Grafiker im Auftrag des preußischen Staates entwickelte und nach ihm benannte **Sütterlin-Schrift**. 1915 verbindlich eingeführt, wurde sie allerdings 1941 wieder abgeschafft: Weil die Nazis wollten, dass ihre Propaganda und Befehle auch in den besetzten Gebieten gelesen werden konnten, schrieben sie 1941 den Gebrauch der in anderen Ländern ohnehin üblichen lateinischen Schrift auch für Deutschland vor. Fraktur und deutsche Schrift waren damit von der lateinischen Antiqua abgelöst, und dabei ist es bis heute geblieben.

Die Paläographie erschließt aber nicht nur die Geschichte der Schrift und ihre Hintergründe, sie ist auch eine **Hilfswissenschaft im engeren Sinne**: Sie hilft, die jeweiligen Schriften lesen zu lernen. Überdies lassen sich anhand paläographischer Kenntnisse Quellen datieren und schließlich Fälschungen entlarven.

Was lehrt uns die Paläographie mit Blick auf unsere Urkunde auf → **Seite 151**? Zunächst hilft sie uns, die Schrift näher zu bestimmen: Der Text des Dokuments ist in einer sehr gleichmäßigen, geübten Handschrift verfasst, was auf einen berufsmäßigen Schreiber hinweist. Bei der Schrift selbst handelt es sich um eine lateinische, der unseren verwandte und daher gut lesbare Schrift. Eben weil sie gut lesbar ist, stellen wir schnell fest, dass zwar die mit den jeweiligen Siegeln versehenen Unterschriften in lateinischer Form dargeboten werden, der Text selbst aber auf Französisch verfasst ist. Das ist merkwürdig: Schließlich sind die Originale der Verträge allesamt auf Latein. Noch merkwürdiger ist der Inhalt. So lesen wir am Ende der französischen Passage:

Car tel est Nostre plaisir. Donné à Paris, le xx jour de Mars, l'an de grace 1648, et de Nostre Règne le cinquiesme. Signé Louys, Et sur le reply: Par le Roy, la Reyne Régente sa Mère présente, de Loménie, et seillée du grand Seau en Cire jaulne.

Weil das unser Wille ist. Gegeben zu Paris, den 20. Tag des März im Jahr der Gnade 1648, dem fünften (Jahr) unserer Regierung.

> *Tipp: Alte Schriften lesen*
> *Wer das Lesen einer bestimmten Schrift üben möchte, kann dies mit Hilfe von Schrifttafeln tun: Diese Schrifttafeln enthalten Beispiele für die jeweilige Schrift, eine TRANSKRIPTION der ausgewählten Textstellen und meist auch ein Alphabet in der jeweiligen Schriftform. Außerdem bieten zahlreiche Universitäten paläographische Kurse an. Und natürlich gibt es mittlerweile auch im Internet zahlreiche Lernplattformen, z. B.:*
> *Adfontes (http://www.adfontes.unizh.ch):*
> *Unter Ad fontes (wörtlich: Zu den Quellen!) erschließt ein ausgezeichneter Onlinekurs der Universität Zürich die Paläographie deutschsprachiger Quellen.*
> *Ebenfalls deutschsprachige Quellen bietet http://www.gda.bayern.de/DigitaleSchriftkunde/*
> *Da sich die Schriften nach Ländern unterscheiden, hier noch eine kleine Auswahl internationaler Angebote:*
> *https://script.byu.edu/Pages/home.aspx (sehr gutes Angebot zur Paläographie englischer, deutscher, niederländischer, italienischer, französischer, spanischer und portugiesischer Quellen; bereitgestellt von der konfessionellen Brigham Young University)*
> *http://www.nationalarchives.gov.uk/palaeography/ (Paläographie englischer Quellen)*
> *http://www.scottishhandwriting.com/index.asp (Paläographie schottischer Quellen)*
> *http://theleme.enc.sorbonne.fr/ (Paläographie französischer Quellen)*
> *http://spanishpaleographytool.org/ (Paläographie spanischsprachiger Quellen aus dem kolonialen Kontext; sehr gut gemacht, ausschließlich frühneuzeitliche Quellen)*

Gezeichnet Ludwig, und auf dem UMBUG: Von wegen des Königs, in Anwesenheit der Königin-Regentin, seiner Mutter, De Lomenie. Gesiegelt mit dem großen Siegel in gelbem Wachs. (Der Umbug ist übrigens die Faltung einer Urkunde am unteren Rand, die das Einreißen des Dokuments verhindern soll; sie wird auch Plica genannt.)

3 Methodisches: Quellen und Verfahren der Forschung

Offenbar haben wir es hier mit einer Urkunde zu tun, die der französische König Ludwig XIV. am 20. März 1648 unterzeichnet hat. Siegel und Unterschrift unter dieser Urkunde werden zwar erwähnt, sind aber nicht zu sehen. Dies alles wirkt sehr merkwürdig, ist aber schnell erklärt: Wir haben es mit einer so genannten **INSERTION** zu tun. In den Vertragstext des Westfälischen Friedens wurde eine andere Urkunde aufgenommen. Es handelt sich dabei um eine Urkunde des französischen Königs, genauer: um die Vollmacht, mit der Ludwig XIV. seinen Unterhändler Servien ausgestattet hat. Könnten wir in unserem Exemplar des Vertrages blättern, würden wir feststellen, dass vor der französischen auch die Vollmachten der kaiserlichen Unterhändler abgeschrieben wurden. Mit anderen Worten: Zwischen dem eigentlichen Vertragstext und seiner Beglaubigung in Form der Siegel und Unterschriften wurden die Vollmachten der Unterhändler inseriert.

Der **Vertragstext** selbst ist auf Latein verfasst und dementsprechend in der lateinischen Handschrift niedergeschrieben. Allerdings hat auch hier die für den deutschen Raum typische **Zweischriftigkeit** ihre Spuren hinterlassen. So wurden zwar auch die Regelungen zur Reichsverfassung samt der komplizierten Terminologie ins Lateinische übersetzt. Aber da man sichergehen wollte, dass bei derart speziellen Begriffen wie „ausschreibende Fürsten" oder „Kreis-Obristen" durch die Übersetzung keine Unklarheiten entstanden, fügte man den deutschen Ausdruck hinzu – wie es sich gehörte, in Fraktur.

Zeigt schon bei einem ersten Blick auf den Vertrag die Paläographie ihren Nutzen, benötigen wir in anderer Hinsicht zwei weitere Hilfswissenschaften: die Diplomatik und die Sphragistik.

Die **DIPLOMATIK** ist die Lehre von den Urkunden. Oft liest man, sie sei die Lehre von den mittelalterlichen Urkunden. In der Tat hat sich die Diplomatik, die als älteste der Hilfswissenschaften gilt, vorrangig mit den Urkunden des Mittelalters beschäftigt und an diesen Dokumenten auch ihre Terminologie entwickelt. Das heißt aber nicht, dass es in der Frühen Neuzeit keine Urkunden mehr gegeben hätte oder diese nicht mehr wichtig gewesen wären.

[§ 100 = XVI,2 IPO] Imprimis quidem Imperator per universum Imperium edicta promulget et serio mandet eis, qui hisce pactis et hac pacificatione ad aliquid restituendum vel praestandum obligantur, ut sine tergiversatione et noxa intra tempus conclusae et ratificandae pacis praestent et exequantur transacta, iniungendo tam directoribus (**außschreibenden fürsten**) quam praefectis militiae circularis (**cräiß-obristen**), ut ad requisitionem restituendorum iuxta ordinem executionis et haec pacta restitutionem cuiusque promoveant et perficiant.
Inseratur etiam edictis clausula, ut quia circuli directores (**die außschreibende fürsten**) aut praefecti militiae circularis (**creyß-obristen**) in causa vel restitutione propria minus idonei executioni esse censentur, hoc in casu, itemque si directores vel praefectum militiae circularis repudiare commissionem contingat, vicini circuli directores aut praefecti militiae circularis eodem executionis munere etiam in alios circulos ad restituendorum requisitionem fungi debeant.

Abb. 6: Textseite aus der kritischen Edition des IPM: Deutschsprachige Einschübe in Fraktur

Das Gegenteil ist der Fall! Denn auch wenn um 1500 das Aktenzeitalter begann, blieb es doch die Aufgabe der Urkunden, Vorgänge von rechtserheblicher Natur, also Rechtsgeschäfte, festzuhalten und zu beglaubigen. Abschließen ließen sich **Rechtsgeschäfte** auf vielfältigen Wegen: durch mündliche Vereinbarung wie beim alltäglichen Marktgeschehen, aber auch durch Handschlag oder andere symbolische Handlungen, und schließlich in der schriftlichen Form eines Vertrags. Wer allerdings seinem Rechtsgeschäft eine möglichst hohe Beweiskraft sichern und sich selbst vor der Anfechtung des Vorgangs bewahren wollte, der musste sich das rechtliche Geschehen **beglaubigen** lassen.

Tipp
*Informationen zur **Rechts- und Verfassungsgeschichte** halten eine Reihe von Handbüchern und Handwörterbüchern bereit, mit deren Hilfe der komplizierte Inhalt der Verträge im Detail erschlossen werden kann; z. B.:*
*Heinz Duchhardt, **Deutsche Verfassungsgeschichte 1495–1806**, Stuttgart/Berlin/Köln 1991.*
***Handwörterbuch zur deutschen Rechtsgeschichte**, 5 Bde., Berlin 1971–1998.*

3 Methodisches: Quellen und Verfahren der Forschung

Dies galt für Herrschaftsträger wie für Untertanen, allerdings mit höchst unterschiedlichen Folgen. Wenn Päpste, Kaiser oder Könige Gesetze erlassen, Ämter besetzen, Lehen vergeben, Gnaden und Privilegien erteilen oder Schenkungen vornehmen wollten, ließen sie ihre KANZLEIEN eine Urkunde erstellen. Deren Beweiskraft wurde formal durch die Einhaltung vorgegebener Formen im Aufbau des Textes und durch den Einsatz der jeweils üblichen **Beglaubigungsmittel** hergestellt: durch die Unterschrift, aber v. a. durch das Siegel. Faktisch hing die Beweiskraft einer Urkunde jedoch von der Autorität der Stelle ab, die sie ausgestellt hatte. Für die Untertanen bedeutete dies, dass sie ihre Rechtsgeschäfte zunächst nicht selbst beglaubigen konnten, sondern jene Instanzen darum bitten mussten, die über die notwendigen Fertigkeiten und vor allem über die notwendige Autorität verfügten: die Kirche und die weltliche Obrigkeit. Als Beurkundungsstelle in Frage kamen folglich die kirchlichen Gerichte, die sich in jedem Bistum fanden und unter dem Namen OFFIZIALAT bekannt sind. Wenden konnte man sich aber auch an die **Notare**, d. h. an die öffentlichen Urkundenschreiber, die von Päpsten oder Königen eingesetzt worden waren. Diese Institution hatte ihre Wurzeln bereits in der Antike, konnte sich im deutschsprachigen Raum aber erst im 13. Jahrhundert durchsetzen. Gehalten hat sie sich indes bis heute: Unsere ja ebenfalls vom Staat autorisierten Notare sind im Grunde nichts anderes als die Amtsnachfolger der mittelalterlichen Notare. Auch eine andere Variante, Rechtsgeschäfte beglaubigen zu lassen, hat sich bis in unsere Tage erhalten: So wie noch heute Grundstücksgeschäfte im amtlichen Grundbuch verzeichnet werden, konnte man im Mittelalter private Rechtsgeschäfte aller Art in die so genannten **Stadtbücher** eintragen und auf diese Weise beglaubigen lassen.

Sowohl die Stadtbücher als auch die Archive der Offizialate und Notariate stellen folglich wichtige Quellen für die mittelalterliche und auch für die frühneuzeitliche Geschichte dar. Zweierlei darf man dabei aber nicht übersehen. Zum einen blieb die Ausstellung solcher Urkunden durch befugte Stellen aufwändig, teuer und daher nur auf besonders wichtige Fälle beschränkt. Die Bezeichnung des Mittelalters als das Zeitalter der Urkunden sollte also nicht vergessen machen, dass der größte Teil der Rechtsgeschäfte ohne Beglaubigung ausgekommen sein dürfte und daher auch keine Urkunden hinterlassen hat. Zum anderen änderten sich die Verhältnisse im Spätmittelalter: Der Kreis derer, die Urkunden für sich selbst ausstellen konnten, nahm nun dramatisch zu: Neben Päpsten, Kaisern und Königen waren als beurkundende Instanzen schon bald andere selbständige Herrschaften getreten, und zwar sowohl weltliche wie Fürsten oder Landesherren als auch geistliche wie Bischöfe, Klöster und Konvente. Hinzu kamen nun auch Stadtgemeinden in Gestalt ihres Rates und Korporationen wie etwa Universitäten, Zünfte und Bruderschaften. Und schließlich begannen im Spätmittelalter die Bürger der Städte, aber auch Dorfgemeinden und sogar Bauern ihre Rechtsgeschäfte in Urkunden zu beglaubigen. Dass die traditionelle Diplomatik zwar zwischen **Papst-, Kaiser-und Königsurkunden** unterscheidet, die Urkunden sämtlicher anderer Aussteller aber sehr pauschal als **Privaturkunden** zusammenfasst, entpuppt sich im Lichte dieser Entwicklung als eine eher unglückliche terminologische Festlegung. Lassen Sie sich davon nicht verwirren: Privaturkunden sind schlicht alle nichtköniglichen, nichtpäpstlichen und nichtkaiserlichen Urkunden und können daher sowohl von Privatleuten wie etwa einfachen Untertanen als auch von Landesherren, Städten, kirchlichen Würdenträgern und anderen, keineswegs „privaten" Personen und Institutionen stammen.

Folgen hat diese **Ausweitung des Urkundenwesens** auch für die SPHRAGISTIK oder Lehre von den Siegeln. Ein SIEGEL ist ein Abdruck, der mit einem individuell gestalteten Stempel hergestellt wird. Aber auch der Stempel selbst, der in der Fachsprache der Sphragistik das TYPAR oder das **Petschaft** heißt und meist aus Metall, aber auch aus Stein oder Elfenbein bestand, wird mitunter als Siegel bezeichnet. Siegel sind rechtsrelevante Zeichen, mit deren Hilfe der **Siegelführer**, also der rechtmäßige Besitzer und Benutzer des Siegels, zweierlei tun kann: versiegeln und besiegeln. Das **Versiegeln** soll die Unversehrtheit eines Schriftstückes, aber auch eines

3 Methodisches: Quellen und Verfahren der Forschung

Raumes oder Gegenstandes sicherstellen. So werden ja noch heute Briefe, Truhen, aber auch Tatorte oder Gaszähler (in diesem Fall mit einem Bleisiegel oder einer Plombe) versiegelt. Dass man auch Bücher versiegeln kann, zeigt schon das sprichwörtliche Buch mit den sieben Siegeln, das im Übrigen aus der Bibel (Johannes-Offenbarung) stammt. Aber auch unser Exemplar des Friedensvertrages ist, wie wir noch sehen werden, versiegelt.

Der Friedensvertrag war allerdings nicht nur ver-, sondern auch besiegelt, und dieses **Besiegeln** ist die zweite Funktion des Siegels. Wie heute noch das Dienstsiegel von Ämtern und Behörden, das meist als schlichter Gummistempel daherkommt, dienten auch die Siegel im Mittelalter und in der Frühen Neuzeit der Beglaubigung von Dokumenten. Bei den Urkunden hatte sich das Siegel seit dem 13. Jahrhundert als maßgebliches Beglaubigungsmittel durchgesetzt. Gegen Ende des Mittelalters trat die Unterschrift des Ausstellers oder eines Bevollmächtigten neben dem Siegel verstärkt in Erscheinung, und seit der Frühen Neuzeit stellen Unterschrift und Siegel gemeinsam die noch heute übliche Doppelform urkundlicher Beglaubigung dar. Doch während wir es heute vor allem mit Amtssiegeln zu tun haben, führten in der Frühen Neuzeit auch zahlreiche Privatpersonen ein Siegel – der **Siegelring** war damals nicht nur ein modisches Accessoire. Allerdings musste sich die Rechtskraft dieser Siegel erst langsam durchsetzen. So galten nach mittelalterlicher Rechtsauffassung nur die Siegel von Kaisern, Königen, Päpsten, weltlichen und geistlichen Fürsten, Offizialen, Ordensgeneralen, Klöstern und Städten als so genannte **authentische Siegel**. Und nur mit einem solchen **sigillum authenticum** konnte man sowohl den eigenen Urkunden eine hohe Autorität als auch den Urkunden Dritter Rechtskraft verleihen. Aber wie sich bereits in der Ausweitung des Urkundenwesens angedeutet hat, setzte sich auch bei den Siegeln bis zum Beginn der Neuzeit die Auffassung durch, dass jeder, der ein Siegel besaß, wenigstens seine eigenen Urkunden beglaubigen und damit beweiskräftig machen konnte.

Dank dieser doppelten, eng verzahnten Ausweitung von Siegelführung und Urkundenwesen finden wir **Urkunden in der Frühen**

Neuzeit auf zahlreichen Feldern: Im staatlichen Bereich haben wir es mit Verfassungen und Verwaltungsordnungen, mit Rechtsprechung und Gesetzgebung, mit Gnadenerweisen und Privilegierungen, mit Bündnissen, Krieg und Frieden und daher auch mit Friedensverträgen wie jenem von 1648 zu tun. Auf kommunaler Ebene geht es um Gesetze und Regelungen der Stadtverfassung oder dörflichen Ordnung, aber auch um Zünfte und Gilden, um kirchliche Institutionen und Gemeinschaften. Im privaten Bereich schließlich regeln Urkunden die rechtlichen Beziehungen und Rechtsgeschäfte zwischen Privaten, etwa in Form von Testamenten, Eheschließung, Kauf und Verkauf, Schuld und Schenkung. Ausgestellt wurden diese Urkunden für den privaten Gebrauch wie heute noch in der Regel von Notaren, die zur Beglaubigung der Urkunden kein Siegel benutzten, sondern ein von Hand gestaltetes Symbol, das Signet. Dass die Neuzeit als Aktenzeitalter bezeichnet wird, ist angesichts der sprunghaften Zunahme solcher nicht beglaubigter Dokumente zwar durchaus berechtigt. Aber dass gleichzeitig auch die Zahl der Urkunden zunahm, sollte man dabei nicht übersehen.

Überdies verschoben sich nun auch im Blick auf den rechtlichen Charakter der Urkunde die Akzente. In dieser Hinsicht lassen sich grundsätzlich zwei Arten von Urkunden unterscheiden: Auf der einen Seite gibt es Urkunden, die einen bereits vollzogenen Rechtsakt nur bestätigen, also ein etwa durch Handschlag zustande gekommenes Rechtsgeschäft beglaubigen. In diesen Fällen spricht die Diplomatik von **Beweisurkunden oder deklaratorischen Urkunden**. Auf der anderen Seite stehen die Urkunden, die nichts nachträglich bestätigen, sondern das Recht erst schaffen. Bei diesen DISPOSITIVEN **oder konstitutiven Urkunden**, auch „Geschäfts"- oder „Verfügungsurkunden" genannt, fällt der Rechtsakt mit der Ausstellung der Urkunde zusammen. Zwar gibt es beide Formen noch heute: Eine Quittung etwa beweist den schon erfolgten Rechtsvorgang, ein Testament schafft die rechtlichen Regelungen, die es noch zu verwirklichen gilt. Aber da die konstitutive Urkunde sowohl eine gewisse Verbreitung der Schrift als auch ein bestimmtes Vertrauen in das geschriebene Recht voraussetzt, spielt

3 Methodisches: Quellen und Verfahren der Forschung

diese Form der Urkunde in der Neuzeit eine größere Rolle als im Mittelalter. Und weil der Rechtsakt in diesem Fall ohne Urkunde überhaupt nicht zu vollziehen war, musste mit dieser Entwicklung auch der Bedarf an solchen Dokumenten zunehmen.

Die Erweiterung der Beurkundungstätigkeit und die wachsende Anzahl der Urkunden konnten nicht ohne Folgen für deren **äußere Gestaltung** bleiben. Da immer mehr Urkunden ausgestellt wurden und diese auch zunehmend Alltagsgeschäfte behandelten, bildeten sich schon im Mittelalter zwei Varianten der Urkunden aus: die feierlichen, sehr **förmlichen Diplome** und die weit **schlichteren LITTERA**, die auch MANDATE oder mittelhochdeutsch **Brief** genannt wurden. Dass es sich bei diesen Briefen nicht um unsere heutigen Schreiben, sondern weiterhin um Urkunden handelte, signalisieren schon Formulierungen wie etwa verbriefen oder jemandem **Brief und Siegel geben**. Allerdings unterscheiden sich diese schlichten Formen deutlich von den Diplomen: Sie sind im **Formular**, d. h. im Aufbau des Textes, spürbar verschlankt und im Siegel weniger aufwändig. Zu diesem Zweck führten vor allem Herrschaftsträger wie Könige und Päpste neben ihrem ursprünglichen großen Siegel seit dem Spätmittelalter oft auch kleinere **Nebensiegel**. Diese kleineren Siegel wurden nicht mehr wie bisher in Wachs oder gar in Blei oder Edelmetall abgedrückt und den Dokumenten mit einer Schnur angehängt. Statt dieser künstlerisch aufwändigen und teuren **Großen Siegel**, deren Durchmesser durchaus 10 cm übersteigen konnte, kamen die **Kleinen Siegel** auf, die direkt auf das Dokument gedrückt wurden, oft mit einem Siegelring und seit dem 16. Jahrhundert in Lack statt in Wachs. Ein schönes Beispiel hierfür liefern die **Papsturkunden**: Als feierliche Form stehen den Päpsten bis heute die BULLEN zur Verfügung, die ihren Namen dem Siegel verdanken: Als „Bulla" wurde zunächst die Kapsel bezeichnet, in der das Siegel zum Schutz untergebracht war, später dann das Metallsiegel. Die **Goldene Bulle** von 1356, in der Kaiser Karl IV. die Wahl seiner Nachfolger durch die sieben Kurfürsten regelte und damit die Fundamente auch der frühneuzeitlichen Reichsverfassung legte, ist folglich nichts anderes als eine Urkunde mit Goldsiegel. Allerdings trugen vor allem die feierlichen Urkunden der Päpste ein solches Metallsiegel (meist aus Blei), und so setzte sich für sie der Begriff der Bulle durch. Neben diesen Bullen bildete sich mit dem zunehmenden Bedarf an Urkunden seit dem 14. Jahrhundert eine schlichtere Form als Alternative heraus: die BREVEN (von latein. brevis = kurz). Das Siegel dieser Breven ist der berühmte **Fischerring**, der Siegelring des Papstes, der den Namen des jeweiligen Pontifex trägt, als Motiv aber immer Petrus mit dem Fischernetz zeigt. 1843 wurde das Siegeln mit dem Ring zwar durch eine Art Briefmarke ersetzt. Aber bis heute stellen die Päpste Urkunden „sub anulo piscatoris" (unter dem Fischerring) aus.

Dieses Beispiel verweist auf den **Nutzen der Diplomatik und Sphragistik für die historische Forschung**. Als Hilfswissenschaften wollen sie zwar vor allem die Quellenkritik unterstützen, d. h. die Datierung, Zuordnung und Echtheitskontrolle der Quellen erleichtern. Überdies lassen sich die Siegelbilder, die ja stets der Selbstdarstellung der Siegelführer dienten, auch als Quelle für deren Selbstverständnis erschließen. Vor allem aber eröffnen die von der Diplomatik und Sphragistik beschriebenen Entwicklungen Einblicke in grundlegende Sachverhalte. So wie sich in der Ausweitung von Urkundenwesen und Siegelführung die allgemeine Rechtsgeschichte spiegelt, so entspricht die formale Verschlankung der Urkunden hin zu den Briefen einer Tendenz, die wir bereits kennen: der wachsenden Komplexität des Lebens im Allgemeinen und der Verwaltung im Besonderen. So wird die **Verdichtung der Herrschaft**, die Intensivierung staatlichen Handelns, nicht nur im Aufkommen der Akten greifbar, sondern auch in der Vereinfachung der Urkunden und der Zunahme ihrer Zahl. Hinweise auf die damit verbundene Ausdifferenzierung des frühneuzeitlichen Herrschaftsapparats liefern aber auch scheinbar unbedeutende Details: Dass auf frühneuzeitlichen Königsurkunden neben der Unterschrift des Herrschers immer häufiger die **Kontrasignatur**, d. h. die **Gegenzeichnung** durch den zuständigen „Beamten" zu finden ist, lässt sich unschwer als Indiz für die behördengeschichtliche Ent-

3 Methodisches: Quellen und Verfahren der Forschung

wicklung interpretieren. Denn sinnvoll ist eine solche Kennzeichnung der Verantwortlichkeit nur dort, wo der bürokratische Apparat ein gewisses Maß an Komplexität erreicht hat.

Was aber nützt uns dies alles für unsere konkrete Urkunde? Nehmen wir abermals unsere französische Urkunde in den Blick: Dass hier nicht nur der König, sondern mit Loménie auch der zuständige Sekretär unterzeichnet hat, lässt sich nun leicht als Hinweis auf die Ausdifferenzierung der französischen Zentralbehörden interpretieren. Dass die Urkunde mit dem Großen Siegel in gelbem Wachs versehen war, unterstreicht hingegen die besondere Bedeutung des Dokuments. Aber auch den Text können wir mit Hilfe diplomatischer Kenntnisse besser verstehen. So heißt es in der Urkunde: „Car tel est notre plaisir" – „weil wir es so wollen". Exakt diese Wendung ist die Formel, mit der die französischen Könige ihren Urkunden Rechtskraft verliehen, und das von 1494 bis hin zur Französischen Revolution.

Dieses Beispiel verweist auf eine weitere Funktion der Diplomatik für die historische Praxis. Wenn wir Urkunden wie unseren Friedensvertrag nach der Bedeutung solcher Formeln und anderer Elemente befragen, muss zunächst eines geklärt werden: Sind diese Bausteine, ihre Anordnung und ihre formale wie inhaltliche Gestaltung Spezifika des Vertrages, oder entsprechen sie lediglich den üblichen Vorgaben bei der Erstellung einer Urkunde? Immerhin sagt schon die Definition dieser Quellengattung, dass Urkunden nach bestimmten formalen Vorschriften zu gestalten und auf ebenso geregelte Weise zu beglaubigen sind. Um sowohl die der Gattung geschuldeten Elemente als auch die Besonderheiten eines konkreten Vertrags identifizieren zu können, muss man daher die formalen Vorgaben kennen. Und auch das lehrt die Diplomatik.

Sowohl dem französischen Siegel zufolge als auch dem bedeutenden Anlass entsprechend dürften wir es bei unserem Friedensvertrag mit einem feierlichen Diplom zu tun haben. Wie die Diplomatik an den mittelalterlichen Papst-, Kaiser- und Königsurkunden ermittelt hat, müsste ein solches Diplom idealtypischerweise folgendermaßen aufgebaut sein:

3.2 Textquellen

Idealtypischer Aufbau einer Königsurkunde

Protokoll
Invocatio (Anrufung Gottes)
Intitulatio (Name und Titel des Ausstellers)
Inscriptio (Nennung des Empfängers)
Arenga (allgemeine, meist redensartliche Begründung, z. B.: Weil das Gedächtnis der Menschen schlecht ist, halten wir fest …)

Kontext
Promulgatio (Verkündigungsformel, z. B.: Wir geben kund und zu wissen)
Narratio (Erzählung, wie es zu dem zu beurkundenden Rechtsakt gekommen ist)
Dispositio (der rechtlich zentrale Block, der den Inhalt der Rechtshandlung angibt)
Sanctio mit **POENFORMEL** (von latein. poena = Strafe: Androhung einer Strafe bei Zuwiderhandlung)
Corroboratio (Angabe der Beglaubigungsmittel)

Eschatokoll (Schlussprotokoll)
Datierung (Tages- und Ortsangabe)
Beglaubigungen in Form von Unterschriften und Siegeln.

Vergleichen wir nun den Aufbau unseres Instrumentum Pacis Monasteriense (IPM) mit diesem Formular. Erwartungsgemäß beginnt der Vertrag mit der *Invocatio*, der Anrufung Gottes. Dann aber folgt eine kurze *Präambel*, die es im klassischen Formular gar nicht gibt, die aber mit der *Narratio* verwandt ist und, wie es zu einer solchen Erzählung der Vorgeschichte gehört, auf die Vollmachten hinweist. Unmittelbar darauf beginnt bereits die *Dispositio*, die den mit Abstand größten Teil der gesamten Urkunde ausmacht. Ihr schließt sich in § 120 die *Corroboratio* an: Hier wird geregelt, wer den Vertrag zu unterzeichnen und zu siegeln hat und wie die offenbar danach noch ausstehende RATIFIKATION durchzuführen ist. Der letzte Teil einer klassischen Urkunde, das *Eschatokoll*, ist vollständig vorhanden, wobei allerdings zwischen die Datierung und die Beglaubigungen in Form der abgebildeten Siegel und Unterschriften die erwähnten Abschriften der Vollmachten eingeschoben sind.

Insgesamt präsentiert sich das IPM im Vergleich mit dem klassischen Urkundenformular also stark verschlankt. Dies lag zwar durchaus im Trend der Zeit. Alle Besonderheiten lassen sich mit dieser allgemein zu beobachtenden Vereinfachung der Urkunden allerdings nicht erklären. So werden im Text weder Aussteller noch Empfänger der Urkunde genannt, und bei den offenbar nur durch Bevollmächtigte vollzogenen Beglaubigungen vermisst man sowohl die Unterschriften der Herrscher als auch ihre Großen Siegel. Diese Eigenheiten lassen nur einen Schluss zu: Wir haben es hier nicht mit einer klassischen Königsurkunde mit Aussteller, Adressat und Großem Siegel zu tun, sondern mit einer so genannten **Unterhändlerurkunde**. Unser Vertrag ist also ein Dokument, das von den diplomatischen Vertretern der Mächte ausgehandelt wurde und formal nur vollständig wird, wenn man folgende flankierende Urkunden hinzuzieht: zum einen die **Vollmachten**, die in unserem Exemplar in der Präambel erwähnt werden und später als Insertion auftauchen, zum anderen die Urkunden der im Text angekündigten **Ratifikation**. Der Frieden selbst wird zwar nach der Unterhändlerurkunde auf den 24. Oktober 1648 datiert. Rechtskräftig wurde er aber erst mit dem am 18. Februar 1649 erfolgten Austausch der Ratifikationsurkunden, also der Bestätigung des Vertragswerks durch die beteiligten Herrscher. Interessant daran ist vor allem, dass sowohl die Vollmachten als auch die Ratifikationsurkunden im Namen der Herrscher ergingen und neben deren persönlichen Unterschriften auch die Großen Siegel trugen, zu sehen in → **Abb. 7**.

Offensichtlich haben sich die Monarchen der Frühen Neuzeit durchaus noch der klassischen Urkundenform bedient. Tatsächlich finden wir die traditionelle Königsurkunde, die ja stets einen Aus-

3.2 Textquellen

Abb. 7: Ratifikation des Westfälischen Friedensschlusses durch Ludwig XIV., Urkunde mit Großem Wachssiegel in goldener Siegelkapsel. Österreichisches Haus-, Hof- und Staatsarchiv, Wien.

steller und einen Empfänger hatte und damit eine gewisse Hierarchie zum Ausdruck brachte, in zahlreichen Bereichen der frühneuzeitlichen Politik. Auf einem Feld jedoch musste die Frühe Neuzeit eine neue, den veränderten Umständen angemessene Form der Urkunde hervorbringen: in der **internationalen Politik**. Schließlich waren spätestens mit dem Dreißigjährigen Krieg alle Versuche, die alte hierarchische Weltordnung mit Kaiser und Papst an der Spitze wieder herzustellen, endgültig gescheitert. Europa bestand nicht mehr aus einer Universalmonarchie, sondern aus einer ganzen Reihe souveräner, im Prinzip gleichrangiger Staaten. Aus diesem Grund wurde in Westfalen mit dem großen Friedenskongress eine neue Form der Diplomatie entwickelt, die mindestens bis zum Wiener Kongress von 1814/15 das Vorbild für alle weiteren Friedensverhandlungen abgab. Und da ein internationaler Vertrag wie der Friedensschluss als Vertrag zwischen gleichberechtigten Mächten gestaltet sein musste, bedurfte es statt der hierarchisch konzipierten Königsurkunde einer solchen Unterhändlerurkunde. Vollmachten und Ratifikationsurkunden dokumentierten auch in ihrer formalen Gestaltung den monarchischen Anspruch der Herrscher; die Unterhändlerurkunde signalisierte hingegen, dass sich die Grundlagen der internationalen Politik geändert hatten. So gesehen, können diplomatische und sphragistische Details eine Menge über die Geschichte Europas sagen.

Aufschlussreich ist auch ein näherer Blick auf die **Unterschriften und Siegel**. Während andere Ausfertigungen bis zu 39 Siegel trugen, hat unser Vertragsexemplar (→ **Abb. 5**) insgesamt 33 Unterschriften mit 32 aufgedrückten Lacksiegeln aufzuweisen, von denen wir in der Abbildung nur einen Teil sehen. Optisch dominiert wird die abgebildete Seite von der **Siegelschnur**, die den Unterschriften der beiden kaiserlichen Gesandten Nassau (links oben) und Volmar (links unten) sowie derjenigen ihres französischen Kollegen Servien (rechts) unterlegt ist. Hebt diese Anbringung die kaiserlichen und französischen Unterschriften als besonders wichtig hervor, verweist die Farbe der aus schwarzer und gelber Seide geflochtenen Schnur auf den Empfänger der Urkunde.

Denn während das schwedische Exemplar des Friedensvertrages mit einer blau-gelben und das französische mit einer blau-roten Siegelschnur versehen war, übernahm die Ausfertigung für Kursachsen das Schwarz-Gelb, das auch die anderen für Kaiser und Reich bestimmten Exemplare zierte. Wir können also festhalten: Selbst Siegelschnüre haben einen Quellenwert! Diese Schnur diente im Übrigen auch dem Verschluss des Dokuments. Denn indem sie nach unten zum FALZ geführt und dreimal durch Einband und Buchblock gezogen wurde, konnte kein Unbefugter den Band unbemerkt öffnen, etwas ändern oder Seiten entnehmen.

Kann uns bereits die Siegelschnur einiges über unsere Quelle sagen, gewähren Unterschriften und Siegel gar Einsichten in grundlegende Sachverhalte der Frühen Neuzeit. Nehmen wir die **Unterschriften** in den Blick, fällt nach denjenigen der bereits genannten Bevollmächtigten eine Veränderung ins Auge: Während Nassau, Volmar und Servien dank ihrer Vollmachten als rechtmäßige Vertreter des Kaisers bzw. des französischen Königs ausgewiesen waren, mussten die anderen Unterzeichner stets angeben, in wessen Namen sie die Unterschrift leisteten. So lauten die folgenden Einträge:

- *Nomine domini electoris Bavariae Joannes Adolphus Krebs, consiliarius intimus* (Im Namen des Kurfürsten von Bayern Johannes Adolph Krebs, Geheimer Rat)
- *Nomine domini electoris Saxoniae Joannes Leüber manu propria* (Im Namen des Kurfürsten von Sachsen Johannes Leuber, mit eigener Hand)
- (am rechten Rand auf gleicher Höhe wie Leuber) *Nomine domini electoris Brandenburgici Ioannes comes in Sain et Witgenstein* etc. (Im Namen des Kurfürsten von Brandenburg Johannes Graf von Sain und Wittgenstein etc.)

Auffällig hieran ist, dass alle Gesandten im Namen ihrer Auftraggeber, nicht etwa im Namen des Staates oder Territoriums unterzeichneten. Und noch etwas fällt ins Auge: Bei den **Siegeln**, die die Gesandten zum Zweck der Beglaubigung neben ihre Unterschriften

3 Methodisches: Quellen und Verfahren der Forschung

setzten, handelt es sich ausnahmslos um die Privatsiegel dieser Personen. Beide Beobachtungen verweisen auf einen grundlegenden Sachverhalt der frühneuzeitlichen Geschichte: Herrschaft war nicht wie heute an Institutionen gebunden, sondern an Personen. Die Diplomaten unterzeichneten nicht im Auftrag eines Staates, sondern im Auftrag eines Herrschers; die Rechtskraft ihrer Unterschriften und Siegel beruhte nicht auf einem Amt, sondern allein auf ihrer persönlichen Beauftragung durch den Herrscher; und da die ihnen verliehene Autorität folglich an ihre eigene Person gebunden war, benutzten sie auch ihre Privatsiegel. Um mit Max Webers Idealtypen zu sprechen: In der Frühen Neuzeit haben wir es mit traditionaler, nicht mit legaler Herrschaft zu tun (→ S. 79), und genau das wird in den Unterschriften und Siegeln mit Händen greifbar.

Der Blick auf die Beglaubigungen verweist aber nicht nur auf das personale Herrschaftsverständnis der Frühen Neuzeit. Unsere Quelle kann uns auch einiges über den Aufbau des Reiches sagen. Denn da in der *Corroboratio* geregelt ist, dass die Unterzeichner nicht nur für sich selbst stehen, sondern sämtliche Stände des Reiches repräsentieren und diese mit ihrer Unterschrift auch zur Einhaltung des Vertrages verpflichten, müssten bei der Auswahl der Unterzeichner alle Gruppen der Reichsstände vertreten sein. In der Tat spiegelt sich in der vollständigen Liste der Unterschriften jene Aufteilung der Reichsstände in Gruppen, die auch der Organisation des Reichstags zugrunde lag.

Die Liste der Unterzeichner ließe sich aber auch nach anderen Gesichtspunkten auswerten. Fragte man etwa nach der Ausbildung und dem sozialen Status der Diplomaten, würde das Übergewicht der Juristen vor den Adligen ins Auge fallen. Auf diese Weise könnte der Friedensvertrag herangezogen werden, um der zunehmenden Professionalisierung im Fürstendienst nachzugehen.

Dass eine Quelle wie der Friedensvertrag von 1648 Antworten auf höchst unterschiedliche Fragen geben kann, wäre damit illustriert. Aber auch über den Frieden selbst hat unser Exemplar einiges zu sagen. So zeigt ein näherer Blick auf die Unterzeichner, dass sowohl deren Auswahl als auch die Reihenfolge der Unterschrif-

Aufbau des Reichstags	Unterzeichner des WF für das Reich
Kurfürstenrat	4 Kurfürsten (2 weltliche, 2 geistliche)
Fürstenrat	
Virilstimmen (Jede Person hat eine Stimme)	22 weltliche und geistliche Fürsten
weltliche Fürsten	
geistliche Fürsten	
Kuriatstimmen	2 Vertreter der Grafenbanken
Mindermächtige Grafen und Prälaten, aufgeteilt auf mehrere Bänke, pro Bank eine Stimme	
Städterat (aufgeteilt auf rheinische und schwäbische Bank)	8 Vertreter, z. T. für mehrere Städte

ten Präzedenz- und Paritätsgesichtspunkten folgte. Die PRÄZEDENZ brachte die soziale Hierarchie innerhalb des Reiches zum Ausdruck, die den Kurfürsten eine höhere Stellung als den Fürsten und den Vertretern der Städte einräumte. Mit der PARITÄT (von latein. par = gleich) ist die Gleichgewichtung der konfessionellen Parteien gemeint. Schließlich gehörte es zu den zentralen Anliegen des Westfälischen Friedens, die Konfessionskonflikte im Reich zu entschärfen, und weil dies auch die zeremonielle Gleichberechtigung voraussetzte, unterschrieben für die verschiedenen Gruppen der Reichsstände stets sowohl katholische als auch protestantische Vertreter.

Allerdings hat sich nicht nur das Bemühen um einen konfessionellen Ausgleich bereits in der äußeren Form des Vertrags nieder-

3 Methodisches: Quellen und Verfahren der Forschung

geschlagen. Auch die Schwierigkeiten, die einer solchen konfessionellen Befriedung in Zukunft im Wege stehen würden, deuten sich schon in der Gestaltung des Vertrags an. Denn wenn man unser Exemplar des Friedens mit den Ausfertigungen für den Kaiser und für Frankreich vergleicht – und einen solchen Vergleich sollte man bei mehrfach ausgefertigten Dokumenten immer vornehmen! –, zeigen sich einige interessante Abweichungen. So hat der kursächsische Vertreter Johannes Leuber in den Exemplaren für den Kaiser und Frankreich Siegel und Unterschrift an einer ungewöhnlichen Stelle, noch dazu zwischen zwei bereits beschriebenen Zeilen und damit offensichtlich nachträglich angebracht. Den Grund nennen uns andere Quellen wie etwa Leubers Korrespondenz: Weil der sächsische Kurfürst bis zuletzt unzufrieden mit einigen Regelungen war, stellte er die Vollmacht für seinen Vertreter zu spät aus. Leuber konnte daher nicht im Rahmen des feierlichen Aktes vom 24. Oktober unterzeichnen, sondern musste seine Unterschrift auf den an diesem Tag ausgefertigten Dokumenten Wochen später nachtragen. In unserem Exemplar ist seine Unterschrift aber keineswegs nachträglich angefügt, sondern sauber eingereiht.

Daraus können wir eines schließen: Unsere Urkunde kann erst ausgefertigt worden sein, nachdem der kursächsische Gesandte seine Vollmacht erhalten hatte, und das heißt erst im November 1648. Tatsächlich belegen auch andere Quellen, dass der arme Leuber Monate nach der offiziellen Unterzeichnung des Vertrages die noch in Münster weilenden Diplomaten nach und nach um Siegel und Unterschrift für seine verspätete Ausfertigung bitten musste.

Warum das kursächsische Exemplar einige Siegel weniger aufzuweisen hat als andere Ausfertigungen, wäre damit geklärt: Bei manchen Teilnehmern des in Auflösung befindlichen Friedenskongresses kam Leuber schlicht zu spät. In einem Fall steckte jedoch mehr dahinter. Während in den Ausfertigungen vom 24. Oktober unter den Gesandten des Kaisers und Frankreichs der Vertreter des Kurfürsten von Mainz unterschrieben und gesiegelt hat, ist Kurmainz in unserem Exemplar überhaupt nicht vertreten. Der Grund ist ebenso schlicht wie aufschlussreich: Als Vorstand des Reichsarchivs und führender Vertreter der katholischen Reichsstände war der Mainzer Kurfürst der Meinung, dass die protestantische Seite überhaupt keine eigene Urkunde bekommen sollte. Schließlich stellte dies eine politische Aufwertung der protestantischen Reichsstände im Allgemeinen und des Kurfürsten von Sachsen im Besonderen dar. Und um das zu verhindern, untersagte der Mainzer Kurfürst seinem Vertreter, Leubers Exemplar für Kursachsen zu unterzeichnen.

Dies aber belegt eindrücklich den Nutzen einer gründlichen Quellenanalyse: Richtig verstanden, entpuppen sich die auf den ersten Blick wenig spektakulären Abweichungen in den Details der Urkunden als deutliche Hinweise auf das Weitergären der konfessionellen Konflikte im Reich.

Und so bleibt mit Blick auf die Urkunden insgesamt festzuhalten: Um mit solchen Quellen zu arbeiten, bedarf es zwar einiger Grundkenntnisse der Paläographie, Diplomatik und Sphragistik. Aber mit Unterstützung dieser Hilfswissenschaften können Urkunden wie der Westfälische Friedensvertrag weit mehr Fragen beantworten, als man zunächst denken mag.

Urkunden dieser Art haben das historische Interesse schon früh auf sich gezogen. So stammt das erste große Werk zur Diplomatik, das mehrbändige **De re diplomatica** des französischen Benediktinermönches **Jean Mabillon**, schon aus dem Jahr 1681. Mit der Verwissenschaftlichung der Geschichtsforschung im 19. Jahrhundert wurden jedoch auch die **Akten als Quellen** entdeckt. Schließlich wollten die Vertreter des Historismus nicht nur wissen, welche Entscheidungen getroffen wurden. Sie wollten auch verstehen, wie die in den Urkunden festgehaltenen Rechtsakte und Beschlüsse zustande gekommen waren, und genau das dokumentieren die Akten. „Der Weg zu einer Urkunde ist mit Akten gepflastert" lautet eine anschauliche Formulierung für diesen Sachverhalt. Denn während die Urkunden nur das Endergebnis zeigen, halten die Akten fest, wie es dazu gekommen ist und wie es nach dem Erlass der Urkunde weiterging. Dass sich in Akten niederschlug, was geschehen ist, was be-, ver- und gehandelt wurde, zeigt sich auch

3 Methodisches: Quellen und Verfahren der Forschung

in der Begriffsgeschichte: Im 16. und 17. Jahrhundert nannte man im Deutschen das, was wir unter Akten verstehen, schlicht **Handlungen**. Später setzte sich die lateinische Variante durch: Das Wort „Akten" kommt von dem lateinischen Wort **acta**, und das heißt nichts anderes als „gehandelt". In diesem Sinne verwenden wir den Begriff auch in der Umgangssprache: Was zu Ende verhandelt und damit abgeschlossen ist, legen wir **ad acta**, zu den Akten.

Wo entstehen Akten? Auch wenn dies gelegentlich zu lesen ist: keineswegs nur im öffentlichen, staatlichen Bereich von Justiz und Verwaltung. Wie auch Urkunden von anderen, etwa kirchlichen oder privaten Urhebern stammen und deren Geschäfte beglaubigen können, finden wir Akten in staatlichen oder städtischen Behörden ebenso wie in kirchlichen und klösterlichen Archiven, in den Unterlagen von Korporationen wie Universitäten oder Zünften, bei Verbänden und Vereinen und schließlich in den Geschäftsunterlagen von Händlern oder Kaufleuten. Akten entstehen überall dort, wo etwas **verwaltet** wird, und immer dann, wenn dies **in schriftlicher Form** geschieht.

Allerdings ist nicht zu übersehen, dass sich die Geschichtswissenschaft zunächst für die Akten aus dem politischen, staatlichen Bereich interessiert hat. So stützte sich Leopold von Ranke gern auf **diplomatische Korrespondenzen**, allen voran auf die Berichte der venezianischen Gesandten von den Höfen Europas. Johann Gustav Droysen ging einen Schritt weiter und plädierte dafür, auch die **in der alltäglichen Verwaltung anfallenden Akten** als Quelle miteinzubeziehen. Seine Forderung fand Gehör: Noch im 19. Jahrhundert begann die systematische Erschließung solcher Akten in großen Editionsprojekten wie etwa den **Acta Borussica** zur preußischen Staatsverwaltung.

Auch für den Westfälischen Frieden liegt eine umfassende, allerdings noch nicht abgeschlossene Aktenedition vor, die den Begriff sogar im Namen führt: die **Acta Pacis Westphalicae** (abgekürzt: APW). Zwar schlug sich das nur allmählich wachsende Interesse am Westfälischen Frieden auch darin nieder, dass die Akten im Unterschied zu den schon 1648 gedruckt veröffentlichten Urkunden, also den Verträgen selbst, erst seit den 1960er Jahren publiziert wurden. Aber weil dieses Unternehmen vergleichsweise spät in Angriff genommen wurde, hat es auch mehr zu bieten als die im engeren Sinne politischen Akten, für die allein sich der Historismus interessiert hätte. Und das Beste: Der Großteil der bisher edierten Bände der APW steht seit 2014 auch online zur Verfügung! Unter http://apw.digitale-sammlungen.de finden Sie die ersten 40 Bände der Editionsreihe, die retrodigitalisiert wurden und über die Druckfassung hinausgehende digitale Zusatzangebote bereithalten. Diese unglaublich reichen und vielfältigen Quellen zu unserem Thema können Sie elektronisch durchsuchen – wenn das keine Einladung ist, die oben beschriebenen neuen Analysemethoden des digitalen Zeitalters auszuprobieren und auf diesem Wege vielleicht auch innovative Fragestellungen zu entwickeln!

Im Mittelpunkt stehen auch hier jene Akten, die den Weg zur Urkunde pflasterten und uns folglich darüber Auskunft geben, wie es zum Friedensvertrag gekommen ist. Die **Instruktionen**, mit denen die Gesandten bei ihrer Abreise ausgestattet wurden, sind in einem Band versammelt, die während der Jahre der Verhandlungen geführten **Korrespondenzen** zwischen den Diplomaten und ihren Auftraggebern füllen zahlreiche weitere Bände, und in den ebenfalls zahlreichen Bänden mit **Protokollen** sind die Beratungen zwischen den verschiedenen Reichsständen dokumentiert. Hier lässt sich minutiös nachvollziehen, wie die Verhandlungen verliefen, welche Forderungen von welcher Seite erhoben, revidiert oder auch durchgesetzt wurden, wer mit wem in welcher Phase besonders gut auskam, welche Rolle die als Vermittler eingeschalteten Vertreter des Papstes und der Republik Venedig spielten und wie sich das Verhältnis zwischen den Diplomaten entwickelte. Aber auch andere Fragen lassen sich mit Hilfe dieser Editionen bearbeiten. Wer etwa wissen möchte, wer in Frankreich das Sagen hatte, wird mit Interesse feststellen, dass der Großteil der Korrespondenz nicht etwa vom Staatssekretär, der Regentin oder vom König selbst, sondern von seinem Ersten Minister, dem Kardinal Mazarin, geführt wurde. Und wen die Frage beschäftigt, ob frühneuzeitliche

3 Methodisches: Quellen und Verfahren der Forschung

Diplomaten mit Bestechungsgeldern gearbeitet haben (sie haben, und zwar reichlich!), wird hier ebenfalls fündig.

Nun könnte man aber auch fragen, was diese Diplomaten im Alltag getrieben haben. Wie sah der Alltag während des Kongresses überhaupt aus, und was bedeutete die Gegenwart dieser zahllosen Diplomaten und ihrer Mitarbeiter für die gastgebenden Städte? Um die Verhandlungen aus dieser eher sozial- oder alltagsgeschichtlichen Perspektive in den Blick zu bekommen, empfiehlt es sich, nach denjenigen zu fragen, die für den reibungslosen Ablauf des Kongresses zuständig waren: die Stadtobrigkeiten. Nehmen wir als Beispiel den **Stadtrat von Münster**, dessen **Sitzungsprotokolle** aus den Kongressjahren in den APW in Auszügen ediert sind. In der Tat stecken diese Protokolle voller Hinweise auf die Probleme, die ein solches Riesenunternehmen wie der Friedenskongress mit sich brachte. Noch bevor die Masse der Gäste – man erwartete einige Tausend Personen! – eingetroffen war, ermahnte der Stadtrat die etwa 10 000 Bewohner von Münster in einem öffentlichen Aushang, sie sollten die Gesandten und deren Diener mit Respekt behandeln und sie nicht über den Tisch ziehen. Schließlich vermieteten die Münsteraner nicht nur Wohnungen an ihre Besucher, sie verdingten sich auch als Handwerker, verkauften Waren jeder Art und machten Geldgeschäfte mit den Fremden. Problematischer noch als die Einheimischen war ihr Borstenvieh. Weil sich die aus den Hauptstädten Europas angereisten Diplomaten von den Schweinen belästigt fühlten, die im beschaulichen Münster neben Hühnern und anderen Tieren in den Straßen umherliefen, musste der Rat mehrmals dazu auffordern, das Vieh in den Ställen zu halten. Klagen über abgeschnittene Schweineohren – offenbar hatten die Gäste Gegenmaßnahmen ergriffen – würden nicht mehr berücksichtigt. Verboten wurden des Weiteren der Verkauf der üblichen Faschingsmasken, die nicht minder üblichen Zechgelage der Bruderschaften, das Betteln auf der Straße und die Prostitution. Fremde Bettler, die in der Hoffnung auf reiche Almosen nach Münster gezogen waren, wurden ausgewiesen, „leichtfertige Weibspersonen" ebenso. Aber auch als die abendliche Sperrstunde verschärft und die Hebammen zur Anzeige jeder unehelichen Geburt verpflichtet wurden, blieben die Probleme mit der guten Ordnung bestehen. Ein Auge hatte der Stadtrat auch auf das fahrende Volk, das mit seinen Darbietungen vor dem illustren Publikum Geld zu verdienen hoffte: Komödianten kamen aus England und Holland, Seiltänzer durften auf Wunsch der Gesandten auftreten, selbst ein dressierter Elefant war zu bestaunen.

All dies und noch viel mehr ist den Protokollen des Stadtrates zu entnehmen. Welche Rolle sie für die Untersuchung des Kongressalltags spielen, dürfte damit deutlich geworden sein. Ebenso sollte sich gezeigt haben, dass sich mit Hilfe dieser Akten auch Themen bearbeiten lassen, die mit dem Westfälischen Frieden nur wenig zu tun haben. Von den geschlechtsspezifischen Formen der Kriminalität und Kriminalisierung über die Festkultur in einer frühneuzeitlichen Stadt bis zur Sicht der Zeit auf Mensch wie Tier – all das geben die Amtsakten zu erkennen. Man muss sie nur danach fragen.

Literatur
Die Vertragstexte des Westfälischen Friedens:

Kritische Edition der lateinischen Fassung von IPM und IPO: **Acta Pacis Westphalicae**, Serie III Abt. B: Verhandlungsakten, Bd. 1: Die Friedensverträge mit Frankreich und Schweden, Teilbd. 1: Urkunden, bearbeitet von Antje Oschmann, Münster 1998.

Im Internet unter: **www.pax-westphalica.de**. Dort werden auch zahlreiche frühneuzeitliche Übersetzungen der Verträge ins Deutsche, Englische, Schwedische, Italienische und Spanische angeboten.

Eine moderne deutsche Übersetzung von IPM und IPO bietet: Arno Buschmann (Hg.), **Kaiser und Reich. Klassische Dokumente zur Verfassungsgeschichte des Heiligen Römischen Reiches Deutscher Nation vom Beginn des 12. Jahrhunderts bis zum Jahre 1806**, München 1984, S. 285–402.

Online unter: http://www.pax-westphalica.de/ipmipo/pdf/m_1984 dt-busch.pdf

3 Methodisches: Quellen und Verfahren der Forschung

Akten:
Acta Pacis Westphalicae, hg. von der Nordrhein-Westfälischen Akademie der Wissenschaften in Verbindung mit der Vereinigung zur Erforschung der Neueren Geschichte e.V. zunächst von Max Braubach und Konrad Repgen, später nur von Konrad Repgen, dann von Konrad Repgen und Maximilian Lanzinner, Münster 1962 ff.
Serie I: Instruktionen
Serie II: Korrespondenzen
Abteilung A: Die kaiserlichen Korrespondenzen – Abteilung B: Die französischen Korrespondenzen – Abteilung C: Die schwedischen Korrespondenzen
Serie III: Protokolle, Verhandlungsakten, Diarien, Varia.
Abteilung A: Protokolle – Abteilung B: Verhandlungsakten – Abteilung C: Diarien – Abteilung D: Varia.
Online unter: http://apw.digitale-sammlungen.de
Literatur:
Zum Westfälischen Frieden gibt es eine ganze Flut von Publikationen. Die bis Mitte der 1990er Jahre erschienenen Beiträge sind zu erschließen durch eine abgeschlossene Bibliographie (vgl. Kap. 4.2): Heinz Duchhardt (Hg.), **Bibliographie zum Westfälischen Frieden**, bearbeitet von Eva Ortlieb und Matthias Schnettger, Münster 1996.
Hervorzuheben sind die Kataloge zur großen Jubiläumsausstellung von 1998: Klaus Bußmann, Heinz Schilling (Hg.), **1648. Krieg und Frieden in Europa**, 3 Bde., Göttingen 1998.
Einen kurzen Überblick über Inhalt und Verlauf der Verhandlungen gibt: Siegrid Westphal, **Der Westfälische Frieden**, München 2015.
Zum Leben in Münster vgl. Helmut Lahrkamp, **Münster als Schauplatz des europäischen Friedenskongresses**, in: Geschichte der Stadt Münster, hg. von Franz-Josef Jakobi, Bd. 1, Münster 1993, S. 301–324.

3.2.2 Publizistik

Was aber ist zu tun, wenn die Frage weder auf den Inhalt des Friedens noch auf sein Zustandekommen abzielt, sondern schlicht lautet: Wie wurde der Frieden bekannt gemacht? Diese Frage führt uns zum Problem der Öffentlichkeit und damit auch zu einer weiteren für die Frühe Neuzeit wichtigen Quellengattung: zu den publizistischen Quellen. Mit PUBLIZISTIK wird der Bereich bezeichnet, der alle die Öffentlichkeit interessierenden Angelegenheiten samt der Medien, in denen diese Angelegenheiten behandelt werden, umfasst. Publizistische Quellen sind folglich alle Quellen, die zur Veröffentlichung bestimmt sind und der Öffentlichkeit Sachinformationen oder Meinungen mitteilen wollen. Mit der Frühen Neuzeit begann in dieser Hinsicht ganz eindeutig eine neue Epoche. Denn seit Henne Gensfleisch, genannt **Johannes Gutenberg**, kurz nach 1450 in Mainz den Druck mit beweglichen Lettern entwickelt hatte, war es möglich, mit den einmal in einem Setzkasten gesetzten Lettern den gleichen Text serienmäßig, in großer Stückzahl und in stets gleicher Form zu drucken. Mit anderen Worten: Jetzt begann die publizistische Massenproduktion, und erst jetzt waren breite Kreise der Öffentlichkeit erreichbar.

Für die Frühe Neuzeit lassen sich diese Quellen in Bücher, Flugschriften, Flugblätter, Zeitungen und Zeitschriften unterteilen. Die **Bücher** waren hierbei vor allem den wissenschaftlichen, künstlerischen und literarischen Publikationen vorbehalten. Sie sind daher eine wichtige Quelle für die **Wissenschafts-, Literatur- und Geistesgeschichte** der Epoche. Aber auch die politische Lage und Verfassung des Alten Reiches kam in Büchern zur Sprache: Solche meist deutschsprachigen Publikationen zur Reichsverfassung, die vorrangig von Juristen stammten und interessante Einblicke in die Funktionsweise des Reichssystems gewähren, werden in der Fachterminologie auch als Reichspublizistik bezeichnet. Weit zahlreicher und damit auch wichtiger für die Frage nach Publizistik und Öffentlichkeit als Bücher waren für das 16. und 17. Jahrhundert aber zweifellos die Flugschriften und Flugblätter. Dabei versteht man unter

3 Methodisches: Quellen und Verfahren der Forschung

Flugschriften selbständige, nicht periodisch erscheinende gedruckte Schriften aus mehreren Blättern, die (im Unterschied zum Buch) nicht gebunden sind. Sie enthalten meist nur Text und keine Illustrationen. **Flugblätter** sind hingegen Einblattdrucke, d. h. sie bestehen aus einem einzigen Blatt, und dieses Blatt ist sehr oft illustriert. Illustrieren ist hier wörtlich zu verstehen: Die Abbildung, die zunächst aus einem Holzschnitt, später häufiger aus einem Kupferstich besteht, setzt den Inhalt des Textes in Szene, sie stellt ihn bildlich dar. Hergestellt wurden Flugschriften und -blätter gemeinsam von Autoren und Künstlern sowie Druckern und Verlegern. Anders als heutige „Flyer" wurden sie verkauft. Flugschriften und Flugblätter wurden für den Markt produziert und, meist von fliegenden Händlern, dem Publikum feilgeboten. Inhaltlich können Flugschriften und Flugblätter entweder der Vermittlung von bestimmten Positionen dienen: Wie sich noch zeigen wird, spielte diese propagandistische Funktion der Publizistik vor allem in der Reformation eine große Rolle. Flugschriften und v. a. Flugblätter können aber auch die Neugier und Sensationslust des Publikums ansprechen. Solche auf den kommerziellen Erfolg zielenden Publikationen berichten über aufsehenerregende Ereignisse, über Hochzeiten und Feste, über Schlachten und Katastrophen, über spektakuläre Verbrechen, rätselhafte Himmelszeichen und sonstige Sensationen. Die meisten dieser stets auf konkrete Ereignisse reagierenden gedruckten Meldungen begannen mit den Worten „Zeitung von" oder „Zeitung über XY". Aber bald wurde aus der Zeitung als einem anderen Wort für Nachricht oder Neuigkeit die Bezeichnung einer eigenen publizistischen Gattung: Seitdem die Nachrichtenblätter den entscheidenden Schritt vollzogen hatten und periodisch, d. h. in regelmäßigen Abständen, zu erscheinen begannen, begegnet der Begriff in unserem heutigen Verständnis. Handgeschriebene Korrespondentenberichte, die vor allem die Höfe, aber auch Fernhändler wie die Fugger bezogen, wurden schon im 16. Jahrhundert regelmäßig von Korrespondenten erstellt und verschickt.

Gedruckte ZEITUNGEN als Vorläufer des heutigen Mediums, die überdies bald von einem größeren, weit über die Höfe hinausgehenden Kreis von Abonnenten bezogen wurden, kamen indes erst im frühen 17. Jahrhundert auf. Sie enthielten fast ausschließlich politische Nachrichten ohne jeden Kommentar. Dass diese Meldungen oft wörtlich aus amtlichen Texten übernommen wurden, sollte die Glaubwürdigkeit der Zeitung demonstrieren. Heute wirkt dies eher als warnender Hinweis auf die Nähe der Zeitungen zu den jeweiligen Höfen, in deren Umfeld sie angesiedelt waren. Tatsächlich wirkten die Höfe oft auf die Zeitungen ein: sehr direkt durch die Zensur, aber auch indirekter durch eine gezielte Informationspolitik gegenüber den Druckern und politischen Beobachtern, die diese Zeitungen herausgaben. Dennoch gehörte den Zeitungen die Zukunft: Um 1700 gab es im deutschsprachigen Raum bereits ca. 60 Zeitungen, für das Ende des 18. Jahrhunderts schätzt man 222 bis 250 wöchentlich oder öfter erscheinende Zeitungen mit etwa 300 000 deutschsprachigen Exemplaren.

Tipp: Pressegeschichte im Internet
Der in Wien gesammelte Bestand der handgeschriebenen, nach ihren Empfängern benannten „Fuggerzeitungen" aus den Jahren 1568–1605 wird präsentiert unter: fuggerzeitungen.univie.ac.at/
Zahlreiche weitere Materialien zur deutschsprachigen Pressegeschichte bietet die Bremer Forschungsstelle der Gesellschaft für deutsche Presseforschung unter:
https://presseforschungbremen.wordpress.com/

Verbunden mit der starken Zunahme des Zeitungswesens im 18. Jahrhundert ist eine inhaltliche Veränderung: Neben die nüchterne (aber keineswegs objektive!) Meldung trat jetzt immer mehr der politische Kommentar, die Bewertung dessen, was da gemeldet wurde. Der eigentliche Ort dieser Kommentare wurde jedoch eine neue Gattung der publizistischen Quellen: die **Zeitschrift**. Nach ersten Anfängen im späten 17. Jahrhundert soll es um 1730 schon ca. 400 Zeitschriften gegeben haben. Der kleinere Teil widmete sich wissenschaftlichen Themen, wobei nicht selten Briefwechsel zwischen Gelehrten abgedruckt wurden. Die Masse der Zeitschriften behandelte hingegen politische Fragen. Besonders beliebt in diesen **Moralischen Wochenschriften** waren Reformprojekte und andere Überlegungen, wie sich der Mensch und seine Welt verbessern ließen. Dieses optimistische Anliegen verweist auf den Hintergrund der Entwicklung: Wir sind bereits in der Zeit der **Aufklärung**, jener Strömung also, die an die Vernunft aller Menschen glaubte und mit Hilfe dieser Vernunft auch die politischen Verhältnisse zu bessern gedachte. Um dies zu erreichen, musste jeder Mensch zunächst aufgeklärt werden, und genau diesem Zweck dienten die Zeitschriften. Über eine mangelnde Nachfrage hatten die nun oft auch von Anhängern der Aufklärung herausgegebenen Zeitschriften und Zeitungen nicht zu klagen. Im Gegenteil: In der zweiten Hälfte des 18. Jahrhunderts vollzog sich eine wahre **Leserevolution**, die sich zunächst in der quantitativen Zunahme der Leser zeigte: Die Alphabetisierungsrate war im deutschen Gebiet bis um 1800 auf nahezu 50 % gestiegen. Damit einher ging die soziale Ausweitung des Lesens vom Adel auf das Bürgertum und schließlich eine qualitative Veränderung der Lektüre: Jetzt wurde nicht mehr das Gleiche immer wieder laut vorgelesen, nun begann die Zeit der stillen Lektüre einer immer größeren Menge an Text. Der organisatorische Niederschlag dieser Leserevolution waren die **Lesegesellschaften**. Über 400 solcher Lesezirkel, in denen Zeitschriften und ähnliches gemeinsam angeschafft, reihum gelesen und mitunter auch unter den Mitgliedern diskutiert wurde, soll es in der Zeit der Französischen Revolution im deutschen Raum gegeben haben.

Angesichts dieser Entwicklung sprechen manche Wissenschaftler davon, dass es erst jetzt, mit der Aufklärung, eine politische Öffentlichkeit gegeben habe. Vor allem der Sozialphilosoph **Jürgen Habermas** hat diese These in seinem damals (1962) bahnbrechenden und bis heute auch in der Geschichtswissenschaft immer wieder zitierten Buch über den **Strukturwandel der Öffentlichkeit** vertreten. Mit der Aufklärung, so Habermas, sei eine **bürgerliche Öffentlichkeit** entstanden. Jetzt hätten Privatleute nicht mehr nach sozialen Ständen getrennt, sondern als gleichberechtigte Bürger und nach den Grundsätzen der Vernunft miteinander diskutiert und RÄSONIERT (von franz. raison = Vernunft; raisonnieren = vernünftig reden). Damit aber sei ein einschneidender politischer Wandel einhergegangen. Denn erst diesem Publikum räsonierender Privatleute gegenüber habe sich die Obrigkeit, die öffentliche Gewalt gezwungen gesehen, sich selbst und ihre Politik vor der öffentlichen Meinung als vernünftig zu legitimieren. Und was war davor? Vor der Aufklärung, und das heißt in weiten Teilen der Frühen Neuzeit, habe es lediglich eine **repräsentative Öffentlichkeit** gegeben: Politik sei Geheimsache gewesen, eine Verpflichtung der Obrigkeit, ihr Handeln gegenüber der Öffentlichkeit zu begründen, habe nicht bestanden, und anstatt zu räsonieren, seien die Privatleute, die Untertanen, nur als Adressaten obrigkeitlicher Verlautbarungen in Erscheinung getreten.

Dass mit der Aufklärung auch eine Leserevolution und ein tiefgreifender Wandel der Presselandschaft verbunden war, steht außer Zweifel. Widerlegt ist hingegen die Auffassung, in den ersten Jahrhunderten der Frühen Neuzeit habe es keine politische Öffentlichkeit gegeben. Zwar stammt der Begriff der Öffentlichkeit tatsächlich erst aus dem späten 18. Jahrhundert. Und in der Tat galt Politik in der Frühen Neuzeit im Sinne der Lehre von den **arcana imperii**, den Geheimnissen der Herrschaft, als ARKANPOLITIK, als eine Geheimsache der Herrscher.

Aber dennoch haben auch die Untertanen in der Frühen Neuzeit über Politik kommuniziert, d. h. eine Meinung gehabt und diese auch zum Ausdruck gebracht. Zu bedenken ist hierbei zwar die geringe **Alphabetisierungsrate**: Um 1500 konnten im Durchschnitt etwa **5 bis 10 %** der Bevölkerung lesen, und selbst in den Städten, in denen ohnehin nur 10 % der Menschen lebten, lag die Alphabetisierungsquote bei maximal 30 %. Aber wie die **Kommunikationswissenschaft** und die von ihr angeregten Ansätze der historischen Forschung zeigen, lassen sich Öffentlichkeit und politische Kommunikation keineswegs auf Druckmedien reduzieren und damit an die Alphabetisierung binden. Kommuniziert wurde ebenso in mündlicher Form, z. B. in Gerüchten, Liedern, Kanzel-

3 Methodisches: Quellen und Verfahren der Forschung

abkündigungen oder durch das Vorlesen der Druckerzeugnisse. Und kommuniziert wurde auch nonverbal, etwa als symbolische Kommunikation im höfischen Zeremoniell oder bei Huldigungen. Vor allem aber zeigt ein näherer Blick auf die Druckmedien der Frühen Neuzeit, dass auch auf dem Wege der Publizistik eine politische Öffentlichkeit hergestellt werden konnte. Diese **Öffentlichkeit in der Frühen Neuzeit** war zwar anders als die kontinuierlich räsonierende bürgerliche Öffentlichkeit im Sinne von Habermas noch nicht permanent vorhanden. Aber von Fall zu Fall ließ sich mit Hilfe der publizistischen Medien eine Öffentlichkeit herstellen, und diese nahm nicht nur Anteil am politischen Geschehen, sondern auch Einfluss darauf.

Ein Musterbeispiel hierfür findet sich bereits am Beginn der Neuzeit: die Reformation. Sehr zu Recht gilt die **Reformation als erste Medienrevolution der Neuzeit**, und das in doppelter Hinsicht: Ohne das neue Medium Buchdruck wäre die Reformation nicht zu dem geworden, was sie war: eine Massenbewegung. Aber umgekehrt ist auch der Buchdruck erst durch die Reformation zu dem aufgestiegen, was er bis vor Kurzem noch war: zu dem Leitmedium der Neuzeit. Dass zwischen 1517 und 1518 die Druckproduktion um unglaubliche 530 % zunahm, illustriert den zweiten Aspekt: Die schon seit Jahrzehnten technisch mögliche Massenproduktion brauchte erst ein Thema, um in Gang zu kommen, und dieses Thema lieferte die Reformation. Dass von Luthers Schriften bei einer durchschnittlichen Auflage von 1000 Stück bis Ende 1519 bereits 250 000 Exemplare im Umlauf waren, dass diese Zahl bis zum Wormser Reichstag von 1521 auf 500 000 und bis 1525 auf mehrere Millionen Exemplare anstieg – diese eindrucksvollen Zahlen machen deutlich, welche zentrale Rolle der Buchdruck und hier vor allem Flugschriften und Flugblätter für die Ausbreitung der Reformation gespielt haben. Wer genau die Käufer dieser Druckerzeugnisse waren, lässt sich nur in Ausnahmefällen angeben. Aber allein schon die Zahlen signalisieren, dass die Öffentlichkeit, die von den Inhalten dieser Schriften Kenntnis nahm (die Forschung spricht hier von der **reformatori-**

schen Öffentlichkeit), weder auf kleine Regionen noch auf bestimmte Schichten beschränkt, sondern überregional war und von den höchsten Schichten bis hin zum so genannten GEMEINEN MANN reichte.

Nach der Reformation gingen die Produktionszahlen im Druckgewerbe zwar spürbar zurück. Doch schon der Dreißigjährige Krieg stellte einen zweiten Entwicklungsschub für die Publizistik dar. Denn zum einen wurde der Krieg nicht nur mit Waffen, sondern erstmals auch mit publizistischen Erzeugnissen geführt. Schon allein dank dieser konfessionell gebundenen, meist sehr polemischen Flugschriften und -blätter liefen die Druckerpressen wieder auf Hochtouren. Zum anderen wuchs mit dem Dreißigjährigen Krieg das Informationsbedürfnis der Menschen derart, dass nun auch die Informationsmöglichkeiten zunahmen. Vor allem die Zeitungen konnten sich jetzt als neues Medium etablieren: War die erste gedruckte Zeitung erst 1605 in Straßburg erschienen, standen dem lesefähigen Publikum im Reich um 1648 bereits weit über 20 Zeitungen zur Verfügung. Und die Zahl der Leserschaft unter den zu dieser Zeit etwa 10 Millionen Bewohnern des deutschen Gebietes soll von maximal 60 000 vor dem Krieg auf bis zu 250 000 Menschen nach Kriegsende gestiegen sein. Aber auch die nicht an Polemik interessierten, auf ein überkonfessionelles Publikum abzielenden Flugschriften und Flugblätter boomten. Nehmen wir nur unser Beispiel, **den Westfälischen Frieden**. Obwohl der Inhalt des Friedens überaus kompliziert war, sollen schon wenige Monate nach der Unterzeichnung bis zu 40 000 Exemplare des sowohl auf Latein als auch in deutscher Übersetzung in den Druck gegebenen Vertragstextes im Umlauf gewesen sein. Schon diese Zahl zeigt, dass die Gruppe derer, die sich politisch informierten, weit über den Kreis der Amtsträger im Dienst der Fürsten und Städte und anderer Personen aus dem Umfeld der Herrschaftszentren hinausging.

Um ein Vielfaches höher noch dürfte die Zahl der Flugschriften und Flugblätter gelegen haben, die in leicht verständlicher Weise über den Frieden, seine Ergebnisse und Hintergründe berichteten.

3 Methodisches: Quellen und Verfahren der Forschung

Wie solche publizistischen Werke aussehen konnten und wo die Chancen und Gefahren im Umgang mit diesen Quellen liegen, können wir an zwei Beispielen überprüfen.

*Abb. 8: „Freüdenreicher Postillon von Münster, den [...] Frieden bringent",
1648; Flugblatt mit koloriertem Holzschnitt.*

Das erste Beispiel ist ein berühmtes Flugblatt, das anlässlich des Westfälischen Friedensschlusses erschienen ist und der Zahl der Auflagen wie der erhaltenen Exemplare zufolge weite Verbreitung fand. Dieses Flugblatt ist selbst ein **Medium**: In ihm und mit ihm wurde der Friedensschluss bekannt gemacht. Text und Bild verweisen aber zugleich auch auf **andere Medien**. Die Illustration zeigt, so der Titel, den „Freüdenreiche(n) Postillon von Münster, den […] Frieden bringent", also einen auch am Posthorn erkennbaren **Postreiter**. Dieses Motiv spielt auf die Kommunikationswege der Zeit an. Denn zum einen verbreiteten diese Reiter oftmals die Nachrichten, die sie auf ihrer Strecke aufgeschnappt hatten. Und zum anderen war das **Postwesen** selbst von grundlegender Bedeutung für die Entwicklung der frühneuzeitlichen Öffentlichkeit. Vor allem der Aufstieg der **Zeitungen** ging Hand in Hand mit dem Ausbau der Postkurse, also der von der POST versorgten Routen. Schließlich konnten die Zeitungen allein mit der Post zu ihren Abonnenten transportiert werden, und so erschienen sie auch gleich im Takt der Posttransporte. Die Standorte der großen Postämter – ursprünglich ja nichts anderes als die Standorte für den Wechsel der dort bereitstehenden Laufboten oder Pferde – wurden zu Umschlagplätzen der Nachrichten, die Postmeister selbst waren oft die Herausgeber der Zeitungen, und noch heute trägt manche Zeitung den Begriff „Post" im Titel. Wie die Post im Reich organisiert war, zeigt der kaiserliche Adler an dem Haus im Bildhintergrund. Sie war ein kaiserliches MONOPOL oder REGAL, das seit dem 16. Jahrhundert in der Hand der damit so reich wie berühmt gewordenen Familie Taxis (später **von Thurn und Taxis**) lag; das Haus im Hintergrund stellt das Reichsposthaus in Münster dar, das der Reichsgeneralpostmeister (von Thurn und) Taxis auf Verlangen des Kaisers 1643 in Münster eingerichtet hatte.

Ein Ergebnis dieser Medienentwicklung zeigt unser Flugblatt: Die **Fama**, die auf der Illustration links oben die Neuigkeiten austrompetet, tritt gleich zu Beginn des Textes als „Ich die Fama und gmain geschrey" auf. Ob die lateinische Fama oder das deutsche **gemeine Geschrei** – beide Begriffe, die im Englischen übrigens

3 Methodisches: Quellen und Verfahren der Forschung

schon zu dieser Zeit mit **public opinion** wiedergegeben wurden, standen für eine diffuse öffentliche Meinung und damit für eine Öffentlichkeit in politischen Fragen, die offenkundig auch die „gemeinen Leute" umfasste.

Weitere Hinweise auf die Kommunikationswege der Zeit finden sich im Text: Der Frieden, so heißt es, wurde nicht nur **mit Pauken und Trompeten** verkündet, sondern auch durch **Fahnen** an den Türmen signalisiert. Ebenso ist die Rede von „Glockenklang", „Orgelspiel" und „Lobgesängen auf Gott", was auf die Rolle der **Kirche** hinweist. Die Kirche war ein Ort der Kommunikation, und da kirchliche wie weltliche Obrigkeiten in der Frühen Neuzeit eng verzahnt blieben, wurden obrigkeitliche Beschlüsse und Mitteilungen immer auch vom Pfarrer von der Kanzel herab bekannt gemacht. Zur Verbreitung von Nachrichten trug aber auch das **Kirchenlied** bei, das im Dreißigjährigen Krieg ebenfalls eine Blütezeit erlebte. Vor allem das Leid des Krieges, aber auch der Frieden als Geschenk Gottes wurden in den Liedern behandelt, die Geistliche wie etwa der Protestant **Paul Gerhard** (1607–1676) dichteten. Und so konnte auch der Lobgesang in der Kirche mindestens die Nachricht vom Frieden festhalten helfen.

Insgesamt steckt unser Flugblatt also voller Hinweise auf die schriftlichen, aber auch symbolisch- visuellen und nicht zuletzt akustischen Medien und Kommunikationswege der Zeit. Zu fragen bleibt indes, an wen es sich überhaupt wendet. Die **Adressaten** möchte man zunächst im gebildeten Publikum vermuten. Schließlich tauchen neben der Fama noch weitere ALLEGORIEN auf: **Merkur** etwa, der in dieser Zeit mit dem griechischen Götterboten Hermes gleichgesetzt wurde, deswegen auch im Namen einiger Zeitungen auftauchte und in der Illustration den Brief mit der Friedensbotschaft in Händen hält, oder der **Kriegsgott Mars**, der im Text für alle Laster und Sünden verantwortlich gemacht wird. Um solche Allegorien zu entschlüsseln, brauchen wir Hilfsmittel.

Den Menschen der Frühen Neuzeit dürften diese Allegorien hingegen geläufiger gewesen sein: Wer sein Leben im Krieg verbracht hatte, wusste aus der massenhaften Publizistik, dass der antike Gott Mars ein Symbol für dieses grausame Geschehen war. Dies gilt auch für die nicht Lesekundigen. Denn zum einen konnte man sich Blätter wie den Postreiter auch vorlesen lassen. Und zum anderen waren die Illustrationen der Flugblätter gerade dazu gedacht, die zentrale Aussage des Textes in ein Bild zu übersetzen und damit auch optisch erschließbar zu machen. Dass die Illustrationen für sich selbst sprachen, wird in einer zweiten, wohl zu diesem Zweck umgearbeiteten Fassung des Postreiters deutlicher als in unserem kolorierten, in der Tat eher für ein zahlungskräftiges, gebildetes Publikum gedachten Exemplar. In der schlichteren Ausgabe des Blattes zertrümmern die Hufen des Pferdes auf dem Boden liegendes Kriegsgerät. Und dass der damit symbolisierte Frieden zwischen Wien, Paris und Stockholm geschlossen worden war, machen symbolische Hinweise auf diese drei Hauptstädte deutlich.

Tipp: Bilder entschlüsseln
Wer sich mit frühneuzeitlichen Text- und Bildquellen beschäftigt, wird immer wieder auf **SYMBOLE** *und Allegorien stoßen. Bei ihrer Entschlüsselung helfen* **IKONOGRAPHISCHE** *und* **IKONOLOGISCHE** *Nachschlagewerke, z. B. das folgende: Lexikon der christlichen Ikonographie, 8 Bde., Rom u. a. 1968–1976. Neudrucke: Freiburg 1994, Darmstadt 2012.*

Auch der Inhalt des Textes verweist auf eine breite Zielgruppe des Blattes: Nacheinander richtet sich der Text an Obrigkeit und Untertanen, an Klerus, Adel, Kaufleute, Handwerker, Bauern, Gärtner und Wirte. Die Botschaft für all diese Gruppen ist schlicht: Mit dem von Gott geschenkten Frieden werde alles besser, und zwar für jeden. Dafür solle man Gott danken, die Schranken der Ehrbarkeit nicht überschreiten und fortan anständig leben. Eine Bemerkung zum Inhalt des Friedens sucht man indes vergeblich, von einer Bewertung des Regelwerkes kann schon gar keine Rede sein. Sollte diese merkwürdige Zurückhaltung mit der **Zensur** zusammenhängen? Zensiert wurden die publizistischen Quellen der Frühen Neuzeit in der Tat, und zwar durch kirchliche Stellen wie durch die weltliche Obrigkeit. Nicht zuletzt deswegen erschienen die meisten Publikationen wie auch unser Postreiter **anonym**. Und eben, weil die Autoren, Drucker und Verleger mit der Zensur rechneten, ist bei der Auswertung solcher Quellen auch der Aspekt der vorauseilenden **Selbstzensur** zu bedenken. Da nun aber der Text des Friedensvertrags massenhaft veröffentlicht worden war und diese Veröffentlichung nicht ohne Zustimmung der Obrigkeiten erfolgt sein kann, steht zu bezweifeln, dass sie der Verbreitung des Inhalts in anderer Form widersprochen hätten. Weit wichtiger als die Rücksichtnahme auf eine mögliche Zensur dürfte beim Postreiter daher ein anderer Grund gewesen sein: Die Produzenten der Flugblätter und Flugschriften wollten mit ihren Werken Geld verdienen, sie wollten ihre für den Markt bestimmten Druckerzeugnisse verkaufen, und das in möglichst hoher Zahl. Dieser **kommerzielle Aspekt** erklärt nicht nur, warum mit der Kombination aus Bild und Text sowohl Lesekundige als auch Analphabeten angesprochen werden sollten. Das Interesse am Verkauf konnte auch zu einer gewissen Zurückhaltung mit der eigenen Meinung führen. Denn zum einen standen nicht alle Drucker im Dienste einer konfessionellen Partei. Und zum anderen lag es selbst für diejenigen, die mit polemischen Kampfblättern Geld verdient hatten, in den Zeiten des Friedensschlusses nahe, die konfessionellen Kämpfe auch in der Publizistik zu beenden. Potenzielle Käufer sollten daher nicht verschreckt, Anhänger verschiedener Parteien im gleichen Maße angesprochen werden. Dass finanzielle Überlegungen in der Publizistik eine große Rolle spielten, bestätigt im Übrigen eine weitere Beobachtung: Wie die **historische Presseforschung** lehrt, wurden die Vorlagen für die Illustrationen, d. h. die aufwändigen Holz- oder Kupferstiche, oft mehrfach verwendet: entweder in modifizierter Form für weitere Auflagen des gleichen Blattes, oder aber später zur Bebilderung eines gänzlich anderen Textes und Sachverhalts. Beide Varianten sehen wir beim Postreiter-Motiv. So erschien dieses Blatt nicht nur in mehreren Auflagen mit den erwähnten Unterschieden und überdies in einer niederländischen Version für den dortigen Markt. Das Motiv selbst kam auch noch Jahrzehnte später, in einem Blatt von 1672, abermals zum Einsatz.

Angesichts dieser kommerziellen Interessen und der entsprechenden Rücksichtnahmen stellt sich eine Frage: Welchen QUELLENWERT haben solche Flugblätter für uns? Dass sie wichtige Hinweise auf die Öffentlichkeit der Frühen Neuzeit und ihre Medien geben können, sollte sich gezeigt haben. Und auch andere Fragen ließen sich an diese Quellen herantragen. So könnte man etwa den Versuch des Autors, möglichst viele gesellschaftliche Gruppen anzusprechen, auf die zugrundeliegenden Vorstellungen von der Gesellschaft und ihrer Gliederung hin untersuchen. Dabei würden sich die Stände (Klerus, Adel, dritter Stand) als Hauptkategorien entpuppen, innerhalb des dritten Standes eine berufsspezifische Einteilung ins Auge fallen und schließlich auch klarwerden, dass manche Gruppen, etwa die Frauen oder die unterbäuerlichen Schichten, gänzlich fehlen. Aber wie steht es um den Wert der Quelle, wenn wir sie nach unserem eigentlichen Thema, nach dem Westfälischen Frieden befragen? Als Quelle für die Wahrnehmung und Weltsicht ihrer Urheber fallen die Flugschriften und -blätter wegen der kommerziellen Aspekte der Publizistik aus. Aber das muss kein Nachteil sein, im Gegenteil! Denn gerade, weil die Produzenten ihre Verkaufsinteressen im Auge hatten, hatten sie Rücksicht auf die Erwartungen ihrer Zielgruppe zu nehmen. Sie mussten diejenigen Aussagen und Bilder liefern, die die potenziellen Käufer hören und sehen wollten. Folglich standen die Produzenten vor der Aufgabe, die allgemeinen Erwartungen richtig einzuschätzen. Und dementsprechend lassen sich die Flugblätter und -schriften als **Quelle für verbreitete Wahrnehmungs- und Deutungsmuster** heranziehen. Dies gilt vor allem für die kommerziell erfolgreichen Produkte. Schließlich dürften sich die Druckerzeugnisse umso besser verkauft haben, je genauer ihre Produzenten die Erwartungen der Kundschaft getroffen hatten. Aber wie lässt sich der Erfolg eines Flugblattes ermitteln? Indizien sind die Höhe der einzelnen Auflagen, die Zahl der gleichen oder veränderten Neuauflagen, die regionale Verbreitung und schließlich auch die Wiederverwendung von Motiven, die sich offenbar auf dem Markt bewährt hatten. Exakt ermitteln kann man dies kaum. Hinweise liefern jedoch die noch heute erhaltenen Exemplare, mit deren Hilfe sich die Auflagen vergleichen, die Verbreitung bestimmen und die Zahl der gesamten Drucke mindestens im Vergleich zu anderen Produkten als eher hoch oder eher niedrig angeben lassen.

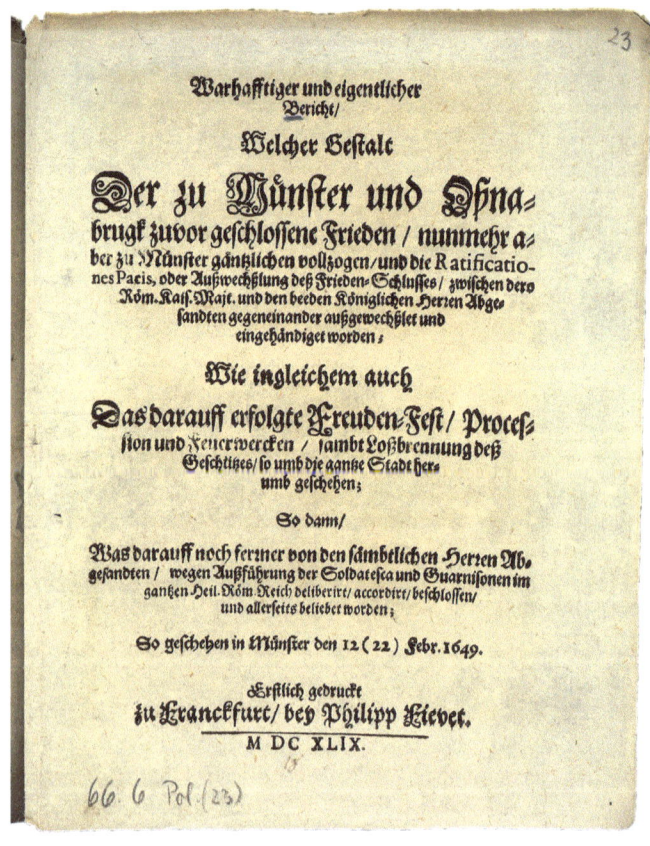

Abb. 9: „Wahrhafftiger und eigentlicher Bericht", Flugschrift 1649.

3.2 Textquellen

Im Blick auf diese Kriterien ist für den Postreiter nur ein Schluss möglich: Es ist eines der erfolgreichsten Flugblätter des Jahres 1648 überhaupt. Und was sagt uns das Blatt über die Wahrnehmung des Friedens? Mindestens eines: Die Deutung von Krieg und Frieden ist zutiefst verankert in einer religiösen Weltsicht. Gott hat den Frieden gebracht, Gott gilt es daher zu danken. Von einer Autonomie der politischen Sphäre, die ohne Gott hätte funktionieren und erklärt werden können, war man in der Publizistik um 1648 noch weit entfernt. Und auch das, die nur schrittweise Loslösung der politischen Sphäre aus ihrer religiösen Verankerung, gehört zu den fundamentalen Zügen der Frühen Neuzeit.

Weiteren Aufschluss über die Verbreitung und Wahrnehmung des Friedens gibt uns ein zweites Beispiel für die publizistischen Quellen der Frühen Neuzeit. Beim Blick auf das auf → **S. 192** abgebildete Titelblatt einer Flugschrift von 1649 fällt zunächst eines ins Auge: Wir haben einen Druck in **Fraktur** vor uns, und da diese gotische Druckschrift vielleicht nicht ganz einfach zu lesen ist, folgt hier die Transkription des Titels:

> Wahrhafftiger und eigentlicher
> Bericht/
> Welcher Gestalt
> Der zu Münster und Oßna-
> brugk zuvor geschlossene Frieden/ nunmehr a-
> ber zu Münster gäntzlichen vollzogen/ und die Ratificatio-
> nes Pacis, oder Außwechßlung deß Frieden-Schlusses/
> zwischen dero
> Röm. Kais. Majt. und den beeden Königlichen Herren Abge-
> sandten gegeneinander außgewechßlet und
> eingehändiget worden:
>
> Wie ingleichem auch
> Das darauff erfolgte Freuden-Fest/ Proces-
> sion und Feuerwercken/ sambt Loßbrennung deß
> Geschützes/ so umb die gantze Stadt her-

3 Methodisches: Quellen und Verfahren der Forschung

umb geschehen:

So dann/
Was darauff noch ferner von den sämbtlichen Herren Abgesandten/ wegen Außführung der Soldatesca und Guarnisonen im
gantzen Heil. Röm. Reich deliberirt/ accordirt/ beschlossen/
und allerseits beliebet worden:

So geschehen in Münster den 12 (22) Febr. 1649

Am Ende des Titels stoßen wir auf eine weitere Auffälligkeit: auf die merkwürdige **Doppeldatierung** auf den 12. bzw. 22. Februar 1649. Dieses Phänomen ist für die Frühe Neuzeit und ihre Quellen von nicht zu unterschätzender Bedeutung. Um zu klären, was es damit auf sich hat, brauchen wir eine weitere Hilfswissenschaft: die Chronologie.

Die CHRONOLOGIE ist die Lehre von der Zeitrechnung. Chronologische Kenntnisse benötigen wir immer dann, wenn wir es mit historischen Datierungen zu tun haben, wenn also ein Datum genannt wird. Dass dies für Antike und Mittelalter gilt, weiß jeder, der von der Ermordung Julius Caesars an den Iden des März (d. h. am 15. März) oder dem mittelalterlichen Streit um den Jahresanfang gehört hat. Aber für die Frühe Neuzeit dürfte dies doch kein Problem darstellen!

Tatsächlich galt um 1500 der auf Julius Caesar zurückgehende **Julianische Kalender**. Das Kalenderjahr entsprach in etwa dem astronomischen Sonnenjahr, der Tag umfasste den Zeitraum einer Erdumdrehung, d. h. die Stunden zwischen einem Sonnenhöchststand („Mittag") bis zum nächsten. Auch einige nicht auf astronomischen Grundlagen, sondern allein auf Konventionen basierende Festlegungen galten mittlerweile unangefochten. Dass sieben Tage eine **Woche** bildeten, hatte man aus dem jüdischen Kalender übernommen, die Einteilung des Jahres in 12 unterschiedlich lange Monate war wiederum ein römisches Erbe. Auch der **Jahresbeginn** war in der Frühen Neuzeit kaum noch umstritten und allgemein auf den 1. Januar festgelegt worden. Und seit dem Siegeszug der so genannten INKARNATIONSZÄHLUNG stand fest, dass die Jahre ab Christi Geburt gezählt wurden.

Dass sich die **Jahreszählung** jedoch auch anders vornehmen ließ, zeigt schon ein Blick auf alternative Systeme: Der **jüdische Kalender** zählt bis heute die Jahre seit dem angenommenen Schöpfungsdatum der Welt und damit seit 3761 v. Chr., die **islamische Jahresrechnung** setzt mit der HEDSCHRA, d. h. der Flucht des Propheten Mohammed von Mekka nach Medina im Jahr 622 n. Chr. ein. Aber auch innerhalb des christlichen Kulturkreises gab es Alternativen zur Zählung nach Christi Geburt. So wurden Urkunden, aber auch Bauwerke noch in der Frühen Neuzeit **nach Regierungsjahren datiert**.

Auch die **Monatsbenennung** entsprach nicht immer dem Julianischen Kalender. Die diesem Kalender entnommenen und noch heute verwendeten MONATSNAMEN von Januar über Juli bis Dezember dominierten zwar auch in der Frühen Neuzeit. Aber wie wir noch sehen werden, konnte auch der **Ernteverlauf** die Namen bestimmen und z. B. aus dem Oktober den Weinmonat machen.

Ähnlich verhält es sich mit der **Tageszählung**. Unsere schon im Mittelalter gebräuchliche Durchnummerierung war zwar im 16. Jahrhundert vorherrschend geworden. Aber daneben spielte immer noch die Rechnung nach dem **kirchlichen Fest- und Heiligenkalender** eine große Rolle. Die energischen Predigten etwa, mit denen der von der Wartburg zurückgeeilte Luther 1522 die aufkommenden Unruhen in Wittenberg erstickte, wurden nach dem Namen des Sonntags, an dem Luther mit ihnen begonnen hatte (9. März 1522), als INVOKAVIT-**Predigten** bezeichnet und als solche berühmt: „Invokavit" ist das Anfangswort des Psalms, der im Gottesdienst am ersten Sonntag der Passions- oder Fastenzeit gelesen wird; beim Sonntag „Invokavit" handelt es sich mithin um den ersten Sonntag nach Aschermittwoch. Wer nun das genaue Datum dieses Sonntags für das Jahr 1522 ermitteln will, muss Folgendes bedenken: Innerhalb des KIRCHENJAHRES, das in den

3 Methodisches: Quellen und Verfahren der Forschung

abendländischen Kirchen stets am 1. Advent beginnt, gibt es unbewegliche, d. h. ein für alle Mal festgelegte Feiertage (z. B. Weihnachten am 25. Dezember), aber auch bewegliche Feiertage. So kann etwa der 1. Advent je nach Wochentag des 25. Dezember zwischen dem 27. November und dem 3. Dezember liegen. Und für den Ostersonntag, der stets auf den Sonntag nach dem ersten Vollmond im Frühling fällt, kommen gar 35 Tage in Frage (22. März bis 25. April). Da sich nun aber andere Feste und Phasen des Kirchenjahres wie Pfingsten und die Fastenzeit nach dem Osterdatum richten, lässt sich deren exaktes Datum nur bestimmen, wenn man den **Ostertermin** des entsprechenden Jahres kennt. Aber wie soll man das herausfinden? Ganz einfach: Indem man die **Ostertafeln** zu Rate zieht, mit deren Hilfe das Osterdatum für jedes Jahr errechnet werden kann. Zu finden sind solche Hilfen in dem noch heute wichtigsten Handbuch zur Chronologie, dem nach seinem Verfasser benannten und mittlerweile auch im Internet zugänglichen **Grotefend**.

> *Tipp: Zeitrechnung (Grotefend online)*
> *Der Grotefend: Hermann Grotefend, Taschenbuch der Zeitrechnung des deutschen Mittelalters und der Neuzeit, 13. Auflage Hannover 1991.*
>
> *Im Internet unter:* ***http://www.manuscripta-mediaevalia.de/gaeste/grotefend/grotefend.htm***
>
> *Wer sich für die spannende Frage interessiert, wie die* **Uhrzeit** *gemessen und angegeben wurde und welche Rückschlüsse man daraus ziehen kann, lese folgendes Buch: Gerhard Dohrn-van Rossum, Die Geschichte der Stunde. Uhren und moderne Zeitordnungen, Taschenbuchausgabe München 1995.*

Der Grotefend hilft auch bei einer anderen, in der Frühen Neuzeit verbreiteten Datierungsweise: bei der **Datierung nach Heiligentagen**. Heiligentage sind Tage, die bestimmten Heiligen geweiht, d. h. zu ihrer religiösen Verehrung bestimmt und nach diesen benannt sind. Von diesem Heiligenkalender leiten sich im Übrigen die Namenstage ab, die manchen Katholiken noch heute wichtiger sind als ihre Geburtstage. Wie die Datierung funktioniert, können Sie an noch immer gebräuchlichen Relikten erkennen: Der **Martinstag**, der am 11. November mit Gänsebraten und Laternen gefeiert wird, ist der Tag des Heiligen Martin; der mit dem Johannisfeuer begangene **Johannistag** markiert noch heute die Sonnenwende am 24. Juni, hat seinen Namen aber vom Geburtstag Johannes' des Täufers. Aber nicht nur der Tag selbst, auch die Nacht davor konnte nach dem Heiligen benannt werden: Die **Bartholomäusnacht** etwa gab einem der blutigsten Massaker der französischen Geschichte, der Niedermetzelung von Tausenden anlässlich einer Hochzeit in Paris versammelten HUGENOTTEN in der Nacht auf den Bartholomäustag (24. August) 1572 ihren Namen. Aber auch die Tage vor oder nach solchen Heiligenfesten konnten auf den entsprechenden Tag bezogen werden. So wurde Luther zwar am 10. November 1483 geboren, aber dem am nächsten Tag verehrten Heiligen zuliebe nach der Gewohnheit der Zeit Martin genannt. In den Quellen finden sich daher die Bezeichnungen **in ipso die** oder **am tage** für den Festtag selbst, **vigilia**, **pridie** oder **am avende** für den Vortag, **postridie**, **crastino die** oder **des nächsten tages** für den folgenden Tag und schließlich auch **octava die** für den achten Tag nach dem Festtag. Dass auch diese eher indirekte Form der Datierung bis heute nachwirkt, ist im Sonnabend (**am avende**, also Tag vor dem Sonntag) und im **Heiligabend** (Tag vor Weihnachten) mit Händen greifbar. Luther und die Reformation haben die Heiligenfeste zwar wenig geschätzt und damit zu ihrem Bedeutungsrückgang in der Datierungspraxis beigetragen. Aber da auch in protestantischen Gebieten wichtige **Pacht-, Miet-, oder Zinstermine** weiterhin nach dem jeweiligen Tagesheiligen benannt wurden, fehlt es nicht an Anlässen, die Angaben zum Heiligenkalender im Grotefend zu konsultieren.

Damit wäre hinreichend illustriert, dass die Menschen der Frühen Neuzeit vielfältige Datierungstechniken kannten und die Chronologie nicht nur für Studierende dieser Epoche hilfreich, sondern auch spannend sein kann. Noch nicht geklärt ist jedoch

3 Methodisches: Quellen und Verfahren der Forschung

die merkwürdige Doppeldatierung auf unserer Flugschrift. Um zu verstehen, warum neben dem 12. auch der 22. Februar 1649 angegeben ist, müssen wir uns mit der **Gregorianischen Kalenderreform** vertraut machen. Ihren Namen hat sie von Papst Gregor XIII., der 1582 den Julianischen Kalender reformierte. Lösen wollte die Reform das folgende Problem: Wie man es auch dreht und wendet – mit der Rechnung in Tagen, Wochen und Monaten kommt man nie exakt auf die Dauer eines Sonnenjahres. So ist das Jahr des Julianischen Kalenders etwa 6 Stunden länger als das astronomische Jahr. Um diese Differenz auszugleichen, führte Caesar mit seinem Kalender auch das Schaltjahr ein. Da nun jedes vierte Jahr 366 statt 365 Tage hatte, war das Julianische Jahr im Schnitt nur noch 11 Minuten länger als das Sonnenjahr. Doch auch diese Differenz summiert sich im Laufe der Zeit. Mitte des 16. Jahrhunderts hinkte das Kalenderjahr dem astronomischen Sonnenjahr bereits um zehn Tage hinterher. So lag etwa der astronomische Frühlingsanfang nicht mehr auf dem 21., sondern auf dem 31. März. Da nun aber der Ostertermin nach dem Frühlingsanfang berechnet wird und zahlreiche weitere Feste von Ostern abhängen, musste mit dieser kalendarischen Verschiebung das gesamte Kirchenjahr ins Rutschen kommen. Und genau das wollte der Papst beheben. Deshalb ließ er die bisher aufgelaufenen zehn überschüssigen Tage einfach ausfallen, und um für die Zukunft weitere Verschiebungen zu vermeiden, änderte er den Modus der Schaltjahre. Einen zusätzlichen Schalttag gibt es seither alle vier Jahre, nicht aber in den Jahren 1700, 1800, 1900, 2100 und allen anderen SÄKULARJAHREN, die (anders als 1600 und 2000, die jeweils Schaltjahre waren) nicht ohne Rest durch 400 teilbar sind. Das klingt zwar wie eine Denkaufgabe für Experten, hatte aber Folgen für das alltägliche Leben in ganz Europa. Dass auf Donnerstag, den 4. Oktober 1582 Freitag, der 15. Oktober 1582 folgte, hätte wohl jeder verkraftet – zumal sich an der Reihenfolge der Wochentage nichts geändert hatte. Aber nun war es ausgerechnet der Papst, der diesen Sprung anordnete, und das konnte im **konfessionell gespaltenen Europa** der Frühen Neuzeit nicht ohne Folgen bleiben.

In den **katholischen Gebieten** wurde der Reformkalender des kirchlichen Oberhauptes sofort umgesetzt: noch 1582 in Italien, Frankreich, Spanien und Portugal, 1583 dann in den österreichischen Erblanden der Habsburger und in den katholischen Territorien des Reiches. In den **nichtkatholischen Gebieten** hingegen sah man keinen Anlass, den neuen, päpstlichen Kalender zu übernehmen. Ein solcher Schritt wurde erst möglich, als die konfessionellen Spannungen an Bedeutung zu verlieren begannen: Großbritannien führte den Gregorianischen Kalender 1752 ein, Schweden folgte 1753, das russisch-orthodox geprägte Russland vollzog diesen Schritt erst nach der Revolution vom Oktober 1917, genauer: im Januar 1918. Für die russische Geschichte hat dies eine kuriose Folge: Was wir unter der Bezeichnung Oktoberrevolution kennen, fand nach der in Westeuropa verbreiteten Rechnung nach dem Gregorianischen Kalender eigentlich im November statt.

Und die nichtkatholischen Gebiete im deutschen Raum? Auch die **protestantischen Territorien des Reiches** nahmen den Gregorianischen Kalender deutlich verspätet, nämlich erst im Januar 1700 an. Folglich existierten von 1582 bis 1700 im Reichsgebiet **zwei Kalender nebeneinander**, und genau das drückt sich in der Doppeldatierung aus. Auf unserer Flugschrift ist der 12. Februar das Datum des alten, jetzt protestantischen Kalenders, der 22. Februar das Datum des katholischen Gregorianischen Kalenders. Diese hier durch eine Klammer gekennzeichnete Doppeldatierung wird oft in Form eines Bruches mit Zähler und Nenner angegeben. Aber es kann auch passieren, dass Ihre Quelle nur ein einziges Datum angibt.

Wenn Sie Glück haben, weisen Angaben wie **alter Stil** (oder **stilo vetere**) bzw. **neuer Stil** (oder **stilo novo**) auf den verwendeten Kalender hin. Aber gelegentlich fehlt diese Angabe. In diesem Fall müssen Sie selbst herausfinden, welcher Kalender hier zugrunde gelegt wurde und das heißt: aus welchem konfessionellen Lager Ihre Quelle stammt. Aber gerade, weil die Datierung von der Konfession abhängt, können Sie vom verwendeten Kalender **Rückschlüsse auf den konfessionellen Hintergrund Ihrer Quelle** ziehen.

3 Methodisches: Quellen und Verfahren der Forschung

Und was nützen uns die Kenntnisse der Chronologie für unsere Quelle? Wer weiß, dass die Art der Datierung Rückschlüsse auf den konfessionellen Hintergrund frühneuzeitlicher Quellen zulässt, der weiß auch, welche Schlüsse aus der Doppeldatierung zu ziehen sind: Bei einer Quelle mit beiden Daten haben wir es offenbar mit einem Dokument zu tun, das sich an Anhänger beider Konfessionen wendet. Das könnte ein Vertrag zwischen Parteien verschiedener Konfessionen sein: Der Westfälische Frieden ist zwar einheitlich auf den 24. Oktober 1648 datiert. Aber im Vertragstext selbst finden wir, etwa beim Hinweis auf die später inserierten Vollmachten, stets die Doppeldatierung in neuem und altem Stil. Es kann sich aber auch, wie bei unserer Flugschrift, um eine publizistische Quelle handeln. Und in diesem Fall hat die Doppeldatierung eine klare Aussage: Der Autor wollte Katholiken wie Protestanten gleichermaßen ansprechen, er wollte seine Schrift verkaufen.

Für die Verkaufsabsicht spricht auch der **Titel der Schrift**. Uns mag die bandwurmartige Formulierung des Titels eher irritieren. Aber wie uns die **Barockforschung**, ein schon seit langem blühender Zweig der **Germanistik**, lehrt, sind solche Satzungeheuer typisch für die barocke Sprache der Zeit. Der germanistischen Forschung sind überdies äußerst nützliche Werke zu verdanken: Editionen zur **Barockdichtung**, die eine weitere höchst interessante Quellengattung darstellt, aber auch Hilfsmittel wie GLOSSARE und Wörterbücher, die zum Verständnis des Frühneuhochdeutschen nicht selten unverzichtbar sind.

Von der germanistischen Barockforschung ist im Übrigen auch zu lernen, dass die massenhaft gebräuchliche Etikettierung solcher Flugschriften als **„Warhafftiger und eigentlicher Bericht"** zwar nicht wörtlich zu nehmen, aber ebenso wenig ohne jede Bedeutung ist. Denn da die Produzenten potenzielle Käufer bereits mit dem Titel ihrer Werke ansprechen mussten, geben diese Überschriften zu erkennen, dass die Wahrhaftigkeit eines Berichts als werbewirksames Verkaufsargument diente. Wie die Lektüre dieser Schriften zeigen würde, stützte sich dieser **Wahrheitsbegriff** nicht auf Autoritäten, sondern auf den Augenschein, auf die Zeugenschaft des Autors oder seiner Gewährsleute. Aus heutiger Sicht mag dies selbstverständlich erscheinen. Aber bei einem Vergleich der Publizistik mit den Wissenschaftstraditionen der Zeit wird man feststellen, dass sich dieser auf Augenschein statt auf Autoritäten basierende Wahrheitsbegriff in der gelehrten Welt erst allmählich durchsetzen konnte. So gesehen, eröffnen die publizistischen Quellen der Frühen Neuzeit auch einen Zugang zu elementaren Vorstellungen der Epoche, die für die **Mentalitätengeschichte** ebenso interessant sind wie für die **Wissenschaftsgeschichte** und andere Bereiche.

Aber auch zur Geschichte des Westfälischen Friedens hat unsere Flugschrift einiges zu sagen. So können wir bereits aus der Überschrift schließen, dass die Zeitgenossen sehr wohl zwischen den einzelnen Schritten des Friedensschlusses unterschieden haben: Hier geht es um die feierliche Ratifizierung des Vertrags, deren detaillierte Beschreibung offenbar mit dem Interesse der Käufer rechnen konnte. Als Kaufanreiz dürfte aber auch die ausführliche Schilderung des anlässlich der Ratifikation veranstalteten Freudenfestes samt Prozession, Feuerwerk und Freudenschüssen zu verstehen sein. Dies verweist nicht nur auf das große Interesse des Publikums an Zeremonien und Spektakeln. Es macht auch deutlich, dass die Quelle uns sowohl über die zeremoniellen Ausdrucksformen der Politik wie über die Festkultur der Frühen Neuzeit Auskunft geben könnte.

Damit lenkt die Schrift unseren Blick auch auf andere Feiern anlässlich des Westfälischen Friedens. Denn nicht nur in Münster, auch an zahlreichen anderen Orten fanden solche Friedensfeste statt. Diese Feiern haben nicht nur weitere Quellen produziert, die sich ebenfalls nach der Wahrnehmung von Krieg und Frieden befragen lassen. Sie liefern uns auch ein Beispiel für eine **Tatsache als historische Quelle**: Denn das **Augsburger Friedensfest**, das alljährlich am 8. August begangen wird und den einzigen gesetzlichen Feiertag mit rein regionalem Bezug in Deutschland darstellt, geht auf nichts anderes als auf das Augsburger Friedensfest von

1650 zurück. Dass es noch heute gefeiert wird, erinnert wenigstens die Augsburger Jahr für Jahr an das frühneuzeitliche Geschehen.

Insgesamt demonstrieren die publizistischen Quellen der Frühen Neuzeit, dass es schon in dieser Epoche eine Öffentlichkeit gegeben hat. Welche Medien hierbei eine Rolle spielten, konnte am Beispiel des Westfälischen Friedens deutlich gemacht werden. Es zeigte sich nicht nur, wie der Frieden bekannt gemacht wurde. Wir fanden dank der publizistischen Quellen auch erste Hinweise auf die Wahrnehmung dieses Ereignisses. Doch so wichtig die publizistischen Quellen auch mit Blick auf die zeitgenössischen Wahrnehmungs- und Deutungsmuster sind – über die individuelle Rezeption dieser Deutungsangebote, über die persönlichen Reaktionen der Menschen auf den Frieden sagen sie nichts. Aber wie der nächste Abschnitt zeigt, gibt es auch hierfür Quellen.

Literatur

Sämtliche bislang für den deutschsprachigen Raum ermittelten politischen Flugblätter aus dem 17. Jahrhundert wurden in wunderbaren Abbildungen ediert von: John Roger Paas (Hg.), **The German Political Broadsheet 1600–1700**, Bd. 1–13, Wiesbaden 1985–2016.

Literatur hierzu: Michael Schilling, **Bildpublizistik der frühen Neuzeit. Aufgaben und Leistungen des illustrierten Flugblatts in Deutschland bis um 1700**, Tübingen 1990.

Die Flugschriften sind zu ermitteln über: **Das Verzeichnis der im deutschen Sprachraum erschienenen Drucke des 17. Jahrhunderts** (kurz: VD 17), im Internet unter: www.vd17.de. Die entsprechenden elektronischen Datenbanken für das 16. bzw. 18. Jahrhundert heißen naheliegender Weise VD 16 und VD 18.

Theatrum Europaeum ist der Titel einer Art Chronik, die zwischen 1633 und 1738 in 21 Bänden erschien. Sie bietet zahlreiche Kupferstiche und zeitgenössische Schilderungen für den Zeitraum von 1618 bis 1718; ein Schwerpunkt stellt der Dreißigjährige Krieg dar. Die Universitätsbibliothek Augsburg hat alle 21 Bände komplett online zugänglich gemacht:

http://www.bibliothek.uni-augsburg.de/dda/urn/urn_uba000200-uba000399/uba000236-uba000256/

Speziell zur Publizistik um 1648: Konrad Repgen, **Der Westfälische Friede und die zeitgenössische Öffentlichkeit**, in: Historisches Jahrbuch 117 (1997), S. 38–83. Wiederabgedruckt in: Konrad Repgen, Dreißigjähriger Krieg und Westfälischer Friede. Studien und Quellen. Hg. von Franz Bosbach und Christoph Kampmann, Paderborn 1998, S. 723–765.

Allgemein zur Mediengeschichte der Frühen Neuzeit: Andreas Würgler, **Medien in der Frühen Neuzeit** (Enzyklopädie deutscher Geschichte; Bd. 85), München 2009.

Aus germanistischer Sicht: Dirk Niefanger, **Barock**, 3., aktualisierte und erweiterte Auflage 2012.

3.2.3 Selbstzeugnisse

Nun wissen wir, wie die Nachricht vom Westfälischen Frieden verbreitet wurde. Aber wie reagierten die Menschen darauf? Wie nahmen sie diese Nachricht auf? Erste Hinweise ließen sich bei aller Vorsicht aus den publizistischen Quellen gewinnen. Für Fragen dieser Art gibt es aber weit bessere Quellen: die so genannten **Selbstzeugnisse**. Was diese Quellenart auszeichnet, ist der Definition von Benigna von Krusenstjern zu entnehmen: „Um ein Selbstzeugnis handelt es sich dann, wenn die Selbstthematisierung durch ein explizites Selbst geschieht. Mit anderen Worten: die Person des Verfassers oder der Verfasserin tritt in ihrem Text selbst handelnd oder leidend in Erscheinung oder nimmt darin explizit auf sich selbst Bezug." Selbstzeugnisse müssen freiwillig, aus eigenem Antrieb und von der beschriebenen Person selbst abgefasst sein. Aussagen vor Gericht, die meist nicht aus eigenem Antrieb gemacht und noch dazu von einer dritten Person protokolliert werden, sind folglich keine Selbstzeugnisse. Allerdings kann ein Mensch auch in solchen Aussagen sich selbst thematisieren, d. h. Auskunft über sich selbst geben. Daher plädieren einige Historiker dafür, den Begriff weiter zu fassen und statt von „Selbstzeugnissen" von

3 Methodisches: Quellen und Verfahren der Forschung

"Ego-Dokumenten" zu sprechen. Solche **Ego-Dokumente** sind nach der Definition von Winfried Schulze alle Quellen, "in denen ein Mensch Auskunft über sich selbst gibt, unabhängig davon, ob dies freiwillig [...] oder durch andere Umstände bedingt geschieht". Selbstzeugnisse sind folglich jene Untergruppe der Ego-Dokumente, die freiwillig und selbst verfasst wurden.

Ob man nun den weiten Begriff der Ego-Dokumente wählt oder im engeren Sinne von Selbstzeugnissen spricht – entscheidend ist stets der **Aspekt der Selbst-Thematisierung**. Klassische Formen der Selbstthematisierung sind Tagebücher und Autobiographien. Aber auch in Briefen, Familienchroniken, Traumaufzeichnungen oder Wirtschaftsbüchern kann, so eine weitere Definition dieses zentralen Punktes, "ein Ich schreibendes und beschriebenes Subjekt zugleich sein" (Jacob Presser). In der Frühen Neuzeit ist ein stetiges **Anwachsen dieser Quellenart** zu beobachten, das manche Historiker als **Entdeckung des Individuums** (Richard van Dülmen) interpretieren: Seit dem 16. Jahrhundert nahm die Zahl der autobiographischen Texte kontinuierlich zu, **Tagebücher** wurden von immer mehr Menschen beiderlei Geschlechts und immer breiteren Schichten geführt. Dass sich auch der **Brief** zu einem Medium der Selbstthematisierung entwickelte, zeigt schon die Begriffsgeschichte: Im 16. Jahrhundert erweiterte sich die Bedeutung des Wortes einerseits von den schlichten Urkunden hin zu jeder schriftlichen Mitteilung eines Absenders an einen Empfänger, andererseits verengte sich die inhaltliche Definition auf persönliche, private Mitteilungen oder den geschäftlichen Verkehr zwischen Privatleuten. Wurde der Brief bereits in den Korrespondentennetzen der Humanisten und anderer Gelehrter zum zentralen Medium der **RESPUBLICA LITTERARIA**, gilt das 18. Jahrhundert als das eigentliche Jahrhundert des Briefes und der Briefroman als literarischer Ausdruck dieser Entwicklung. Hinzu kamen seit dem 17. Jahrhundert die vor allem in Frankreich beliebten **MEMOIREN**, in denen Adlige und Politiker auf ihr Leben und Werk zurückblickten. Und bis zum Ende des 18. Jahrhunderts hatte es die **Autobiographie** zu einem der bedeutendsten literarischen **GENRES** geschafft. Auch inhaltlich verschoben sich die Akzente: Dienten die Aufzeichnungen im 16. und 17. Jahrhundert vor allem der Selbstkontrolle mit Blick auf den religiösen und moralischen Lebenswandel, erfasste die Selbstthematisierung im 18. Jahrhundert das gesamte Seelenleben. „Ich habe die Geschichte meiner Seele versprochen", schrieb etwa der französische Philosoph **Jean-Jacques Rousseau** (1712–1778), und zu Beginn seiner zwischen 1765 und 1770 verfassten „Bekenntnisse" heißt es: „Ich will vor meinesgleichen einen Menschen in aller Wahrheit der Natur zeigen, und dieser Mensch werde ich sein. – Einzig und allein ich."

 In der historischen Forschung stießen diese Quellen hingegen lange Zeit auf nur geringes Interesse und eine umso größere Skepsis. Zwar wurden die Selbstzeugnisse berühmter Persönlichkeiten schon früh zur Kenntnis genommen. Aber da man sie vor allem zur Rekonstruktion historischer Abläufe benutzen wollte, galt ihr Quellenwert als eher gering. Eben weil das eigene Ich mit einer gewissen Absicht dargestellt wird, weil die Autoren über ihr eigenes Leben nachdenken und ihrem Tun einen Sinn zu verleihen versuchen, hielt man sie für unglaubwürdige Zeugen. Im Sinne der klassischen Quellenkritik ist dieser Standpunkt zwar überzeugend. Aber auch hier zeigt sich, dass der Quellenwert immer von der Fragestellung abhängt. So wurden mit der methodischen wie thematischen Umorientierung der Geschichtswissenschaft seit den 1980er Jahren auch die **Selbstzeugnisse als historische Quellen** entdeckt. Denn nun begann die Forschung verstärkt nach genau dem zu fragen, was in Selbstzeugnissen zum Ausdruck kommt: nach den Deutungen und Bedeutungen, nach den Wahrnehmungen und Sinnstiftungen der Akteure (→ **S. 117**). Aus dem einstigen Makel der Selbstzeugnisse war somit ihr eigentlicher Vorteil geworden. Dementsprechend wurden die bereits bekannten Selbstzeugnisse prominenter Autoren neu gelesen. Aber auch die Aufzeichnungen der einfachen Leute stießen nun auf Interesse. Dass mit neuen Fragestellungen auch neue Quellen entdeckt werden, zeigt etwa die **Erforschung bäuerlicher Selbstzeugnisse**. Es zeigt sich aber auch in der Gründung einer neuen Publikationsreihe:

3 Methodisches: Quellen und Verfahren der Forschung

Seit 1993 erscheinen in der Reihe „Selbstzeugnisse der Neuzeit" Quelleneditionen und Abhandlungen zum Thema. Der erste Band dieser Reihe stellt ein besonders anschauliches Beispiel für den späten Ruhm einer lang vernachlässigten Quelle dar. Es handelt sich um das **Tagebuch eines Söldners aus dem Dreißigjährigen Krieg**. Die handschriftlichen Aufzeichnungen dieses Söldners, von dem wir noch nicht einmal den Namen zweifelsfrei feststellen können, schlummerten seit Jahrhunderten im Archiv. Erst 1993 wurden sie von Jan Peters, einem besonders an Selbstzeugnissen interessierten Historiker, entdeckt und ediert. Dem gewandelten Forschungsinteresse entsprechend machte die edierte Quelle eine rasante Karriere: Heute dürfte ihr Autor wenigstens in der deutschsprachigen Forschung der wohl berühmteste Söldner aller Zeiten sein. Dieser Berühmtheit ist wohl auch das Bedürfnis entsprungen, ihn beim Namen zu nennen: Wurde zunächst nur vermutet, er könne Peter Hagendorf geheißen haben, wird dies heute als Gewissheit behandelt, und natürlich besitzt dieser Peter Hagendorf auch einen eigenen Wikipedia-Eintrag.

Aber auch für unser eigentliches Beispiel, für den **Westfälischen Frieden**, liegt eine Reihe von Selbstzeugnissen vor. So haben nicht wenige der in Münster und Osnabrück versammelten Diplomaten in den Jahren der Verhandlungen Tagebuch geführt – nicht zuletzt, um auf der Grundlage dieser Notizen nach dem Ende der Mission ihren Abschlussbericht verfassen zu können. Diesen persönlichen Aufzeichnungen einzelner Kongressteilnehmer ist daher auch zu entnehmen, wie die Diplomaten selbst die Verhandlungen wahrnahmen. In vielen dieser DIARIEN finden sich detaillierte Schilderungen der Gespräche und der abschließenden Vertragsunterzeichnungen. Und die ebenfalls äußerst detailverliebten Berichte über Einzüge, Prozessionen, Empfänge und Ballettaufführungen machen deutlich, welchen Wert die Zeitgenossen auf das Zeremoniell legten.

Daneben lassen sich auch andere, weniger auf die politische Dimension des Kongresses bezogene Fragen mit diesen Selbstzeugnissen bearbeiten. Im Blick auf die Sprache etwa fällt auf, dass die

Diplomaten auch in ihren privaten, ursprünglich ja nicht zur Veröffentlichung gedachten Notizen immer wieder lateinische Formeln wie „audivi missam" (ich hörte die Messe) verwenden. Das Vokabular für die zeremoniellen Aspekte und „COURTOISEN" (höflichen) Umgangsformen stammt dagegen selbst bei den deutschsprachigen Beobachtern stets aus dem Französischen. Dass nicht nur das Schloss Versailles, sondern auch die höfische Kultur Frankreichs in dieser Zeit als Vorbild galt, wird hier mit Händen greifbar. Und die Thematisierung des Selbst? Auch dieses zentrale Kriterium der Selbstzeugnisse erfüllen unsere Diarienschreiber. Zwar gilt für sie die für das 16. und 17. Jahrhundert typische Zurückhaltung in der schriftlichen Selbstreflexion. Doch dass ihre Selbstwertvorstellungen in hohem Maße von ihrem eigenen sozialen Status abhingen, dass sie auch ihre vor Ort weilenden Gattinnen unter dem Aspekt des Status betrachteten, dass sie sich aber durchaus freuten, wenn ihren Kindern der in Münster ausgestellte Elefant gefiel – all das zeigen uns die Quellen.

Nun wollen wir aber wissen, wie die **einfachen Leute** den Frieden aufgenommen haben, wie der Frieden von den Menschen auf dem flachen Land rezipiert wurde. Auch hierfür findet sich eine Reihe von Quellen. Eine davon kennen Sie bereits: Es ist das **Zeytregister** des bei Ulm lebenden Bauern **Hans Heberle** (→ Abb. 2).

Was also schreibt Heberle über den Frieden? Zunächst vermerkt er den Vertragsabschluss: „Den 14 tag Weinmonet ist der edle, guldne und lang gewünschte reichsfriden zu Münster geschlossen worden" (224). Schon an dieser Stelle kommt uns die Beschäftigung mit der Chronologie zugute. So wissen wir bereits, dass der Weinmonat eine andere Bezeichnung für den Oktober ist. Vor allem aber können wir aus Heberles Datierung des Friedensschlusses nach dem alten Kalender auf seine Konfession schließen: Da für ihn die Unterzeichnung des Vertrags am 14. und nicht am 24. Oktober 1648 stattfand, muss er Protestant gewesen sein.

Was den Frieden angeht, ist Heberles Erleichterung an dieser Stelle deutlich spürbar. Allerdings sollte die Freude nicht lange

3 Methodisches: Quellen und Verfahren der Forschung

anhalten. Den Grund nennt uns ein Eintrag unter dem Jahr 1649: „Wiewoll das 48 jar ist friden gemacht worden, so ist der friden nit fölig beschlossen worden" (226). Wie aus Heberles Aufzeichnungen hervorgeht, kam der Frieden für ihn erst mit dem so genannten **Nürnberger Exekutionstag,** auf dem sich die Mächte 1650 über offene Finanzfragen und den endgültigen Abzug der Truppen einigten. Bis dahin standen die Truppen in Deutschland, und bis dahin hatte Heberle wie so viele andere auch weiter KONTRIBUTIONEN zu zahlen. Diesen Befund bestätigen auch andere Aufzeichnungen dieser Art. Und so kann man aus den Selbstzeugnissen lernen, dass für die Menschen im Lande das Datum von 1648 weit weniger wichtig war als **der tatsächliche Beginn des Friedens 1650.** Hierin liegt im Übrigen auch die Erklärung, warum das große Friedensfest in Augsburg ebenso wie in Heberles Ulmer Gebiet erst 1650 und nicht schon 1648 gefeiert wurde.

Dass sich in Quellen wie dem Zeytregister gut erkennen lässt, wie die Menschen den **Alltag im Krieg** erlebt und bewältigt haben, liegt auf der Hand. Aber auch auf andere Fragen können Selbstzeugnisse Antworten geben. Zum einen eignen sie sich zur **mikrohistorischen Überprüfung makrohistorischer Theorien.** Heberle etwa könnte man danach befragen, ob er im Sinne der Konfessionalisierungstheorie sich selbst bewusst als Protestant wahrgenommen und die entsprechenden Anforderungen verinnerlicht hatte. Man würde dabei auf klare konfessionelle Bekenntnisse des Protestanten Heberle stoßen. Ebenso schnell wäre aber auch zu sehen, dass die konfessionelle Dimension des Dreißigjährigen Krieges für ihn eine eher geringe Rolle spielte und alle Soldaten, auch die der protestantischen Seite, schlichtweg „Buben", also Halunken waren. Und schließlich würde sich zeigen, wie wenig sich Menschen wie Heberle mit den theologischen Details des Konfessionskonfliktes befassten.

Bei der Suche nach Heberles Religiosität kämen aber auch andere Aspekte in den Blick. Um nur zwei Beispiele zu nennen, die heutigen Lesern unmittelbar ins Auge springen: Zum **Tod** seines Sohnes 1634 schreibt Heberle nicht mehr als dies: „Den 19 tag Herpstmonet ist mir mein son Bartholme gestorben, morgens zwischen 7 und 8 uhr, seines alters gerad 4 wochen. Gott der allmechtige wolle im geben am jüngsten tag ein fröhliche aufferstehung und das ewige leben" (152). Und auch als ihm kurz darauf binnen eines Monats neben seiner Stiefmutter auch noch drei Schwestern wegsterben, notiert er abermals außer dem Datum und der Uhrzeit nur jene fromme Formel (152 f.). Diese Distanz ist aus heutiger Sicht höchst irritierend, für die erste Hälfte der Frühen Neuzeit jedoch typisch. Aber wie das obige Zitat aus Rousseaus „Bekenntnissen" andeutet, sollte sich hier bis zum Ende der Epoche einiges ändern. Dieser Entwicklung und ihren Hintergründen nachzugehen, wäre ein lohnendes Unterfangen. Und so bieten sich Selbstzeugnisse auch für eine **Geschichte der Emotionen**, die sich in den letzten Jahren als produktive Forschungsrichtung etabliert hat, als Quelle an.

Aber auch in anderer Hinsicht liefern Selbstzeugnisse Bausteine für die Rekonstruktion vergangener Welten. Heberle etwa illustriert mit seinen ausführlichen Berichten über **Kometenerscheinungen**, wie wichtig den Menschen der Frühen Neuzeit solche Himmelszeichen waren. Er selbst gibt an, dass ihn ein im Herbst 1618 erschienener Komet gar zur Abfassung seines Zeytregisters bewogen habe: „Des selbigen ansehen ist schröcklich und wunderlich, der bewegt mich in meinem gemüet, das ich anfang zu schreiben, weil mich bedünckht, es werden etwas gross bedeüten und mit sich bringen" (86 f.). Bei diesem Kometen, der in zahlreichen Selbstzeugnissen, Flugblättern, Predigtmitschriften und anderen Quellen belegt ist, handelte es sich im Übrigen um den Halley'schen Kometen.

Heberles Umgang mit diesem Phänomen verweist auf zwei weitere wichtige Punkte: Zum einen konnte Heberle erst im Nachhinein sicher sein, dass der Komet „etwas gross" bedeutet hatte. So könnte man annehmen, er habe sein Zeytregister keineswegs unter dem Eindruck des Himmelszeichens begonnen, sondern dies erst später so dargestellt. Als Warnung ist diese Stelle auf jeden Fall zu begreifen: Selbstzeugnisse sind immer auch nachträgliche Entwürfe des eigenen Lebens. Die entsprechenden **Umdeutungen und Stilisierungen** sind durchaus aufschlussreich und daher nicht als Minderung des Quellenwertes zu betrachten. Aber um ihnen auf die Spur zu kommen, bedarf es einer gründlichen Quellenkritik. Eine solche quellenkritische Überprüfung des Textes würde auch eine zweite Eigenheit der Gattung zu Tage fördern: Wie an einigen weiteren Stellen stützt sich Heberle bei der Behandlung des Kometen auf Vorlagen, hier auf die im Druck erschienenen Kometenpredigten, in denen Pfarrer ihren Gemeinden erklärten, was Gott mit diesen **PRODIGIEN** oder Vorzeichen sagen wollte. Dass die Autoren von Selbstzeugnissen aus solchen Vorlagen abschrieben, dass sie die Deutungen und Formulierungen anderer übernahmen, ohne dies immer zu kennzeichnen, gehört ebenfalls zu den gattungsspezifischen Eigenheiten dieser Quellen. Diese Übernahme fremder Formulierungen – die Forschung spricht auch von **Fremddiktion** – ist daher nicht mit einer persönlichen Eigenheit des Autors zu verwechseln. Und noch viel weniger sollte einem bei der Arbeit mit Selbstzeugnissen entgehen, wo die Fremddiktion anfängt.

Aber auch die gattungsspezifischen Eigenheiten der Selbstzeugnisse mindern keineswegs ihren Quellenwert. Im Gegenteil: Schließlich muss bei der Arbeit mit solchen Dokumenten immer eine Antwort auf die Frage gefunden werden, welche **Aussagekraft** sie denn überhaupt haben, wie es also um ihre **Repräsentativität** steht. Und dieses methodische Problem ist leichter zu lösen, wenn es um gattungsspezifische und damit überindividuelle Befunde geht. Zu ermitteln sind solche überindividuellen Sachverhalte nur durch den **Vergleich mehrerer Quellen**. Dass hierbei der jeweilige Hintergrund der Autoren zu berücksichtigen ist, wissen Sie bereits von der klassischen Quellenkritik des 19. Jahrhunderts. Und wenn Sie Ihre Quellen geschickt auswählen, können Sie nicht nur übergreifende Gemeinsamkeiten, sondern auch individuelle Besonderheiten feststellen und diese wiederum danach befragen, inwieweit sie von den jeweiligen Lebensumständen der Autoren abhängen.

Es ist deutlich geworden, dass Selbstzeugnisse auch als **individuelle Quellen** einiges zu sagen haben: über das Wirken der großen Ereignisse und Strukturen im konkreten Leben, über die Sicht der kleinen Leute auf die große Politik, über ihren Alltag, über ihre Werte und Deutungen, über die Art und Weise, wie sie mit den Normvorstellungen der Obrigkeiten umgegangen sind. Dieser letzte Punkt verweist im Übrigen auf den methodischen Reiz der **Gerichtsakten**, d. h. der nicht freiwillig und oft nicht persönlich verfassten Ego-Dokumente: Gerade wo unsere Helden von der Norm abweichen und mit der gewünschten Ordnung kollidieren, lassen sich die Normen und ihre Verankerung bei den „kleinen Leuten" klarer erkennen als in jeder Policeyordnung.

Aber auch für gänzlich andere Fragestellungen können Selbstzeugnisse nützlich sein. Heberle etwa verzeichnete über mehrere Jahrzehnte regelmäßig die Preise der wichtigsten Agrarprodukte im Ulmer Gebiet. Darin wird nicht nur deutlich, welche Rolle diese Faktoren für ihn persönlich spielten. Damit bietet sich sein Zeytregister auch für eine Art der Analyse an, die viel mit Zahlen zu tun hat. Was man mit solchen Angaben anfangen kann, zeigt der nächste Abschnitt.

Literatur
Quellen:
Selbstzeugnisse zu den Verhandlungen in Westfalen: **Acta Pacis Westphalicae**, Serie III, Abteilung C: Diarien.
Selbstzeugnisse aus der Zeit des Dreißigjährigen Krieges sind zu finden über: Benigna von Krusenstjern, **Selbstzeugnisse der Zeit des Dreißigjährigen Krieges. Beschreibendes Verzeichnis** (Selbstzeugnisse der Neuzeit 6), Berlin 1997.
Eine kleine Auswahl edierter Quellen aus dieser Zeit:
Ortrun Fina (Hg.), **Klara Staigers Tagebuch. Aufzeichnungen während des Dreißigjährigen Krieges im Kloster Mariastein bei Eichstätt**, Regensburg 1981.
Jan Peters (Hg.), **Ein Söldnerleben im Dreißigjährigen Krieg. Eine Quelle zur Sozialgeschichte** (Selbstzeugnisse der Neuzeit 1), Berlin 1993. Neue Ausgabe: Jan Peters (Hg.), Peter Hagendorf – Tagebuch eines Söldners aus dem Dreißigjährigen Krieg, Göttingen 2012.

3 Methodisches: Quellen und Verfahren der Forschung

Gerd Zillhardt, **Der Dreißigjährige Krieg in einer zeitgenössischen Darstellung. Hans Heberles „Zeytregister" (1618–1672). Aufzeichnungen aus dem Ulmer Territorium. Ein Beitrag zu Geschichtsschreibung und Geschichtsverständnis der Unterschichten** (Forschungen zur Geschichte der Stadt Ulm 13), Ulm 1975.

Ein berühmtes Selbstzeugnis aus dem 16. Jahrhundert: Thomas Platter, **Lebenserinnerungen. Die ungewöhnliche Karriere eines Walliser Geißhirten der Renaissance, der in Basel vom Buchdrucker zum Rektor der Münsterschule und zum Besitzer eines Schloßgutes aufsteigt**, Basel 1999.

Ein berühmtes Selbstzeugnis aus dem 18. Jahrhundert: Ulrich Bräker, **Lebensgeschichte und natürliche Ebenteuer des Armen Mannes im Tockenburg**. Mit einem Nachwort und hg. von Werner Günther, Stuttgart 1965, Neudruck 1999.

Literatur:

Richard van Dülmen, **Die Entdeckung des Individuums 1500–1800**, Frankfurt a. M. 1997.

Kaspar von Greyerz, Hans Medick, Patrice Veit (Hg.), **Von der dargestellten Person zum erinnerten Ich. Europäische Selbstzeugnisse als historische Quellen (1500–1850)** (Selbstzeugnisse der Neuzeit 9), Köln/Weimar/Wien 2001.

Benigna von Krusenstjern, **Was sind Selbstzeugnisse? Begriffskritische und quellenkundliche Überlegungen anhand von Beispielen aus dem 17. Jahrhundert**, in: Historische Anthropologie 2 (1994), S. 462–471.

Jan Peters, **Mit Pflug und Gänsekiel. Selbstzeugnisse schreibender Bauern. Eine Anthologie** (Selbstzeugnisse der Neuzeit 12), Köln/Weimar/Wien 2003.

Winfried Schulze (Hg.), **Ego-Dokumente. Annäherung an den Menschen in der Geschichte** (Selbstzeugnisse der Neuzeit 2), Berlin 1996.

Claudia Ulbrich, Kaspar von Greyerz, Lorenz Heiligensetzer (Hg.), **Mapping the ‚I' : Research on Self-Narratives in Germany and Switzerland**, Leiden 2014.

3.3 Nichtschriftliche Quellen

Ganz zweifellos werden Sie im Studium vorrangig mit schriftlichen Quellen oder Texten arbeiten. Das heißt aber nicht, es gäbe keine anderen Quellen. Im Gegenteil: Der Vielfalt der nichtschriftlichen Quellen sind kaum Grenzen gesetzt. In den folgenden Abschnitten werden die wichtigsten dieser Quellenarten samt dem zu ihrer Bearbeitung nötigen Handwerkszeug vorgestellt: Daten, d.h. in Zahlen gefasste Informationen, die zwar in der Regel schriftlichen Quellen entnommen werden, aber mit mathematischen Verfahren auszuwerten sind und daher in diesem Abschnitt anstatt bei den Textquellen ihren Platz gefunden haben; Sachquellen wie etwa Münzen oder Wappen, die als dreidimensionale Gegenstände mit anderen Sinnen als ein Text erfassbar und in noch höherem Maße als schriftliche Quellen von ihrer Materialität bestimmt sind, und schließlich Bilder als Quellen, wobei nicht nur Gemälde von hoher künstlerischer Qualität, sondern alle möglichen Formen der Visualisierung von Interesse für die historische Forschung sein können und der Bildbegriff entsprechend weit gefasst ist. Sie werden schnell sehen, dass die Abgrenzung oftmals schwierig ist: Auf einer Münze befinden sich Textelemente, ein Wappen ist auch eine Visualisierung, und selbst das berühmteste Gemälde bleibt ein Gegenstand mit spezifischer, oftmals interessanter materieller Beschaffenheit. Dementsprechend können Hilfswissenschaften, die für die quellenkritische Erschließung etwa von Sachquellen wichtig sind, auch für den Umgang mit schriftlichen Quellen von Bedeutung sein. Um eine strenge Systematik kann es hier also nicht gehen, wohl aber um eine erste Annäherung an ein vielfältiges Spektrum. Dabei dürfte sich Ihr Bild vom Westfälischen Frieden nochmals erweitern, denn aus dessen Umfeld stammen auch hier die praktischen Beispiele. Dass die nichtschriftlichen Quellen gelegentlich ihre eigenen Methoden erfordern und auch Tücken haben, wird sich dabei zeigen. Vor allem aber sollte Ihnen deutlich werden, wie reizvoll und lohnend die Arbeit mit Quellen jenseits der Texte sein kann.

3 Methodisches: Quellen und Verfahren der Forschung

3.3.1 Serielle Quellen und Daten

„Man muss zählen", verordnete schon Marc Bloch sich selbst und allen Historikern und Historikerinnen. In der Tat erschließen sich zahlreiche historische Sachverhalte vor allem in Zahlen. Für manche Themenfelder liegt dies auf der Hand. Was etwa wäre die Wirtschaftsgeschichte ohne die Tabellen und Grafiken zum Preisanstieg oder zur Entwicklung der Löhne? Allerdings warnt bereits der Hinweis auf die quantifizierenden Arbeiten der Mentalitätengeschichte vor dem Fehlschluss, der Nutzen von Zahlen und Daten beschränke sich auf bestimmte Themenfelder. Was man mit Zahlen anfangen kann, die zwar meist aus Textquellen zu erheben sind, aber doch einen anderen Umgang erfordern als die schriftlichen Quellen und daher auch getrennt von diesen behandelt werden, zeigt sich bei einem neuen Blick auf unser Beispiel, den Westfälischen Frieden.

Eine Quelle mit Zahlenangaben ist uns schon begegnet (→ S. 43). Weil Hans Heberle die Preise für Agrarprodukte Jahr für Jahr vermerkte und dies überprüfbar gründlich tat, ließen sich seine Aufzeichnungen durchaus auch als Quelle für die Preisentwicklung im Ulmer Gebiet und deren Abhängigkeit von Kriegsverlauf und Friedensschluss benutzen. Bei diesem Unterfangen würden wir schnell auf die ersten Probleme im Umgang mit **Daten** stoßen: Wie etwa steht es um die **Dichte** der Angaben, wie um ihre **Reichweite** und damit um ihre **Repräsentativität**? Gerade für die Frühe Neuzeit sind dies schwerwiegende Fragen, haben wir es doch hier so gut wie nie mit auch nur annähernd vollständigen Datenreihen zu tun. Die Lücken überwiegen, und so bleibt im Einzelfall zu klären, wie es sich mit der geographischen, zeitlichen und inhaltlichen Reichweite der datengestützten Aussagen verhält. Das Gleiche gilt im Übrigen für die im Umgang mit historischen Daten verwendeten Erhebungsmethoden: Angesichts der spärlichen Quellenlage für die Frühe Neuzeit wird man wohl nur selten die für solche Verfahren wünschenswerten **langen Datenreihen** vorfinden und daher kaum vor der Frage stehen, wie sich das Material reduzieren lässt. Aber im Prinzip können Sie auch Stichproben für bestimmte Jahre oder Fälle machen, und Sie können ebenso Ihren Untersuchungszeitraum in zeitliche Blöcke einteilen und von diesen jeweils nur bestimmte Abschnitte untersuchen. Was auch immer Sie tun: Sie müssen es begründen, und das wird Ihnen nur gelingen, wenn Ihr Verfahren sowohl zu Ihrer Fragestellung als auch zu den Quellen passt.

Dass sich diese grundsätzlichen, auf keine Quellen oder Fragen beschränkten Probleme durchaus in den Griff bekommen lassen, zeigt die **wirtschaftsgeschichtliche Forschung zur Frühen Neuzeit**. Wenn man hartnäckig sucht, wie dies etwa Fernand Braudel bei seinen Zahlen für Valencia getan hat (→ **Abb. 4**), finden sich serielle Quellen zu den ökonomischen Grundeinheiten wie den Löhnen und Preisen in hinreichender Dichte. Kommt nun ein gewisses **statistisches Know-How** hinzu, das die statistische Mathematik auch für interessierte Laien bereithält, eröffnet sich ein weites Feld analytischer Möglichkeiten: Zu ermitteln sind **Zuwachsraten** von Jahr zu Jahr (die Steigerung eines Wertes z. B. von 1600 zu 1601, von 1601 zu 1602 usw.) oder bezogen auf einen Grundwert (z. B. die Abweichungen in Braudels Tabelle bezogen auf die Daten für 1521–1530 als Grundwert). Erkennbar werden **Trends**, die linear oder auch in Form einer Wachstumskurve verlaufen können. Und neben **saisonbedingten Schwankungen**, die man, wie bei der heutigen Arbeitslosenstatistik, herausrechnen sollte, sind auch **zyklische Veränderungen** über einen langen Zeitraum auszumachen. Auf diese Weise etwa lässt sich das ermitteln, was in der Forschung die **Preisrevolution des 16. Jahrhunderts** genannt wird. Innerhalb dieses einen Jahrhunderts stiegen die Agrarpreise in ganz Europa um das Vier- bis Sechsfache an. Die Löhne hingegen sanken. Schuld daran war das rasante Bevölkerungswachstum. Da nicht mehr genügend produziert werden konnte, um die gestiegene Nachfrage zu befriedigen, stiegen die Preise, da immer mehr Arbeitskräfte zur Verfügung standen, sanken die Löhne. Dass sich damit die Lebensbedingungen der Menschen verschlechterten, liegt auf der Hand. Diese Entwicklung trug nicht unmaßgeblich zur allgemeinen Krisenstimmung bei, die

3 Methodisches: Quellen und Verfahren der Forschung

um 1600 in ganz Europa zu spüren war. Und da diese angespannte Situation zunehmend zu sozialen Konflikten, wachsendem Druck der Obrigkeiten und auch zu einer Verhärtung der konfessionellen Grenzlinien führte, dürfte klar sein, dass die datengestützte Wirtschaftsgeschichte auch einiges zum Dreißigjährigen Krieg und seinen Hintergründen zu sagen hat.

Aber auch andere Felder lassen sich mit Hilfe von Zahlen zusätzlich erhellen. Nehmen wir z. B. die Unkostenaufstellung des Ratsherrn Dr. Rottendorff, der 1653 im Auftrag der Stadt Münster nach Regensburg zum dort versammelten Reichstag reiste und um finanzielle Unterstützung für die vom Friedenskongress belastete Stadt bat. Wie die in den APW (APW III D 1, S. 272 f.) edierte Abrechnung seiner Ausgaben zeigt, hatte Rottendorff einer ganzen Reihe von Personen im Namen der Stadt Münster ein Geschenk überreicht. Dass unter den Beschenkten auch der kleinste Zwerg des Kaisers war, lässt nicht nur Rückschlüsse auf die Funktionsweise der ganz selbstverständlich mit solchen Präsenten operierenden Politik der Frühen Neuzeit zu. Es eröffnet zugleich Einblicke in die bei Hof gepflegten Formen der Belustigung.

Solche Kostenaufstellungen lassen sich auch zu **aggregierten Daten** verarbeiten. Hierbei werden die Daten aus einzelnen Quellen addiert, in Kategorien gebündelt und auf diese Weise zusammengefasst. Gestützt auf die Abrechnungen der Gesandten mit ihren Auftraggebern, hat Franz Bosbach auf diese Weise **Die Kosten des Westfälischen Friedenskongresses**, so der Titel seiner Studie von 1984, ermittelt. (→ **Abb. 10**). Schon der erste Blick auf die Tabelle zeigt, dass es Bosbach zwar auch darum ging, die Gesamtkosten des Friedenskongresses – es waren 3,2 Millionen Reichstaler – zu errechnen. Er wollte in seiner „strukturgeschichtlichen Untersuchung", so der Untertitel, aber vor allem aufschlüsseln, wer wofür wieviel ausgegeben hat. Dank dieses quantitativen Zugriffs ergaben sich nicht nur etwa für die Diplomatiegeschichte interessante Einsichten in die soziale Zusammensetzung und innere Gliederung der einzelnen Gesandtschaften. Es ließen sich auch im Ansatz alltagsgeschichtliche Fragen wie die nach den

3.3 Nichtschriftliche Quellen

Kostenfaktor Wohnung (Angaben in Reichstalern und Prozent)						
	Anteil Miete	Anteil Reparaturen	Anteil Heizmaterial		Anteil Gesamtsumme	Anteil Miete und Reparaturen
Gesandtschaft	Kostenfaktor I (Wohnung)			Gesamtsumme	an Gesamthaushalt	
Dänemark (Aufenthalt 5 Monate)	1.139,0 (30%)	1.638,7 (43,1%)	1.023,7 (26,9%)	3.801,4	15,8%	11,5%
Nassau (29 Monate)	104,0 (4%)	321,8 (12,3%)	2.182,0 (83,7%)	2.607,8	4,7%	0,8%
Pistoris/ Leuber (15 Monate)	919,0 (51,5%)	161,0 (9,1%)	703,0 (39,4%)	1.783,0	13,2%	8,0%
Haslang/Krebs (30 Monate)	2.120,9 (42,3%)	592,3 (11,8%)	2.300,2 (45,9%)	5.013,4	12,5%	6,8%
Ernst/Krebs (19 Monate)	783,0 (79,5%)	89,4 (9,1%)	112,5 (11,4%)	984,9	8,1%	7,2%
Ernst (5 Monate)	522,3 (61,6%)	61,8 (7,3%)	264,1 (31,1%)	848,2	16,1%	11,1%
Stein (5 Monate)	76,4 (73,1%)	0,2 (0,2%)	27,9 (26,7%)	104,5	12,1%	8,9%
Hatten II (3 Monate)	58,1 (71,0%)	3,6 (4,4%)	20,1 (24,6%)	81,8	4,7%	3,5%
Lyskirchen/ Meinerzhagen (6 Monate)	209,5 (74,9%)	10,0 (3,6%)	60,0 (21,5)	279,5	21,9%	17,2%
Kress I (19 Monate)	311,0 (70,6%)	40,9 (9,3%)	88,3 (20,1%)	440,2	17,4%	13,9%
Göbel/Müller (9 Monate)	318,0 (86,6%)	8,0 (2,2%)	41,2 (11,2%)	367,2	9,5%	8,4%

Abb. 10: Der Westfälische Frieden in Zahlen: Quartier als Kostenfaktor. (Nach: Franz Bosbach, Die Kosten des Westfälischen Friedenskongresses, Münster 1984, S. 121.)

3 Methodisches: Quellen und Verfahren der Forschung

Lebensbedingungen der Diplomaten im Allgemeinen oder nach ihrer Ernährungsweise im Besonderen klären. Auch hier sehen wir also, welche ansonsten nicht verfügbaren Informationen zum Westfälischen Frieden serielle Quellen und aggregierte Daten zu bieten haben.

Allerdings verbirgt sich hinter den Zahlen in dieser Tabelle ein Problem, das im Umgang mit Daten immer wieder begegnet: So wie hier die Ausgaben zu bestimmten Posten gebündelt und damit klassifiziert worden sind, so müssen wir bei einer solchen Art der Datenauswertung immer **Kategorien bilden**. Nur mit Hilfe solcher Kategorien – in unserem Beispiel Ausgaben für Quartier, Ernährung, Personal, Fuhrpark etc. – lassen sich Daten aggregieren, verrechnen und vergleichen. Diese Kategorien sind selten den Quellen selbst zu entnehmen; selbst Bosbachs Diplomaten haben in ihren Abrechnungen den Verwendungszweck der Gelder nicht immer gleich und nicht immer genau angegeben. Außerdem interessieren wir uns oft für solche Kategorien, in denen die Zeitgenossen gar nicht dachten oder wenigstens nicht rechneten. Folglich müssen wir nach Kriterien vorgehen, die sowohl unserer Fragestellung dienen als auch mit den Quellen zu vereinbaren sind. Dieses Problem beginnt nicht erst, wenn wir zwar Berufsangaben vorfinden, aber den sozialen Status der erfassten Personen ermitteln wollen. Es begegnet schon bei dem Versuch, die Vielfalt frühneuzeitlicher Berufe in handhabbare Gruppen zu bündeln. Wie dies zu lösen ist, lässt sich nur im Einzelfall entscheiden. Grundsätzlich zu beachten ist hierbei jedoch, dass sich die Bedeutung der Quellenbegriffe geändert haben könnte und etwa ein „GARTENDER" Soldat ein aus dem Militärdienst ausgeschiedener („abgedankter") Söldner war, der sich einem Garthaufen angeschlossen hatte und gemeinsam mit anderen arbeitslosen Söldnern auch noch im Frieden das Land unsicher machte.

Dass die historischen Akteure in den quantitativ auswertbaren Quellen zwar nicht unsere heutigen Kategorien benutzt haben, aber doch nicht anders als wir solche Kategorisierungen vornehmen mussten, kann allerdings auch eine Chance sein. Dies ließe sich an den bisher als Quellen behandelten Selbstzeugnissen und Abrechnungen durchaus zeigen. Besonders deutlich wird es jedoch, wenn wir zu einer Quellenart greifen, die in der Frühen Neuzeit aufzublühen begann: der **Zensus**, d. h. die primär der Besteuerung, aber auch der kirchlichen Kontrolle und anderen Zwecken dienende **Erfassung der Bevölkerung**. Eine solche Erhebung ist alles andere als objektiv. Sie liefert zwar eindrucksvolle Zahlenkolonnen, die allein manche Betrachter zu der irrtümlichen Annahme verleiten, bei Zahlen habe man es grundsätzlich mit härteren Fakten zu tun als bei den eher subjektiven Textquellen. Aber wie diese Zahlen angeordnet sind, ist immer abhängig von der Sichtweise derer, die den Zensus durchführen. Dass etwa Arme ohne festen Wohnsitz in den obrigkeitlichen Erhebungen nicht erfasst wurden, entsprach der Überzeugung, auf Kosten der Allgemeinheit zu versorgen seien ohnehin nur die ortsansässigen Armen. Dass umgekehrt „blind" als Berufsbezeichnung durchgehen konnte, verweist auf die nur langsam abnehmende grundsätzliche Wertschätzung des Bettelns, das guten Christen Gelegenheit zu frommen Werken an den Gebrechlichen gab. Achten Sie also auf die Kategorien, wenn Sie mit solchen Listen arbeiten! Aus der Art und Weise, wie die Menschen eingeteilt und beschrieben wurden, ist meist einiges über die Wertvorstellungen der Zeit zu lernen.

Lehrreich ist schon ein Blick auf die **Entwicklung dieser Quellengattung** insgesamt. Wie erwähnt, nahm die Zahl der Quellen, in denen die Bevölkerung von Gemeinden, Städten oder Regionen erfasst werden sollte, seit dem Beginn der Frühen Neuzeit spürbar zu. Verantwortlich hierfür waren zwei Prozesse: Auf der einen Seite führte das **Wachstum der Staatsgewalt** dazu, dass die weltlichen Obrigkeiten ihre Untertanen besser erfassen, stärker kontrollieren und vor allem energischer besteuern wollten. Neben **Huldigungslisten**, in denen die Untertanen nach vollzogenem Treueid vor ihrer Herrschaft vermerkt wurden, und **Mannschaftslisten**, in denen sich die im Notfall heranzuziehenden Wehrfähigen wiederfanden, sind dann auch **Steuerlisten** die wichtigsten Quellen dieser Art aus dem weltlichen Bereich. Auf der anderen Seite waren aber auch die Konfessionskirchen, die mit der Reformation entstanden waren und seitdem miteinander konkurrierten, daran interessiert, ihre Schäfchen zu erfassen und zu guten Christen im Sinne der jeweiligen Konfession zu machen. So ist es der **Konfessionalisierung** zu verdanken, dass sowohl in protestantischen wie in katholischen Gemeinden **Kirchenbücher** geführt wurden. Von der katholischen Kirche auf dem Trienter Konzil 1563 als STATUS ANIMARUM für alle Pfarreien vorgeschrieben, im protestantischen Bereich ebenfalls oft auf Weisung von oben, wurden seit dem 16. Jahrhundert in diesen Büchern sämtliche Taufen, Eheschließungen und Beerdigungen, gelegentlich aber auch die Teilnahme am Abendmahl in den einzelnen Kirchengemeinden verzeichnet. Und da dieser „Stand der Seelen" (so die wörtliche Übersetzung von „status animarum") nach anfänglichen Verzögerungen seit dem 17. Jahrhundert tatsächlich verzeichnet und mithin die einzelnen Gläubigen und ihre kirchlichen Aktivitäten erfasst wurden, haben wir mit den Kirchenbüchern eine der wichtigsten Quellengattungen der Frühen Neuzeit überhaupt vor uns. Wer sich für Details aus dem Gemeindeleben interessiert, sollte zwar auch zu den **Visitationsakten** greifen: Visitationen waren in der Zeit der Konfessionalisierung zunehmend häufig durchgeführte und protokollierte Kontrollbesuche der kirchlichen, mitunter auch der weltlichen Obrigkeit. Und da die Kommissionen die Mitglieder der visitierten Gemeinden nach allem Möglichen vom Zustand des Kirchendaches bis hin zu Problemen mit der Sexualmoral fragten, sind diese Akten ebenfalls eine äußerst wichtige Quellengattung. Aber schon die Kirchenbücher können ein weites Spektrum von Fragen beantworten.

Vor allem wer die **Bevölkerungsgeschichte**, die Bevölkerungszahlen ermitteln und deren Entwicklung verfolgen will, greift für die Frühe Neuzeit immer wieder auf die Kirchenbücher zurück. Denn eines muss man sich klar machen: Eine **flächendeckende amtliche STATISTIK**, wie wir sie heute in Gestalt des Statistischen Bundesamtes und seiner Statistischen Jahrbücher kennen, setzte in Europa erst im 19. Jahrhundert ein. Man spricht daher auch für die Zeit ab dem 19. Jahrhundert von der **statistischen Ära.**

Das 18. Jahrhundert hat sich dank erster Ansätze einer staatlich organisierten, regelmäßigen Statistik den Titel der **protostatistischen Ära** verdient. Aber die Zeit davor und damit auch der größte Teil der Frühen Neuzeit fällt in die **vorstatistische Ära**. Dieser Mangel an flächendeckenden, regelmäßigen Zahlenerhebungen durch den Staat macht die Kirchenbücher umso wertvoller. Denn obwohl sie nur selten vollständig vorhanden sind, ist es auf ihrer Grundlage immerhin möglich, die Bevölkerungszahlen von einzelnen Gemeinden zu ermitteln und dann hochzurechnen. Überdies liefern die Kirchenbücher mit ihren Listen für Taufe und Begräbnis auch Material, um andere DEMOGRAPHISCHE DATEN wie etwa die durchschnittliche Lebenserwartung zu bestimmen. Am Beispiel dieser Größe lässt sich sehr schön illustrieren, wie wichtig ein gewisses **Grundverständnis der historischen Datenerhebung** auch für nicht darauf spezialisierte Historiker und Historikerinnen sein kann. So ist gelegentlich zu lesen, die **durchschnittliche Lebenserwartung** habe in der Frühen Neuzeit bei 25 bis 35 Jahren gelegen. Dies ist nicht ganz falsch: Denn wenn man die tatsächliche Lebensdauer der Personen, deren Tauf- und Begräbnisjahr in einem Kirchenbuch vermerkt sind, miteinander addiert und das Ergebnis dann durch die Zahl der belegten Fälle dividiert, wenn man also nur das **arithmetische Mittel** errechnet, dann kommt die niedrige Zahl von 25 bis 35 Jahren zustande. Anders sieht das Ergebnis aus, wenn man die erst im 19. Jahrhundert überwundene extreme Kindersterblichkeit herausrechnet. Denn dass ein Viertel der Neugeborenen bereits im ersten Jahr starb und ein weiteres Viertel das Erwachsenenalter nicht erreichte, heißt im Umkehrschluss, dass diejenigen, die noch nicht vor ihrem 25. Lebensjahr gestorben waren, im Durchschnitt 55 bis 70 Jahre alt wurden. Derart zu differenzieren wäre aber auch die **Mortalitätsrate**, d. h. die Sterberate, wenn Sie mit Datenmaterial aus Kriegszeiten zu tun haben. So lagen die **Bevölkerungsverluste** für den deutschen Raum **im Dreißigjährigen Krieg** bei etwa 40 % und damit noch über denen des Zweiten Weltkriegs. Zu beachten ist hierbei, dass manche Zonen vom Krieg fast unberührt blieben, während in anderen die Verluste bis zu 80 % erreichten. Man spricht daher auch von einer „Zerstörungsdiagonale", die von der Ostseeküste bis in den Südwesten quer durch das Reich verlief. Diese Angaben zeigen nicht nur, dass sich historische Daten auch in Prozentwerten auswerten und darstellen lassen. Sie weisen auch darauf hin, wie wichtig die geographische Differenzierung sein kann.

An den Kirchenbüchern und ihren demographischen Daten lässt sich im Übrigen noch etwas zeigen: Während die klassische Bevölkerungsgeschichte mit ihrem Interesse an strukturgeschichtlichen Befunden die Zahlen aggregiert, also addiert und hochrechnet, hat die im Umfeld der Annales entstandene jüngere **Historische DEMOGRAPHIE** mit der so genannten **Familienrekonstitution** einen anderen methodischen Zugang zu den Zahlen entwickelt: Indem sie einzelne Familien rekonstituiert, d. h. wieder zusammensetzt und z. B. nach Kinderzahlen, Zeitpunkt und Intervall der Geburten befragt, konnte sie wichtige Einsichten in die Lebensweisen der Menschen bis hin zur Sexualmoral gewinnen. So lässt sich etwa durch den Vergleich der Hochzeits- und Taufdaten auf uneheliche Zeugungen oder von langen Phasen ohne Geburt auf den Einsatz von Verhütungstechniken schließen. Die Möglichkeiten der Auswertung sind eben auch bei den Zahlen und seriellen Quellen vielfältig.

> *Tipp: Quellenkritik bei Zahlen*
> *Quellenkritik ist auch im Umgang mit Zahlen und Daten unverzichtbar! Dies gilt umso mehr, als Zahlenangaben in frühneuzeitlichen Quellen oft nur dazu dienen, die Größenordnung grob zu beschreiben. Wenn also der Stadtrat von Münster anlässlich des Kongressbeginns mit Zehntausenden Besuchern rechnet, ist das nicht unbedingt wörtlich zu nehmen. Anders liegen die Dinge bei eigens für diesen Zweck gedachten Quellen wie Abrechnungen, Steuerlisten oder Kirchenbüchern. Bei solchen zweckgebundenen Aufstellungen wird man eher mit einer gewissen Präzision rechnen. Aber auch hier ist, wie bei allen Quellen, ein kritischer Blick geboten!*

Wir können also festhalten: Für sich allein genommen sagen Zahlen wenig. Man muss sie deuten können, aber wenn man das kann, fördern Zahlen immer wieder historische Erkenntnisse zutage, die unser Bild von der Frühen Neuzeit erheblich bereichern.

Ein Problem wird Ihnen im Umgang mit Zahlenmaterial immer begegnen: das Problem der höchst vielfältigen **Maßeinheiten**. Wie heute noch, hat die Auswahl der jeweils gültigen Maße auch in der Frühen Neuzeit viel mit der politischen Ordnung zu tun. So spiegelt sich die für diese Epoche typische politische Zersplitterung gerade im Gebiet des Heiligen Römischen Reiches auch in der Vielfalt der gebräuchlichen Maßeinheiten. Sollten Sie es mit **Längen-, Flächen-oder Gewichtsangaben** zu tun bekommen, hilft eine Übersicht über die gängigsten Maßeinheiten im Anhang der Frühneuzeit-Bände des „Gebhardt" (→ **S. 261**). Mit der Frage der Währungen und Münzen befasst sich hingegen der folgende Abschnitt.

3.3.2 Sachquellen

Im Sommer 1622 hatten die für den Kaiser und die katholische Sache streitenden Truppen unter General Tilly ihr Feldlager vor Heidelberg aufgeschlagen. Ein starkes Gewitter ging nieder, und die Schlammmassen, die sich von den Hügeln lösten, begruben das Feldlager unter sich. Was für Tilly und seine Söldner wenig erfreulich gewesen sein dürfte, stellt sich aus der Sicht der historischen Forschung als Glücksfall dar. Denn die große Menge an Ausrüstungsgegenständen, die im Schlamm verschwanden, blieb vor Ort, und so machten die Historiker, die sie Jahrhunderte später fanden, reiche Beute. Für uns ist dieser **archäologische Fund** in doppelter Hinsicht interessant. Zum einen verweist er auf die Existenz eines in Deutschland noch nicht sehr populären Zweiges der Geschichtswissenschaft: die **Archäologie der Neuzeit**. Und zum anderen bietet das Spektrum der Funde, das von Waffen, Wagen, und Werkzeugen über medizinisches Gerät, Geld und Truhen, Schreib- und Rechenmaterial sowie Geräte zum Messen und Wiegen bis hin zu

3 Methodisches: Quellen und Verfahren der Forschung

Gegenständen religiöser Art, Spielzeug und der Feldküche reicht, einen guten Überblick über das weite Feld der Sachquellen. Es liegt auf der Hand, dass im Umgang mit den Gegenständen, die uns – so die Definition der Sachquellen – Auskunft über die Vergangenheit geben, oftmals technische Kenntnisse vonnöten sind. Dies gilt nicht nur für das berühmte Schienbein des Feldherrn Wallenstein und seine technisch-medizinische Analyse. Es gilt auch für die Konservierung und Untersuchung vieler anderer Gegenstände und Materialien.

Aber auch historische Hilfswissenschaften im engeren Sinne sind bei der Arbeit mit Sachquellen oft unverzichtbar. Nehmen wir z. B. jene Quellengattung, die für die Menschen stets von großer Bedeutung und auch im Heidelberger Schlamm zahlreich vertreten war: die **Münzen**. Um zu verstehen, was es mit den Münzen als historische Quelle auf sich hat, benötigen wir die Unterstützung der Numismatik.

Die NUMISMATIK ist die Lehre von den Münzen, in einem weiteren Sinne aber auch diejenige Hilfswissenschaft, die sich mit der Geldgeschichte im Allgemeinen befasst. Der Zusammenhang von Münzen und Geldgeschichte liegt auf der Hand. Denn **Münzen** sind ihrer Definition zufolge Metallstücke, die als **gesetzliche Zahlungsmittel** dienen. Sie werden im Namen und nach Vorschrift des Münzherren (heute: des Staates) hergestellt, und zwar in einer bestimmten Form, einer bestimmten Zusammensetzung und mit einem bestimmten Gewicht. Die Herstellung erfolgt in eigens dafür geschaffenen Einrichtungen, ebenfalls Münzen oder Münzstätten genannt, durch einen **Münzmeister**, aber stets im Auftrag des **Münzherrn**. Werfen wir einen Blick auf diesen Münzherrn, wird klar, dass das Münzwesen auch sehr viel mit der politischen Geschichte zu tun hat. Denn während das Münzrecht ursprünglich ein kaiserliches oder königliches Regal war, ging mit der Ausbildung der Landesherrschaft im 13. und 14. Jahrhundert auch das Münzrecht an jene Träger regionaler Herrschaft über, die uns in der Frühen Neuzeit als Reichsstände begegnen. Da die neuen Inhaber des Münzrechts schon frühzeitig begannen, auch das Gewicht und den Feingehalt, d. h. die Zusammensetzung, der Münzen zu bestimmen, ging mit der Vervielfältigung des Münzrechts auch eine Vervielfältigung des Münzwesens einher. Daher haben wir es in der Frühen Neuzeit mit einer Unmenge parallel kursierender Prägungen und Währungen zu tun. Um etwas Ordnung in die Vielfalt der Münzen zu bringen, empfiehlt sich ein Blick auf einige Grundbegriffe der Münzkunde und gleichzeitig der Geldgeschichte. Zunächst zur Deckung: Gedeckt, d. h. in ihrem Wert verbürgt, können Münzen durch ihr Material sein, also durch den Gehalt an Edelmetallen wie Gold oder Silber. Bei solchen Münzen, die **Währungs- oder Kurantgeld** genannt werden, entspricht der Nennwert dem Sachwert. Bei anderen Münzen, etwa bei unseren heutigen Euro-Stücken, liegt der Material- oder Sachwert hingegen deutlich unter dem Nennwert. Solche Münzen sind aus billigerem Material wie etwa Kupfer, Zink oder Aluminium gefertigt und daher von geringerem Gewicht. Für ihre Deckung muss der Münzherr sorgen: Indem er, wie heute die Bundesrepublik mit ihren Goldreserven, den Gegenwert in Edelmetall lagert und alle im Umlauf befindlichen Münzen damit theoretisch zurückkaufen könnte. In gewisser Weise hat der Münzherr bei jedem, der seine Münzen besitzt, also Schulden. Und da die Deckung solcher Münzen folglich in einer Form des Staatskredits besteht, heißen solche Münzen auch **Kreditgeld**.

Da wir es in der Frühen Neuzeit stets mit Kurantgeld zu tun haben, sollten wir dieses etwas näher betrachten. Die erste Münze dieser Art war eine Silbermünze, der **Pfennig (denarius)**. Seit der Münzreform Karls des Großen bis ins Hochmittelalter wurde fast nur der Pfennig geprägt. Als Kurantgeld bezog er seinen Wert aus dem Silbergehalt: 240 Pfennige sollten hierbei einem **Pfund** Silber entsprechen. Das Pfund, das wir noch heute aus der britischen Währung kennen, ist hierbei als Gewichtseinheit zu begreifen. Diese war auch nötig. Denn da es aus technischen Gründen unmöglich war, jede Münze exakt gleich zu prägen, musste man sich damit begnügen, dass das Gesamtgewicht von 240 Pfennigen einem Pfund entsprach. Wenn aber die gleiche Münze, der Silberpfennig, mal größer, mal kleiner ausfallen konnte, lag es nahe, die großen Exemplare auszusortieren, zu horten und bei Bedarf einzuschmelzen. Schließlich ließen sich aus dem so gewonnenen Silber mehr Stücke prägen als vorher vorhanden waren. Um diesem Problem, das uns auch noch in der Frühen Neuzeit begegnet, Herr zu werden, kam es zu regelmäßigen **Münzverrufungen**: In der Hoffnung, das Horten damit unattraktiver zu machen, erklärte der Münzherr seine umlaufende Münze für ungültig, zog sie ein und gab eine neue heraus. Hierbei ist allerdings die Tendenz zu beobachten, dass die Pfennige immer leichter wurden und weniger Silber enthielten. Immerhin konnte der Münzherr, der das Edelmetall ja aufbringen musste, auf diesem Weg Silber sparen. Damit aber verfiel auch der Wert des Pfennigs. Schlechtes Geld verdrängt gutes Geld, heißt die auch als **Gresham'sches Gesetz** bekannte Regel für diesen Vorgang: Unterwertige Münzen werden schneller ausgegeben als die gehorteten hochwertigen Münzen, und da die Münzherren von der Inumlaufsetzung schlechterer Münzen profitieren, sinkt der tatsächliche Wert der meisten Kurantmünzen wie hier des Pfennigs stetig.

Als sich seit dem 13. Jahrhundert überdies der Handel intensivierte, stieg der Bedarf an höherwertigen Münzen. Seit dem 13. Jahrhundert wurden in Italien, seit dem 14. in Deutschland auch **Goldmünzen** geprägt: die **Gulden**, **Dukaten** oder, nach ihrer italienischen Herkunft, **Florenen** (von Florenz). Von den Florenen haben diese Goldmünzen im Übrigen auch ihre in den Quellen verwandte **Abkürzung: fl.** Im 15. Jahrhundert kamen dann auch **größere Silbermünzen** auf: etwa der **Groschen**, abgeleitet vom italienischen Wort „grossi", was „die Dicken" bedeutet und sich auf die Größe dieser Münzen im Vergleich zum mittlerweile nur noch blattdicken Silberpfennig bezog. Die wichtigste Silbermünze der Frühen Neuzeit wurde jedoch der **Taler**, von dem sich im Übrigen der Begriff **Dollar** ableitet. Ihren Namen hatte diese Münze von Joachimsthal, einem böhmischen Ort mit reichen Silbervorkommen. Der dort geprägte Taler sollte nach den Bestimmungen der **Reichsmünzordnung von 1518** der Prototyp aller im Reich geprägten Taler sein. Die Existenz dieser und einer Reihe folgender Münzordnungen verweist darauf, dass das Reich, also Kaiser und Reichsstände gemeinsam versuchten, der Münzenvielfalt mit solchen Ordnungen wenigstens einen Rahmen zu geben. Nach dem Wortlaut der Ordnung sollte fortan für alle Münzen eine einheitliche Bezugsgröße gelten: der **Reichstaler**, der nach Joachimsthaler Vorbild etwa 30 Gramm Silber zu enthalten hatte. Allerdings blieb die Wirkung solcher Verordnungen begrenzt. Schließlich hatten die Landesherren immer noch das Münzrecht für ihr Gebiet inne, und da es sich unverändert lohnte, bei der Münzprägung an Edelmetall zu sparen, sank der Silber- bzw. Goldgehalt der Münzen weiterhin. So existierten neben so genannten **Landmünzen**, die ausdrücklich einen eigenen Sach- und Nennwert hatten und daher nur regional galten, zwar immer auch Taler. Aber außer dem Namen verband diese Taler nur wenig: Als Untereinheiten dienten hier Schillinge, dort Groschen, natürlich stets mit je eigenem Wert, und auch der Gehalt an Edelmetall differierte von Region zu Region. Wer seine heimischen Taler in der Fremde als Zahlungsmittel einsetzen wollte, musste daher nicht selten einen Aufpreis zahlen. Taler war eben nicht gleich Taler. Vor allem im überregionalen Handel bewährte es sich daher, auf abstrakte Recheneinheiten zu setzen, d. h. auf Einheiten, in die alle möglichen Münzen umgerechnet und auf diese Weise untereinander verrechnet werden konnten, die es aber selbst als bare Münze nicht gab. Dass diese Recheneinheiten auch **Rechenmünzen** genannt werden und in den Quellen tatsächlich wie Münzen erscheinen, macht die Sache nicht leichter. Und dass manche Einheiten, wie etwa die **italienische Lira**, ursprünglich nur als abstrakte Größen existierten, später aber dann doch auch geprägt wurden, trägt zur weiteren Verwirrung bei. Ein Ende dieser Unübersichtlichkeit, die gerne und zu Recht als **monetärer Regionalismus** bezeichnet wird, kam erst mit der **Einführung der Reichswährung** in den Jahren nach 1871. In der gesamten Frühen Neuzeit haben wir es daher mit der für diese Epoche so typischen Vielfalt zu tun.

Welche Folgen diese verwirrende Vielfalt an Münzen und Währungen für die **praktische Arbeit mit den Quellen** hat, liegt auf der

3 Methodisches: Quellen und Verfahren der Forschung

Hand: Zum einen ist es oft notwendig, die parallel genannten Münzen auf **eine einzige Größe** zu beziehen und damit vergleichbar und verrechenbar zu machen. Franz Bosbach etwa hat in seiner Studie über die Kosten des Westfälischen Friedens die unterschiedlichen Währungen aus den Abrechnungen der Diplomaten mit Hilfe der dort oftmals angegebenen Wechselkurse einheitlich in den damals in Münster gebräuchlichen Reichstaler umgerechnet. Zum anderen, und dies ist bedauerlich, sind exakte Aussagen über die **Kaufkraft** des in den Quellen genannten Geldes oft nicht möglich. Zu schnell veränderten sich die Münzen, zu stark differierten die Währungen. Man kann daher nur versuchen, die für den gleichen Zeitraum und Ort angegebenen Werte aufeinander zu beziehen und damit wenigstens eine Vorstellung von den enormen Schwankungen und Unterschieden etwa im frühneuzeitlichen Geldbesitz zu bekommen.

Dass Grundkenntnisse der Numismatik und der Geldgeschichte nicht nur bei der Arbeit mit den Quellen helfen können, sondern auch das Verständnis historischer Vorgänge erleichtern, zeigt ein Beispiel aus dem Dreißigjährigen Krieg: **die Kipper- und Wipperzeit** von 1618 bis 1623. Um Söldner für den einsetzenden Krieg anwerben, ausrüsten und bezahlen zu können, brauchten zahlreiche Landesherren massive Geldmittel. Was hätte da nähergelegen, als unterwertige Münzen prägen zu lassen, d. h. eine **Münzverschlechterung** zu betreiben und das eingesparte Edelmetall in die Rüstung zu investieren. Dies aber löste nicht nur eine Inflation aus, es rief auch eine Reihe von Münzfälschern und -manipulateuren auf den Plan. Diese Kipper und Wipper beschafften sich die alten, höherwertigen Münzen: Manche kauften sie einfach mit dem neuen, unterwertigen Geld auf, andere verschafften sich Zutritt zu den offiziellen Münzstätten und sortierten dort die größeren und besseren Münzen durch WIPPEN (niederhochdeutsch für „wiegen") aus. Anschließend folgte das KIPPEN (niederhochdeutsch für „abschneiden"), d. h. das Metall an den Rändern wurde abgeschnitten und in illegalen, gelegentlich auch in den offiziellen Münzstätten neu geprägt: natürlich in unterwertige, stark mit Kupfer angereicherte Münzen, deren Zahl dadurch weiter zunahm – so weit, dass sich die Bauern und Händler weigerten, ihre Ware gegen die schlechten Münzen herauszugeben. Waren gab es genug, aber kaufen konnte man nichts mehr, und so mündeten die Kipper- und Wipper-Jahre in zahlreiche Aufstände, die erst endeten, als der Kaiser 1623 die schlechten Münzen außer Kurs setzte.

Münzen lassen sich aber auch für andere Zwecke benutzen: als **Schaumünzen**, die nicht für den Umlauf gedacht waren, sondern als repräsentative Geschenke oder Sammlerstücke dienten (→ **Abb. 11**). Gilt schon für die schlichten Geldmünzen, dass die **Münzgestaltung** immer auch etwas über den Münzherrn sagt und daher ebenfalls einen historischen Quellenwert besitzt, ist dies hier mit Händen greifbar: Auf der Rückseite oder dem REVERS dieser 1648 in Münster geprägten silbernen Schaumünze wird der Frieden gefeiert (Pax optima rerum: Der Frieden ist das beste aller Dinge), auf der Vorderseite, dem AVERS, hingegen die Stadt Münster. Abgebildet ist die Ansicht der stolzen Stadt mit ihren vielen Türmen und Bastionen, und die Umschrift lautet: MONAST(eriu)m CIV(itas) EP(iscopa)LIS LOCV(s) PACIS VN(iversal)LIS die bischöfliche Stadt Münster, Ort des allgemeinen Friedensschlusses.

Mit diesem Werk des städtischen Münzmeisters Engelbert Kettcler hatte sich Münster also selbst zum Denkmal erklärt und sich damit ein solches gesetzt. Dass der zu einem guten Ende gelangte

Abb. 11: Münzen als Quelle: Schaumünze zum Gedächtnis des Westfälischen Friedens, Vorder- und Rückseite; Münster 1648.

3 Methodisches: Quellen und Verfahren der Forschung

Kongress in den eigenen Mauern das Selbstbewusstsein der Stadt und ihrer Repräsentanten gestärkt hatte, äußerte sich zwar auch in dem erwähnten Versuch von 1653, einen finanziellen Ausgleich für diese Leistung zu erhalten. Deutlicher als in dieser Schaumünze lassen sich der Stolz der Stadt und ihr Anspruch auf Anerkennung aber nicht ausdrücken.

> *Tipp: Numismatik im Internet*
> *Einen Eindruck von der Vielfalt frühneuzeitlicher Münzen und ihrer Gestaltung kann man sich mit dem Interaktiven Katalog des Münzkabinetts der Staatlichen Museen zu Berlin verschaffen: http://ww2.smb.museum/ikmk/index.php*

Münzen sind zwar zweifellos eine der wichtigsten Arten von Sachquellen. Die einzigen sind sie aber nicht. Auch bemalte Fensterscheiben (→ **Abb. 12**) können als Sachquelle dienen. Aber wofür steht diese Quelle? Auf den ersten Blick zu erkennen ist nur so viel: Es handelt sich hier um ein Wappen. Näheren Aufschluss können wir uns daher von einer weiteren Hilfswissenschaft erhoffen: von der Heraldik.

Die HERALDIK ist die Lehre von den Wappen. Die sprachliche Nähe der Wappen zu den Waffen ist kein Zufall. Denn wie der Begriff Heraldik auf die Herolde zurückgeht, deren Aufgabe es war, bei mittelalterlichen Turnieren auf die ranggemäße Reihenfolge der Teilnehmer zu achten, so entstand das Wappenwesen im hohen Mittelalter aus einer militärischen Notwendigkeit: Weil die Ritter in ihrem HARNISCH (**aus beweglichen Eisenplatten zusammengesetzte und durch den Helm vervollständigte Schutzrüstung**) nicht mehr auseinander zu halten waren, mussten sie zur Vermeidung von Angriffen aus den eigenen Reihen eine Kennzeichnung tragen, und diese Kennzeichen waren die Wappen. Aus diesen pragmatischen Ursprüngen entwickelte sich das Wappenwesen sehr schnell weiter. Zum einen wurde aus den Feldzeichen einer Partei ein individuelles Symbol seines Trägers. Zum anderen weitere sich der Kreis der Wappenträger, ähnlich wie bei den Siegeln

3.3 Nichtschriftliche Quellen

Abb. 12: Vielfalt der Sachquellen: Eine Fensterscheibe mit Wappen

3 Methodisches: Quellen und Verfahren der Forschung

(→ S. 160), immer weiter aus. Bis zum Spätmittelalter führten Familien, Territorien, Städte, Korporationen wie die Zünfte, aber auch Stadtbürger und schließlich selbst Bauern, soweit sie frei waren, ein Wappen. Diese lassen sich folglich definieren als erbliche und damit bleibende, nach bestimmten Regeln gestaltete Abzeichen einer Person, Familie oder Körperschaft. Auch ihre Funktion hatte sich gewandelt: Seit die militärtechnische Entwicklung gegen Ende des Mittelalters die nur schwer beweglichen geharnischten Ritter überflüssig gemacht hatte, dienten die Wappen entweder rechtlichen Zwecken wie der Kennzeichnung von Eigentum oder ganz einfach als Schmuck.

Wappen sind aber auch **als historische Quelle** von großer Bedeutung: Eben, weil sie einen rechtlichen Anspruch markierten, lassen sich mit Hilfe der Wappen Gebäude oder Gebiete, aber auch Bücher und sonstige Gegenstände ihren Besitzern zuordnen. Dies gilt im Übrigen auch für die **Wappen der Herrschaftsträger,** aus denen sich die **Territorial-** und später **Staatswappen** entwickelten, wie wir sie im Prinzip heute noch kennen. Da die großen Dynastien in ihren Wappen das Zeichen eines jeden Gebietes aufnahmen, das sie ihrem Herrschaftsbereich einverleiben konnten, präsentieren sich diese großflächigen Abzeichen mit ihren zahllosen Untereinheiten dem geschulten Auge wie eine politische Landkarte. Den Rekord hielten die Habsburger, deren Wappen am Ende 62 Felder umfasste, die jeweils für ein bestimmtes Gebiet in der Hand dieser Dynastie standen.

Eine Aussage hat meist auch die **Gestaltung der Wappen** in ihren zwei Hauptteilen Schild und Helm. Gewiss führte nicht jeder 62 Felder **im Schilde** – diese Redewendung stammt tatsächlich aus dem Wappenwesen. Aber viele Wappen waren in vier Felder quadriert oder in noch mehr Segmente aufgeteilt. In Familienwappen konnten in den verschiedenen Feldern mehrere Linien der Dynastie untergebracht sein, was die Suche nach verwandtschaftlichen Zusammenhängen oft erleichtert. Überdies fand sich nicht selten ein Wohltäter wieder: in Stadtwappen oft dasjenige des einstigen Stadtgründers, in Kardinalswappen gelegentlich dasjenige des Papstes, der den jeweiligen Geistlichen in diesen hohen Rang erhoben hatte, in Universitätswappen dementsprechend die Zeichen der Förderer dieser Einrichtung. Wie die Löwen der Staufer im baden-württembergischen Landeswappen zeigen, ließen sich auf diese Weise auch historische Traditionen zum Ausdruck bringen. Und schließlich gab es so genannte **redende Wappen**, die den Namen ihres Trägers versinnbildlichten und heute noch an Wirtshäusern wie „Zum Bären" oder „Zum Schwanen" zu finden sind.

Eine Aussage hat auch die meist mit einem **Helm** versehene Zone über dem Schild: Die unterschiedlichen Varianten der Helme signalisieren den sozialen Rang des Wappenträgers, und wenn wir es mit gekrönten Häuptern zu tun haben, findet sich anstelle des Helms tatsächlich eine **Krone**. Die **Fachsprache der Heraldik** ist zwar nicht ganz einfach: Beispielsweise wird rechts und links auf einem Wappen in der Heraldik immer aus der Sicht des Trägers bestimmt, so dass heraldisch rechts ist, was wir eigentlich links nennen würden. Aber dass sich die Beschäftigung mit Wappen in vielen Fällen und Fragen lohnt, sollte sich gezeigt haben.

Was nutzt uns dies alles für das Wappen in → **Abb. 12**? Mit heraldischen Grundkenntnissen ausgerüstet, sehen wir schon beim ersten Blick auf das Wappen, dass sich anstelle von Helm oder Krone ein flacher Hut mit breiter Krempe befindet: Offenbar haben wir es mit dem Wappen eines Geistlichen zu tun, denn dieser Hut ist der **Hut der Kleriker**. Wäre er rot, sähen wir das Wappen eines Kardinals vor uns. Er ist aber, wie es scheint, violett, und so war unser Wappenträger ein **Prälat**, ein Geistlicher also, der die erste Stufe in der höheren kirchlichen Hierarchie schon erklommen hatte. Dies bestätigen auch die **Quasten**, denn die Anzahl dieser vom Klerikerhut herabhängenden Knoten verweist ebenfalls auf den Rang des Wappenträgers. Aus welcher Familie der gesuchte Geistliche stammte, ließe sich mit Hilfe von heraldischer Spezialliteratur zur Hierarchie der römischen Kirche schnell aufklären: Die mit einem Stern bekrönten Hügel weisen das Wappen als dasjenige der Familie Chigi aus. Nun wollen wir aber wissen, um welchen Vertreter dieser Familie es sich handelt. Auch hier bringt uns eine historische Hilfswissenschaft mit ihren Nachschlagewerken weiter: die Genealogie.

Die GENEALOGIE ist die Lehre von den Abstammungs- und Verwandtschaftsverhältnissen. Dies mag zunächst wenig spektakulär klingen. Aber für die Untersuchung von Gesellschaften, die sich auf **Blutsverwandtschaft und Heiratsbeziehungen** gründen – und mit einer solchen haben wir es in der Frühen Neuzeit zu tun –, sind genealogische Kenntnisse unerlässlich. Welche Rolle Verwandtschaftsbeziehungen auf allen Ebenen der Gesellschaft spielten, lässt sich mit wenigen Stichworten umreißen. Die meisten Kriege in der Frühen Neuzeit waren **Erbfolgekriege**: Sie entbrannten, weil eine Dynastie ausgestorben war und eine andere verwandtschaftlich fundierte Ansprüche erhob. **Heiratspolitik** war daher ein wichtiges politisches Instrument der Herrscherhäuser. Aber auch in allen anderen Rängen der Gesellschaft war es von entscheidender Bedeutung, aus welcher Familie man stammte. Schließlich ist eine **ständische Gesellschaft** wie die frühneuzeitliche gerade durch rechtliche Ungleichheit definiert. Und wer in den Genuss welcher Privilegien und Sonderrechte kam, hing ab vom sozialen Stand, in den man **hineingeboren** wurde. Familiäre Bindungen, ob durch Blutsverwandtschaft erlangt oder durch Heirat oder auch Patenschaft künstlich hergestellt, bestimmten in aller Regel aber auch darüber, in welchen Bahnen das Leben des Individuums verlaufen sollte. Schuld daran waren zum einen die **Familienstrategien**: Dass nach einem im Adel weit verbreiteten Muster erstgeborene Söhne den Bestand der Familie erhalten, also heiraten und Söhne zeugen sollten, Zweit- und Drittgeborene aber oft zu einer Laufbahn in die Kirche abkommandiert und – soweit sie katholisch waren – damit zum ZÖLIBAT verpflichtet wurden, macht deutlich, wie viel mehr die Familie als strategische Einheit zählte als das Individuum und seine persönlichen Wünsche. Aber auch der **Verlauf individueller Karrieren** ist ohne die Kenntnis des familiären Hintergrunds oft nicht zu erklären: Wer welchen Posten erlangte, war weit weniger von persönlichen Qualifikationen abhängig als von verwandtschaftlichen Bindungen. **Vetternwirtschaft** mag man

3.3 Nichtschriftliche Quellen

das nennen. Aber man sollte dabei nicht übersehen, dass in Zeiten traditionaler Herrschaft, um mit Max Weber zu sprechen (→ S. 79), Loyalität nicht in einem abstrakten Amt wurzelte, sondern allein in persönlichen Beziehungen. Und genau aus diesem Grunde erfolgte die Rekrutierung frühneuzeitlicher Eliten in Staat und Kirche in aller Regel nach den Kriterien der **sozialen Verflechtung**, die sich aus einem Netzwerk verwandtschaftlicher, freundschaftlicher oder ähnlicher Beziehungen informeller Art ergab. Wer die sozialen Mechanismen der Frühen Neuzeit von den Familienstrategien bis zu den Rekrutierungsmustern der Eliten begreifen will, muss sich daher mit den sozialen Netzwerken der jeweiligen Gruppen befassen. Und genau dies erleichtert die genealogische Forschung.

Angesichts der fundamentalen Bedeutung der Verwandtschaft in der Frühen Neuzeit verwundert es nicht, dass bereits die Zeitgenossen ein reiches **genealogisches Material** produziert haben. Hans Heberle etwa hat gleich zu Beginn seines Zeytregisters sämtliche Verwandte aufgeführt, die ihm bekannt waren. Die Familie schuf Identität, in allen Ständen. Aber schon allein mangels Schreibfähigkeit sind genealogische Daten für die unteren Schichten der Gesellschaft vor allem in Kirchenbüchern zu finden. Weit mehr Spuren hinterlassen hat das **genealogische Bewusstsein** von Stadtbürgern und Adel. **Ahnengalerien** sind der künstlerische Ausdruck dieses Bewusstseins, Ahnen- und Stammtafeln sein schriftlicher Niederschlag. Auch solche Verzeichnisse lassen unschwer kulturelle Wahrnehmungsmuster erkennen: Während **Ahnentafeln** sämtliche Vorfahren berücksichtigen, werden in **Stammtafeln** meist nur die so genannten AGNATISCHEN LINIEN erfasst, d. h. die Nachkommen im Mannesstamme, die also von den Männern der Familie abstammen und daher auch meist deren Namen tragen. Die Nachfahren der Frauen, die zwar zur Familie gehören, aber in eine andere Familie eingeheiratet hatten – die **kognatischen Nachkommen** – fehlen in diesen Tafeln hingegen. Diese Praxis entspricht zwar der grundsätzlichen Bevorzugung der agnatischen Verwandtschaft, wie sie etwa im **Erbrecht** deutlich wird. Und sie findet ihre Bestätigung auch im **Aussterben** der Familien, die tatsächlich oft nur im Mannesstamme keine Nachfahren mehr hatten. Allerdings sollte man dabei nicht übersehen, dass die kognatischen Linien durchaus herangezogen wurden, wenn man mit ihrer Hilfe Ansprüche stellen oder Beziehungen knüpfen konnte.

Gelegentlich gab es auch konkrete Anlässe, solche Ahnen- oder Stammtafeln anzufertigen: Institutionen wie Ritterorden oder ähnlich exklusive Vereinigungen verlangten vor der Aufnahme eines neuen Mitglieds eine **Ahnenprobe**, d. h. den schriftlichen, meist durch Brief und Siegel anderer Adliger bekräftigten Nachweis, seit mehreren Generationen dem Adel anzugehören. Auch diese in Form einer Urkunde ausgefertigten Ahnenproben bieten sich an, um genealogische Daten zu sammeln. Für Herrscherdynastien sind solche Informationen meist gut erschlossen und in Form von Tafelwerken ediert. Aber auch für andere Gruppen liegen spezielle Nachschlagewerke bereit.

Zu diesen Gruppen gehört die uns hier interessierende Elite der römischen Kirche. Und so bereitet es keine größere Mühe, den konkreten Chigi hinter unserem Wappen zu identifizieren. Es war Fabio Chigi, der als päpstlicher Nuntius an den Verhandlungen in Münster teilgenommen hatte. Wie aber war sein Wappen auf die Glasscheibe gelangt? Wie wir dank vergleichbarer Funde wissen, war es in Westfalen und in ganz Norddeutschland üblich, zu feierlichen Anlässen bemalte Fensterscheiben zu stiften. Da die heute im Museum aufbewahrte Scheibe dank paralleler Funde mit einiger Sicherheit auf 1648 datiert werden kann, dürfte sie der Nuntius anlässlich seiner Abreise aus Münster gestiftet haben. Für welches Haus sie bestimmt war, lässt sich heute zwar nicht mehr klären. Aber wenn wir ein solches Wappen an einem Haus in Münster entdeckten, wüssten wir mit großer Sicherheit, dass der Nuntius in den Jahren der Verhandlungen hier gelebt hatte.

Wer nicht in Münster, sondern in Rom spazieren geht, könnte dieses Wappen leicht wiederentdecken: An Bauwerken jeder Art, von denen die Kolonnaden vor dem Petersdom das berühmteste sein dürften, findet sich das Chigi-Wappen mit Stern und Hügeln.

Der Grund: Aus Nuntius Fabio Chigi sollte 1655 Papst Alexander VII. werden. Und als Papst war unser Chigi an der barocken Umgestaltung Roms nicht unmaßgeblich beteiligt. Welche familiären Beziehungen ihm bei seiner steilen Karriere geholfen hatten, ließe sich mit Hilfe genealogischer Quellen vertiefen. Wie er das Papstamt in städtebaulicher Hinsicht genutzt hat, zeigen seine Wappen. Fabio Chigi hätte am Nutzen der hier vorgestellten Hilfswissenschaften gewiss nicht gezweifelt.

Das weite Feld der Sachquellen, das wir vom Heidelberger Fund der Neuzeit-Archäologen über die Münzen bis hin zu Chigis Wappenscheibe abgeschritten haben, ist noch keineswegs erschöpfend dargestellt. Zu nennen wären etwa historische Landkarten, mit denen sich die **Historische Geographie** beschäftigt – eine weitere Hilfswissenschaft, die im Zeichen des SPATIAL TURN (→ S. 92 und 130) stark an Beachtung gewonnen hat und sich selbst zusehends als eigene Disziplin zu begreifen beginnt. Erwähnen sollte man auch die breite Palette von Quellen, mit deren Hilfe eine an die VOLKSKUNDE oder, moderner formuliert, an die Europäische Ethnologie angelehnte Forschungsrichtung die alltäglichen Lebensbedingungen zu rekonstruieren versucht. Aber auch wenn sich noch zahlreiche weitere Quellen anführen ließen, sollte doch eines deutlich geworden sein: Sachquellen erschließen sich manchmal nicht auf den ersten Blick. Aber mit Unterstützung der entsprechenden Hilfswissenschaften geben sie uns bisweilen mehr Antworten auf unsere Fragen als die scheinbar leichter zugänglichen Textquellen. Halten Sie bei der Suche nach Quellen also die Augen auf!

3.3.3 Bilder als Quellen

Früher oder später wird Ihnen das im Studium begegnen: Es werden Bilder gezeigt, die das Gesagte unterstreichen und illustrieren sollen. Den Bildern wird diese rein illustrative Verwendung allerdings nicht gerecht. **Bilder sind Quellen**, und als solche wollen sie **quellenkritisch** behandelt werden. Vor allem aber haben sie oft

3 Methodisches: Quellen und Verfahren der Forschung

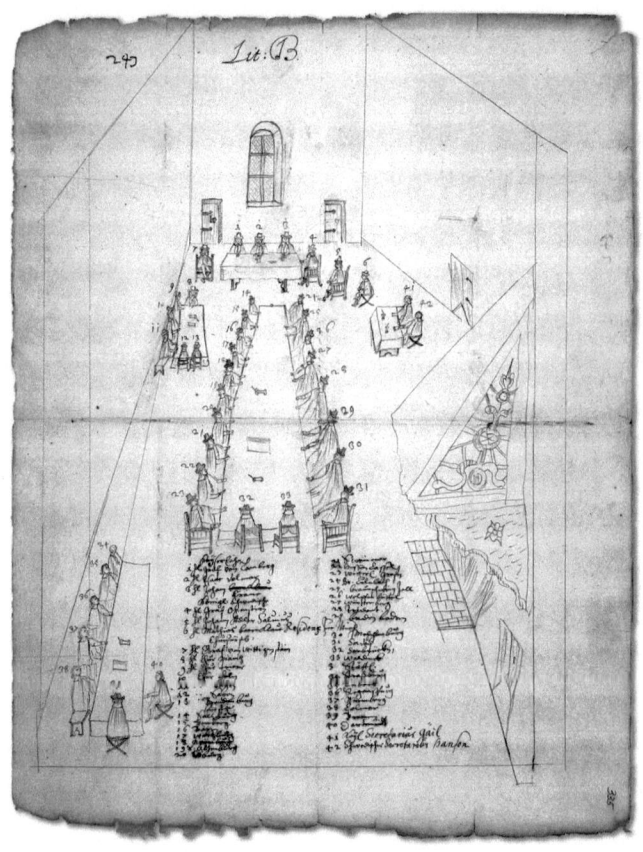

Abb. 13: Sitzordnung beim Durchbruch der Verhandlungen zwischen Schweden und dem Reich am 6. August 1648. Skizze des Gesandten von Sachsen-Altenburg, 1648; Thüringisches Staatsarchiv, Gotha.

einen **eigenen Aussagewert**, und den wird man nur erkennen, wenn das Bild als eigenständige Quelle begriffen wird.

Machen wir die Probe aufs Exempel. Was können uns Bilder sagen? Das erste Beispiel scheint nur einen bereits bekannten Befund zu bestätigen: Wir sehen zunächst eine Skizze (→ **Abb. 13**), die offenbar eine Sitzordnung festhalten wollte. Es handelt sich um die Sitzordnung bei jenem Verhandlungstreffen in Osnabrück am 6. August 1648, bei dem ein entscheidender Durchbruch in den Gesprächen zwischen den Vertretern des Reichs und Schwedens erzielt und die dann im Oktober 1648 unterzeichnete Fassung des IPO mundiert, d. h. verlesen, in letzten Details geändert und schließlich abgesegnet wurde. Angefertigt hat diese Skizze einer der Teilnehmer, also ein Augenzeuge: der Gesandte des Fürstentums Sachsen-Gotha. Der Zweck dieser Zeichnung ist aus ihrer Fundstelle im Archiv zu Gotha zu schließen. Der Gesandte hat diese Skizze für seinen fürstlichen Auftraggeber angefertigt und dann auch mit seinem Bericht über die Sitzung an diesen geschickt. Dass zeremonielle Fragen wie die Ordnung beim Gehen, Stehen und auch Sitzen in der Frühen Neuzeit von großer Bedeutung waren, wissen wir schon (Stichwort Performative Turn!). Und so scheint es nicht weiter lohnend, die im Übrigen auch von anderen Berichten bestätigte Sitzordnung unter die Lupe zu nehmen.

Oder doch? Werfen wir einen Blick auf die → **Abb. 14**. Sie zeigt die gleiche Sitzordnung, nun aber schematisch zusammengefasst. Bemerkenswert daran ist dreierlei: Zum einen stammt diese schematische Veröffentlichung aus einer Publikation über den Westfälischen Frieden aus dem Jahr 1736. Offenbar hatte das Interesse an diesen Fragen auch mit dem Abstand von nahezu hundert Jahren nicht nachgelassen. Bedenkenswert ist des Weiteren, dass sich die ursprüngliche Skizze wie auch die Berichte der Zeitzeugen in der diplomatischen Korrespondenz ihrer Urheber befanden und mit dieser im Archiv der fürstlichen Auftraggeber verschwunden waren. Wenn der Autor des Werkes von 1736 die Sitzordnung wiedergibt, dürfte er also im Archiv recherchiert haben, und zwar, da das Buch in Hannover erschienen ist, wohl im Archiv der Hanno-

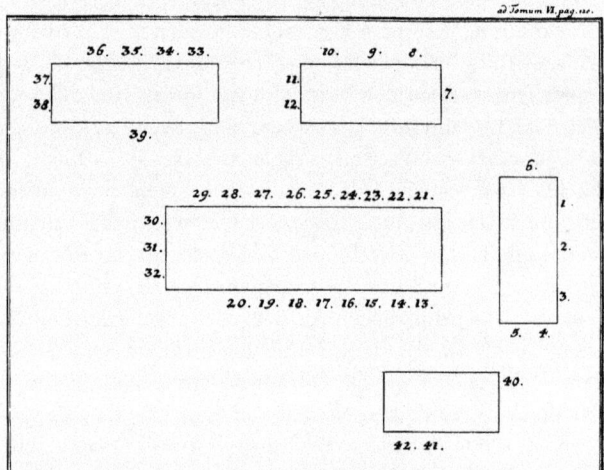

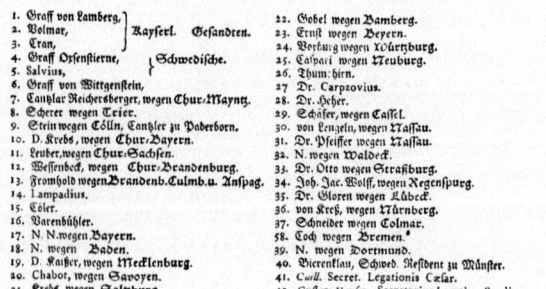

Abb. 14: *Sitzordnung beim Durchbruch der Verhandlungen zwischen Schweden und dem Reich am 6. August 1648. Schematische Zeichnung.*

veraner Landesherren. Dort aber findet sich lediglich ein schriftlicher Bericht von der Sitzung. Dennoch hat sich unser Autor von 1736 für das gleiche Vorgehen entschieden wie schon der Gesandte aus Gotha 1648: Er hat die Worte in ein Bild gefasst, er hat die **Informationen** VISUALISIERT. Der Grund hierfür liegt auf der Hand: Manche Sachverhalte lassen sich in bildlicher Form deutlich leichter, besser und schneller darstellen als in Worten. Und genau dies verweist auf die Bedeutung der Bilder als Quellen.

Anhand unserer beiden Zeichnungen können wir also einiges über die Rezeptionsgeschichte des Westfälischen Friedens, über die Quellen seiner späteren Kommentatoren und nicht zuletzt über die Bedeutung von Bildern und anderen Visualisierungen lernen. Dass es hierbei nicht auf den künstlerischen Wert der Bilder ankommt, macht die dritte Eigenheit unserer Skizze, die starke Schematisierung, deutlich. Der Verzicht auf künstlerische Gestaltung muss keinen Verzicht auf inhaltliche Informationen bedeuten. Dem entspricht, dass nicht nur solche Gelegenheitszeichnungen oder Schemata Aussagen enthalten können, die in historischer Perspektive interessant sind. Dies gilt auch für Massenware wie die illustrierten Flugblätter der Frühen Neuzeit, und es gilt schließlich für Gemälde und andere Werke, die man für künstlerisch minderwertig halten könnte. Damit ist eines klar: Wenn von **Bildern als Quelle** die Rede ist, geht es keineswegs nur um Gemälde oder sonstige Werke der hohen Kunst. Es geht um **jede Form der Visualisierung**, ganz unabhängig von ihrem künstlerischen Wert. Und auch wenn hier fast immer von Bildern die Rede ist, sind damit stets auch andere Formen der visuellen Darstellung gemeint.

Als historische Quellen kommen also auch jene Bilder in Frage, die von der traditionellen Kunstgeschichte als minderwertig verurteilt und nicht weiter beachtet werden. Nun könnte es sich aber auch lohnen, Kunstwerke im klassischen Verständnis, also museumstaugliche Meisterleistungen, auf ihre historischen Aussagen hin zu befragen. Dies aber scheint leichter gesagt als getan. So dürfte das Gefühl der Inkompetenz der Kunst gegenüber einer der Hauptgründe für die oft zögerliche Erschließung solcher Quellen

3 Methodisches: Quellen und Verfahren der Forschung

durch die historische Forschung sein. Das ist nicht ganz unangebracht: Historiker sind keine Kunsthistoriker, und sie können deren Arbeit nicht sozusagen „nebenher" mit erledigen. Aber Zusammenarbeit ist das Gebot der Stunde. Dafür plädiert vor allem ein Ansatz unter dem Dach der Visual History, die sich seit dem Visual Turn etabliert hat: die ganz auf die praktischen Bedürfnisse von Historikern und Historikerinnen zugeschnittene **Historische Bildkunde**, wie sie etwa von Heike Talkenberger oder Rainer Wohlfeil entwickelt wurde.

Bemüht, auch das Know-How der Kunsthistoriker und Kunsthistorikerinnen einzubinden, schlägt die Historische Bildkunde eine Reihe von Möglichkeiten vor, wie mit **visuellen Zeichen**, d. h. mit Bildern gleich welcher künstlerischen Qualität, auch in historischer Perspektive umzugehen sei. Verschaffen wir uns zunächst einen Überblick über die möglichen Wege der Interpretation, bevor wir ihren praktischen Nutzen an einem Beispiel überprüfen.

> *Tipp: Visual History*
> *Ein Online-Nachschlagewerk für die historische Bildforschung, das zwar einen Schwerpunkt in der Neuesten und der Zeitgeschichte hat, aber auch für die Frühneuzeitforschung zahlreiche Anregungen bietet, präsentiert das Potsdamer Zentrum für Zeithistorische Forschung unter https://www.visual-history.de/.*

Eine erste Möglichkeit, Bilder als historische Quellen zu nutzen, stellt die **Realienkunde** dar. Dieser Ansatz versucht, anhand von Bildern die materielle Kultur vergangener Zeiten zu rekonstruieren.

Gefragt wird nach „Realien", nach real gegebenen Dingen. Solche Dinge können die auf den Bildern dargestellten Gebrauchsgegenstände und die Art ihrer Verwendung sein. Erschließen lassen sich aber auch weiterreichende Fragen wie etwa jene nach dem Modebewusstsein vergangener Zeiten. So fällt schon in der mittelalterlichen Malerei auf, dass die Dargestellten zwar nie in Alltagsbekleidung, sondern immer besonders vornehm gewandet daherkommen, der Bekleidungsstil sich aber je nach Altersgruppe unterscheidet. Dass die Art der Bekleidung auch eine Frage des Alters ist, hat offenbar nicht erst die Moderne entdeckt. Allerdings sollte man sich davor hüten, Bilder als authentische Abbildungen des Realen miss zu verstehen. Eine bildliche Darstellung ist **keine Reproduktion der Wirklichkeit**, sondern deren ästhetische Inszenierung! Wie schnell man in diese Falle tappen kann, wird uns an einem Beispiel noch begegnen.

Eine komplexere Form der Bildinterpretation ist der **ikonographisch-ikonologische Ansatz**, der oft mit dem Namen des Kunsthistorikers **Erwin Panofsky** (1892–1968) verbunden wird. Panofsky ging es darum, die auf die ästhetische Betrachtung und Bewertung der Werke konzentrierte Kunstgeschichte seiner Zeit stärker für historische Fragestellungen zu öffnen. Aus diesem Grund plädierte er dafür, die Werke nicht nur ikonographisch zu analysieren, sondern auch ikonologisch zu interpretieren. Mit **Ikonographie** ist hierbei nicht nur die Beschreibung des Bildes gemeint. Dieser Begriff umfasst auch die Ermittlung von Urheber, Auftraggeber und Verwendungszweck, die Einordnung des Werkes in vorhandene künstlerische Traditionen, die Suche nach den Wurzeln der dargestellten Motive und andere Operationen, die zu den grundlegenden Techniken der Kunstgeschichte gehören. Zentral war für Panofsky allerdings die Frage nach dem symbolischen Wert eines Bildes, d. h. die **Ikonologie**, die er als Entdeckung und Interpretation des symbolischen Bildwertes definierte. Diese „eigentliche" Bedeutung des Bildes musste dem Künstler selbst nicht unbedingt bewusst gewesen sein. Denn was sich im symbolischen Wert oder Gehalt der Bilder spiegelt, sind, so Panofsky, die geistigen Grundeinstellungen und Grundhaltungen der jeweiligen Epoche. So muss etwa ein Bildhauer seine eigene, zeitgebundene Einstellung zum Tod nicht bewusst reflektiert haben. Dennoch werden die Grabmonumente aus seiner Werkstatt einiges über die Haltung ihrer Entstehungszeit zu Leben und Tod sagen können.

Dies gilt vor allem, wenn man solche und andere Kunstwerke mit den Mitteln der **seriellen Ikonographie** untersucht. Anhand einer ganzen Serie von Grabmonumenten lässt sich etwa zu zeigen versuchen, dass und wie sich kollektive Vorstellungen von Tod und Jenseits im Lauf der Zeit verändern. Dies wird Sie an die seriellen Quellen erinnern, wie sie vor allem Michel Vovelle für mentalitätengeschichtliche Fragen nutzbar gemacht hat (→ S. 135). Tatsächlich hat Vovelle selbst nicht nur Tausende von Testamenten ausgewertet, sondern in anderen Studien auch Altäre aus mehreren Jahrhunderten für die Erforschung kollektiver Vorstellungen herangezogen.

Auch andere Wege der Interpretation setzen ein möglichst umfangreiches **KORPUS** an Quellen voraus. Dies gilt vor allem für die **Funktionsanalyse**, die zunächst nach der Funktion, dann aber auch nach der gesellschaftlichen Wirkung der Bilder fragt. Eine Quellenart, für die sich solche Analysen anbieten, kennen Sie bereits: die illustrierten Flugblätter der Frühen Neuzeit. Wie wir am Beispiel der Flugblätter aus der Zeit des Dreißigjährigen Krieges gesehen haben, dienten die Exemplare dieser Gattung als Handelsware, als Nachrichtenmedium, als Kunstwerk, an dem man sich erfreuen konnte, und nicht zuletzt als Hilfe bei der Deutung des Weltgeschehens. Dementsprechend vielfältig sind die Fragen der historischen Forschung, die zu beantworten ihre Analyse helfen kann (→ **Kap. 3.2.2**). Dass den Blättern an der Schnittstelle von Text- und Bildquellen aber auch eine handlungsleitende, mobilisierende Funktion zukommen konnte, zeigt sich besonders in politischen Krisenzeiten wie etwa der Französischen Revolution. Die Druckgrafik der Revolutionszeit im Allgemeinen und die politische Karikatur im Besonderen eröffnet der historischen Forschung nicht nur einen Zugang zur mentalen Welt der Revolutionäre. Sie entpuppt sich auch als das entscheidende Medium der politischen Bewusstseinsbildung und damit der Mobilisierung der Massen.

Noch stärker als die Funktionsanalyse heben andere Ansätze auf den Aspekt der Rezeption ab. Während der **rezeptionsästhetische Ansatz** sich stärker auf das Werk selbst und seinen ursprünglichen Kontext, also etwa den Ort der ersten Ausstellung, konzentriert, fragt der **SEMIOTISCHE Ansatz** eher nach der sich stets wandelnden visuellen Kommunikationssituation, in der sich Bild und

Betrachter begegnen und die Aneignung des Werkes immer neu vollzogen wird. Gemeinsam ist diesen Ansätzen aber das Interesse am Bildbetrachter und daher an folgenden Fragen:
- Wer genau interessiert sich für das Werk und warum?
- Welche sozialen Hintergründe oder politischen Interessen spielen hierbei eine Rolle?
- Was tut das Bild selbst, um die Aufmerksamkeit des Betrachters zu gewinnen?
- Mit welchen Bildelementen wird er angesprochen, in die dargestellte Situation miteinbezogen oder gar manipuliert? Immerhin können nicht nur sprachliche, sondern auch bildliche Darstellungen rhetorische Elemente wie etwa Wiederholungen, Betonungen oder Hierarchisierungen aufweisen, und auch mit einer solchen **Bildrhetorik** lässt sich die Reaktion des Rezipienten steuern.

Verbunden mit der unterschiedlichen Aneignung von Bildern ist auch die Frage nach der **Verwendung von Kunst**. Wie gerade die Reformationsgeschichte zeigt, kann ein und dasselbe Bild zunächst Gegenstand religiöser Verehrung und damit einer gewissen SAKRALISIERUNG sein, um später einem **Bildersturm**, d. h. der bewussten Zerstörung von Kunstwerken, zum Opfer zu fallen. Bilder mit sakraler oder magischer Kraft, Gewalt gegen Bilder – diese beiden Extremformen der Bildaneignung bzw. -ablehnung dürften deutlich machen, welche Einblicke in die mentale Welt vergangener Zeiten durch die Analyse ihrer Bilder möglich werden.

Alle diese Ansätze haben ihre Stärken und Schwächen, und in allen Fällen wird man aus der Sicht der Geschichtswissenschaft darauf achten, den historischen Kontext angemessen zu berücksichtigen. Zusammen genommen bieten die Ansätze aber zweierlei: Argumente dafür, Bilder stärker als bisher in die historische Analyse miteinzubeziehen, sowie Anregungen, wie dies konkret gelingen könnte. Welcher Ansatz jeweils in Frage kommt, hängt, wie immer in der historischen Forschung, sowohl von der eigenen Fragestellung als auch vom verfügbaren Quellenmaterial ab. Aber

3 Methodisches: Quellen und Verfahren der Forschung

wenn man die Anregungen all dieser Ansätze addiert, ergibt sich immerhin ein **Grundgerüst quellenkritischer Fragen**, die Sie im Umgang mit Bildern stets beachten sollten. Diese Fragen drehen sich zum einen um den **Entstehungshintergrund** (Urheber, dessen Nähe zum Geschehen, Auftraggeber, Zweck, Funktion etc.), zum anderen um **das Bild selbst** (Bildtradition, Wurzeln der gewählten Motive, Art der Darstellung, Bildrhetorik etc.) und zum dritten um seine **Wirkungsgeschichte** (Rezeption, Art der Verbreitung, kunsthistorische Wirkung). Dass wir die meisten dieser Punkte nur klären können, wenn wir auch mit schriftlichen Quellen arbeiten, liegt auf der Hand. Und wenn ein Bild einen historischen Sachverhalt, eine Person oder ein Ereignis darstellt, versteht es sich für Historiker und Historikerinnen von selbst, diese Darstellung mit den erhaltenen **schriftlichen Berichten und Quellen zu vergleichen**.

Wie man mit diesem Fragenkatalog ein konkretes Bild als Quelle erschließen kann, sei an dem wohl berühmtesten Gemälde zum Westfälischen Frieden überhaupt getestet: an dem 1648 gemalten Werk **Die Beschwörung des Spanisch-Niederländischen Friedens** des niederländischen Künstlers **Gerard Ter Borch**. Wenn Sie sich mit dem Westfälischen Friedenskongress befassen, wird Ihnen dieses Bild (→ **Abb. 15**) unweigerlich begegnen. Denn da es als „wirklichkeitsgetreue" Abbildung der im Titel genannten Zeremonie gilt, wird es in schöner Regelmäßigkeit zur Illustration des Friedensschlusses gebraucht. Stellt aber das Bild tatsächlich dar, „wie es eigentlich gewesen"? Bei einem Blick auf den **Entstehungshintergrund** des von Ter Borch aus eigenem Antrieb und ohne jeden Auftrag angefertigten Gemäldes könnte man dies annehmen. Schließlich war der Künstler persönlich zugegen, als der bereits im Januar ausgehandelte Frieden zwischen Spanien und den nun unabhängigen Niederlanden von den Vertretern der beiden Mächte am 15. Mai 1648 im Rathaus zu Münster feierlich beschworen wurde. Dass er als Mitglied der spanischen Delegation, in deren Diensten er eine ganze Reihe von Diplomaten porträtiert hatte, selbst anwesend war, hat Ter Borch im Bild dokumentiert: Die Person ganz links, die als einzige den Betrachter anblickt, trägt seine

Abb. 15: Gerard Ter Borch: Die Beschwörung des Spanisch-Niederländischen Friedens im Rathaus zu Münster am 15. Mai 1648.

Gesichtszüge. Nicht zuletzt dank der erhaltenen Diplomatenporträts von seiner Hand fällt es leicht, die Hauptpersonen zu identifizieren: die Spanier um ihren Chefdiplomaten Graf Peñeranda, der, die Hand auf dem Evangelium, den Eid für seine Seite verliest, die sechs anwesenden Vertreter der Niederlande, zu erkennen an der zum Schwur erhobenen Hand. Wie der Raum selbst deutlich wiederzuerkennen ist, so bestätigen die erhaltenen **schriftlichen Berichte** über die Zeremonie auch andere Details der **bildlichen Darstellung**: die Abwesenheit jener Vertreter der Niederlande, die sich gegen den Friedensschluss mit Spanien ausgesprochen hatten, die Beschaffenheit des Tisches, auf dem die Rechtsdokumente liegen, und auch die unterschiedlichen Arten des Schwörens. Allerdings berichten die schriftlichen Quellen übereinstimmend, dass die Parteien ihren Schwur keineswegs gleichzeitig, wie es Ter Borch darstellt, sondern nacheinander abgelegt hatten! Man mag dies für belanglos halten oder den gattungsspezifischen Zwängen solcher Gemälde zuschreiben. Schließlich wollte Ter Borch eine Handlung erzählen, und um deren zeitliche Abfolge in einem einzigen Bild

3 Methodisches: Quellen und Verfahren der Forschung

zusammenzufassen, wurden die eigentlich nacheinander erfolgten Szenen auf solchen Ereignisbildern oftmals als gleichzeitig dargestellt. Ähnlich könnte man erklären, warum Ter Borch die Gruppe entgegen den schriftlichen Berichten im Halbkreis aufstellte: Wie sonst hätte der Betrachter die Anwesenden erkennen können? Aber warum ließ Ter Borch den Leuchter mit der Marienfigur weit größer erscheinen, als er im Original war? Dass die gerade während des Krieges von der katholischen Seite als rein katholische Heilige vereinnahmte Maria dank der Vergrößerung des Leuchters hier als segensspendende Gottesmutter über den Häuptern aller Parteien schwebt, wird man bei einem Maler vom Kaliber Ter Borchs nicht als Zufall abtun können. Viel näher liegt eine andere Deutung dieser **Bildrhetorik**: Der gebürtige Niederländer im Dienste Spaniens wollte in erste Linie die Gleichberechtigung der Parteien in Szene setzen. Deswegen reihte er die Diplomaten auf gleicher Höhe auf, deswegen ließ er sie gleichzeitig schwören und deswegen schwebte die Muttergottes auf dem Leuchter über den Anhängern beider Konfessionen. Diese Deutung macht auch eine weitere Abweichung des Bildes von den schriftlichen Berichten verständlich: Wohl, um die Gleichheit der Parteien auch in dieser Hinsicht zu signalisieren, stellte Ter Borch die Bekleidung der Spanier weit weniger prunkvoll dar, als dies andere Quellen berichten. Denn nur so konnte er die augenfällige Diskrepanz zu den betont schlicht gewandeten Niederländern mildern. Und genau das zeigt, wie schnell ein rein realienkundlicher Ansatz, der unser Bild etwa allein nach den Bekleidungsgewohnheiten der Zeit befragt, zu Fehleinschätzungen führen kann.

Weitere Aussagen des Gemäldes erschließen sich durch einen **Vergleich mit der Bildtradition**. Hier ging Ter Borch neue Wege: Seine „Beschwörung" war das erste Bild, das den Frieden nicht, wie bisher üblich, allegorisch darstellte, sondern den Moment des Abschlusses zeigt. Dementsprechend stehen nicht die allegorisch verkörperten Gottheiten, Tugenden oder Fürsten im Mittelpunkt, sondern die Diplomaten selbst. Aber nicht nur deren Leistung wird hier gefeiert. Denn was findet sich im kompositorischen Zentrum des Bildes? In diesen optischen Mittelpunkt rückt die Vertragsurkunde, der gegenständliche Ausdruck des Rechtes also, und so darf man in Ter Borchs Gemälde ein künstlerisches Loblied auf Diplomatie, Verhandlungsfleiß und Recht erkennen.

Dass er mit diesem neuen Motiv einen Nerv der Zeit getroffen hatte, belegt die **Wirkungsgeschichte** des Werkes. Mit seiner „Beschwörung" hat Ter Borch den neuen **Bildtypus des Kongressgemäldes** begründet. Was uns heute so selbstverständlich erscheint – Diplomaten, die sich zu Verhandlungen am Tisch niederlassen, Politiker, die sich wie zufällig, aber doch nach strengen Regeln zum Gruppenbild aufstellen, Vertragspartner, die Dokumente unterzeichnen oder Exemplare austauschen –, diese Motive der politischen Ikonographie haben in der 1648 von Ter Borch geschaffenen Bildtradition ihre Wurzeln.

Und die **Rezeption** des Werkes durch die Zeitgenossen? Sie mussten sich zunächst gedulden. Da Ter Borch einen astronomisch hohen Preis für sein Werk forderte, dürfte er an einem Verkauf nicht ernsthaft interessiert gewesen sein. Warum auch? Schließlich gab es andere Wege, um solche Gemälde gewinnbringend zu verwerten. Wie damals nicht unüblich, ließ Ter Borch von seinem wohl genau zu diesem Zweck produzierten Werk einen Kupferstich anfertigen, und diesen Stich, den man mühelos in jeder gewünschten Auflagenhöhe reproduzieren konnte, bot er zum Verkauf an. Welche Vermarktungsstrategie, wie man heute sagen würde, er dabei einschlug, zeigt die Unterschrift des Stiches: Als „Icon exactissima", als sehr genaues Abbild des Geschehens kam der überaus erfolgreiche Stich auf den Markt. Schon mit seinem Selbstporträt am linken Rand hatte sich Ter Borch als Augenzeuge des Geschehens ausgewiesen. Offenbar setzte er auf AUTHENTIZITÄT, auf den Anspruch also, sein Publikum korrekt zu informieren. Und da dieses **Verkaufsargument** seine Wirkung nicht verfehlte, interessierte sich das Publikum jener Zeit wohl tatsächlich dafür, „wie es eigentlich gewesen". Genau das erfährt man, wie wir wissen, allerdings nur zum Teil. Aber wie für den Künstler etwas anderes weit wichtiger gewesen ist als die exakte Darstellung des Ablaufs, so dürften sich auch seine Käufer vor allem für das interessiert haben, wofür der Frieden und das Bild standen oder doch stehen sollten: für den Sieg der Diplomatie über die Waffen, für den gleichberechtigten Umgang der einstigen Gegner und für die Bereitschaft, die einst unüberbrückbaren konfessionellen Gegensätze mit den Mitteln des Rechts zu überbrücken.

Nach dem Blick auf Entstehungshintergrund, das Bild selbst und seine Wirkungsgeschichte können wir uns dieser Lesart anschließen: Als Quelle für den tatsächlichen Ablauf der Zeremonie ist das Gemälde mit Vorsicht zu genießen. Aber das, was dem Maler und seinen Zeitgenossen als der **Geist dieses Friedens** erschien, macht das Bild deutlicher als jede schriftliche Quelle. Bilder sind und bleiben ARTEFAKTE. Sie bilden die Realität nicht ab, sie inszenieren sie. Aber die **Vorstellungen und Deutungen**, die sich **hinter diesen Inszenierungen** verbergen, geben die Bilder, richtig befragt, zu erkennen. Und genau darin liegt ihr Wert als Quelle für die historische Forschung.

Derart sensibilisiert für die Eigenheiten der Bilder, die nicht mit Abbildungen des Tatsächlichen zu verwechseln sind, können wir uns an eine weitere Art solcher Quellen wagen: an die **Fotografien**. Fotografie in der Frühen Neuzeit? Bitte machen Sie sich eines klar: Bei den Abbildungen, mit denen wir bisher zu tun hatten, handelt es sich fast immer um Fotografien. Gewiss, wenn es, wie hier, lediglich um die **Reproduktion historischer Quellen** geht, wird man diesem technischen Medium nicht sonderlich misstrauen müssen. Dies gilt ebenfalls für **Luftaufnahmen**, mit deren Hilfe sich etwa die Auswirkungen frühneuzeitlicher Siedlungsformen oder Grenzverläufe erfassen, aber auch historische Schlachten räumlich verorten und in ihrem Verlauf und Ausgang mitunter besser erklären lassen als mit schriftlichen Quellen.

Dass allerdings auch Fotos keineswegs einfach nur die Wirklichkeit abbilden, zeigt Abbildung 16. Wir sehen eine Aufnahme von der so genannten „Reichsausstellung" der Nationalsozialisten zum Westfälischen Frieden. Zunächst anlässlich der Jahrhundertfeier für 1948 geplant, angesichts des Kriegsverlaufs aber vorver-

3.3 Nichtschriftliche Quellen

Abb. 16: Fotos als Quelle: Die geplante „Reichsausstellung" 1940 zum Westfälischen Frieden.

legt, wurde die Ausstellung 1940 zwar eingerichtet. Zur Eröffnung sollte es jedoch nicht kommen. Den Grund hierfür gibt das Foto zu erkennen. Wie in einem Brennglas und mit voller Absicht fasst die sorgfältig arrangierte Aufnahme der Veranstalter die zentrale Aussage der Ausstellung zusammen: „Frankreichs grösster Triumph", „Deutschlands tiefste Schmach" – „Der Westfälische Friede raubte dem Deutschen Volk den Reichsgedanken". Frankreich als Erzfeind Deutschlands und als eigentlicher Widersacher eines starken deutschen Volkes – diese Linie sollte in der Ausstellung vom Westfälischen Frieden bis hin zum Versailler Vertrag gezogen werden. Aber da Frankreich nach der Niederlage von 1940 nicht mehr zu den vordringlichsten Kriegsgegnern gehörte, verzichteten die Nationalsozialisten letztendlich doch auf die Eröffnung dieser den Frieden zu polemisch-propagandistischen Zwecken verzerrenden Kampfausstellung.

Erhalten geblieben von dieser Propaganda-Show sind lediglich einige wenige Fotografien. Diese aber zeigen, dass nicht nur Luftaufnahmen oder Reproduktionen, sondern auch andere Fotos zur Quelle für die frühneuzeitliche Geschichte, ihre Bewertung und politische Instrumentalisierung werden können. Gleichzeitig macht unsere Abbildung deutlich, was hierbei in quellenkritischer Hinsicht zu berücksichtigen ist: Fotos können nicht nur manipuliert und retuschiert werden, sie sind häufig auch gestellt. Überdies ist das, was sie abbilden, oft schon eine Inszenierung, eine Deutung der Wirklichkeit. Über die Aussageabsichten ihrer Urheber und die dahinterstehende Deutung der Welt sagen Fotos wie auch Filme und alle Bilder daher einiges. Für eine ungeprüft glaubwürdige Abbildung der Wirklichkeit sollte man sie aber nicht halten.

Literatur
Zu den Daten:
Peter Burke, **Zählen, Schätzen, Klassifizieren**. Der Zensus als Kollektivvorstellung, in: Peter Burke, Städtische Kultur in Italien zwischen Hochrenaissance und Barock, Berlin 1986, S. 33–44 und 201 f.

Kersten Krüger, **Historische Statistik**, in: Hans-Jürgen Goertz (Hg.), Geschichte. Ein Grundkurs, Reinbek 1998, S. 59–82.

Zeitreihen zur Historischen Statistik, auch zur Frühen Neuzeit, werden in der online-Datenbank histat des *GESIS* – Leibniz-Instituts für Sozialwissenschaften Mannheim gesammelt und angeboten, zu finden unter: **http://www.gesis.org/histat/de/index**.

Zu Numismatik und Geldgeschichte:
Helmut Kahnt, Bernd Knorr, **Alte Maße, Münzen und Gewichte**. Ein Lexikon, Mannheim/Wien/Zürich 1987.

Michael North, **Kleine Geschichte des Geldes**. Vom Mittelalter bis heute, München 2009.

Zur Heraldik und Genealogie:
Ahasver von Brandt, **Werkzeug des Historikers**, 18. Auflage Stuttgart 2012.

3.3 Nichtschriftliche Quellen

Zu Bildern als Quellen:

Peter Burke, **Augenzeugenschaft**. Bilder als historische Quellen, Berlin 2003.

Gerhard Paul (Hg.), **Visual History**. Ein Studienbuch, Göttingen 2006.

Heike Talkenberger, **Historische Erkenntnis durch Bilder**. Zur Methode und Praxis der Historischen Bildkunde, in: Hans-Jürgen Goertz (Hg.), Geschichte. Ein Grundkurs, Reinbek 1998, S. 83–98.

4 Technisches: Vom Proseminar zum Examen

Vom Proseminar bis zum Examen: Im Geschichtsstudium müssen Sie sich ständig neue Themen erarbeiten. Immer wieder heißt es erste Informationen beschaffen und bibliographieren, Quellen wälzen und Literatur sichten, Referate halten oder ganze Sitzungen gestalten, Hausarbeiten schreiben oder kleinere schriftliche Arbeiten anfertigen. Wie das alles geht, werden Sie im Laufe des Studiums sicherlich lernen. Um Ihnen den Einstieg zu erleichtern, gibt das folgende Kapitel einen Überblick über die Hilfsmittel, Tricks und Techniken, die hierbei von Nutzen sind: Schritt für Schritt, von der Beschaffung erster Informationen bis zur Bewältigung des Examens.

4.1 Erste Informationen beschaffen

Ob Sie sich über die Themen der angebotenen Seminare oder der zur Auswahl stehenden Referate informieren wollen, ob Sie zur Vorbereitung auf die Sitzung einige Namen und Daten nachschlagen müssen, ob Sie ganz am Anfang Ihrer Hausarbeit stehen und zunächst einen Überblick benötigen: Wann immer Sie erste Informationen über ein Thema suchen – drei Arten von Hilfsmitteln helfen Ihnen weiter: Handbücher, Handwörterbücher und die richtigen Seiten im Internet. Um Missverständnisse zu vermeiden: Auch die meisten Handbücher und Handwörterbücher finden sich mittlerweile im Internet. Sie unterscheiden sich aber dennoch von den eigentlichen online-Ressourcen: Unter diesen versteht man Inhalte, die es in dieser Form nur im Internet gibt, die also in und mit diesem Medium entstanden sind und sich in Aufbau, Funktionsweise und Nutzen von gedruckten Hilfsmitteln unterscheiden. Ob Datenbanken, Blogs oder Foren – online-Ressourcen funktionieren anders als Printmedien. Aber auch Handbücher und Handwörterbücher haben ihre spezifischen Eigenschaften und Potentiale, gleichviel, ob Sie diese Hilfsmittel in gedruckter Form vor sich haben oder in einer online-Version am Bildschirm konsultieren. Um sie effizient nutzen zu können, müssen Sie wissen, wie diese Hilfsmittel aufgebaut sind und wie sie funktionieren. In welchem Medium sie angeboten werden, ist zweitrangig. Um dem Rechnung zu tragen, werden in diesem Abschnitt zunächst Handbücher, dann Handwörterbücher und schließlich online-Ressourcen zur Geschichte der Frühen Neuzeit vorgestellt.

Und noch eine Vorbemerkung scheint geboten. Natürlich ist es vollkommen in Ordnung, Begriffe zu googeln und für erste Informationen auf Wikipedia zurückzugreifen. Und selbstverständlich können und sollen Sie die Hinweise zur weiteren Recherche, die Sie dort finden (bei Wikipedia etwa die Literaturhinweise am Ende des Artikels), für Ihre eigene Arbeit auch nutzen. Allerdings haben die meisten Seiten, auf denen Sie auf diese Weise landen werden, gleich mehrere Nachteile: Zum einen wissen Sie selbst, wie leicht es ist, die eigene Weltsicht zu einem beliebigen Thema im Netz zu äußern. Und dass Sie nicht alles aus dem Internet bedenkenlos glauben können, ist ebenfalls klar. Folglich ist immer dann noch mehr Vorsicht als sonst im Umgang mit „Informationen" geboten, wenn Seiten ohne jede Kontrolle oder Moderation durch Dritte, möglichst ausgewiesene Experten, gefüllt werden können. Aber auch wenn die Inhalte tatsächlich solide sein sollten (was ja für nicht wenige Wikipedia-Artikel gilt): Die meisten Äußerungen im Netz sind in wissenschaftlichen Kontexten schon aus formalen Gründen schlicht nicht zitierfähig. Maßgeblich ist folgende Regel: Zitierfähig sind nur Texte, deren Autor namentlich genannt wird. Und da diese Regel sowohl für den klassischen Print-Bereich als auch für die digitale Welt gilt, können Sie in Hausarbeiten und Referaten weder Eintragungen aus Ihren alten Schülerlexika noch Artikel auf Wikipedia als Beleg angeben. Um die Belegpflicht kommen Sie aber nicht herum, und so liegt es nahe, gleich nach Informationsquellen zu suchen, die nicht nur verlässlich, sondern auch zitierfähig sind. Wie das geht, erfahren Sie hier.

4.1.1 Handbücher

Handbücher geben in konzentrierter Form einen Überblick über die historischen Abläufe in bestimmten Regionen, Epochen oder gesellschaftlichen Bereichen. Dass „Handbuch" nicht zwangsläufig gleichbedeutend mit „handlich" ist, wird spätestens dann klar, wenn Sie sich eine aktuelle Ausgabe des HANDBUCH-Klassikers **Ploetz – Auszug aus der Weltgeschichte** vornehmen. Der beachtliche Umfang der meisten Handbücher liegt in der Natur der Sache, sind diese Werke doch eher zum Nachschlagen bestimmter Daten und Sachverhalte gedacht und nicht zum Durchlesen von vorn bis hinten. Allen Handbüchern gemein ist eine chronologische oder thematische Anordnung des Stoffes, die sie von den weiter unten angeführten Handwörterbüchern mit ihren alphabetisch sortierten Eintragungen unterscheidet.

Handbücher können nach chronologischen Aspekten gegliedert sein und sich **bestimmten Zeitabschnitten** widmen (z. B. der Zeit der Reformation oder dem Zeitalter der Aufklärung). Sie können sich aber auch an systematischen Kategorien orientieren und ein **Teilgebiet der Geschichte** behandeln, beispielsweise die Kirchengeschichte oder die Rechtsgeschichte, die Wirtschafts- und Sozialgeschichte, die Militärgeschichte oder die Bildungsgeschichte. Wieder andere Handbücher richten sich an geographischen Kriterien aus und befassen sich mit der **Geschichte einer bestimmten Region**. Diese Region kann unterschiedlich groß sein. So gibt es Handbücher zur Geschichte ganzer Kontinente oder gar der gesamten Welt, aber auch Handbücher, die sich mit der Vergangenheit einer historischen Landschaft wie etwa Bayern oder Hessen oder auch nur mit der Geschichte einer Stadt befassen. Besonders traditionsreich und noch heute erste Anlaufstelle bei vielen Fragen sind oft die Handbücher **zur Geschichte einzelner Nationen**, also etwa Handbücher zur englischen, französischen oder deutschen Geschichte.

Da Handbücher Schwerpunkte setzen und bei weitem nicht alle relevanten Aspekte vertiefen, ist zweierlei zu empfehlen: Zum einen sollten Sie sich klar machen, welche Art von Handbuch Ihnen weiterhelfen kann bzw. welchen Schwerpunkt das von Ihnen bereits gewählte Werk hat. Zum anderen ist es ratsam, zu einer bestimmten Frage mehrere Handbücher verschiedenen Zuschnitts hinzuzuziehen, zur Reformation in Bayern also etwa ein Handbuch zur Kirchengeschichte und ein Handbuch zur bayerischen Geschichte.

> *Info: Ploetz*
> *Karl Ploetz (1819–1891) war ein Berliner Gymnasiallehrer, der die seines Erachtens wissenswerten Grunddaten der Weltgeschichte festhalten wollte und zu diesem Zweck den ersten „Auszug aus der Geschichte" verfasste. Aus diesem Projekt entstand der Ploetz-Verlag. Obwohl der Verlag mittlerweile verkauft wurde, liegt „Der Große Ploetz. Die Enzyklopädie der Weltgeschichte" (so der aktuelle offizielle Titel des einstigen „Auszugs") schon in der 35. Auflage vor. Daneben gibt es weitere historische Nachschlagewerke namens Ploetz, die sich mit einzelnen Ländern, Themengebieten oder Epochen befassen. Besonders hervorzuheben ist „Der Große Ploetz. Atlas zur Weltgeschichte", der hilfreiches Kartenmaterial versammelt und dieses auch auf einer beiliegenden DVD anbietet.*

Und wie kann man sich informieren, welche Handbücher es überhaupt gibt? Ganz einfach: Indem Sie in einem Buch nachschlagen, das ohnehin zu den unverzichtbaren Hilfsmitteln im Geschichtsstudium zählt: im **Baumgart**.

Der „Baumgart" gibt zwar einen Überblick über die verfügbaren Hilfsmittel, lässt diese aber unkommentiert und setzt auch keinen zeitlichen Schwerpunkt. Daher seien hier einige der für die Geschichte der Frühen Neuzeit besonders wichtigen Handbücher kurz vorgestellt.

Besser früher als später sollten Sie sich die **Enzyklopädie deutscher Geschichte (EdG)** anschauen. Jeder einzelne Band dieser auf

4.1 Erste Informationen beschaffen

> *Tipp: Baumgart*
> *Winfried Baumgart,* **Bücherverzeichnis zur deutschen Geschichte.**
> *Hilfsmittel, Handbücher, Quellen, 18., überarbeitete und erweiterte Auflage Stuttgart 2014.*
> *Dieses Taschenbuch informiert über Bibliographien, Handbücher, Handwörterbücher und Quellensammlungen keineswegs nur zur deutschen Geschichte in Mittelalter und Neuzeit. Es erscheint in regelmäßigen Abständen in einer aktualisierten Auflage.*

die deutsche Geschichte konzentrierten Reihe liefert in einem Dreischritt einen Zugang zu einem historischen Feld: Zunächst wird durch einen enzyklopädischen Überblick in das Thema eingeführt. In einem zweiten Schritt werden Grundprobleme und Tendenzen der Forschung besprochen. Der dritte Teil besteht aus einem gut recherchierten Quellen- und Literaturteil. Insgesamt umfasst die Reihe 100 Bände, davon entfallen über 30 Bände auf die Frühe Neuzeit. Als Beispiele seien genannt:

- Christian Pfister, Bevölkerungsgeschichte und historische Demographie 1500–1800, 2. Auflage München 2007 (EdG 28).
- Wolfgang von Hippel, Armut, Unterschichten, Randgruppen in der Frühen Neuzeit, München 1995 (EdG 34).
- Olaf Morke, Die Reformation. Voraussetzungen und Durchsetzung, 2., aktualisierte Auflage München 2011 (EdG 74).
- Joachim Bahlcke, Landesherrschaft, Territorien und Staat in der Frühen Neuzeit, München 2012 (EdG 91).

Die Nachfolge der nun beinahe abgeschlossenen EdG tritt die Reihe „Oldenbourg Seminar Geschichte" an. Deren Bände konzentrieren sich ebenso auf einzelne Themen, orientieren sich aber am Aufbau eines Seminars an der Universität und präsentieren den Inhalt didaktisch noch stärker durchgearbeitet. Neben diesen Handbüchern mit thematischem Schwerpunkt gibt es auch Handbuchreihen, die stärker chronologisch gegliedert sind. So z. B. die Reihe **Oldenbourg Grundriss der Geschichte (OGG)**, die Bände sowohl zur europäischen als auch zur außereuropäischen Geschichte bietet. Innerhalb der einzelnen Bände sind die „Oldenbourg Grundrisse" ähnlich aufgebaut wie die oben beschriebene EdG.

Am Beispiel der Bände des OGG zur Frühen Neuzeit kann man einen Sachverhalt verdeutlichen, der für Nachschlagewerke mit ihren oft zahlreichen Auflagen generell gilt: Regelmäßige Überarbeitungen oder gar gänzliche Neubearbeitungen signalisieren, dass sich im Laufe der Jahre der Forschungsstand ändern kann und gerade Handbücher, die Grundwissen auf dem neuesten Stand darbieten wollen, dem Rechnung tragen müssen. Nehmen wir die Bände des OGG zur europäischen Frühen Neuzeit. Schon 1979 erschien als Bd. 10 der Reihe:
- Heinrich Lutz, Reformation und Gegenreformation, 1. Auflage München 1979 (OGG 10).

Dieser Band erlebte insgesamt 5 Auflagen, die 5. Auflage, mittlerweile erstellt von Alfred Kohler, erschien 2002. Im Jahr 2011 wurde diese Version aber ersetzt durch eine Neubearbeitung, die schon im Titel auf den umstrittenen Begriff der Gegenreformation verzichtet:
- Alfred Kohler, Von der Reformation zum Westfälischen Frieden, München 2011 (OGG 39).

Ähnliches gilt für:
- Heinz Duchhardt, Barock und Aufklärung, 4., neu bearbeitete Auflage des Bandes „Das Zeitalter des Absolutismus", München 2007 (OGG 11).

Dass dieser 1989 erstmals veröffentlichte Band noch 1998 in der 3. Auflage unter dem Titel „Das Zeitalter des Absolutismus" erschienen ist, in der Überarbeitung für die 4. Auflage aber umbenannt wurde, spiegelt die Forschungsdiskussion über den zunehmend kritisierten Begriff des Absolutismus wider. In ihren unterschiedlichen Auflagen geben solche Handbücher mitunter selbst als Quellen Auskunft über die Entwicklung des Faches!

Seit 2015 liegt das Buch übrigens in der 5. Auflage vor; nun hat der Band mit Heinz Duchhardt und Matthias Schnettger zwei Autoren. Auch solche schrittweisen „Stabwechsel" zwischen den Wissenschaftler-Generationen sind bei Handbüchern nicht ungewöhnlich.

Überdies ist ein Blick auf die Bände des OGG mit Schwerpunkt im außereuropäischen Raum lehrreich: In ihrem zeitlichen Zuschnitt bestätigen diese Bücher, dass die für Europa erarbeitete Epochenvorstellung einer Frühen Neuzeit von 1500 bis 1800 nicht unbedingt sinnvoll auf andere Weltregionen übertragbar ist:
- Klaus Kreiser, Der Osmanische Staat (1300–1922), 2., aktualisierte Auflage München 2008 (OGG 30).
- Hermann Kulke, Indische Geschichte bis 1750, München 2005 (OGG 34).
- Sabine Dabringhaus, Geschichte Chinas 1279–1949, 2. Aufl. München 2009 (OGG 35).

Eine weitere wichtige Handbuch-Reihe speziell zur deutschen Geschichte ist der **Gebhardt**. Noch heute nach seinem ersten Herausgeber benannt, liegt der „Gebhardt" mittlerweile in der zehnten, völlig neu gestalteten Auflage vor. Er war lange Zeit die einzige Reihe zur deutschen Geschichte und gilt noch immer als das renommierteste Handbuch dieser Art.

Darin finden Sie z. B.:
- Bd. 9: Wolfgang Reinhard, Probleme deutscher Geschichte 1495–1806. Reichsreform und Reformation 1495–1555, Stuttgart 2001.
- Bd. 10: Maximilian Lanzinner, Gerhard Schormann, Konfessionelles Zeitalter 1555–1618. Dreißigjähriger Krieg 1618–1648, Stuttgart 2001.

Der „Gebhardt" umfasst in der 10. Auflage insgesamt 24 Bände und deckt den Zeitraum vom 4. Jahrhundert bis 1990 ab. Vor dem inhaltlichen Teil finden Sie immer ein ausführliches Verzeichnis der Quellen und der wichtigen Forschungsliteratur.

Handbücher zur deutschen Geschichte erlebten in den 1990er Jahren auch als Folge der Wiedervereinigung einen regelrechten Boom, zahlreiche Verlage warteten mit einer eigenen Reihe auf. Um nur die wichtigsten Reihen mit Bänden zur Frühen Neuzeit zu nennen:

Die **Neue Deutsche Geschichte** umfasst insgesamt 10 Bände zur deutschen Geschichte. Auch hier findet sich eine umfassende Bibliographie im Anhang. Einige Beispiele:
- Bd. 4: Horst Rabe, Reich und Glaubensspaltung, Deutschland 1500–1600, München 1991.
- Bd. 5: Volker Press, Kriege und Krisen. Deutschland 1600–1715, München 1991.

Die nach dem Verleger benannte Reihe **Siedler Deutsche Geschichte** ist auf 12 Bände angelegt und hat zwei Vorteile gegenüber den oben vorgestellten: Zum einen sind die Bände reich illustriert, so dass hier auch Bildquellen oder Abbildungen von Sachquellen für Referate u. ä. gefunden werden können. Zum anderen sind die Bücher sowohl gebunden als auch broschiert erhältlich und somit auch für den studentischen Geldbeutel erschwinglich. Darin finden Sie z. B.:
- Bd. 5: Heinz Schilling, Aufbruch und Krise, Deutschland 1517–1648, Berlin 1988. Taschenbuchausgabe Berlin 1998.
- Bd. 6: Heinz Schilling, Höfe und Allianzen, Deutschland 1648–1763, Berlin 1989. Taschenbuchausgabe Berlin 1998.
- Bd. 7: Horst Möller, Fürstenstaat oder Bürgernation, Deutschland 1763–1815, Berlin 1989. Taschenbuchausgabe Berlin 1998.

Weitere Reihen sind: die **Propyläen Geschichte Deutschlands**, die **Moderne deutsche Geschichte** und die **Deutsche Geschichte** in der kleinen Vandenhoeck-Reihe.

Abgelöst wurde die Boomphase der nationalen Geschichte um das Jahr 2000 durch das Bemühen, in den deutschsprachigen Handbüchern zur Geschichte den europäischen Kontext der eigenen Vergangenheit stärker zu würdigen. Seitdem dominieren Handbuchreihen zur europäischen und in der jüngsten Vergangenheit gar zur Globalgeschichte.

Die zehn Bände der von Peter Blickle herausgegebenen Reihe **Handbuch der Geschichte Europas** gingen bereits diesen Weg, stellten aber vor allem die Entwicklung in verschiedenen Ländern nebeneinander. Zur Frühen Neuzeit:
- Bd. 5: Günter Vogler, Europas Aufbruch in die Neuzeit, 1500–1650, Stuttgart 2003.
- Bd. 6: Heinz Duchhardt, Europa am Vorabend der Moderne 1650–1800, Stuttgart 2003.

Die ebenfalls auf zehn Bände angelegte Reihe **C. H. Beck Geschichte Europas** will hingegen ausdrücklich die nationalstaatliche Fixierung überwinden und die jeweiligen Charakteristika der Zeitabschnitte in einer europäischen Perspektive behandeln – dies allerdings auf knappem Raum. Mit der Frühen Neuzeit befassen sich bislang diese Bände:
- Luise Schorn-Schütte, Konfessionskriege und europäische Expansion. Europa 1500–1648, München 2010.
- Andreas Fahrmeir, Revolutionen und Reformen. Europa 1789–1850, München 2010.

Ein deutschsprachiges Handbuch zur Globalgeschichte gibt es ebenfalls: In einer internationalen Gemeinschaftsproduktion haben die Verlage C. H. Beck und Harvard University Press eine sechsbändige **Geschichte der Welt** vorgelegt. Die Handbücher erscheinen sowohl auf Deutsch als auch auf Englisch, sind also auch für eine internationale Leserschaft gedacht. Unter der Leitung der beiden Hauptherausgeber der Reihe, der renommierten Globalhistoriker Akira Iriye und Jürgen Osterhammel, wurden sie verfasst von zahlreichen Spezialisten und Spezialistinnen für die einzelnen Weltregionen. Überdies hat jeder Band nochmals Experten für die jeweilige Zeitspanne als Bandherausgeber – Globalgeschichte kann eben nur als Gemeinschaftsunternehmen gelingen. Auch hier weisen die

Bände, die die Epoche zwischen den Jahren 1500 und 1800 berühren, einen etwas anderen zeitlichen Zuschnitt als unsere europäische Frühneuzeit auf:
- Wolfgang Reinhard (Hg.), Weltreiche und Weltmeere 1350–1750, München/Cambridge, MA 2014.
- Sebastian Conrad, Jürgen Osterhammel (Hg.), Wege zur modernen Welt 1750–1870, München/Cambridge, MA 2016.

Aber nicht nur die Perspektiven, auch Themen und Ansätze der Geschichtswissenschaft befinden sich in steter Erneuerung. Darauf reagieren weitere neue Reihen, die weder national noch global und auch nicht chronologisch angelegt sind, sondern sich bestimmte Ansätze oder Forschungsfelder vornehmen. Dies gilt für die Reihe **Historische Einführungen** des Campus Verlags, die methodische Ansätze wie die Diskursanalyse, ganze Forschungsfelder wie die Historische Kriminalitätsforschung oder die Geschlechtergeschichte, aber auch konkrete Themen wie Hexen oder Wunder und Magie und schließlich theoretisch aufgeladene Kategorien wie Räume und Rituale in den Mittelpunkt rückt.

Auf thematische Felder der Frühneuzeitforschung konzentrieren sich hingen die Bände der Reihe **Basistexte – Frühe Neuzeit**, die von Barbara Stollberg-Rilinger im Franz Steiner Verlag herausgegeben wird. Jeder dieser Bände versammelt grundlegende Texte aus verschiedenen Phasen und Forschungsrichtungen zu einem Thema. Bisher erschienen sind Bände zur Verfassungsgeschichte des Alten Reichs, zur Reformation, zur Geschichte der europäischen Expansion und zur Stadtgeschichte.

Es gibt aber auch neue Reihen, die sich etablierten Themenfeldern oder gleich ganzen Epochen widmen, Grundlagenwissen aufbereiten und damit wieder zum klassischen Handbuchcharakter zurückkehren. Manche von ihnen wollen ganz ausdrücklich der Einführung des Bachelor Rechnung tragen und bieten nur Basisinformationen für Leser und Leserinnen ohne Vorkenntnisse anbieten. Dies gilt für die **Studienbücher Geschichte** des Akademie-Verlags, aber auch für die Epochen-Bände der **Basics**. Selbstverständlich sind diese Bände nützlich: Sie vermitteln Grundlagenkenntnisse und eine erste Orientierung, sie erleichtern den Einstieg. Aber eines muss klar gesagt werden: Sie ersetzen nicht das Studium!

4.1.2 Handwörterbücher

Neben den Handbüchern gibt es Handwörterbücher, die zur Klärung bestimmter Begriffe herangezogen werden können. Auch bei diesen alphabetisch geordneten und damit zur Gruppe der LEXIKA zählenden Nachschlagewerken findet man verschiedene Arten. Einen allgemeinen Überblick vermittelt der „Baumgart". Um deutlich zu machen, wie vielfältig das Angebot an solchen Hilfsmitteln ist, folgt hier eine kleine Übersicht über die für die Frühe Neuzeit besonders hilfreichen Handwörterbücher.

Wörterbücher zur deutschen Sprache und ihren Dialekten:
- Edwin Habel, Friedrich Gröbel, Mittellateinisches Glossar, mit einer neuen Einführung versehener, im Wörterbestand unveränderter Nachdruck Paderborn u. a. 1989.
- Alfred Götze, Frühneuhochdeutsches Glossar, Nachdruck der 7. Auflage Berlin 1971.
- Robert Anderson u. a. (Hg.), Frühneuhochdeutsches Wörterbuch, Bd. 1 ff., Berlin 1989 ff. Seit März 2017 auch online verfügbar: fwb-online.de
- Christa Baufeld, Kleines frühneuhochdeutsches Wörterbuch. Lexik aus Dichtung und Fachliteratur des Frühneuhochdeutschen, Tübingen 1996.
- Wolfgang Lindow, Plattdeutsches Wörterbuch, Leer 1984.

Besonders interessant sind die ersten wissenschaftlichen Wörterbücher zur deutschen Sprache:
- Johann Christoph Adelung, Grammatisch-kritisches Wörterbuch der hochdeutschen Mundart (1811). Online unter http://woerterbuchnetz.de/Adelung/

- Jakob und Wilhelm Grimm, Das Deutsche Wörterbuch, 16 Bände in 32 Teilbänden und ein Quellenverzeichnis, 1854–1971. Im Internet unter http://www.dwb.uni-trier.de

> *Tipp:*
> *Das Kompetenzzentrum für elektronische Erschließungs- und Publikationsverfahren in den Geisteswissenschaften an der Universität Trier bietet unter dem Namen „Wörterbuchnetz" eine umfangreiche Sammlung solcher Nachschlagewerke! Die Adresse: http://woerterbuchnetz.de/*

Auch **für Fremdsprachen** gibt es Handwörterbücher speziell für die Bedürfnisse von Historikern und Historikerinnen, so z. B.:
- Heike Drummer (Hg.), Französisch für Historiker. Fachsprachlicher Wortschatz mit Hinweisen zum Geschichtsstudium in Frankreich, Berlin 1991.

Einen Sonderfall stellt das international wohl renommierteste deutschsprachige Handwörterbuch dar:
- **Geschichtliche Grundbegriffe**. Historisches Lexikon zur politisch-sozialen Sprache in Deutschland, hg. von Otto Brunner u. a., 7 Bände, 1 Registerband, Stuttgart 1972–1997. Studienausgabe Stuttgart 2004.

Hier geht es nicht etwa um die eindeutige Definition von Begriffen, sondern vielmehr um die so genannte HISTORISCHE SEMANTIK. Die einzelnen, meist sehr langen Artikel dieses Lexikons legen dar, wie sich die Bedeutung wichtiger Begriffe (z. B. Freiheit, Geschichte, Stand, Revolution) im Laufe der Zeit verändert hat.

Über die Bedeutung einzelner Worte und Begriffe in vergangenen Zeiten informiert auch ein Blick in **Historische Konversationslexika** wie z. B. die älteren Auflagen des Brockhaus (1. Auflage: 1796).

Speziell für die Frühe Neuzeit zu erwähnen ist hier der nach seinem Herausgeber benannte **Zedler**, eine wahre Fundgrube für die Weltsicht seiner Zeit:
- Großes vollständiges Universal-Lexikon aller Wissenschaften und Künste, Bd. 1–64, Halle/Leipzig 1732–1754. Nachdrucke Graz 1961–1964 und 1993–1999. Im Internet unter: http://www.zedler-lexikon.de/

Steht der „Zedler" für die Zeit der Aufklärung, gewährt eine etwas später entstandene weitere Enzyklopädie Einblicke in die Welt der Industrialisierung: Der ebenfalls nach seinem Gründer benannte „Krünitz" erschien unter dem Titel:
- „Oekonomische Encyklopädie oder allgemeines System der Staats-, Stadt-, Haus- und Landwirthschaft" zwischen 1773 und 1858 in 242 Bänden. Online unter: www.kruenitz1.uni-trier.de/

Sachwörterbücher zur Geschichte allgemein:
- Eugen Haberkern, Joseph Friedrich Wallach, Hilfswörterbuch für Historiker. Mittelalter und Neuzeit, 2 Bde, 9. Auflage Tübingen/Basel 2001.
- Konrad Fuchs, Heribert Raab, DTV-Wörterbuch zur Geschichte, 2 Bde., 10. Auflage München 1996.

Hinzu kommt eine ganze Reihe von **Handwörterbüchern zu einzelnen Teilbereichen der Geschichte**. Um nur einige Beispiele zu nennen:

Zur Rechtsgeschichte:
- HRG: Handwörterbuch zur deutschen Rechtsgeschichte, begründet von Wolfgang Stammler, hg. von Albrecht Cordes, 5 Bde., Berlin 1971–1998. Die 2., völlig überarbeitete und erweiterte Auflage ist seit 2004 in Arbeit; 2016 wurde Band III abgeschlossen, Band IV ist für 2020 geplant – solide Lexika sind eben wahre Großunternehmen. Die HRG kann online

genutzt werden, ist dort aber kostenpflichtig: https://www.hrgdigital.de/

Zur Kirchen-, Theologie- und Religionsgeschichte:
- LThK: Lexikon für Theologie und Kirche, 3., völlig neu bearbeitete Auflage, hg. von Walter Kasper u. a., 13 Bde., Freiburg 1993–2001.
- TRE: Theologische Realenzyklopädie, hg. von Gerhard Krause und Gerhard Müller, 36 Bde., Abkürzungsverzeichnis, 2 Registerbände, Berlin/New York 1976–2004. Auch online, aber kostenpflichtig: https://www.degruyter.com/view/db/tre

Entsprechende Werke gibt es auch zur Wirtschafts- und zur Sozialgeschichte, zur Geschichte der politischen Ideen, zur Geschichte der Philosophie, zur Kunst- und Musikgeschichte und zu anderen Gebieten.

Biographische Nachschlagewerke gibt es für zahlreiche Länder. Für den deutschen Raum in der Frühen Neuzeit maßgeblich sind die ADB und vor allem deren Nachfolgerin, die NDB:
- ADB: Allgemeine deutsche Biographie, hg. von der Historischen Kommission bei der Königlichen Akademie der Wissenschaften, 56 Bde., Leipzig 1875–1912. Nachdruck Berlin 1967–1971.
- NDB: Neue Deutsche Biographie, hg. von der Historischen Kommission bei der Bayerischen Akademie der Wissenschaften, Berlin 1953ff. 2016 ist Bd. 26 erschienen, bis 2020 soll das Werk mit insgesamt 28 Bänden abgeschlossen sein.

Waren ADB und NDB in der Printversion einzeln zu nutzen, wurden sie nun online zusammengeführt: https://www.deutsche-biographie.de/

Wer es noch eine Nummer größer haben möchte: Unter https://www.biographie-portal.eu

werden neben der ADB und der NDB zahlreiche weitere biographische Nachschlagewerke zur deutschen, aber auch zur österreichischen und Schweizer Geschichte erschlossen. Und dieses Portal soll noch weiter ausgebaut werden!

Last but not least ist auf **Enzyklopädien zu einzelnen Epochen, Ländern oder Themenfeldern** hinzuweisen.

Das für das Studium der Frühen Neuzeit mit Abstand wichtigste Nachschlagewerk dieser Art ist die **Enzyklopädie der Neuzeit**, hg. von Friedrich Jäger, 15 Bände und 1 Registerband, Stuttgart 2005–2012. Auf dem aktuellen Stand der Forschung und oftmals mit ausdrücklich kulturgeschichtlichem Interesse informieren hier Experten und Expertinnen aus aller Welt über zahlreiche Aspekte, die den Zeitraum zwischen 1450 und 1850 berühren. Es dürfte kein Thema zur Frühen Neuzeit geben, bei dem Sie in der EdN nicht fündig werden! Eine online-Version ist in Arbeit.

Weitere Beispiele, die zeigen, dass die Vielfalt groß ist und sich die Suche nach speziellen Lexika fast immer lohnt:
- Dictionnaire de l'Ancien Régime. Royaume de France XVIe–XVIIIe siècle, hg. von Lucien Bély, Paris 1996.
- Enciclopedia dei papi, hg. von Massimo Bray u. a., 3 Bde., Rom 2000.

> *Tipp: Hilfsmittel erkunden*
> *Handwörterbücher und Nachschlagewerke stehen in den meisten geschichtswissenschaftlichen Bibliotheken unter der gleichen Signatur und damit in der gleichen Ecke des Lesesaals. Suchen Sie diese Stelle auf, stöbern Sie in den Regalen! Dann bekommen Sie schnell einen Überblick über die Hilfsmittel in Ihrer Nähe. Handbücher und Handwörterbücher machen das Studium deutlich leichter.*

Und für die Nutzung dieser Hilfsmittel im Netz: Einige online verfügbare Angebote sind zwar kostenpflichtig. Aber da die Universitätsbibliotheken die Nutzungsrechte in aller Regel kaufen, können viele Unis ihren Mitgliedern, also auch den Studierenden, einen kostenlosen Zugang zu den Ressourcen über das Campusnetz anbieten.

4 Technisches: Vom Proseminar zum Examen

4.1.3 Frühe Neuzeit im Internet

Wenn schon fast jedes Hilfsmittel im Netz steht, fragt man sich, was ein eigener Abschnitt zur Frühen Neuzeit im Internet noch soll. Tatsächlich wurde und wird im ganzen Buch immer wieder auf Internet-Angebote und deren Adressen hingewiesen. Dennoch verdient das Netz einen eigenen Abschnitt. Schließlich gibt es auch zur Frühen Neuzeit jenseits von Wikipedia spezielle online-Ressourcen, Angebote also, die so im Print-Bereich nicht zu finden sind. Welche das sind, was sie können und wie und wo man sie entdeckt, schildert dieser Abschnitt.

Einen idealen Einstieg in die Welt der digitalen Ressourcen für das gesamte Fach Geschichte im deutschsprachigen Raum bietet die Seite:
http://www.clio-online.de/

Dahinter verbirgt sich das „clio online Fachportal für die Geschichtswissenschaften": Über Suchmaschinen können Datenbanken, Quellensammlungen und Rezensionen zu konkreten Themen aus dem gesamten Bereich der Geschichte erschlossen werden. Wer Angaben zu einzelnen Forschern und Institutionen sucht, wird hier ebenfalls fündig. Und auch Stellenausschreibungen und Konferenzankündigen können bei Clio online veröffentlicht werden. Vor allem aber beheimatet Clio online die wohl beste (und natürlich regelmäßig aktualisierte) Einführung ins Thema:

Clio-Guide. Ein Handbuch zu digitalen Ressourcen für die Geschichtswissenschaften http://guides.clio-online.de
Nach Epochen, Regionen und Themen sortiert, bietet das online-Handbuch ebenso fundierte wie hilfreiche Überblicke über die vielfältigen Angebote im Netz, aber auch über die technischen und praktischen Aspekte des digitalen Arbeitens.

Der Clio-Guide zeigt aber auch, wie verwirrend eine solche Aufstellung werden kann, wenn es um Vollständigkeit geht. Um eine solche Verwirrung zu vermeiden, stellt der folgende Abschnitt nur die wichtigsten Spielarten digitaler Ressourcen vor und nennt jeweils einige nützliche Beispiele.

Informationsportale
Informationsportale kombinieren verschiedene Angebote, und dies in einer Vielfalt, die nur das Netz zulässt. Während Einstiegsportale wie Clio online in erster Linie Links zu anderen Seiten anbieten und damit den Weg für die weitere Suche weisen, versammeln andere Plattformen die gesuchten Informationen unmittelbar. Auf solchen Seiten können Sie Bibliographien, Rezensionen, E-Texte, Forschungsberichte und manchmal sogar ganze Quelleneditionen finden – zur Geschichte allgemein, konzentriert auf die Frühe Neuzeit oder aber noch fokussierter für eng gefasste historische Themen und Aspekte. Hier die wichtigsten Seiten (nicht nur, aber auch) zur Frühen Neuzeit im Überblick.

H-Soz-u-Kult (http://www.hsozkult.de)
Diese für die gesamte Geschichtswissenschaft zentrale Seite ist an der Humboldt-Universität in Berlin beheimatet und stellt Informationen zu allen Bereichen der Geschichte bereit. Ob Rezensionen, Tagungsberichte, aktuelle Ausstellungsbesprechungen oder auch Ausschreibungen für Stellen und Praktika, auf H-Soz-u-Kult finden Sie all das und noch mehr. Das Besondere: Wer sich anmeldet, erhält täglich (und kostenlos) per E-Mail aktuelle Beiträge; die Themenschwerpunkte können dabei frei ausgewählt werden.

https://beta.historicum.net
Womöglich der Star der Zukunft: Diese „offizielle" Seite soll den Zugang zu den Angeboten und Ressourcen des so genannten **Fachinformationsdienstes Geschichtswissenschaften** eröffnen. Dieser staatlich finanzierte Fachinformationsdienst ist dafür zuständig, ein digitales Informationsangebot zum gesamten Spektrum der Geschichtswissenschaft aufzubauen, also sowohl Materialien wie Quellen und Karten als auch Ressourcentools wie Datenbanken und Suchmaschinen zu erschließen und überdies in Gestalt der

„Deutschen Historischen Bibliographie" (→ S. 286) eine Art Gesamtbibliographie sowohl der Forschung zur deutschen Geschichte als auch der deutschsprachigen Geschichtswissenschaft zu allen möglichen Themen anzubieten. Geld sparen kann diese Wunderseite auch noch: Während die Universitäts- und andere wissenschaftlichen Bibliotheken weiterhin die Grundversorgung mit Quellen und Fachliteratur sicherstellen sollen, wird der Fachinformationsdienst vor allem den digitalen Bereich zentral erschließen. Sollte sie ihre Ziele erreichen, wird diese Seite ein wichtiges Rechercheportal zur europäischen Geschichte quer über die Epochen werden.

Speziell zur Frühen Neuzeit hat diese Seite auch einiges zu bieten: Zur Zeit noch unter der alten Adresse des Forums (historicum.net), bald aber auch unter der Beta-Version versammeln Themenportale etwa zur Hexenforschung oder zur Geschichte der Juden im Alten Reich sehr gute Auswahlbibliographien, E-Texte und digitale Quelleneditionen.

http://www.sehepunkte.de/
Sie erinnern sich an den Begriff der Sehepunkte (→ **Kap. 2.3.2**)? Er steht für die Einsicht in die Vielfalt der Perspektiven und ist daher ein sehr passender Titel für das Rezensionsjournal, das sich hinter dieser Adresse verbirgt. Die „sehepunkte" stellen in Form von Buchbesprechungen oder Rezensionen monatlich aktuelle Titel (nicht nur) zur Frühen Neuzeit vor. Wer einen Einblick in die aktuelle Forschung gewinnen und sich auch in anderen Epochen auf dem Laufenden halten möchte, sei auf dieses online-Journal verwiesen.

https://networks.h-net.org/h-hre
Um ein Beispiel für thematisch konkreter gefasste Plattformen zu nennen: Dieses englischsprachige Informationsportal konzentriert sich auf die Erforschung des Heiligen Römischen Reiches, greift dabei aber von der Ottonenzeit bis zur Auflösung des Reichsverbands im Jahr 1806 zeitlich weit aus.

http://www.historikerverband.de
Erinnert (vgl. Kap 1) sei auch an die Angebote unseres Fachverbands: Der Verband der Historikerinnen und Historiker Deutschlands (VDH) präsentiert auf seinem Netzauftritt Beiträge zu aktuellen Themen, Blogs und Links, die das Fach Geschichte betreffen. Vielleicht noch wichtiger für uns: Unter dem Dach des VDH hat sich 1995 die Arbeitsgemeinschaft Frühe Neuzeit gegründet, deren Seite ebenfalls auf der Homepage des Dachverbands zu finden ist.

Blogs und soziale Medien
Zu den Entwicklungen der letzten Jahre gehört das Aufkommen wissenschaftlicher Blogs sowie die Präsenz von wissenschaftlichen Einrichtungen und Forschungsprojekten in den sozialen Medien (Twitter, Youtube, Facebook). Die über diese Kanäle verbreiteten Inhalte dienen vor allem der Forschungskommunikation: Hier sollen Debatten geführt, Ergebnisse präsentiert und Termine mitgeteilt werden. Wie die meisten dieser online-Debatten widmen sich auch geschichtswissenschaftliche Blogs einem speziellen Thema. So gibt es beispielsweise einen Blog rund um das Archivwesen (http://archivalia.hypotheses.org), einen Blog zur Geschichte von Klöstern und Orden (http://ordensgeschichte.hypotheses.org) oder einen Blog rund um das Thema digitale Geschichtswissenschaft (http://digigw.hypotheses.org).

Diese und viele weitere Blogs zu unterschiedlichsten Themen sind angesiedelt auf einer Seite, die sich als gängige Blogplattform für geisteswissenschaftliche Themen etabliert hat:
www.hypotheses.org

Da die Erstellung eines neuen Blogs durch die Redaktion genehmigt werden muss, findet auf dieser Seite eine gewisse Qualitätskontrolle statt. Überdies gibt hypotheses immer auch einen Überblick über aktuelle englisch-, französisch- und spanischsprachige Blogs aus allen Gebieten der Geisteswissenschaften. Diese können aber auch direkt angeklickt werden:

http://en.hybptheses.org, http://fr.hypotheses.org, http://es.hypotheses.org

Eine Übersicht über mehrere hundert englischsprachige Blogs zur Frühen Neuzeit findet sich zudem noch auf http://commons.earlymodernweb.org.

Deutschsprachige Blogs, die das gesamte Spektrum frühneuzeitlicher Geschichte abdecken, gibt es auch: Unter http://fnzinfo.hypotheses.org findet sich das Weblog des Instituts für die Erforschung der Frühen Neuzeit in Wien. Eine ähnliche Seite der Universität Aachen steckt hinter der Adresse https://frueheneuzeit.hypotheses.org.

Auch auf **Youtube, Twitter und Facebook** begegnen interessante Beiträge zur frühneuzeitlichen Geschichte. Da hier jeder fast ohne Kontrolle seine Weltsicht zum Besten geben kann, ist natürlich noch mehr Vorsicht im Umgang mit diesen Medien geboten als sonst. Seriös sind aber sicher die Nachrichten wissenschaftlicher Einrichtungen, die auf diesen Kanälen über ihre Arbeit oder ihre Bestände informieren.

Datenbanken
Datenbanken sind in der Regel sehr speziell und nur für ein bestimmtes Themenfeld und Erkenntnisinteresse zu gebrauchen. So können Sie z. B. nach historischen Bucheinbänden suchen (http://www.hist-einband.de) oder nach Wasserzeichen (http://www.wasserzeichen-online.de/wzis/index.php), was für sehr spezielle Fragen der Quellenkritik ein Segen sein kann. Personendatenbanken erschließen hingegen Personengruppen, etwa die Gruppe der Höflinge der österreichischen Habsburger des 16. und 17. Jahrhunderts (http://kaiserhof.geschichte.lmu.de/). Wieder andere Datenbanken erfassen eine bestimmte Quellengattung, so etwa die Suppliken, d. h. Bittschriften, mit denen sich Untertanen aus dem ganzen Heiligen Römischen Reich an Kaiser Rudolf II. (1576–1612) gewandt haben (http://www-gewi.uni-graz.at/sup

pliken/de/datenbank), oder aber die Prozessakten von nahezu 200 000 Kriminalstrafverfahren, die vor dem Old Bailey, dem zentralen Londoner Gerichtshof für solche Fälle, zwischen 1674 und 1913 geführt wurden (https://www.oldbaileyonline.org/).

Diese Beispiele verdeutlichen nicht nur, dass solche Datenbanken meist sehr speziell sind, sondern auch, wie breit und vielfältig das Spektrum der möglichen Themen und Zugriffe ist. Es lohnt sich also auch hier, nach spezifischen Datenbanken für die je eigenen Interessen Ausschau zu halten. Und auch hier hilft bei der Suche garantiert ein Blick in den Clio-online-Guide.

Nicht nur für spezielle Fragen von Interesse sind hingegen Datenbanken, die man der Gruppe der allgemeinen Hilfs- und Nachschlagemittel zurechnen kann. Dass es digitale Verzeichnisse aller Druckschriften gibt, die in Deutschland in einem bestimmten Jahrhundert entstanden sind, wissen Sie bereits: VD 16, VD 17 und VD 18 sind uns auf → **S. 202** schon begegnet. In die Gruppe der im Studium immer wieder nützlichen Hilfsmittel zählen aber z. B. auch diese beiden Datenbanken für Ortsbezeichnungen, die nicht immer leicht aufzulösen sind:

- https://www.bayerische-landesbibliothek-online.de/orbis-latinus (Verzeichnis lateinischer Ortsbezeichnungen von der Antike bis zur Neuzeit)
- http://www.personalschriften.de/datenbankcn/thelo.html (Thesaurus Locorum (THELO) Datenbank frühneuzeitlicher Ortsnamen)

Vorlesungen zur Frühen Neuzeit im Netz
Ein unbedingt nützliches Nachschlagewerk in digitaler Version ist die im Netz verfügbare Einführungsvorlesung von Barbara Stollberg-Rilinger, die viele Studierende als Ergänzung zur Vorlesung an der eigenen Universität nutzen (https://www.uni-muenster.de/FNZ-Online/). Hier finden Sie keine bewegten Bilder, sondern ein Vorlesungsskript, das sich über seine Verweisfunktionen zu einem regelrechten Lexikon zur Frühen Neuzeit ausgewachsen hat.

Tatsächliche Aufzeichnungen von „echten" Vorlesungen gibt es aber auch: Auf der Plattform iTunes stellen einige und gerade auch renommierte Universitäten kostenlos Audio- oder Video-Podcasts aus ihrem Lehrbetrieb zur Verfügung. Unter dem Stichwort „Geschichte" finden sich nicht wenige Vorlesungen, die auch die frühneuzeitliche Epoche abdecken. Gerade die Vorlesungen einiger namhafter Universitäten zeichnen sich durch hervorragende Qualität aus. Dass die Vortragssprache zumeist Englisch oder Französisch ist, sollte Sie nicht abschrecken: Auf diese Weise lassen sich nicht nur Geschichtskenntnisse erweitern. Als Nutzer eines Apple-Geräts kann man direkt auf dem vorinstallierten iTunes loslegen. Nutzer des Windows-Betriebssystems müssen zuerst das kostenfreie Programm iTunes herunterladen (www.itunes.de) und installieren. Nutzer eines Android-Smartphones können über die kostenlose App „TuneSpace" ebenfalls auf das vollständige Angebot an Vorlesungen zugreifen.

Online-Kurse, an denen man aktiv teilnehmen, Klausuren schreiben und Feedback erhalten kann, gibt es auch. Solche Lehrangebote firmieren im Netz unter der Bezeichnung **Moocs** (**Massive Open Online Courses**). Moocs sind anonyme Massenveranstaltungen, deren Einheiten man wie eine „echte" Lehrveranstaltung im Wochentakt absolvieren soll. Angeboten werden sie immer noch vorrangig von US-amerikanischen Elite-Universitäten wie Harvard oder Yale und fast immer in englischer Sprache. Als Ergänzung zum regulären Studium sind solche Moocs sicher zu empfehlen. Ersetzen können sie den persönlichen Kontakt zu den Dozierenden und auch zu anderen Studierenden aber natürlich nicht.

Über die Vor- und Nachteile dieser und anderer digitaler Lehr- und Lernangebote informiert das Leibniz-Institut für Wissensmedien unter: https://www.e-teaching.org/

Homepages von Professuren zur Frühen Neuzeit
Nützliche Tipps und Links bieten auch die Homepages von Professuren zur Geschichte der Frühen Neuzeit, z. B. meine eigene Seite an der Goethe-Universität Frankfurt am Main:

http://www.geschichte.uni-frankfurt.de/43070384/fnz

Dort finden Sie nicht wenige Angaben aus diesem Kapitel wieder. Erstellt wurden diese Angaben übrigens unter maßgeblicher Mitarbeit von Kevin Christian Klein, dem ich an dieser Stelle ganz herzlich für seinen Einsatz danke!

Literatur

Winfried Baumgart, **Bücherverzeichnis zur deutschen Geschichte**. Hilfsmittel, Handbücher, Quellen, 18., überarbeitete und erweiterte Auflage Stuttgart 2014.

Clio-Guide. Ein Handbuch zu digitalen Ressourcen für die Geschichtswissenschaften http://guides.clio-online.de

Peter Haber, **Digital Past**. Geschichtswissenschaft im digitalen Zeitalter, München 2011.

4.2 Quellen und Literatur finden

Nachdem Sie ein Thema gefunden und sich erste Informationen durch ein Handbuch, ein Lexikon oder Ressourcen im Internet angeeignet haben, gilt es nun, weitere Literatur und Quellen zu finden – das so genannte BIBLIOGRAPHIEREN beginnt. Meist reichen für kleinere Referate oder Ausarbeitungen die Angaben aus Handbüchern oder Verweise in Lexikonartikeln aus. Bei größeren Arbeiten empfiehlt es sich jedoch, systematischer vorzugehen, um auch wirklich „alles" zu erfassen. Wie dieses Bibliographieren nach

> *Tipp*
> **Auswahlbibliographie**
> *Oftmals stellen die Dozierenden am Anfang eines Seminars oder einer Übung so genannte „Auswahlbibliographien" zu den jeweiligen Themenbereichen zur Verfügung. Diese sollten Sie sich in jedem Fall genau anschauen und am besten gut aufbewahren, da sie, meist sorgfältig recherchiert, immer wieder von Nutzen sein können.*

dem Schneeballsystem bzw. das systematische Bibliographieren funktionieren, wird in diesem Abschnitt dargelegt. Zunächst soll aber geklärt werden, welche verschiedenen Arten von Veröffentlichungen es überhaupt gibt.

4.2.1 Formen der Veröffentlichungen

Quellen- und Literaturverzeichnisse, die so genannte „Bibliographie", gehören zu jeder wissenschaftlichen Arbeit. Schon der erste Blick in eine solche Bibliographie zeigt: Es gibt unterschiedliche Formen, in denen wissenschaftliche Literatur veröffentlicht wird. Und da diese Formen nicht nur auf je eigene Weise zitiert werden, sondern auch durch unterschiedliche Hilfsmittel zu erschließen sind, werfen wir zunächst einen Blick auf das Spektrum der Publikationsformen. Diese unterscheiden sich durchaus auch nach ihrem Medium: Klassische Druckerzeugnisse stehen neben digitalen Veröffentlichungen. Allerdings ist diese Unterscheidung eine rein technische Frage, und überdies liegen viele Publikationen mittlerweile in beiden Formen vor: Viele Verlage bieten gedruckte Bücher zugleich auch als e-book an, Zeitschriften verkaufen mittlerweile einzelne Artikel oder ganze Hefte als pdf-Datei online, und auch alte Bücher landen dank Unternehmen wie google books zunehmend im Internet. Weit wichtiger als die Frage des Trägermediums sind in unserem Zusammenhang inhaltliche Kriterien, und diese gelten im Druck ebenso wie in der digitalen Welt.

Grundsätzlich wird zunächst zwischen Quellen und so genannter „Sekundärliteratur" unterschieden. Unter **Sekundärliteratur** versteht man wissenschaftliche Abhandlungen über ein bestimmtes Thema. Quellen sind dagegen Texte, Bilder o. Ä., die – Sie erinnern sich an die klassische Definition – unmittelbar Auskunft über die Vergangenheit geben (→ **Kap. 2.2.1**), die also nicht bereits von einem anderen Betrachter inhaltlich ausgewertet und „nur" noch referiert werden. Je nach Fragestellung kann aber auch ein Text der Sekundärliteratur schnell zu einer Quelle werden. Ein Beispiel: Bei der Untersuchung des Phänomens der Gegenreformation und katholischen Konfessionalisierung im 16. Jahrhundert dient Gustav Droysens „Geschichte der Gegenreformation" aus dem Jahr 1893 als wissenschaftliche Abhandlung, als Sekundärliteratur. Beschäftigt man sich aber mit der Rezeption des (mittlerweile ja sehr umstrittenen) Konzepts der Gegenreformation in der Geschichtsschreibung des 19. Jahrhunderts, ist Droysens Werk eine Quelle.

Die Sekundärliteratur begegnet in verschiedenen Formen der Veröffentlichung. Die bekannteste dieser Formen ist die **Monographie**, also das, was die meisten gemeinhin unter „Buch" verstehen: Ein zusammenhängender Text über ein Thema aus der Hand eines oder auch mehrerer Autoren. Bei Monographien handelt es sich häufig um so genannte „Qualifikationsschriften", also um Doktorarbeiten oder Habilitationsschriften. Dies liegt nicht zuletzt daran, dass alle Doktorandinnen und Doktoranden, die in Deutschland im Fach Geschichte promoviert werden und ihren Doktortitel anschließend führen wollen, die Dissertation veröffentlichen müssen. Viele Doktorarbeiten werden mittlerweile digital im Internet publiziert. Doch auch wenn sie nicht mehr selbstverständlich als gedrucktes Buch vorliegen, stellen sie eine klassische Monographie dar.

Die zahlenmäßig häufigste Form der Veröffentlichung ist jedoch nicht die Monographie, sondern der Artikel oder **Aufsatz**. Aufsätze können die Ergebnisse kleinerer Forschungsprojekte vorstellen, Teilaspekte größerer Vorhaben präsentieren oder deren Befunde zusammenfassen. Weil Aufsätze schneller zu schreiben, zu veröffentlichen und zu lesen sind als Monographien, wird die wissenschaftliche Debatte bevorzugt in dieser Publikationsform ausgetragen. Zu finden sind Aufsätze in so genannten **Sammelbänden**, die oft im Kontext von Tagungen, Ausstellungen, Jubiläen oder anderen Festakten entstehen. Vor allem aber werden Aufsätze in den periodisch erscheinenden **Fachzeitschriften** veröffentlicht. Diese Fachzeitschriften sind daher von zentraler Bedeutung für die wissenschaftliche Diskussion. Wichtige Zeitschriften für die Geschichte der Frühen Neuzeit sind:

- Archiv für Reformationsgeschichte (ARG)

Den „Oldie" unter den Fachzeitschriften gibt es seit 1903, thematischer Schwerpunkt ist – nomen est omen – die Reformation, aber auch die Jahre der so genannten „Konfessionalisierung" bis ca. 1648 werden hier in Artikeln und Rezensionen abgehandelt. Seit 1972 sind die Rezensionen in einem gesonderten Literaturbericht zum ARG zu finden (siehe auch unter Bibliographien weiter unten).

- Frühneuzeit-Info

Die seit 1990 erscheinende Zeitschrift des Instituts zur Erforschung der Frühen Neuzeit in Wien bietet in der Regel zweimal jährlich ausgewählte Artikel rund um einen thematischen Schwerpunkt aus Bereichen der ganzen Frühen Neuzeit, daneben gibt es ausführliche Tagungsberichte und Buchbesprechungen.

- Sixteenth Century Journal (SCJ)

Das SCJ erscheint seit 1970 und konzentriert sich fast ausschließlich auf das 16. Jahrhundert. Es bietet ebenfalls eine Mischung aus Aufsätzen und Besprechungen aktueller Bücher. Die Jahrgänge ab 1972 sind komplett digitalisiert und können im Internet abgerufen werden.

- Zeitschrift für historische Forschung (ZHF)

Der Klassiker aus dem deutschsprachigen Raum erscheint seit 1974 vierteljährlich und kommt ebenfalls mit dem bekannten Mix aus Aufsätzen und Rezensionen daher. Chronologisch umfasst die ZHF den Zeitraum von 1200 bis 1800 – hier wird also das Alteuropa-Konzept vertreten! Erwähnenswert sind auch die Beihefte, die in unregelmäßigen Abständen ein Schwerpunktthema aus dem Bereich des Spätmittelalters und der Frühen Neuzeit behandeln.

Wichtig sind auch einige historische Zeitschriften, die nicht speziell auf die Frühe Neuzeit konzentriert sind, etwa:
- Geschichte in Wissenschaft und Unterricht (GWU)
- Historische Zeitschrift (HZ)
- Zeitschrift für Geschichtswissenschaft (ZfG)

Solche Fachjournale bieten neben den Artikeln fast immer auch **Rezensionen**, d. h. Buchbesprechungen, in denen einschlägig arbeitende Historiker und Historikerinnen neue Publikationen zu ihren Themengebieten vorstellen und kritisch einordnen. Die online-Präsenz dieser Zeitschriften ist unterschiedlich ausgebaut und im Netz unschwer zu finden.

Lexikonartikel stellen eine weitere wichtige Form der Veröffentlichung dar. Autoren werden hier meist mit den Initialen abgekürzt, die sich aber durch einen Schlüssel am Anfang oder Ende des jeweiligen Bandes schnell auflösen lassen.

Weil Aufsätze, Rezensionen und Lexikonartikel anders als Monographien und Sammelbände nicht für sich allein, sondern gemeinsam mit anderen Texten in Sammelbänden, Zeitschriften oder Lexika erscheinen, heißen sie auch **nicht selbstständige Veröffentlichungen**. Bei **Quellen** wird zwischen edierten und nicht edierten Quellen unterschieden. Im Studium hat man es meist mit **edierten Quellen** zu tun, die von Herausgebern und Übersetzern transkribiert und meist auch kommentiert werden. Oft sind sie mit einem so genannten „kritischen Apparat" versehen, der auf Besonderheiten (Streichungen, Markierungen, Randbemerkungen etc.) des Originals hinweist, welche im Druckbild schlecht wiedergegeben werden können. Meist sind edierte Quellen der heutigen Rechtschreibung angepasst, um das Textverständnis zu erleichtern. Wenn Sie mit einer solchen Edition arbeiten, ist es unbedingt ratsam, zunächst die (editorischen) Vorbemerkungen zu lesen, die auf derartige Eingriffe im Originaltext oder auch auf Auslassungen hinweisen (→ **S. 44**).

Bei **nicht edierten Quellen** handelt es sich dementsprechend um die Originale, welche in Archiven und Bibliotheken schlummern und vor Ort konsultiert werden können. Eine Art Zwischending stellen DIGITALISATE dar, d. h. archivalische Quellen, die digital erfasst und so, wie man sie auch im Archiv sehen würde, wiedergegeben werden. Mehr hierzu lesen Sie im Abschnitt „Quellen finden".

4.2.2 Suche nach dem „Schneeballsystem"

Die wohl am häufigsten gebrauchte Form des Bibliographierens ist die Suche nach dem „Schneeballsystem", auch **unsystematisches Bibliographieren** genannt. Unsystematisch heißt hier nicht chaotisch oder beliebig. Vielmehr fangen Sie an, in einem Handbuchtext oder einem anderen zufällig gefundenen Artikel oder Aufsatz die Literaturangaben in den Fußnoten und, wenn vorhanden, das Literaturverzeichnis nach brauchbaren Titeln zu durchforsten. Langsam erhalten Sie eine gewisse Anzahl von Titeln, die Sie wiederum durchsuchen, und schon ist der Schneeball richtig im Rollen.

Dabei ist es ratsam, mit **neueren Veröffentlichungen** anzufangen, da diese meist die vorhergehende Forschung komplett aufführen. Glücklich können Sie sich schätzen, wenn Sie eine neuere Doktorarbeit oder Habilitationsschrift finden, die Ihr Thema zumindest streift, denn solche Qualifikationsschriften enthalten meist sehr gründlich erstellte und ausgewertete Literaturangaben.

In der Regel bekommen Sie so schnell genügend Literatur für Ihr Thema zusammen. Die **Nachteile** dieser Methode liegen aber ebenso auf der Hand: Sie verlassen sich auf die Vorarbeit anderer und sind damit auch deren Wertungen ausgeliefert. Daher kann es leicht passieren, dass Ihnen wichtige Veröffentlichungen entgehen, nur weil sie von einem anderen für unwichtig gehalten oder schlicht übersehen wurden.

Vor allem aber kann man mit dieser Methode die **neueste Forschungsliteratur** oft nicht finden. Hier hilft die Literaturliste weiter, die viele Dozierende zu Beginn der Lehrveranstaltung bereitstellen. Zufallstreffer können Sie in den Besprechungsteilen der Tagespresse oder in aktuellen Prospekten der Verlage landen (in Buchhandlungen und natürlich online zu finden). Das wichtigste Hilfsmittel bei der Suche nach aktueller Literatur sind jedoch die Fachzeitschriften: Fast jedes Fachjournal hat einen ausführlichen Besprechungsteil, in dem zahlreiche Bücher zum Themenschwerpunkt der Zeitschrift rezensiert werden. Wer aktuelle Literatur zu einem bestimmten Thema sucht, wird hier oft fündig. Und wer bereits einen Interessenschwerpunkt entwickelt hat, ist gut beraten, die entsprechend spezialisierten Fachzeitschriften und deren Rezensionsteil regelmäßig durchzusehen.

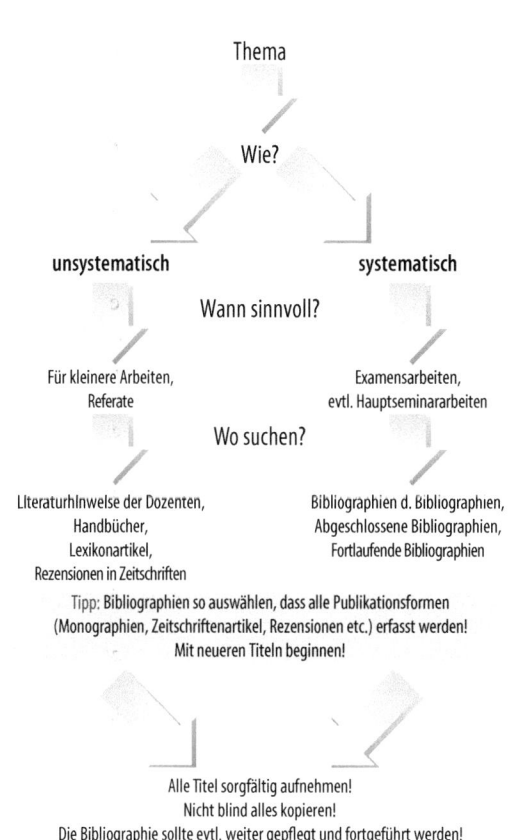

Abb. 17: Bibliographieren im Überblick.

> *Tipp: Bibliographieren*
> *Notieren Sie sich immer die Details einer bibliographischen Angabe! Bei Aufsätzen aus Sammelbänden, Zeitschriften und Lexika sollten Sie unbedingt die genaue Seitenzahl des Artikels vermerken. Bei Sammelbänden muss der Herausgeber und der genaue Titel des Werkes angegeben werden, bei Zeitschriften der exakte Name, die Nummer und der Jahrgang und bei Lexika die Bandzählung samt Erscheinungsjahr des Bandes. Wer solche Kleinigkeiten nicht aufschreibt, muss sie später nachprüfen und macht sich unnötige Arbeit.*

4.2.3 Systematisches Bibliographieren

Beim systematischen Bibliographieren geht es darum, das Prinzip Zufall auszuschalten und die gesamte Literatur zum Thema zu erschließen. Zu diesem Zweck müssen Sie zunächst die passenden **BIBLIOGRAPHIEN** für Ihr Thema suchen. Bibliographien sind Verzeichnisse einschlägiger Literatur, in denen folglich konkrete Titel zu finden sind. Aber wo findet man Bibliographien? In so genannten **Bibliographien der Bibliographien**. Die zwei wichtigsten Verzeichnisse dieser Art für die Geschichtswissenschaften sind der „Totok-Weitzel" und der „Baumgart":

- Wilhelm Totok, Rolf Weitzel, Handbuch der bibliographischen Nachschlagewerke, 6., erweiterte, völlig neu bearbeitete Auflage Frankfurt am Main 1985.
- Winfried Baumgart: Bücherverzeichnis zur deutschen Geschichte. (→ S. 259)

In diesen Bänden finden Sie eine ganze Reihe von Bibliographien, die sich in verschiedene Gruppen einteilen lassen. Die Vielfalt mag zunächst verwirrend wirken. Aber auch hier ist die Sache eigentlich gar nicht so kompliziert. Sie müssen sich immer nur klarmachen, was die jeweilige Bibliographie enthält und was nicht. So gibt es Bibliographien, die sich einem bestimmten Thema widmen: einem historischen Phänomen wie etwa dem Westfälischen Frieden

(„Bibliographie zum Westfälischen Frieden"), einzelnen historischen Persönlichkeiten oder bestimmten Gebieten und Regionen. Daneben existieren für viele Länder so genannte **Nationalbibliographien**, die unabhängig vom Thema alle in einem bestimmten Land erschienenen neuen Werke verzeichnen. Manche Bibliographien konzentrieren sich auf eine bestimmte Form der Veröffentlichung ohne Rücksicht auf den Inhalt: So gibt es **Bibliographien der Hochschulschriften** oder auch Bibliographien, die sich besonders der **Zeitschriftenliteratur** annehmen.

Dabei wird zwischen fortlaufenden und abgeschlossenen Bibliographien unterschieden. **Fortlaufende Bibliographien** werden regelmäßig ergänzt, weshalb man sie oft im Anhang von Fachzeitschriften mit regelmäßiger Erscheinungsweise findet. Bei der oben angeführten Bibliographie zum Westfälischen Frieden handelt es sich dagegen um eine **abgeschlossene Bibliographie**: Sie ist 1996 erschienen und verzeichnet daher auch „nur" die Forschungsliteratur bis kurz vor diesem Datum – diese aber sehr gründlich und umfassend.

Haben Sie mit Hilfe der Bibliographien der Bibliographien genug einschlägige Verzeichnisse ermittelt, beginnt die mühsame Kleinarbeit. Jetzt heißt es, jede einzelne Bibliographie nach passenden Treffern zu durchsuchen. Dabei sollten Sie unbedingt berücksichtigen, wie die Werke aufgebaut sind. Lesen Sie die **Gebrauchsanleitung**, die fast jeder Bibliographie beigegeben ist!

Glücklicherweise gibt es viele wichtige Bibliographien auch **online**, was die Suche erleichtern kann. Wohlgemerkt: Das kann die Suche erleichtern – wenn man weiß, wie. Zum einen müssen Sie sich auch in der elektronischen Variante zunächst klarmachen, was die Bibliographie überhaupt enthält und wie sie funktioniert. Und zum anderen sollten Sie bei der Auswahl der für die Suche entscheidenden Schlagwörter flexibel bleiben. Was für den einen Bearbeiter bei der Verschlagwortung zum Dreißigjährigen Krieg gehört, ist für den anderen unter dem Stichwort der Konfessionalisierung zu suchen. Daher sollten Sie viele Schlagwörter ausprobieren und etwas Phantasie entwickeln.

4 Technisches: Vom Proseminar zum Examen

Wichtige fortlaufende Bibliographien zur Geschichte (einschließlich der Frühen Neuzeit):

- Jahresberichte für deutsche Geschichte (JdG)

Eigentlich die Standardbibliographie zur deutschen Geschichte, geführt seit 1925, ab 1986 im Internet. Allerdings wurden die JdG zum Jahresende 2015 aus finanziellen Gründen eingestellt. Die weiterhin online zugängige Datenbank deckt den Berichtsraum von 1949 bis 2015 ab, die Jahresberichte für 1925 bis 1938 sind über diese Seite ebenfalls zu erschließen. Für die Suche nach einschlägiger Fachliteratur aus diesen Jahren bleiben die JdG natürlich wertvoll. http://www.jdg-online.de/

- Deutsche Historische Bibliographie (DHB)

Geplant als Nachfolger der JdG, nun unter dem Dach des „Fachinformationsdienstes Geschichte", der sich ausdrücklich auch um die Erschließung digitaler Ressourcen kümmern will (→ **Kap. 4.2.5, S. 292 ff.**). Daher umfasst die DHB sowohl gedruckte als auch elektronische Veröffentlichungen, und zwar Monographien, Sammelbände und einzelne Beiträge, Zeitschriftenaufsätze, Quelleneditionen, Nachschlagewerke und Bibliographien. Inhaltlich geht es sowohl um die internationale Forschung zur deutschen Geschichte als auch um die Publikationen der deutschsprachigen Geschichtswissenschaft zu allen möglichen Themen.

Hoffentlich bald am Start unter: https://www.historicum.net/en/recherche/fachinformationsdienst-geschichtswissenschaft/deutsche-historische-bibliographie/

- Historische Bibliographie (seit 1986), seit 1990 auch online.

In der Datenbank werden seit 1990 publizierte Titel erfasst, und zwar Monographien und Beiträge aus Zeitschriften und Sammelwerken. Ebenfalls über die praktische Suchmaske erschlossen wird eine deutlich kleinere Datenbank: das „Jahrbuch der historischen Forschung", in dem in Arbeit befindliche, aber noch nicht veröffentlichte Forschungsprojekte vermerkt sind. Beide Datenbanken beschränken sich nicht auf die deutsche Geschichte. http://historische-bibliographie.degruyter.com/

- Historical Abstracts (seit 1954)

Eine der ganz großen Bibliographien: Internationale Literatur ab 1955, mit Schwerpunkt auf den europäischen Sprachen. Umfasst Monographien, Aufsätze und auch Dissertationen zur Geschichte (fast) aller Länder (außer USA und Kanada; diese sind aber über eine getrennte Funktion erschließbar), und zwar von 1450 bis zur Gegenwart. Besonderer Service: Für alle Titel wird ein kurzer Abstract geboten. Dieses Angebot ist leider kostenpflichtig, aber evtl. über den Uni-Server freigeschaltet. Online unter https://www.ebsco.com/products/research-databases/historical-abstracts

- Archiv für Reformationsgeschichte (seit 1906), seit 1972 mit einem gesonderten Beiheft „Literaturbericht"

Ein Beispiel für eine thematisch enger definierte laufende Bibliographie: Der Literaturbericht erschließt nahezu die gesamte internationale Forschungsliteratur zur Reformation und ihren Folgen und ist über diverse Register sehr gut zu erschließen. Die Homepage der Zeitschrift bietet zwar nicht die Beihefte, aber immerhin alle Titelangaben der publizierten Beiträge in den Bänden der ARG seit dem Jahrgang 1997. Zu finden über: http://www.reformationsgeschichte.de/

Speziell für Artikel in Fachzeitschriften gibt es die
- Internationale Bibliographie der Zeitschriftenliteratur (IBZ), im Internet unter https://www.degruyter.com/view/db/ibz

Rezensionen können Sie dagegen ermitteln in der
- Internationalen Bibliographie der Rezensionen (IBR), im Internet ebenfalls unter http://www.degruyter.com/view/db/ibr

Einige **abgeschlossene Bibliographien für die Frühe Neuzeit**:
- Karl Schottenloher, Bibliographie zur deutschen Geschichte im Zeitalter der Glaubensspaltung 1517–1585, 7 Bde., Stuttgart 2. Auflage 1956–1966.
- Heinz Duchhardt, Bibliographie zum Westfälischen Frieden, Münster 1996.

> *Tipp: Online bibliographieren*
> *Für die bibliographischen Hilfsmittel im Netz gilt das Gleiche wie für die digitale Nutzung von Zeitschriften und manchen Nachschlagewerken: Diese Angebote werden von kommerziellen Betreibern zur Verfügung gestellt und sind in der Regel kostenpflichtig. Allerdings erwerben die Universitätsbibliotheken oft Abos, die von den Studierenden im Campusnetz kostenlos genutzt werden können.*

4.2.4 Titel aufnehmen und verwalten

Haben Sie einen Titel gefunden, gilt es diesen festzuhalten. Hierfür gibt es verschiedene Möglichkeiten, so genannte **Zitierschemata**. Sie werden schnell feststellen, dass diese stark voneinander abweichen und dass in der Forschungsliteratur sehr unterschiedlich zitiert wird: Der eine schreibt den Vornamen vor den Nachnamen, die andere macht das lieber umgekehrt, einige finden es wichtig, den Verlag mit anzugeben, andere halten das für überflüssig. Ganz gleich, für welche Art des Zitierens Sie sich entscheiden – wichtig ist, dass Sie ein einheitliches, in sich stimmiges Schema verwenden und dieses auch konsequent durchhalten. Am besten, Sie entscheiden sich bereits am Beginn Ihres Studiums für eine Variante und bleiben dabei. Aber Vorsicht: Verschiedene Disziplinen haben auch in diesen formalen Fragen unterschiedliche Fachtraditionen und Vorlieben – Sie sollten also überprüfen, ob Ihr Schema aus der Geschichte auch für Ihre anderen Studienfächer passt.

Im Folgenden finden Sie ein in sich stimmiges, einheitliches Schema für das Zitieren der verschiedenen Formen der Veröffentlichung, das in den historischen Fächern sehr verbreitet und akzeptiert ist. Verbindlich ist dieses Schema aber nicht, verstehen Sie es als Vorschlag.

- **Monographie**

Vorname Nachname, Titel. Untertitel (ggf. Reihentitel mit Bandangabe), Ort ^Auflage^Jahr.

Bsp.: Johannes Arndt, Der Dreißigjährige Krieg 1618–1648, Stuttgart 2009.

Bei Erstauflagen entfällt die Zählung der Auflage.

- **Sammelband**

Vorname Nachname (evtl. Vorname Nachname weiterer Herausgeber) (Hg.), Titel. Untertitel (ggf. Reihentitel mit Bandangabe), Ort ^Auflage^Jahr.

Bsp.: Benigna von Krusenstjern, Hans Medick (Hg.), Zwischen Alltag und Katastrophe. Der Dreißigjährige Krieg aus der Nähe (Veröffentlichungen des Max-Planck-Instituts für Geschichte 148), Göttingen ²2001.

Um den Titel zu betonen, kann die Angabe der Herausgeber bei Sammelbänden auch nachgestellt werden:

Titel. Untertitel, hg. von Vorname Nachname, Vorname Nachname (ggf. Reihentitel mit Bandangabe), Ort ^Auflage^Jahr.

Bsp.: Zwischen Alltag und Katastrophe. Der Dreißigjährige Krieg aus der Nähe, hg. von Benigna von Krusenstjern, Hans Medick (Veröffentlichungen des Max-Planck-Instituts für Geschichte 148), Göttingen ²2001.

- **Aufsatz in einer Zeitschrift**

Vorname Nachname, Titel. Untertitel, in: Titel der Zeitschrift und Bandnummer (Jahreszahl), Seitenangabe.

Bsp.: Hans Medick, Wallensteins Tod, in: Daphnis 37 (2008), S. 111–130.

Die Namen von bekannteren Zeitschriften werden in der Regel abgekürzt wiedergegeben. Sie sollten die Abkürzungsvorgaben der HZ (Historische Zeitschrift) oder der TRE (Theologische Realenzyklopädie) verwenden. Einige der wichtigsten können Sie im Anhang dieses Buches nachlesen.

- **Aufsatz in einem Sammelband**

Vorname Nachname des Autors, Titel. Untertitel, in: Vorname Nachname des Herausgebers (Hg.), Titel des Sammelbandes. Untertitel des Sammelbandes (ggf. Reihentitel mit Bandangabe), Ort ^{Auflage} Jahr, Seitenangabe.

Bsp.: Michael Weise, Grausame Opfer? Kroatische Söldner und ihre unterschiedlichen Rollen im Dreißigjährigen Krieg, in: Philipp Batelka, Michael Weise, Stephanie Zehnle (Hg.), Zwischen Tätern und Opfern. Gewaltbeziehungen und Gewaltgemeinschaften, Göttingen 2017, S. 127–148.

- **Lexikonartikel**

Vorname Nachname, Art. Titel des Lexikonartikels, in: Name des Lexikons ggf. Band, Ort ^{Auflage} Jahr, Seiten- oder Spaltenzahl.

Bsp.: Michael Kaiser, Art. Dreißigjähriger Krieg, in: Enzyklopädie der Neuzeit Bd. 2, Stuttgart/Weimar 2005, Sp. 1125–1133.

Die Abkürzung Sp. steht für Spalten, in die viele Lexika der besseren Übersicht zuliebe gegliedert sind. Lexika werden nach ihrem Titel zitiert, die Herausgeber müssen Sie nicht angeben.

- **Quelleneditionen**

Vorname Nachname des Herausgebers. (Hg.), Titel. Untertitel (ggf. Reihentitel mit Bandangabe), Ort ^{Auflage}Jahr.

Bsp.: Jan Peters (Hg.), Peter Hagendorf. Tagebuch eines Söldners aus dem Dreißigjährigen Krieg, Göttingen 2012.

- **Artikel aus dem Internet**

Wenn Sie Beiträge zitieren, die ausschließlich im Netz zu finden sind, gilt folgende Regel:

Vorname Nachname, Titel. Untertitel, in: Name der Internetressource, hg. von Vorname Nachname, URL: http://www.genaue-adresse-angeben.de [Datum des Aufrufs].

Bsp.: Johannes Kraus, Der Staatsbildungskrieg vor Ort. Der Dreißigjährige Krieg in der Oberpfalz, in: Dreißigjähriger Krieg Online-Projekte, hg. von Markus Meumann, URL: http://thirty-years-war-online.net/projekte/johannes-kraus-staatsbildungskrieg-vor-ort [18.09.2017].

Bei Titeln, die sowohl im Druck als auch digitalisiert erschienen sind, sollten Sie nach der gedruckten Form zitieren (und diese natürlich auch einsehen) – die digitale Fassung gibt den Druck nicht immer vollständig und auch nicht immer unverändert wieder.

Eine bibliographische Angabe wird wie ein vollständiger Satz behandelt: Sie beginnt immer mit Großschreibung und wird immer mit einem Punkt abgeschlossen.

4.2.5 Quellen finden

Und wie findet man Quellen? Im Prinzip funktioniert das nicht anders als die Suche nach Literatur. Allerdings sollte man die Suchbegriffe ein wenig weiter fassen: Bibliographien listen natürlich nicht jede einzelne Quelle in einer Quellensammlung auf, sondern nur den Band insgesamt. Also: Gerade im Print-Bereich sollten Sie lieber nach allgemeineren Begriffen wie z. B. nach „Quellen zum Dreißigjährigen Krieg" als nach einem speziellen Bericht zu einer konkreten Schlacht suchen.

Auf der Suche nach **gedruckt vorliegenden Quelleneditionen** zur deutschen Geschichte nach wie vor unverzichtbar ist Baumgarts Bücherverzeichnis. Hier werden Sie auf eine ganze Reihe von Editionen verwiesen, in denen Sie dann nach konkreten Quellen für Ihre Fragestellung stöbern können. Während Sie die großen klassischen Quelleneditionen vor allem zur Politik-, Rechts-, Verfassungs- und Kirchengeschichte bereits im Bücherverzeichnis aufgelistet finden, hat Baumgart selbst für detaillierte Auskünfte zu den einzelnen Zeitabschnitten der deutschen Geschichte eine mehrbändige Quellenkunde verfasst. „Quellenkunde" heißt dieses Werk, weil hier nicht nur Editionen aufgelistet, sondern auch Hinweise zur Quellenlage sowie nützliche Informationen zur Quellenkritik geboten werden:

Winfried Baumgart, Quellenkunde zur deutschen Geschichte der Neuzeit von 1500 bis zur Gegenwart, 7 Bde., Darmstadt 1977–2003 (die ersten drei Bände gelten der Frühen Neuzeit; leider wurden bislang nur Bände zur Neuesten Geschichte aktualisiert).

Natürlich gibt es mittlerweile auch **Quelleneditionen im Internet**, so etwa eine umfangreiche Sammlung ausgewählter Quellen zur Politik-, Sozial- und Kulturgeschichte Deutschlands von 1500 bis in die Gegenwart, die das Deutsche Historische Institut in Washington bereitstellt und mit Blick auf seinen internationalen Adressatenkreis auch gleich in englischer Übersetzung anbietet: Deutsche Geschichte in Dokumenten und Bildern (DGDB) http://germanhistorydocs.ghi-dc.org/index.cfm

Für die Suche nach Quellen ist diese Seite sicher geeignet. Für die weitere Arbeit mit diesen Quellen sei aber auf die jeweils angegebene ursprüngliche Edition der Quellen verwiesen, die in der Netzversion oft gekürzt und weitgehend unkommentiert dargeboten werden.

Aber auch und gerade jenseits solcher online-Auswahlen bereits gedruckt edierter Quellen erweist sich das Internet auf dem Feld der Quellenrecherche als wahre Fundgrube. Nahezu täglich wächst das Angebot: Traditionelle Editionsreihen wie etwa die „Deutschen Reichstagsakten" ergänzen ihre Printversion um ein online-Angebot, das die vollen Inhalte ohne Auswahl und Kürzungen bietet; neue Editionsvorhaben setzen oft ganz und ausschließlich auf das Netz und seine Recherchemöglichkeiten. Geboten werden neben der online-Edition von Quellen, die den Regeln der historisch-kritischen Methode verbunden bleibt, oftmals auch **DIGITALISATE:** Wiedergaben einzelner Quellen, die eingescannt werden und das Original so zeigen, wie wir es auch im Archiv vorfänden.

Solche Digitalisate finden sich aber keineswegs nur als Ergänzung großer Editionsreihen im Netz. Vielmehr schwirren mittlerweile Abermillionen von Digitalisaten durch die virtuelle Welt. Verantwortlich hierfür sind so genannte **DIGITALE SAMMLUN-**

GEN, d. h. Seiten im Netz, die zahlreiche Digitalisate anbieten, oftmals, ohne die Quellen nach den Regeln der Kunst zu edieren, zu transkribieren oder auch nur zu kommentieren. Natürlich können solche Digitalisate ein Volltreffer bei der eigenen Quellensuche sein. Aber ganz einfach ist diese Suche nicht.

Hilfreich ist es zweifellos, sich zunächst die Frage zu stellen, welche Institution womöglich über Quellen zu Ihrem Thema verfügen könnte. In Frage kommen hierbei nicht nur Archive, sondern auch Bibliotheken und Museen. Praktischerweise gibt es kaum noch Einrichtungen dieser Art ohne eigenen Internetauftritt, und gerade die größeren Institutionen nutzen diese Auftritte, um ihre Schätze ganz unmittelbar zu präsentieren. So bieten mittlerweile sehr viele National-, Landes- und Universitätsbibliotheken bzw. -archive auf ihrer Homepage Teile der eigenen Bestände in den „Digitalen Sammlungen" als Digitalisat an: frei zugänglich, meist in sehr guter Bildqualität und oftmals sogar zum Download. Als Beispiele seien genannt:

- die Württembergische Landesbibliothek Stuttgart (http://digital.wlb-stuttgart.de)
- die Humboldt-Universität zu Berlin (http://www.digi-hub.de)
- das Hauptstaatsarchiv Bayern (http://www.gda.bayern.de/service/bestaende)
- und für Quellen zur französischen Geschichte die Französische Nationalbibliothek (http://gallica.bnf.fr)

Klar ist: Wer nach Quellen zur bayerischen Geschichte sucht, sollte einen Blick auf die Seite des Hauptstaatsarchivs Bayern werfen, wer sich für Frankreich interessiert, ist bei der Französischen Nationalbibliothek gut aufgehoben. Aber wie und wo kann man suchen, wenn die Zuordnung weniger offenkundig ist? Hier kommen zunächst Internetseiten von Institutionen in Frage, die sich zwar ebenfalls auf die eigenen Bestände beschränken, aber über eine derart **umfassende Sammlung** verfügen, dass für alle möglichen Themen etwas dabei sein könnte. Solche Seiten, die eine sehr große Zahl an unterschiedlichen Quellen verfügbar machen, sind etwa:

- der Webauftritt des Münchner Digitalisierungszentrums, das die enormen Bestände der Bayerischen Staatsbibliothek erschließt (http://www.digitale-sammlungen.de)
- der vergleichbare Webauftritt des Göttinger Digitalisierungszentrums (http://gdz.sub.uni-goettingen.de/gdz)

Daneben erarbeiten viele Bibliotheken und Archive aus ihren eigenen Beständen digitale **Quellensammlungen zu enger gefassten Themen**. Um nur einige Beispiele zu nennen:
- Das Reformationsportal Mitteldeutschland bündelt mehrere Teilprojekte zum Thema Reformation und bietet aus dem Fundus vor allem thüringischer Bibliotheken und Archive einen wahren Schatz an digitalisierten Drucken und online edierten Manuskripten zur Reformationsgeschichte keineswegs nur Mitteldeutschlands: http://www.reformationsportal.de
- Die Bibliothek der Cornell University in Ithaca, New York, bietet ihre Bestände zur Hexerei und Hexenverfolgung in der Frühen Neuzeit im Netz an: http://ebooks.library.cornell.edu/w/witch/
- Auf Datenbanken wie die des „Old Bailey" mit ihren annähernd 200 000 Kriminalfällen aus dem frühneuzeitlichen London wurde schon hingewiesen (→ S. 275).

Wieder andere Datenbanken erschließen die Publizistik der Frühen Neuzeit quer über alle Wissensgebiete, dafür aber **auf bestimmte Länder beschränkt**. Dies gilt für die Verzeichnisse deutschsprachiger Drucke VD 16, VD 17 und VD 18 (→ S. 275), die im Unterschied zu reinen digitalen Sammlungen auch (noch) nicht digitalisierte Druckwerke erfassen. Eine vergleichbare Datenbank gibt es auch für die englische Bücherwelt: „Early English Books online" präsentiert als Volltextdatenbank über 125 000 Werke, die zwischen 1473 und 1700 in England gedruckt wurden: https://eebo.chadwyck.com/home

4.2 Quellen und Literatur finden

Nach **Einrichtungen und Digitalen Sammlungen**, die für Ihr Thema von Interesse sein dürften, können Sie auch gezielt suchen. Dafür stehen Plattformen zur Verfügung, die nicht nur unmittelbar zu einzelnen Digitalisaten führen, sondern auch auf Einrichtungen verweisen, die Digitale Sammlungen anbieten. Dass es auf diesem Feld zunehmend schwer wird, den Überblick zu bewahren, hat auch die Politik erkannt. Um unter dem Wust des Angebots Orientierung zu bieten und allen Interessierten mit den vielfältigen Beständen das kulturelle Erbe Deutschlands (kosten-)frei und digital zugänglich zu machen, ist ein zentrales nationales Portal entstanden: Die **Deutsche Digitale Bibliothek** (**DDB**) will die digitalen Angebote aller Kultur- und Wissenschaftsinstitutionen in Deutschland erschließen und vernetzen und erfasst schon jetzt Millionen von Büchern und Archivalien, Bildern und Skulpturen, Tondokumenten, Musikstücken und Filmen: https://www.deutsche-digitale-bibliothek.de

Es geht aber noch größer: Langfristig soll die DDB gemeinsam mit vergleichbaren Plattformen anderer EU-Mitgliedsländer die digitalen Bestände ganz Europas erschließen: Dieses Mega-Projekt mit Such- und Orientierungsfunktion auf europäischer Ebene heißt **europeana collections** und ist zu finden unter http://www.europeana.eu/portal/de.

Hinzu kommen Suchmaschinen, die sich nicht auf die Bestände einer Institution, sondern auf **bestimmte Quellenarten** beschränken. Der Vorteil: Nachgewiesen werden hier die einzelnen Quellen, nicht nur ganze Sammlungen.

- Wer **Digitalisate frühneuzeitlicher Drucke** sucht (für den Dreißigjährigen Krieg also etwa Flugschriften), wird leicht und bequem im **Zentralen Verzeichnis Digitaler Drucke** (**ZVDD**) fündig: http://www.zvdd.de. Wohlgemerkt: Dieses Nachweisportal für in Deutschland erstellte Digitalisate von Druckwerken vom 15. Jahrhundert bis heute erfasst Digitalisate, also nicht Druckwerke an sich! Wer generell nach Drucken sucht (und damit leben kann, manche nicht sofort online

anklicken zu können), recherchiert weiterhin in VD 16, VD 17 oder VD 18.
- Eine Auswahl **literatur- und sprachgeschichtlich** interessanter deutschsprachiger Texte aus dem Zeitraum von ca. 1600 bis 1900 erschließt http://www.deutschestextarchiv.de
- Frühneuzeitliche Karten und andere Bildquellen (→ **Kapitel 3.3.3**) können über folgende Internetseiten ermittelt werden:

Karten
- http://ikar.staatsbibliothek-berlin.de (Kartendatenbank)
- https://www.ulb.tu-darmstadt.de/spezialabteilungen/kartensammlung/kartensammlung.de.jsp (Kartenbank)
- http://www.deutschefotothek.de/db/apsisa.dll/ete?action=queryInfo&index=area&desc=Kartenforum (26 000 hochauflösend digitalisierte kartographische Quellen)

Eine Ausnahme stellt der IEG Maps-Server für digitale historische Karten dar (http://www.ieg-maps.uni-mainz.de/): Anstatt historische Karten zu digitalisieren, bietet das Institut für Europäische Geschichte in Mainz in seiner Sammlung moderne Karten zur deutschen und europäischen Geschichte. Von A (wie anhaltinische Herzogtümer) bis Z (wie Zollverein) sind zahlreiche Karten verfügbar. Das sind zwar keine Quellen im engen Sinne, aber oft nützliche Hilfsmittel.

Bildquellen
- http://www.bildindex.de (Bildquellen)
- http://www.prometheus-bildarchiv.de (Bildquellen; teilweise kostenpflichtig)
- http://tethys.imareal.sbg.ac.at/realonline (Bildquellen, systematische Suche nach Bildinhalten möglich)
- http://www.virtuelles-kupferstichkabinett.de (über 50 000 Beschreibungen und Abbildungen von Druckgraphik und Zeichnungen, systematische Suche nach Bildinhalten möglich)

Was Sie mit all diesen Suchmaschinen, Volltextdatenbanken und Digitalen Sammlungen anfangen können, werden Sie bei einem Klick auf die Seiten schnell herausfinden: In aller Regel sind sie übersichtlich und selbsterklärend aufgebaut. Ein besonderer Luxus stellt dabei immer die Volltextsuche dar: Wenn Sie die Möglichkeit haben, einen größeren Bestand historischer Texte auf bestimmte Begriffe, Orte, Jahreszahlen oder Namen zu durchsuchen, sind Ihrer Quellenrecherche reiche Funde nahezu sicher. Vorausgesetzt, Sie suchen an der richtigen Stelle – aber Sie wissen ja jetzt, wie sie diese in den Weiten des Netzes orten können.

Eines aber sollten Sie bei aller Begeisterung für die elektronische Quellensuche nicht vergessen: Am Anfang steht die **Fragestellung**! Welchen Quellenwert Ihre Funde für Sie haben, hängt einzig und allein davon ab, wonach Sie suchen. Und wenn Sie nicht wissen, welche historische Frage Sie eigentlich untersuchen wollen, werden Sie auch und gerade mit den unendlichen Beständen im Internet nicht weit kommen. Im Übrigen ist man mit dem Griff zur gedruckten Quellenedition oftmals besser beraten als mit langen Surfmanövern im Netz: Als Editoren werden meist ausgewiesene Experten tätig, und da sie sich in der Regel bemühen, möglichst vielfältige und aussagekräftige Quellen zu einem Thema zusammenzustellen, lohnt sich der Blick in einschlägige Quelleneditionen eigentlich immer.

Und noch etwas bleibt festzuhalten: Den **Gang in die Archive** kann und soll die Quellenrecherche im Internet nicht gänzlich ersetzen. Natürlich ist es eine große Hilfe, Quellen bequem am Bildschirm einsehen zu können, die absolut einschlägig sind, aber in fernen Archiven schlummern und ohne Digitalisierung nicht leicht oder gar nicht erreichbar wären. Doch wer sich ganz auf das Netz verlässt, muss sich auch der Risiken und Verluste bewusst sein, die damit einhergehen. So ist die Präsentation im Netz häufig mit dem Verlust von Informationen verbunden, die für die Bewertung der Quelle wichtig wären: Veränderungen am Text, Bearbeitungsspuren, Auffälligkeiten am Material sind oftmals nur mit dem eigenen Auge zu erkennen, und wie ein Brief gefaltet war (was durchaus wichtig sein kann), lässt sich selten ohne den Griff zum Original rekonstruieren. Informationen gehen aber auch verloren, wenn die Quelle per Mausklick erscheint, ohne dass man sich die Ablagesituation klar machen muss: Wer in frühneuzeitlichen Archiven stöbert, lernt allein schon über den Aufbau des Archivs und seiner Bestände einiges über die Arbeitsweise der Institution, die die Archivalien hervorgebracht hat. Ob eine Quelle den Beständen der fürstlichen Kanzlei entsprungen ist oder dem Konsistorium für die Verwaltung der Kirche, kann einen erheblichen Unterschied für ihr Verständnis ausmachen. Angaben zur Provenienz sollte man daher sorgfältig beachten – auch wenn sie in der digitalen Leichtigkeit des Seins häufig kaum noch eine Rolle spielen.

Dass man bei der Arbeit mit Digitalisaten von der Auswahlentscheidung Dritter abhängig ist und womöglich die für die eigene Fragestellung eigentlich zentralen Quellen gerade nicht unter den Scanner geraten sind, sollte man sich ebenfalls klar machen. Und auch das Größenverhältnis zwischen digitalisierten und nicht digitalisierten Quellen muss zu denken geben: So unüberschaubar das Angebot im Netz bereits jetzt wirkt, so offenkundig ist doch auch, dass die große Masse der Bestände, mit denen wir als Historiker und Historikerinnen arbeiten können, schon aus Kostengründen niemals digitalisiert werden wird. Das dürfte gerade für Quellen gelten, deren Wert man noch nicht so recht erkannt hat. Sie wissen ja: Wissenschaft ist in Bewegung, und mit neuen Fragestellungen werden auch andere Quellenarten Interesse finden. So wie etwa Selbstzeugnisse erst in ihrem Quellenwert erkannt wurden, als man sich für die Weltsicht auch der einfachen Leute zu interessieren begann, so wird die Zukunft sicher weitere Quellenarten ins Licht rücken – und zwar solche Quellen, die heute auch diejenigen, die über Digitalisierungsprogramme entscheiden, noch nicht auf dem Schirm haben (können). Wissenschaftliche Innovation in der historischen Forschung könnte also paradoxerweise vor allem von den Quellenbeständen ausgehen, die sich der technischen Innovation bisher entzogen haben und im Archiv auf Sie warten.

Wem das als Argument für den Gang ins Archiv noch nicht genügt: Es macht einfach Spaß, mit den Originalen im Archiv oder in der historischen Sammlung einer Bibliothek zu arbeiten! Und es stellt den Kern dessen dar, was Historiker und Historikerinnen so treiben. Wer Geschichte studiert, sollte also früher oder später den Griff zu den Originalen wagen. An Möglichkeiten wird es Ihnen nicht mangeln: Gerade zur Frühen Neuzeit werden an fast allen Unis immer wieder Lehrveranstaltungen angeboten, die ganz oder zum Teil im Archiv stattfinden. Gönnen Sie sich dieses Erlebnis!

Hilfen beim Einstieg in die Welt der Archive und Archivrecherche bietet im Übrigen das Internet. **Archive in Ihrer Nähe** finden Sie über https://www.archivportal-d.de/. Sortiert nach Sparten und Bundesländern, bekommen Sie eine Fülle von staatlichen, kommunalen und kirchlichen, von Familien-, Wirtschafts- und Medienarchiven geboten. Über die Homepage der einzelnen Archive können Sie sich einen ersten Überblick über die Bestände und deren Systematik (Provenienz!) verschaffen. Und da viele Archive ihre **Findmittel** (→ S. 139) online stellen, kommen Sie auf diese Weise schon meist recht weit mit der Suche nach Quellen.

Literatur

Clio-Guide. Ein Handbuch zu digitalen Ressourcen für die Geschichtswissenschaften http://guides.clio-online.de

Nils Freytag, Wolfgang Piereth, **Kursbuch Geschichte**. Tipps und Regeln für wissenschaftliches Arbeiten, Paderborn 2004.

4.3 Fachliteratur einschätzen und auswerten

4.3.1 Was ist gute Literatur?

Nehmen wir an, Sie haben bei Ihrer Recherche 25 Titel gefunden, die für Ihre Fragestellung relevant sein könnten. Sie gehen nun in die Bibliothek, um sich die Bücher und Artikel zu besorgen. Sicher wollen Sie nicht alle Monographien und Sammelbände nach

Hause schleppen oder kopieren. Wie aber lässt sich möglichst schnell herausfinden, welche Beiträge wirklich relevant sind? Schauen Sie sich zunächst **Titel und Untertitel** des Werkes genau an: Mit etwas Glück wird bereits hier die Fragestellung oder auch die Generalthese gut auf den Punkt gebracht. Bei Büchern sollten Sie in einem weiteren Schritt das **Inhaltsverzeichnis** durchgehen, um sich ein Bild von Anlage und Aufbau der Untersuchung zu machen. Oft können Sie hier schon die relevanten Teile eines Werkes entdecken und sich eine Kopie des in Frage kommenden Abschnitts machen, anstatt das ganze Buch mitzunehmen.

Weiterhin sollten Sie unbedingt auch die **Einleitung** und den **Schluss** eines Buches oder auch eines Artikels lesen, denn hier werden Fragestellung und Herangehensweise meist knapp skizziert und die Ergebnisse der Arbeit noch einmal kurz zusammengefasst.

Außerdem sollten Sie auch das **Quellen- und Literaturverzeichnis bzw. bei Artikeln die Fußnoten** genauer betrachten, um sich ein Bild von den verwendeten Quellen und der zitierten Sekundärliteratur zu machen. Und wenn ein Buch ein Register enthält, können Sie mit dessen Hilfe gezielt nach Namen und Begriffen suchen. Nach diesen Schritten dürfte Ihnen schon etwas klarer sein, welche Titel Sie unbedingt und als erstes lesen sollten.

4.3.2 Das richtige Lesen von Literatur

Nach diesen ersten Recherchen geht es nun darum, die als relevant identifizierte Literatur gründlich zu lesen. Machen Sie sich zunächst noch einmal die genaue **Fragestellung** des Autors oder der Autorin klar, die in der Einleitung formuliert wird. Dort folgt in der Regel die THESE, die Antwort auf die gestellte Frage. Folgen Sie nun dem **Argumentationsgang** und untersuchen Sie diesen auf seine Nachvollziehbarkeit und Stringenz. Welche Quellen und welche Literatur werden zitiert? Werden daraus auch die richtigen Schlüsse gezogen? Erinnern Sie sich an die **Standortgebundenheit** eines jeden Autors, und bedenken Sie auch, dass je nach geschichtswissenschaftlichen „Schulen" und Interessen unterschiedliche

Quellen, Fragen und Methoden zum Einsatz kommen (→ **vgl. Kap. 2.7**).

Wenn die Grundzüge der Argumentation klar sind, ist es an Ihnen, den Text kritisch zu beurteilen. Überlegen Sie, auf welche **grundsätzlichen Annahmen** der Autor seine Argumentation stützt und ob er sich hier nicht möglicherweise schon widerspricht. Weiterhin sollten Sie prüfen, ob die herangezogene **Quellenbasis** überhaupt geeignet und ausreichend ist, um die These zu belegen. Oft weichen Autoren von ihrer eigentlichen Fragestellung ab und beantworten ganz andere Fragen als die eingangs gestellten.

Seien Sie skeptisch und überprüfen Sie auch, ob Quellen und Fachliteratur überhaupt korrekt zitiert werden. Oft werden Aussagen aus dem Zusammenhang gerissen, so dass das „ja, aber", das nur zwei Zeilen weiter gestanden hätte, gar nicht zitiert und das Zitat damit verfälscht wird. Zum Schluss sollte man ebenfalls überprüfen, ob und wie gründlich sich ein Autor mit abweichenden Thesen der Fachliteratur beschäftigt und diese in seiner Argumentation berücksichtigt hat.

Natürlich kann man sich bei der kritischen Bewertung der Fachliteratur auch Hilfe holen: Rezensionen aus der Feder erfahre-

---

Tipp: Rezensionen finden

Während die **Internationale Bibliographie der Rezensionen (IBR)** *(s. o.) die systematische Suche nach Besprechungen zu allen denkbaren Werken und auch an entlegenen Orten ermöglicht, hat es sich* **recensio.net** *zur Aufgabe gemacht, aktuelle Rezensionen zur europäischen Geschichtswissenschaft schnell und kostenlos online zur Verfügung zu stellen. Geboten werden Buchbesprechungen, die bereits zuvor in einigen zentralen Fachzeitschriften erschienen sind (ob online oder im Print, spielt keine Rolle) und hier nun nochmals digital zusammengeführt werden. Rezensionsjournale wie* **Sehepunkte** *oder* **H-Soz-u-Kult** *bieten hingegen immer nur eine Besprechung für die wissenschaftlichen Neuerscheinungen: Die Redaktion des Journals bittet ausgewiesene Experten um eine Rezension, und diese wird dann online gestellt.*

ner Experten können bei der Einordnung von Fachliteratur sehr hilfreich sein. Aber denken Sie daran, dass Rezensionen mitunter sehr subjektiv sind und auch schlecht rezensierte Werke nicht zwangsläufig schlecht sein müssen.

4.3.3 Exzerpieren

Während des Lesens machen Sie sich am besten gleich Notizen. Auch hier kann man durch Berücksichtigung einiger Regeln viel Arbeit, Zeit und mitunter sogar Ärger sparen. Zunächst: Sie müssen nicht alles ausdrucken oder kopieren, was irgendwie interessant aussieht! Machen Sie lieber **EXZERPTE**. Solche Zusammenfassungen in eigenen Worten sparen nicht nur Kosten. Sie führen auch zu einer besseren gedanklichen Verarbeitung des Stoffes als die reine Lektüre ohne Notizen. Und genau darum geht es:

Ein Exzerpt soll einen Text inhaltlich und in seiner Struktur so erschließen, dass Sie seine Thesen und Argumente sowohl in der Diskussion im Seminar als auch bei der Abfassung Ihrer Hausarbeit präsent haben und unmittelbar verwenden können. Da das Exzerpt Ihre Erkenntnisse auf Dauer festhält, kann es noch später, etwa bei der Vorbereitung auf eine Prüfung, helfen. Ein gutes Exzerpt wird daher folgende Informationen liefern: die vollständige bibliographische Angabe zum Text, sein Thema, die Fragestellung, die Gliederung des Textes, den Gang der Argumentation, die zentralen Argumente und Thesen (am besten in der Reihenfolge, in der sie vorgebracht werden), aber auch Gegenargumente, die evtl. genannt und entkräftet werden, sowie die Antwort auf die Ausgangsfrage, d. h. das Ergebnis, zu dem der/die Autor/in kommt. Empfehlen können sich auch Hinweise auf die methodische Ausrichtung des Textes, auf seine Quellengrundlage sowie auf die Beispiele, anhand deren der Autor seine Argumente entfaltet. Hinzu kommen können schließlich auch Ihre Nachfragen an den Text (stimmt das so, wie es behauptet wird, gibt es innere Widersprüche oder Unklarheiten?), weiterführende Fragen, die sich aus Ihrer Sicht nach der Lektüre ergeben, sowie Ihre

Einschätzung: Ist der Text für Sie und die Fragestellung, die Sie gerade verfolgen, nützlich?

Ein Exzerpt kann in Stichpunkten gehalten sein, aber auch in vollständigen Sätzen. Oft liegt es nahe, beide Formen zu kombinieren: Die Struktur ist in der Regel gut in Stichpunkten zu erfassen, Argumente, die im Text vorgebracht werden, lassen sich besser, d. h. präziser in ganzen Sätzen zusammenfassen. Wichtig hierbei ist, dass Sie die Inhalte in Ihren eigenen Worten zusammen. Wörtliche Zitate sollten Sie nur dann übernehmen, wenn sie besonders prägnant sind. Und auf keinen Fall die Anführungszeichen vergessen! Was sonst passieren kann, lehren die Plagiats-Fälle der letzten Jahre. Als Faustregel gilt: Gestalten Sie Ihr Exzerpt so, dass es Ihnen wirklich nützt – und zwar auch noch in drei Wochen oder in drei Monaten!

> *Tipp: Exzerpieren*
> *Notieren Sie sich auf jedem Exzerpt, wo sie den Text, den Sie hier zusammenfassen, gefunden haben (also die Bibliothekssignatur oder die URL) – sie sparen sich so viel Mühe, wenn Sie den Text für Ihre Hausarbeit oder die Prüfung später nochmals ansehen wollen.*
> *Und vergessen Sie auf keinen Fall, für jeden exzerpierten Gedanken die jeweilige Seitenzahl zu notieren – am besten, Sie lassen die Seitenzählung am Rand Ihres Exzerpts mitlaufen.*

4.3.4 Die Literaturverwaltung: Karteikarte oder Datenbank?

Im Laufe des Studiums sammeln sich immer mehr Titel, Texte und Exzerpte an. Diese sinnvoll zu archivieren, um sie etwa in der Examensphase nochmals zu benutzen, stellt eine nicht zu unterschätzende logistische Herausforderung dar. Ob nun Karteikarte oder Datenbank – wichtig ist, dass Sie sich frühzeitig Gedanken über Ihre Literaturverwaltung machen.

Traditionalisten schwören auf das **Karteikartensystem**: eine Karte für einen Titel, kurze Stichpunkte und ab in den Karteikasten. Später kann man noch beliebig auf der Karte schreiben und Punkte hinzufügen oder streichen. Wohl kein Medium ist so flexibel wie eine Karteikarte, mit Farben, Unterstreichungen und Hervorhebungen können alle Exzerpte im Handumdrehen an Ihre Bedürfnisse angepasst werden. Zudem ist diese Methode relativ kostengünstig. Ob stur von A bis Z oder thematisch sortiert – die Karteikarten lassen sich in die unterschiedlichsten Reihenfolgen bringen. Und wenn Sie sich auf Ihre Prüfung vorbereiten, stecken Sie Ihre Karten einfach in die Tasche, um bequem in der U-Bahn oder im Schwimmbad zu lernen.

Wer nur noch mit dem Computer arbeitet, wird sich hingegen für ein **Literaturverwaltungsprogramm** interessieren. Ob Citavi oder Endnote, Zotero oder Mendeley – solche Programme unterscheiden sich nach Kosten und Funktionen, aber auch nach Betriebssystem, in der Nutzbarkeit über mobile Endgeräte und in ihrer Eignung für die gemeinsame Arbeit in Gruppen. Grundsätzlich können die Programme bibliographische Angaben, Abstracts und auch ganze Artikel im Volltext speichern. Überdies erleichtern sie die Organisation der gespeicherten Einträge durch Such- und Notizfunktionen. So bieten die meisten Programme Ideenmanager, mit denen Sie Ihre eigenen Gedanken und Notizen verschlagworten und mit der entsprechenden Literatur verbinden können. Fast alle Angebote lassen sich mittlerweile mit Textverarbeitungsprogrammen verknüpfen, so dass die Literaturangaben

Tipp Informationen zu Literaturverwaltungen
Viele Universitätsbibliotheken halten auf ihren Netzpräsenzen Informationen zu den gängigen Literaturverwaltungen und zu deren Stärken und Schwächen bereit. Überdies bieten sie den Mitgliedern der Universität oftmals Schulungen im Umgang mit diesen Programmen und sehr häufig sogar auch einen kostenlosen Zugang über die Campuslizenz an.

automatisch im passenden Format erscheinen. Zu den Standardfunktionen gehört es mittlerweile auch, in Literaturdatenbanken zu recherchieren und bibliographische Daten zu importieren. Am besten probieren Sie einfach einige Literaturverwaltungen aus, Sie werden sicher schnell feststellen, welches Angebot Ihren Bedürfnissen am meisten entspricht. Dann sollten Sie aber konsequent sein und nur mit einem System arbeiten.

Literatur
Nicolai Hannig, Hiram Kümper, **Rezensionen**. Finden – Verstehen – Schreiben, Schwalbach/Ts. 2012.
Otto Kruse, **Lesen und Schreiben**. Der richtige Umgang mit Texten im Studium, 3. überarbeitete und erweiterte Auflage Konstanz 2018.

4.4 Seminarsitzungen gestalten

Die Seminare an der Uni leben von der Mitarbeit der Studierenden. Praktisch bedeutet dies, dass Sie in der Regel nicht nur eine schriftliche Hausarbeit anfertigen, sondern auch eine Sitzung des Seminars gestalten müssen. Was sich hinter dieser Formel konkret verbirgt, hängt von den Vorgaben der Dozierenden ab und kann variieren. Eine eher traditionelle Form der Sitzungsgestaltung ist das Einzelreferat, also ein Vortrag eines einzelnen Studierenden, der bis zu einer Stunde oder gar noch länger dauern kann. Allerdings wird diese Form der Präsentation auf die Dauer eintönig. Außerdem sind die Seminare oft so gut besucht, dass schon aus Zeitgründen nicht jeder einzelne Teilnehmer einen langen Vortrag halten kann. Daher werden bei der Vergabe der Themen in der ersten Sitzung des Semesters oft Arbeitsgruppen gebildet, die gemeinsam eine oder gar mehrere Seminarsitzungen zu gestalten haben. Natürlich können sich auch Arbeitsgruppen für das traditionelle Referat entscheiden. Sie können aber auch die Freiheiten nutzen, die viele Dozierende den Gruppen bei der Sitzungsgestaltung lassen. Schließlich gibt es eine ganze Reihe von Alternativen zum

Referat, die nicht nur die Sitzungen auflockern und den Stoff besser vermitteln, sondern auch mit zusätzlichen Präsentationstechniken vertraut machen.

Im Folgenden werden einige dieser Präsentationsformen näher vorgestellt. Keine Variante ist die allein verbindliche oder beste. Die hier vorgestellten Formen der Präsentation sind daher als Bausteine zu verstehen, die sich beliebig kombinieren und auch den jeweiligen Bedürfnissen anpassen lassen.

4.4.1 Das Referat

Es gibt verschiedene Arten von Referaten mit unterschiedlichen Funktionen. Das **Kurzreferat** oder **Impulsreferat** dient ausschließlich der Vermittlung von (Hintergrund-)Informationen zu einem Thema. Wie der Name schon sagt, ist der Vortrag kurz zu halten (nicht länger als 10 Minuten) und auf die wesentlichen Punkte zu beschränken. Auf Detailinformationen kann im Vortrag verzichtet werden. Der Referent sollte solche Zusatzinformationen jedoch für anschließende Nachfragen und die Seminardiskussion parat haben.

Steht Ihnen oder Ihrer Arbeitsgruppe mehr Zeit zur Verfügung, können Sie entweder beim Referat bleiben und einen **längeren Vortrag** halten. Ihr Ziel wird dann die reine Vermittlung von Informationen bleiben. Sie können aber auch **zusätzliche Elemente** einbauen, allen voran die gemeinsame Arbeit mit einer Quelle.

Damit ändert sich auch Ihr Ziel: Jetzt geht es darum, gemeinsam mit der Seminargruppe anhand von Quellen und Thesen zu einer kritischen Auseinandersetzung mit dem Thema zu gelangen. Dies erreichen Sie am besten mit einer Kombination aus kurzen Vorträgen, gemeinsamer Quellenarbeit und Diskussion. Hier sind alle Arten von Präsentationsformen möglich, sofern sie der Sache dienen. Unbedingt empfehlenswert ist es, die übrigen Seminarteilnehmer in irgendeiner Weise aktiv zu beteiligen.

Ganz unabhängig von der Länge eines Referates gilt: **Sprechen Sie frei!** Natürlich ist das nicht einfach, und ohne den einen oder anderen „Hänger" wird es vielleicht auch nicht gehen. Aber Sie wissen selbst, wie mühsam es sein kann, einem vom Blatt abgelesenen Vortrag zu folgen. Also nutzen Sie die Chance, üben Sie den freien Vortrag! Diese Fertigkeit können Sie in vielen Lebensbereichen und Berufsfeldern gut brauchen. Und gegen die Nervosität, die die meisten von uns in dieser Situation befällt, gibt es auch ein paar Tricks. Bauen Sie sich ein Gerüst in Form stichpunktartiger Notizen auf Karteikarten. Indem Sie pro Gliederungspunkt eine Karte verwenden, auf der Sie unbedingt auch schwer zu merkende Daten oder Namen notieren sollten, behalten Sie den Überblick und Ihr Vortrag erhält eine klare Struktur. Besonders den ersten Satz des Referats sollten Sie sich vorher genau überlegen: Dann haben Sie einen souverän wirkenden **Einstieg** und die Aufregung wird nachlassen. Zu Beginn sollten Sie das genaue Thema des Referats noch einmal nennen und die Gliederung kurz vorstellen. Wenn Sie diese Gliederung auch auf dem Thesenpapier oder in der Powerpoint-Präsentation visualisieren, wissen Ihre Zuhörer nicht nur, was sie erwartet, sondern auch, wo Sie gerade sind. Beides erleichtert der Seminargruppe spürbar, dem Vortrag zu folgen. Zum Einstieg bietet es sich auch an, das Thema des Referats in den Zusammenhang des gesamten Seminars einzuordnen, etwa indem Sie kurz an die vorherige Sitzung anknüpfen. Diese Einleitungssequenz sollte jedoch insgesamt kaum länger als ein bis zwei Minuten dauern.

Eine andere Variante des Einstiegs ist es, direkt mit einer kurzen (Text- oder Bild-)Quelle anzufangen und das Thema so „von hinten" zu erarbeiten. Hintergrundinformationen müssen dann aber unbedingt nachgereicht werden.

Der **Hauptteil** des Referates besteht aus der Vermittlung von Hintergrundinformationen, Quellenarbeit und Diskussion. Die Reihenfolge bestimmt die Referatsgruppe, hier sind unterschiedliche Möglichkeiten denkbar. Die Vermittlung der Hintergrundinformationen kann durch kurze Vorträge geschehen. Sie können diese jedoch auch durch andere Präsentationsformen (→ **Kap. 4.4.3**) ergänzen oder ganz ersetzen. In der Quellenarbeit und der Diskussion von Thesen sollten die Referierenden mit gezielten Fragen ans

Plenum zu einer kritischen Beschäftigung mit dem Thema anregen und so eine lebendige Diskussion erreichen. Gerade bei längeren Referaten mit mehreren Elementen sollten Sie die zur Verfügung stehende Zeit gut einteilen. Planen Sie also bereits vorher, welcher Teil wie lange dauern wird und halten Sie sich strikt daran, so dass auch für die Abschlussdiskussion noch genügend Zeit bleibt. Und falls Sie befürchten, zu wenig „Programm" geplant zu haben: Es dauert immer länger, als man denkt.

Genauso wie den ersten Satz sollte man sich den letzten Satz des Referates vorher zurechtlegen, damit am **Schluss** mehr als ein verlegenes „So, das war's jetzt" steht. Das Schlusswort sollte die Aussagen des Referats pointiert zusammenfassen und die Ergebnisse aus Quellenarbeit und Diskussion nochmals kurz wiedergeben. Um auch das im Seminar gemeinsam Erarbeitete berücksichtigen zu können, ist es notwendig, das Schlusswort den Ergebnissen der Seminarsitzung anzupassen. Auch das gehört zu den nützlichen Fertigkeiten, die Sie bei dieser Art der Präsentation üben können.

> *Tipp: Ein Referat halten*
> - „Proben" Sie das Referat oder die Präsentation vor der Sitzung, egal ob vor dem Spiegel oder vor Ihren Mitbewohnern. Das erleichtert es Ihnen, die Verständlichkeit Ihrer Ausführungen zu kontrollieren und die tatsächlich benötigte Zeit realistisch einzuschätzen!
> - Machen Sie einen Zeitplan und halten Sie diesen strikt ein!
> - Sprechen Sie Inhalt, Dauer und Art der Präsentation vorher mit Dozentin oder Dozent ab und fragen Sie nachher nach einer Bewertung. Nur so können Sie daraus lernen!

4.4.2 Thesen- und Quellenpapier

Je nach Art der Sitzungsgestaltung werden Sie ein Thesen- oder Quellenpapier erstellen. Das **Thesenpapier** begleitet einen Vortrag und wird im Gegensatz zum Quellenpapier unmittelbar vor dem Referat verteilt. Seine Aufgabe ist es, das Zuhören zu erleichtern.

4.4 Seminarsitzungen gestalten

In Abbildung 18 sehen Sie, welche Angaben ein solches Papier enthalten sollte.

Universität
Institut oder Seminar
Semester
Name und Art der Lehrveranstaltung
Name der Dozentin
Thema der Sitzung
Datum der Sitzung
Namen der Referentinnen und Referenten

Das Thesenpapier

I. Gliederung

Hier wird der Ablauf des Referats in einer Gliederung knapp umrissen. Das ist zuhörerfreundlich und übersichtlich.

II. Informationen

- Bei einigen Themen ist es sinnvoll, auf einer Zeittafel chronologisch die wichtigen Ereignisse aufzuführen. Danach werden die wichtigsten Punkte des Referats festgehalten. Dies kann in Form von Stichpunkten oder kurz ausformulierten Sätzen geschehen. Das Thesenblatt ist jedoch keine schriftliche Zusammenfassung des Referates.
- Darüber hinaus kann das Thema mit Statistiken oder Tabellen veranschaulicht werden. Wichtige oder unbekannte Begriffe sollten erklärt und definiert, im Referat genannte Namen aufgeführt, erwähnte Personen kurz vorgestellt werden.

III. Thesen

Als Grundlage der Diskussion sollte die Referatsgruppe ca. drei bis vier Thesen formulieren. Diese können Sie sich selbst ausdenken oder auch (mit Angabe der Fundstelle) aus der Literatur entnehmen. Die Thesen müssen nicht unbedingt der Meinung der Referatsgruppe entsprechen. Sie können auch bewusst provozierend oder gegensätzlich formuliert sein, um die Diskussion anzuregen.

IV. Quellennachweis

Vollständige bibliographische Angaben zu den Quellen des Quellenpapiers, welches das Thesenpapier ergänzen sollte. Diese Angaben sollten zusätzlich auch auf dem Quellenpapier selbst zu finden sein.

V. Literatur

Hier werden ungefähr drei Titel aufgeführt, die weiterführende Informationen zum Thema bieten, nicht etwa alles, was man zur Vorbereitung gelesen hat.

Abb. 18: Das Thesenpapier.

Umfasst Ihr Referat oder Ihre Sitzungsgestaltung die gemeinsame Arbeit mit Quellen, sollten Sie unbedingt ein **Quellenpapier** erstellen. Dieses dient den übrigen Seminarteilnehmern zur Vorbereitung auf die Sitzung und sollte daher bereits eine Woche vor dem jeweiligen Referatstermin zur Verfügung gestellt werden (meist geschieht dies über elektronische Semesterapparate). Auszuwählen sind Quellen, die zentrale Punkte des Referates beleuchten, jedoch nicht unbedingt den gesamten Inhalt des Themas abdecken. Da bei zu langen Quellenpapieren die Gefahr besteht, dass sie nicht gelesen werden, kann es sich empfehlen, die Quellen nur in Auszügen wiederzugeben. Auslassungen müssen aber mit eckigen Klammern […] als solche gekennzeichnet werden. Die Quellen können abgetippt, kopiert oder eingescannt werden – wichtig ist, dass die genauen bibliographischen Angaben auf dem Quellenpapier vermerkt sind. Auf keinen Fall sollten Sie darauf verzichten, Leitfragen zu formulieren. Umso genauer Ihre Kommilitonen wissen, worauf Sie bei der Lektüre der Quellen achten sollen, umso besser sind sie in der Seminarsitzung vorbereitet. Dann steigen die Chancen, dass das Quellenpapier seine Funktionen erfüllt: Zum einen lassen sich anhand der ausgewählten Quellen Inhalte des Referats im Seminar gemeinsam erarbeiten. Dadurch werden nicht nur langatmige Vorträge vermieden; jeder Teilnehmer erhält überdies die Möglichkeit, den für das Studium zentralen Umgang mit den Quellen zu üben. Bei der Leitung der Diskussion sollten sich die Referenten an ihre eigenen Leitfragen halten. Außerdem ist es hilfreich, schon vorher zu überlegen, welche Ergebnisse im Plenum herausgearbeitet werden sollen. Allerdings ist es nicht die Aufgabe der Referatsgruppe, diese Ergebnisse in der Diskussion vorwegzunehmen. Die Referenten sollen die Quellenarbeit mit ihrem Spezialwissen führen und ergänzen, sie sollen moderieren statt dominieren.

Das Quellenpapier kann auch der Diskussion als Grundlage dienen. Dazu empfiehlt es sich, zwei verschiedene Quellen auszuwählen, die jeweils gegensätzliche Thesen der Forschung (oder auch eigene Thesen) stützen. Ein derartiges Verfahren bietet sich jedoch nicht bei jedem Thema an. Wenn sich keine geeigneten

Quellen finden lassen, muss die Sitzungsgestaltung stärker auf die Diskussion von Thesen aus der Literatur oder von eigenen Thesen ausgerichtet werden.

4.4.3 Andere Präsentationsformen

Die meisten Studierenden wissen es aus Erfahrung: Es gibt nichts Langweiligeres als Seminarsitzungen, die aus stundenlangen monotonen Vorträgen bestehen. Bei dieser Form der Präsentation werden auch die interessiertesten Seminarteilnehmer irgendwann „abschalten". Nach einem solchen Vortrag läuft auch die Quellenarbeit nur schleppend und eine Diskussion ist schon gar nicht in Gang zu bringen. Dabei gibt es eine ganze Reihe von Präsentationsformen, die den Vortrag ergänzen oder ganz ersetzen können. Einige dieser Formen werden im Folgenden vorgestellt.

Dialog mit dem Plenum
Auch Fakten oder Hintergrundinformationen können Sie im Dialog mit den Seminarteilnehmern erarbeiten. Bei dieser Methode soll durch gezieltes Fragen auf vorhandenes Wissen der Kommilitonen zurückgegriffen und dieses, wo es nötig ist, durch den Referenten oder die Referentin ergänzt werden. Dazu sollten Sie sich ebenso gründlich wie auf einen Vortrag vorbereiten und die Dinge, die Sie erarbeiten wollen, stichpunktartig notieren. Diese Informationen tragen Sie jedoch nicht selbst vor, sondern Sie erarbeiten sie durch gezielte Fragen zusammen mit der Seminargruppe. Die zusammengetragenen Informationen müssen Sie als Referentin oder Referent nur noch durch Ihr Spezialwissen ergänzen und zusammenfassen. Besonders gut funktioniert dieses Verfahren, wenn zur Vorbereitung auf die Sitzung ein Text von allen gelesen wurde, auf den Bezug genommen werden kann.

Gruppenarbeit

Die Gruppenarbeit ist eine in Seminaren sehr häufig gewählte Variante der Sitzungsgestaltung. Die Seminargruppe wird dabei in Kleingruppen aufgeteilt, die jeweils Arbeitsaufträge erhalten. Anschließend werden die Ergebnisse dem Plenum präsentiert. Eine Seminarsitzung sollte nicht ausschließlich aus Gruppenarbeit bestehen. Aber für die Quellenarbeit ist diese Form bestens geeignet. Sie können die Gruppen dabei jeweils eine eigene Quelle oder die gleich Quellen unter verschiedenen Fragestellungen diskutieren lassen – Sie werden sehen, dass durch diese Form der Arbeitsteilung die Diskussionen intensiver und die Sitzungen auch inhaltlich ergiebiger werden.

Gruppenarbeit kann auch als Grundlage für die Diskussion von Thesen dienen. Dazu wird jeder Gruppe eine These vorgelegt, die sie zunächst intern zu besprechen und anschließend im Plenum zu vertreten hat. Gelungen ist die Gruppenarbeit dann, wenn die Ergebnisse der einzelnen Arbeitsgruppen nicht für sich stehen bleiben, sondern gemeinsam ein neues Gesamtbild ergeben.

Rollenspiel

Bei dieser Form der Präsentation bekommen alle Seminarteilnehmer und auch der Dozent oder die Dozentin eine Rolle. Um die dargestellten Figuren zu identifizieren, kann die Referatsgruppe Schilder oder Ähnliches vorbereiten. Die Darsteller bekommen von der Referatsgruppe Texte, Rollenkarten oder Handlungsanweisungen, die relativ einfach und schnell zu begreifen sein müssen. Um die gesamte Seminargruppe einzubinden, sollten unter den Rollen auch Gruppen mit mehreren Teilnehmern sein, z. B. „die Bauern", „die Fürsten" oder „der Rat". Damit der Ablauf übersichtlich bleibt, könnte ein Sprecher durch das Geschehen führen und Handlungsanweisungen geben. Ein didaktischer Vorteil dieser Art der Präsentation ist, dass alle Seminarteilnehmer eingebunden sind und auch sehr aufmerksam sein werden, um ihre Einsätze nicht zu verpassen. Ein weiterer Vorteil ist, dass die Seminardiskussion gleich in das Rollenspiel mit eingebunden werden kann, also etwa als Diskussion zwischen „den Bauern" und „den Fürsten". Und wem schon das zu spielerisch erscheint: Auch ein Quiz oder gar ein regelrechtes Theaterspiel können ihren didaktischen Nutzen entfalten. Ihrer Phantasie sind bei der Sitzungsgestaltung kaum Grenzen gesetzt.

Computer-Präsentation
Zur Unterstützung von Vorträgen können auch grafische Computer-Präsentationen eingesetzt werden. Das wohl bekannteste Programm dafür ist Microsoft Power-Point, aber auch Open Office und andere Hersteller bieten ähnliche Erstellungswerkzeuge für Präsentationen an. Der für die Projektion nötige Videobeamer ist in den meisten Seminarräumen mittlerweile vorinstalliert. Klären Sie aber dennoch, ob Sie noch etwas anderes mitbringen müssen außer dem Stick mit Ihrer Präsentation. Gerade bei langen Vorträgen wird durch das Einblenden von Gliederungspunkten und veranschaulichenden Grafiken das Zuhören erleichtert. Dennoch sollten Sie sich überlegen, ob der Aufwand lohnt; eine Bildschirmpräsentation ist kein Wert an sich! Vielleicht erfüllen die Gliederung, ein paar Kernbegriffe und zwei oder drei Grafiken oder Quellenzitate auf dem Thesenpapier denselben Zweck? Die bessere Wahl ist eine Computer-Präsentation jedoch dann, wenn mit Bildern gearbeitet werden soll: Mit dem Computer können beliebig viele Bilder in guter Qualität und mit kleinem Aufwand eingescannt und gezeigt werden.

Literatur
Norbert Franck, Joachim Stary, **Die Technik wissenschaftlichen Arbeitens**. Eine praktische Anleitung, 16., überarbeitete Auflage Paderborn 2011.
Werner Sesink, **Einführung in das wissenschaftliche Arbeiten**. Mit Internet, Textverarbeitung, Präsentation, E-Learning, Web 2.0., 9., vollständig überarbeitete und aktualisierte Auflage München 2012.

4.5 Die wissenschaftliche Hausarbeit

Das Abfassen wissenschaftlicher Hausarbeiten begleitet Studierende der Geschichte durch ihr ganzes Studium, vom ersten Proseminar bis hin zur Abschlussarbeit, die ja auch nichts anderes ist als eine große Hausarbeit. Hausarbeiten zu schreiben ist aber nicht nur wichtig, um die notwendigen Leistungsnachweise zu erwerben. Es ist das A und O des Studiums! Schließlich bietet sich mit jeder Hausarbeit erneut die Chance, ein geschichtswissenschaftliches Thema selbstständig zu erforschen, historische Quellen zu Rate zu ziehen und sich kritisch mit der Fachliteratur auseinanderzusetzen. Mit jeder Hausarbeit werden Sie eine kleine geschichtswissenschaftliche Studie verfassen! Erstsemester als Forscher, die Thesen aufstellen und sich ein eigenes wissenschaftliches Urteil erlauben – das mag etwas vermessen klingen. Das ist es aber nicht. Schließlich sollen Sie lernen, wie man zu solchen Urteilen gelangt. Und wie ließe sich das besser üben als in der Praxis? Außerdem werden Sie schnell feststellen, dass auch die berühmtesten Historiker und Historikerinnen im Grunde nichts anderes tun als Sie selbst: Quellen studieren, Literatur lesen, eigene Schlüsse ziehen. Also: Keine Angst vor großen Namen!

4.5.1 Praktisches

Der zeitliche Rahmen für das Verfassen der Hausarbeit ist meist durch den Abgabetermin festgelegt. Um diesen Termin einhalten zu können, sollten Sie nicht nur rechtzeitig mit der Hausarbeit anfangen, sondern auch einen Zeitplan erstellen. Da jeder Mensch ein individuelles Arbeitstempo hat, folgen hier keine konkreten Zeitangaben. Aber es werden die Arbeitsschritte genannt, die in einem Zeitplan zu berücksichtigen sind.

Zeitplan Hausarbeit
- Thema auswählen,
- Quellen und Literatur suchen, umfangreiche Bibliographie erstellen,

- Quellen und Literatur sichten, relevante Titel auswählen,
- Thema eingrenzen, genaue Fragestellung formulieren,
- Gliederung erstellen,
- eigentliches Schreiben der Arbeit, je nach individueller Arbeitsweise erst in Stichpunkten oder gleich in ausformulierten Sätzen,
- Korrekturlesen.

4.5.2 Thema und Fragestellung

Das **Thema** der Hausarbeit ist in den wenigsten Fällen strikt vorgegeben. Meist liegt es in der Verantwortung der Studierenden, sich selbst ein Thema zu suchen. Gegenstand der Hausarbeit kann das Referatsthema sein. Oft ist es jedoch auch möglich, über ein anderes Thema mit Bezug zum Seminar zu schreiben. In beiden Fällen ist es unbedingt zu empfehlen, das Vorhaben mit der Dozentin oder dem Dozenten in der Sprechstunde abzusprechen. So kann schon im Voraus vermieden werden, dass die ganze Arbeit in die falsche Richtung läuft.

Ein Thema (etwa: der Dreißigjährige Krieg) ist noch keine **Fragestellung**. Diese muss erst innerhalb des Themas entwickelt werden, und das geht nur, nachdem man sich mit Hilfe der Literatur einen gewissen Überblick verschafft hat. Mit der Fragestellung steht und fällt die Qualität der Arbeit! Sie verleiht Ihrer Arbeit das, was sie braucht: analytischen Biss und einen roten Faden. Was also ist eine gute Fragestellung? Eine gute Fragestellung lässt sich nicht deskriptiv, also nicht mit einer Beschreibung oder Aufzählung beantworten. Eine gute Fragestellung zwingt zum Argumentieren! Fragen Sie also nicht nur nach dem *Wie*, sondern immer auch nach dem *Warum*. *Wie* es zum Westfälischen Frieden kam, ist zwar wichtig zu wissen, aber doch mit einer Beschreibung zu erklären. *Warum* sich die Verhandlungen so lange hinzogen, ob dies an den konfessionellen Spannungen oder eher an den Fragen zur Reichsverfassung lag – das ist hingegen nur zu klären, wenn Sie Argumente finden und gegeneinander abwägen. Um eine Fragestellung auf ihre Eignung zu prüfen, sollten Sie sich überlegen, woraus die

Antwort besteht: aus einer Aufzählung von Geschehnissen (das wäre schlecht), oder (und das wäre gut) aus einer Gegenüberstellung von Thesen und Argumenten? Bei der Suche nach einer guten Fragestellung kann Ihnen die Fachliteratur oft helfen: Achten Sie auf Thesen und Kontroversen, auf umstrittene Einschätzungen und offene Fragen. Lassen Sie sich von solchen Debatten inspirieren, stellen Sie in der Hausarbeit Thesen auf, die Sie belegen oder widerlegen, aber auf jeden Fall kritisch diskutieren.

4.5.3 Quellen- und Literaturauswahl

Nachdem Sie sich für ein Thema entschieden haben, wird im nächsten Schritt eine Bibliographie über die verfügbaren Quellen und die Sekundärliteratur erstellt (→ **Kap. 4.2**). Suchen Sie möglichst viele Titel heraus, die für die Hausarbeit interessant sein könnten. Anschließend werden diese „gesichtet", d. h. genauer betrachtet und auf ihre Tauglichkeit für Thema und Fragestellung überprüft. Die Anzahl an Titeln, die so herausgesiebt und als lesenswert befunden werden, kann abhängig von Forschungsstand und Quellenlage sehr unterschiedlich sein. Als **Richtwert** für die Quellen- und Literaturauswahl für eine Hausarbeit im Proseminar kann ein Umfang von ungefähr 10 bis 15 Titeln und ca. 5 bis 7 Quellen gelten. Unbedingt zu beachten sind dabei STANDARDWERKE, also solche Titel, auf die in anderen Texten immer wieder Bezug genommen wird, sowie die wichtigen Forschungspositionen und die aktuelle Literatur.

4.5.4 Aufbau und allgemeine Formalien

Die Hausarbeit besteht (in genau dieser Reihenfolge) aus:
- Titelblatt (→ **Abb. 19**)
- Inhaltsverzeichnis (→ **Abb. 20**)
- Einleitung,
- Hauptteil,
- Schlussteil,
- Quellen- und Literaturverzeichnis,

wobei der Hauptteil wiederum in sich gegliedert sein sollte.

4.5 Die wissenschaftliche Hausarbeit

Universität
Institut oder Seminar
Semester
Name und Titel der Dozentin/des Dozenten
Name und Art der Lehrveranstaltung

Titel der Hausarbeit
Untertitel

Eigener Name
Adresse
Telefonnummer
Email-Adresse
Studienfächer mit Semesterzahl

Abb. 19: Titelblatt einer Hausarbeit.

Diese einzelnen Bestandteile der Hausarbeit werden im Folgenden schrittweise genauer erläutert. Um Umfangüberschreitungen zu vermeiden, ist es sinnvoll, sich bereits vor Beginn des Schreibens klar zu machen, wie lang die einzelnen Kapitel jeweils werden dürfen. Die **Seitenzahl** wird aus Gründen der Vergleichbarkeit im Seminar vorgegeben. Meist werden im Proseminar ca. 10–15, im Hauptseminar ca. 15–20 Seiten erwartet, wobei die Schriftgröße 12 Punkte (pt) im Haupttext bzw. 10 Punkte in den Fußnoten und der Zeilenabstand 1,5 im Haupttext bzw. 1 im Fußnotentext zu betragen hat. Aufgeteilt auf die einzelnen Teile ergeben sich folgende Richtwerte für eine Proseminar-Arbeit: Einleitung und Schlussteil sind jeweils etwa 1–2 Seiten lang, der Hauptteil umfasst ca. 10–12 Seiten. Auch in der Hauptseminar-Arbeit sollten Einleitung und Schluss bei etwa einem Zehntel des Gesamtumfangs liegen und je 2–3 Seiten daher nicht überschreiten.

4.5.5 Inhaltsverzeichnis

Das Inhaltsverzeichnis enthält die gesamte **Gliederung** der Arbeit, d. h. sämtliche Kapitel und Unterkapitel mit der entsprechenden Gliederungszahl und der Seitenzahl. Die Gliederung der Hausarbeit fängt mit der Einleitung als erstem Gliederungspunkt an und endet mit dem Quellen- und Literaturverzeichnis als letztem Punkt (→ **Abb. 20**). Die **Seitennummerierung** der Arbeit beginnt ebenfalls mit der Einleitung und läuft durchgehend weiter bis zum letzten Blatt (zu erstellen z. B. mit Word: „Einfügen" – „Seitenzahl").

> *Tipp: Verzeichnisse mit dem Computer erstellen*
> *Wenn man Überschriften und Unterüberschriften als solche formatiert, erstellt der Computer das Inhaltsverzeichnis automatisch (z. B. Word: „Verweise" – „Inhaltsverzeichnis"). Markiert man die Literaturangaben in den Fußnoten entsprechend, lässt sich auch das Literaturverzeichnis automatisch erstellen („Verweise" – „Literaturverzeichnis").*

Inhaltsverzeichnis

I.	Einleitung	1
II.	Hauptteil	3
	1. Kapitel 1	3
	1.1 Unterkapitel 1	3
	1.2 Unterkapitel 2	4
	1.3 Unterkapitel 3	5
	2. Kapitel 2	6
	2.1 Unterkapitel 1	6
	2.2 Unterkapitel 2	8
	3. Kapitel 3	9
	3.1 Unterkapitel 1	9
	3.2 Unterkapitel 2	11
III.	Zusammenfassung	12
IV.	Quellen- und Literaturverzeichnis	15
	1. Quellen	15
	2. Literatur	16

Abb. 20: Inhaltsverzeichnis einer Hausarbeit.

4.5.6 Einleitung

Die Einleitung hat die Funktion, Thema und Fragestellung zu formulieren, diese kurz in den aktuellen Forschungsstand einzubetten sowie das Quellenmaterial und die Gliederung der Arbeit vorzustellen. **Thema und Fragestellung** sollten möglichst genau formuliert werden, am besten prägnant in einem Satz. An diesen Satz könnte übrigens auch der Titel der Hausarbeit angelehnt sein. Beides dient dazu, dem Leser und nicht zuletzt sich selbst schon zu Beginn der Arbeit klar zu machen, worum es im Folgenden geht. Daneben sollten Sie begründen, warum Sie gerade dieses Thema gewählt haben. Denkbare Gründe sind etwa, dass das Thema bisher in der Forschung wenig oder nur einseitig betrachtet wurde, die besondere Aktualität des Themas oder Ähnliches. Um nicht in Floskeln abzurutschen, ist es an dieser Stelle hilfreich, sich zu überlegen, was einen selbst an der Thematik interessiert. Eine derartige Hinführung zum Thema eignet sich gut als erster Satz der Arbeit. Nett ist hier auch ein Zitat, aber nur, wenn es auch wirklich gut passt und nicht zu gewollt klingt.

Da kein Thema jemals und schon gar nicht in dem begrenzten Rahmen einer Hausarbeit in seiner ganzen Breite untersucht werden kann, muss der **Untersuchungsgegenstand eingegrenzt** werden. Das geschieht im Blick auf die zeitliche, die räumliche und die inhaltliche Dimension, wobei die Eingrenzungen jeweils begründet werden sollten. Besser als Standardbegründungen wie „das würde den Rahmen der Arbeit sprengen" ist eine kurze Erläuterung, weshalb einige Aspekte unter der gegebenen Fragestellung relevant sind und andere dagegen ausgespart werden können.

Nachdem dargestellt wurde, *was* Gegenstand der Arbeit ist, folgt nun die Erläuterung, *wie* dieser Gegenstand bearbeitet werden soll. In der Darstellung der **Quellenlage** wird angegeben, welche Quellen es zur gewählten Fragestellung allgemein gibt und welche für diese Arbeit ausgewählt wurden. Die Quellenauswahl sollte immer kurz begründet werden. An dieser Stelle können Sie auch auf Probleme in der Quellenlage hinweisen, etwa wenn die Quellen schwer zugänglich sind oder zu bestimmten Aspekten kaum Material überliefert ist. Ähnlich wird bei der Sekundärliteratur vorgegangen. Den **Forschungsstand** darzustellen heißt, einen groben Überblick über die zum Thema vorliegende Literatur, ihre Schwerpunkte und DESIDERATE zu geben. Hinzuweisen ist an dieser Stelle auf große Forschungsrichtungen oder Kontroversen. Wenn Sie **Thesen** der Forschung in Ihrer Arbeit gegenüberstellen und diskutieren oder eine eigene These entwickeln und belegen wollen, dann sollten Sie diese These oder Thesen hier deutlich formulieren. Anschließend wird die eigene **Gliederung** präsentiert. Hier ist zu erläutern, wie die Arbeit aufgebaut ist und warum Sie so vorgehen, wie Sie vorgehen. Zeigen Sie schon hier den roten Faden Ihrer Arbeit: Machen Sie deutlich, welche Funktion die einzelnen Abschnitte im Gang Ihrer Argumentation haben und in welchem Verhältnis sie zueinander stehen. Was tun Sie in den einzelnen Abschnitten? Vergleichen Sie? Stellen Sie etwas gegenüber? Konkretisieren oder überprüfen Sie eine These? Fassen Sie zusammen? Wenn Sie dies schon in der Einleitung für sämtliche Kapitel Ihrer Arbeit erläutern, wird der Gang Ihrer Argumentation deutlich. Der Leser weiß, woran er ist, und Sie selbst können sicher sein, dass Ihre Gliederung stimmt. Denn nur, wenn der Aufbau der Arbeit wirklich auf Ihre Fragestellung abgestimmt ist, können Sie die Gliederung überzeugend präsentieren.

Tipp: Die Einleitung
Verfassen Sie anhand der Checkliste unten zunächst eine vorläufige Einleitung, damit Sie beim Schreiben des Hauptteils eine Orientierung haben. Am Ende sollten Sie die Einleitung unbedingt überprüfen und unter Umständen noch einmal neu schreiben. Das stellt sicher, dass alles in der Einleitung Angekündigte im Hauptteil auch wirklich gemacht wird.

Checkliste Einleitung:
- *Thema und Fragestellung,*
- *Eingrenzung des Untersuchungsgegenstandes (inhaltlich, zeitlich und räumlich),*
- *Quellenlage und eigene Quellenauswahl,*
- *Forschungsstand und eigene Literaturauswahl,*
- *evtl. These,*
- *Gliederung der Arbeit.*

4.5.7 Hauptteil

Im Hauptteil wird die in der Einleitung vorgestellte Frage bzw. These anhand von Quellen beantwortet bzw. überprüft und vor dem Hintergrund des Forschungskontextes diskutiert. Daher sollte direkt mit der Antwort auf diese Fragen begonnen werden. Vermeiden Sie allgemeine Einführungen! Das berühmte HANDBUCHWISSEN müssen Sie nicht referieren, „warmschreiben" ist überflüssig und verschwendet nur Platz. Konzentrieren Sie sich auf Ihre Fragestellung! Nur diejenigen Informationen, die Sie zur Beantwortung Ihrer Ausgangsfrage benötigen, gehören in die Arbeit, und zwar dort, wo Sie Ihnen als Argument dienen.

Der Hauptteil ist in Kapitel und Unterkapitel gegliedert. Wie viele Gliederungsebenen dabei gewählt werden, hängt ab vom Umfang der Studie. Bei Hausarbeiten dürften drei Ebenen genügen. Ob Ihre Gliederung von dem berühmten roten Faden durchzogen wird, zeigt sich spätestens jetzt: Wenn er fehlt, treten beim Verfassen des Hauptteils Schwierigkeiten auf. Die Gliederung muss dann noch einmal überdacht werden.

Die einzelnen Kapitel und Unterkapitel sollten nicht zusammenhanglos hintereinander stehen, sondern inhaltlich durch den Verlauf der Argumentation und sprachlich durch Überleitungen miteinander verbunden sein. Gut für derartige Übergänge zwischen den Kapiteln und für die Klarheit der Argumentation ist es, am Ende jedes größeren Kapitels ein wirklich kurzes „Zwischenfazit" zu schreiben. Nach einer knappen Zusammenfassung der Ergebnisse können die noch offenen Fragen genannt werden, die im nächsten Teil zu klären sind. Sprachlich ist die Hausarbeit in einem wissenschaftlichen Stil zu verfassen. Das bedeutet, dass umgangssprachliche Wendungen genauso zu vermeiden sind wie angestrengt komplizierte Formulierungen oder überflüssige Fremdwörter. Fachtermini, also fachspezifische Ausdrücke können dagegen wichtig sein, da sie einen historischen Sachverhalt häufig präziser beschreiben als die Alltagssprache. Aber Achtung: Nicht alle Fachbegriffe sind eindeutig definiert und unumstritten! Wie Sie wissen, wird z. B. der Begriff des Absolutismus in der Forschung kontrovers diskutiert. Sie können ihn natürlich weiter verwenden, sollten dann aber deutlich machen, dass Sie die kritischen Gegenargumente kennen und kurz darlegen, was Sie unter dem Begriff verstehen. Und auch grundsätzlich gilt: Definitionen vermeiden Missverständnisse!

Tempus der Hausarbeit ist das Präteritum: Historische Ereignisse liegen in der Vergangenheit und sind daher auch in Vergangenheitsformen zu behandeln. Vorzeitigkeit (Plusquamperfekt!) ist oftmals angezeigt, um die Reihenfolge bestimmter Geschehnisse klarzumachen. Präsens kommt maximal dann zum Einsatz, wenn bestimmte Positionen der Forschung oder aber die Ansichten der historischen Akteure referiert werden (z. B. „Luther hält den Ablass für einen Missbrauch."); „dramatisches Präsens", das die Sache angeblich spannender macht (z. B.: „Und plötzlich springt Luther auf die Kanzel ...") hat in wissenschaftlichen Arbeiten nichts zu suchen.

4.5.8 Schluss

Besser als das schlichte Wort „Schluss" eignen sich als Überschrift für den Schlussteil Formulierungen wie „Zusammenfassung und Fazit" oder „Fazit und Ausblick".

Der Schlussteil bietet eine **Zusammenfassung** der Vorgehensweise und der Ergebnisse. Die eingangs formulierte Fragestellung muss nochmals aufgegriffen, der Argumentationsgang der Hausarbeit mit der Darstellung von Zwischenergebnissen noch einmal nachvollzogen werden. Auf dieser Grundlage können Sie dann das Entscheidende tun: Ihre Fragestellung im abschließenden **Fazit** beantworten. Der Schlussteil ist gewissermaßen eine Antwort auf die Einleitung und sollte daher auch gut auf diese abgestimmt sein. Gegebenenfalls ist die Einleitung an dieser Stelle noch einmal zu überarbeiten.

Schließlich kann noch ein **Ausblick** gegeben werden: Sie sollten die eigenen Ergebnisse in den anfangs beschriebenen Forschungsstand einordnen. Und Sie könnten abschließend Fragen formulieren, die durch die Ergebnisse Ihrer Arbeit aufgeworfen wurden und zu weiteren Forschungen anregen.

4.5.9 Fußnoten

Wissenschaftliche Texte unterscheiden sich schon rein äußerlich von nicht wissenschaftlichen Texten schlicht dadurch, dass sie Fußnoten haben. Es gibt zwei unterschiedliche **Funktionen von Fußnoten**:

- a. Wissenschaftlichkeit durch Nachprüfbarkeit. In Fußnoten werden sämtliche Zitate, Paraphrasierungen (also nicht wörtliche, aber sinngemäße Wiedergaben), Fakten, Aussagen und Einschätzungen belegt, die nicht von Ihnen selbst stammen. Nur durch den genauen Nachweis der Quellen und Literatur werden Ihre Aussagen für andere **nachvollziehbar und kontrollierbar**. Überdies lässt sich so sicherstellen, dass fremde Forschungsergebnisse nicht als die eigenen ausgegeben werden.
- b. Erläuterungen. **Weiterführende Erläuterungen**, die im Haupttext den Gang der Argumentation unterbrechen würden, können ebenfalls in den Fußnoten untergebracht werden. Dieses Verfahren ist jedoch sparsam anzuwenden. Sie sollten immer überlegen, ob Informationen, die nicht in den Haupttext passen, überhaupt notwendig sind.

Mit Fußnoten[1] werden sowohl wörtliche Zitate als auch sinngemäße Wiedergaben aus Quellen und Sekundärliteratur nachgewiesen. Bei wörtlichen Zitaten beginnt die Fußnote direkt mit der bibliographischen Angabe, bei sinngemäßen Wiedergaben wird „**Vgl.**" (für „vergleiche") vorangestellt. Alle Fußnoten beginnen mit Großschreibung und enden mit einem Punkt. Die bibliographische Angabe in der Fußnote entspricht formal derjenigen im

---

1 Eine Fußnote sieht so aus. In Word wird sie durch „Verweise" – „Fußnote einfügen" in den Text eingebettet.

Literaturverzeichnis (→ **Kap. 4.2.4**). Allerdings sollten Sie in der Fußnote anders als im alphabetisch geordneten Literaturverzeichnis zuerst den Vornamen, dann den Nachnamen des jeweiligen Autors oder Herausgebers nennen. Überdies wird hier zusätzlich die konkrete Seitenzahl, auf die Sie sich an dieser Stelle beziehen, angegeben. Kommt eine Literaturangabe mehr als einmal in den Fußnoten vor, wird sie beim ersten Auftauchen vollständig genannt. Bei allen weiteren Verweisen auf diesen Titel genügt eine **Kurzform**, in der Regel der Nachname des Autors und, soweit mehrere Werke des gleichen Autors in der Hausarbeit benutzt werden, eine Kurzform des Titels (meist das erste Substantiv, z. B.: Emich, Geschichte). Wichtig ist, dass sich die Angabe eindeutig einem bestimmten Titel in der Literaturliste zuordnen lässt.

Eine weitere Möglichkeit der Abkürzung bietet das Kürzel „**Ebd.**" (für „Ebenda"). Dieses wird verwendet, wenn der gleiche Titel in zwei direkt aufeinander folgenden Fußnoten zitiert wird. Bezieht sich der zweite Verweis auf denselben Titel, aber auf eine andere Seite, wird zu „Ebd." die neue Seitenzahl hinzugefügt: Ebd., S. XY.

Grundsätzlich muss alles nachgewiesen werden, was nicht von Ihnen selbst stammt. Allerdings gibt es auch hier Grenzen. Es gilt die **Faustregel: „Handbuchwissen muss nicht nachgewiesen werden"**. Welche „Fakten" nicht weiter hinterfragt werden und welche mit Quellen belegt werden müssen, hängt allerdings auch von der gewählten Fragestellung ab. So galt zum Beispiel lange Zeit als Handbuchwissen, dass Martin Luther am 31.10.1517 an der Schlosskirche in Wittenberg seine 95 Thesen angeschlagen hat – bis jemand auf die Idee kam nachzuweisen, dass dieses Ereignis vermutlich nie stattgefunden und Luther seine Thesen zwar mit der Post verschickt, aber nicht angeschlagen hat (→ **S. 63**). Was in anderen Arbeiten als „Handbuchwissen" galt, musste unter dieser Fragestellung natürlich mit zahlreichen Quellen widerlegt werden.

Und wenn Sie ein Zitat einer historischen Persönlichkeit oder auch eines Historikers nur in der Sekundärliteratur finden? Solche Zitate dürfen Sie durchaus übernehmen. Aber Sie sollten sie nach

Möglichkeit überprüfen. Schließlich könnten die Zitate falsch wiedergegeben oder aus dem Zusammenhang gerissen sein. Wenn das nur schwer möglich ist, wie etwa bei nicht edierten Quellen, wird in der Fußnote zunächst die Quelle genau benannt und der Fundort des Originals angegeben. Nach der Formel „**zitiert nach:**" wird der Fundort des Quellenzitats in der Sekundärliteratur nachgewiesen. So könnte es im Text Ihrer Hausarbeit heißen: Während der Verhandlungen in Münster wurde ein Ausspruch immer wieder aufgegriffen: „Ganz Münster ist ein Freudental". Die Anmerkung müsste dann lauten: „Belegt ist dieser Ausspruch z. B. im Ratsprotokoll vom 5. Juli 1647, Stadtarchiv Münster (falls: bekannt: Archivsignatur), zitiert nach: Anja Stiglic, Zeremoniell und Rangordnung auf der europäischen diplomatischen Bühne am Beispiel der Gesandteneinzüge in die Kongress-Stadt Münster, in: Klaus Bußmann, Heinz Schilling (Hg.), 1648. Krieg und Frieden in Europa, 3 Bde., Göttingen 1998, Textband 1: Politik, Religion, Recht und Gesellschaft, S. 391–396, hier S. 391."

Wörtliche Zitate sind mit Anführungszeichen zu kennzeichnen und können kursiv gestellt werden. Zitate in Zitaten werden in einfache Anführungszeichen gesetzt. Zitate, die länger als drei Zeilen sind (und daher nur im Ausnahmefall verwendet werden sollten), können zur besseren Lesbarkeit in 10 pt Schrift und zentriert gesetzt werden. Kürzen von Zitaten ist oft sinnvoll, muss aber immer erkennbar sein: Die Auslassung wird mit […] gekennzeichnet. Dabei ist darauf zu achten, dass der Sinn durch die Auslassungen nicht verändert wird. Um Zitate in den Text einzubinden, ist es sprachlich oft besser, sie in Sätze zu integrieren. Dabei kann es nötig werden, einzelne Buchstaben wegzulassen oder hinzuzufügen, um den Kasus einzelner Worte an die Satzstruktur anzupassen. Auch diese Veränderung am Original wird mit eckigen Klammern gekennzeichnet. Wörtliche Zitate sind immer sofort und exakt nachzuweisen, d. h. bei wörtlichen Zitaten muss *immer* die Fundstelle in einer Fußnote angegeben werden. Grundsätzlich sollten wörtliche Zitate eher aus Quellen als aus der Sekundärliteratur stammen. Ein wörtliches Zitat aus der Sekundärliteratur ist etwa bei einer besonders prägnanten Zusammenfassung einer Forschungsmeinung sinnvoll. Das Zitat spricht jedoch nicht für sich selbst und ersetzt daher keinesfalls eigene Erläuterungen.

Literatur

Helga Esselborn-Krumbiegel, **Von der Idee zum Text**. Eine Anleitung zum wissenschaftlichen Schreiben, 5. aktualisierte Auflage Paderborn 2017.

Jürg Niederhauser, **Duden Ratgeber. Die schriftliche Arbeit kompakt**. Von der Ideenfindung bis zur fertigen Arbeit für Schule, Hochschule und Universität, 2. aktualisierte und überarbeitete Auflage Berlin 2015.

Wolfgang Schmale (Hg.), **Schreib-Guide Geschichte**. Schritt für Schritt wissenschaftliches Schreiben lernen, Köln/Weimar/Wien 1999.

4.6 Kleinere schriftliche Arbeiten

Gelegentlich wird in Seminaren zusätzlich zu Hausarbeit und Referat bzw. Sitzungsgestaltung eine weitere schriftliche Leistung verlangt. Die häufigsten Formen dieser Zusatzaufgaben werden in diesem Abschnitt kurz vorgestellt: das Sitzungsprotokoll, die Rezension oder Buchbesprechung und der Essay.

4.6.1 Das Sitzungsprotokoll

Wie schon der Name andeutet, geben Sitzungsprotokolle Inhalt und Ergebnisse der Seminarsitzung wieder. Man unterscheidet zwischen **Verlaufsprotokollen**, in denen die gesamte Sitzung mit dem Verlauf der Diskussion nachgezeichnet wird, und **Ergebnisprotokollen**, in denen nur die wichtigsten Ergebnisse festgehalten werden.

Für die Erstellung beider Formen sollten Sie in der Sitzung mitschreiben und sich möglichst auch von den Referentinnen und Referenten deren detaillierte Notizen besorgen.

Auch das Protokoll muss, ähnlich wie Referat und Hausarbeit, gewisse **formale Angaben** enthalten, die unerlässlich sind, um den Text später noch einordnen zu können. Dazu gehören: Name der Veranstaltung, Name des Dozenten oder der Dozentin, Datum und Thema der protokollierten Sitzung sowie der Name der Protokollantin oder des Protokollanten. Die Aufzählung der Anwesenden, wie dies in Vereinen üblich ist, wird bei Seminarprotokollen nicht vorgenommen, allerdings können in Verlaufsprotokollen die Namen der Referentinnen und Referenten genannt werden. Tempus eines Protokolls ist das Präteritum.

Ein **Ergebnisprotokoll** gibt darüber hinaus nur schlaglichtartig die wichtigsten Punkte des Referates oder der Präsentation sowie die Ergebnisse der Seminardiskussion wieder. Vernachlässigt werden kann hierbei alles, was nach Meinung des Protokollanten nicht zum Thema gehört. Auch der Ablauf der Sitzung ist nicht relevant, im Gegenteil können die Ergebnisse nach inhaltlichen Gesichtspunkten neu geordnet werden.

Aus einem **Verlaufsprotokoll** sollte dagegen deutlich erkennbar sein, wie die Seminarsitzung abgelaufen ist. Dabei wird das Referat mit seiner Gliederung und in allen Bestandteilen zusammengefasst. Um den Ablauf der Diskussion darzustellen, muss nicht jeder einzelne Beitrag aufgeführt werden. Die wichtigsten Kontroversen, Schwerpunkte und Ergebnisse sollten Sie jedoch berücksichtigen. Am Ende eines Verlaufsprotokolls kann die persönliche Bewertung der Sitzung durch den Protokollanten stehen.

> *Tipp: Protokoll anfertigen*
> *Wie man Protokolle anfertigt, sollten Sie auch dann üben, wenn es für den Leistungsnachweis nicht unbedingt nötig ist. Denn zum einen können Sie diese Fertigkeit in allen möglichen Berufen brauchen. Und zum anderen leisten Protokolle zu den Seminarsitzungen beim Lernen für Prüfungen nützliche Dienste.*

4.6.2 Die Rezension

Rezensionen sind **Buchbesprechungen**: kurze (1–2 Seiten) kommentierende Präsentationen von Büchern, die über neu erschienene Werke angefertigt und in (Fach-)Zeitschriften veröffentlicht werden. Sie sollen dem interessierten Leser eine schnelle Orientierung über Schwerpunkte und Ergebnisse des Buchs ermöglichen und dabei durchaus auch Stärken und Schwächen benennen.

Das **Verfassen einer Rezension** oder Buchbesprechung wird in einigen Seminaren als Leistungsnachweis verlangt. Damit sollen Sie zeigen, dass Sie in der Lage sind, sich selbstständig ein wissenschaftliches Werk zu erschließen und dieses kritisch zu beurteilen. Hier einige Hinweise zur Anfertigung einer Rezension.

Entweder auf einem Deckblatt oder als Kopfzeile wird das rezensierte Werk mit vollständigen bibliographischen Angaben genannt. Weitere Informationen, etwa ob es sich um eine Doktorarbeit oder Habilitationsschrift handelt oder ob das Buch Teil einer größeren Studie ist, können im Text hinzugefügt werden. Es sollte nur sehr kurz auf den Autor oder die Autorin des Werkes eingegangen werden. Hier können etwa deren gegenwärtige Tätigkeit und Forschungsschwerpunkte genannt werden, keinesfalls jedoch der ganze Lebenslauf. Zum Werk selbst sollten Sie in möglichst prägnanter Weise das Thema sowie die Fragestellung und die Intention benennen. Anschließend beschreiben Sie, in welcher Art und Weise dieses Vorhaben umgesetzt wird. Dazu gehören die Gliederung sowie die verwendeten Quellen und die daraus entwickelten Schlussfolgerungen. Stellen Sie dabei die Perspektive des Autors auf das Thema und die von ihm verwendete Methode deutlich heraus. Anschließend sind die Ergebnisse der Studie in die Forschungslage einzuordnen und in ihrer Bedeutung zu gewichten. Zum Schluss sollten Sie die oben herausgearbeiteten Stärken und Schwächen des Buchs noch einmal zusammenfassen und abschließend bewerten. Dass hierbei einiges Geschmackssache ist und verschiedene Rezensenten zu unterschiedlichen Urteilen gelangen können, versteht sich von selbst. Beachten Sie das beim Abfassen von Rezensionen, deren Stil nicht überheblich sein sollte. Denken Sie aber auch an diese Einsicht, wenn Sie selbst Rezensionen Dritter lesen.

4.6.3 Der Essay

Der oder das Essay (von franz. l'essay: Versuch, Probe) ist im eigentlichen Sinne ein Versuch oder ein Probestück. An englischen und amerikanischen Universitäten ist ein Essay eine Art kürzere Hausarbeit, in der meist eine konkrete Frage beantwortet werden muss. Im Sprachgebrauch der deutschen Universität bezeichnet „Essay" ganz allgemein einen kürzeren Text ohne Fußnoten. Welcher Art dieser Text sein soll, ist nicht eindeutig festgelegt. Verallgemeinerbar erscheint lediglich, dass es sich um eine freiere Form der Äußerung handelt, bei der mangels Fußnoten nicht jede Aussage belegt werden muss. Wenn im Geschichtsstudium Essays verlangt werden, ist damit oft die schriftliche Zusammenfassung eines Textes, die Auswertung einer Quelle oder die knappe Darstellung eines bestimmten Themas gemeint.

Literatur
Nicolai Hannig, Hiram Kümper, **Rezensionen**. Finden – Verstehen – Schreiben, Schwalbach/Ts. 2012.
Wolfgang Schmale (Hg.), **Schreib-Guide Geschichte**. Schritt für Schritt wissenschaftliches Schreiben lernen, Köln/Weimar/Wien 1999.

4.7 Das Examen

Gleichgültig, welchen Studiengang Sie gewählt haben: Am Ende steht das Examen. Was im Einzelnen von Ihnen verlangt wird, kann nach Studiengang, Fächerkombination und Universität variieren (→ **Kap. 1**). Aber insgesamt dürfte sich auch Ihr Examen aus drei Bestandteilen zusammensetzen: aus der Abschlussarbeit, der mündlichen Prüfung und der Klausur.

4.7.1 Die Abschlussarbeit

Die Abschlussarbeit ist im Grunde nichts anderes als eine umfangreichere Hausarbeit. Ob Sie 100 Seiten in 6 Monaten schreiben sollen wie bei der Masterarbeit oder einige Seiten weniger in kürzerer Zeit wie bei der Zulassungsarbeit im Staatsexamen und der Abschlussarbeit im B.A.-Studiengang: Was Sie hierfür können müssen, haben Sie bei Ihren Hausarbeiten im Studium schon gelernt. Einige Punkte sollten Sie bei der Abschlussarbeit aber besonders gründlich beachten. Ganz wichtig: Informieren Sie sich rechtzeitig über die **Termine und Modalitäten** der Abgabe. Und sprechen Sie Thema, Fragestellung und Aufbau der Arbeit unbedingt mit Ihrem Betreuer ab! Nur so können Missverständnisse und böse Überraschungen vermieden werden. Die zur Verfügung stehende **Zeit** sollten Sie sich gut einteilen. Kalkulieren Sie nicht zu knapp, und bedenken Sie, dass technische Geräte gerne unmittelbar vor dem Abgabetermin und dann am Wochenende kaputt gehen. Sie können selbst dazu beitragen, größere Pannen zu vermeiden: Sichern Sie Ihre Daten regelmäßig und halten Sie die notwendigen Materialien wie Druckerpatrone und Papier bereit.

Ebenfalls einplanen sollten Sie Zeit für das **Korrekturlesen**. Nur so können Sie vermeiden, dass Tippfehler Ihren Text verunstalten und Ihre Note verschlechtern. Wenn Sie selbst Korrektur lesen, sollten Sie bedenken, dass man den eigenen Text am Ende fast auswendig kennt und daher immer in Gefahr ist, nicht mehr genau genug hinzusehen. Ideal wäre es, die Arbeit einige Tage liegen zu lassen, um Abstand zu gewinnen. Doch dazu reicht die Zeit meist nicht. Das Rechtschreibprogramm des Computers kann eine Hilfe sein. Aber Sie sollten den Text unbedingt ausdrucken. Sie werden feststellen, dass Sie auf dem Papier zahlreiche Fehler entdecken, die Sie am Bildschirm übersehen haben. Zu empfehlen ist es auch, die Arbeit Freunden zu geben, die nicht unbedingt Geschichte studieren müssen, aber gründlich lesen können und mit der Rechtschreibung vertraut sind.

Und noch etwas: Wenn Sie irgendwann nicht mehr entscheiden können, ob Ihre Arbeit völlig verfehlt oder vielleicht doch genial ist, sollte Sie dies nicht verunsichern. Das zeigt nur, dass Ihnen jede **Distanz zur eigenen Arbeit** abhandengekommen ist. Dieser Zustand ist eine völlig normale Phase im Arbeitsprozess. Betrachten Sie ihn schlicht als Zeichen, dass Sie die Arbeit langsam aber sicher abgeben sollten.

4.7.2 Die mündliche Prüfung

Wie die schriftliche Arbeit begegnet Ihnen auch die mündliche Prüfung im Examen wohl nicht zum ersten Mal. Auch Modul- und andere Prüfungen im Studienverlauf bestehen in aller Regel aus einem Gespräch zwischen Ihnen und Ihrem Prüfer oder Ihrer Prüferin (womöglich anwesende Beisitzer führen meist nur das Protokoll und fragen nichts). In jeder einzelnen Prüfung im Studium können Sie für das **mündliche Examen** üben, denn im Prinzip unterscheiden sich solche Prüfungsgespräche kaum. Auf alle Fälle gilt: Klären Sie rechtzeitig die formalen und inhaltlichen Anforderungen ab! Besprechen Sie mit Ihrem Prüfer oder ihrer Prüferin, was Sie unter Ihrem Thema verstehen, wie Sie es eingrenzen, worauf der Prüfer besonderen Wert legt, ob Sie Schwerpunkte setzen können und wenn ja welche, ob Sie eine Literaturliste anfertigen sollen und inwieweit sich Ihre Prüferin mit ihren Fragen an die Liste zu halten gedenkt. Wenn Sie dies alles vorher klären, kennen Sie die Prüfungsfragen natürlich noch immer nicht. Aber Sie wissen in etwa, was auf Sie zukommt, und das nimmt Ihnen einen Teil der Nervosität.

Noch entspannter können Sie in die Prüfung gehen, wenn Sie sich gut vorbereitet haben. Wie Sie die **Prüfungsvorbereitung** gestalten, ob in einer Lerngruppe oder allein, ist Geschmackssache. Auf eines sollten Sie aber auf gar keinen Fall verzichten: Üben Sie reden! Ob im Examenskolloquium, in der Lerngruppe, vor Freunden oder auch ganz allein: Stellen Sie Ihr Prüfungsthema vor, antworten Sie auf Fragen (die Sie sich ja auch selbst ausdenken können), präsentieren Sie Thesen der Forschung, begründen Sie Ihre eigene Position. Damit reduzieren Sie nicht nur die Gefahr, in der Prüfung nach Begriffen und Formulierungen suchen zu müssen. Sie erkennen damit auch rechtzeitig, wo Sie noch etwas nachzuarbeiten haben. Und Sie werden am Ende zu der beruhigenden Einschätzung gelangen, das Thema gut strukturiert, inhaltlich präzise und mit Blick für die Zusammenhänge darstellen zu können.

Achten Sie dabei auch auf Ihre Formulierungen: Wenn Sie jeden Satz mit einer Floskel wie „Keine Ahnung, aber ich würde mal annehmen, dass ..." beginnen, wird selbst der gutmütigste Prüfer irgendwann unruhig. Verben der subjektiven Wahrnehmung wie „ich finde", „ich glaube", „ich habe das Gefühl, dass ..." sind ebenfalls zu vermeiden. Nennen Sie **in der Prüfung** stets das Wichtigste zuerst! Da manche Prüfer die Kandidaten gerne und schnell unterbrechen, sollten Sie die für die Antwort relevanten Argumente oder Fakten zunächst im Überblick präsentieren und dabei die wichtigsten Schlagworte nennen. Danach können Sie das Thema entfalten – Ihr Prüfer wird Sie schon unterbrechen, wenn ihm Ihre Ausführungen zu weit gehen. Achten Sie dabei darauf, nicht nur Fakten aneinander zu reihen, sondern Zusammenhänge darzustellen. Fachbegriffe sollten Sie benutzen, aber immer definieren können! Konkreter werden Ihre Darlegungen aber nicht nur durch Definitionen, sondern auch durch genaue Daten und Zahlen. Und wenn Sie Forschungskontroversen darlegen, sollten Sie die Vertreter der Positionen mit Namen benennen können.

Und wenn Sie etwas nicht wissen? Reden Sie sich nicht um Kopf und Kragen! Improvisieren kann gelingen. Aber in aller Regel merken die Prüfer, wenn Sie anfangen zu raten, und diesen Eindruck sollten Sie vermeiden. Sagen Sie lieber, dass Sie es nicht wissen. So bleibt mehr Zeit für die nächsten Fragen, und die können Sie bestimmt wieder beantworten.

Nach der Prüfung sollten Sie unbedingt ein **Feedback** einfordern. Lassen Sie sich Ihre Note erklären, auch wenn Sie damit eigentlich zufrieden sind. Fragen Sie, was die Prüfer auszusetzen hatten und was Sie in Zukunft besser machen könnten. Dann können Sie aus einer Prüfung für die nächste lernen. Und genau das ist im Übrigen ja der Sinn der kleineren Prüfungen im Studienverlauf.

4.7.3 Die Klausur

Ob Abschlusstest im Proseminar oder schriftliches Examen – bei Klausuren gilt es einiges zu beachten. Wie bei jeder Prüfung sind auch hier **im Vorfeld** Anforderungen und Ablauf abzuklären. **In der Klausur** selbst sollten Sie zunächst die Fragen genau lesen. Das klingt banal. Aber wie schnell lässt man sich von einem erhofften Stichwort in die Irre führen und schreibt voller Freude über das scheinbare Wunschthema an der eigentlichen Frage vorbei. Machen Sie sich also klar, worauf die Fragestellung abzielt. Und entwerfen Sie eine Gliederung! Bevor Sie zu schreiben beginnen, sollten Sie den Aufbau des Textes vor Augen haben. Stellen Sie einen Plan auf, der nicht nur die einzelnen Schritte Ihrer Argumentation enthält, sondern auch angibt, wie viel Zeit Ihnen für die jeweiligen Passagen zur Verfügung steht. Und halten Sie diesen Plan ein! Nur so können Sie vermeiden, während des Schreibens auf Abwege zu geraten oder sich in Details zu verzetteln und am Ende keine Zeit mehr für die eigentlich wichtigen Punkte zu haben.

Bei der **Gliederung** Ihrer Klausur können Sie sich an den Regeln für die Hausarbeit orientieren. So sollten Sie in einer knappen Einleitung zunächst die Fragestellung formulieren und einen kurzen Überblick über den Aufbau Ihres Textes geben. Der anschließende Hauptteil enthält die eigentliche Argumentation. Wichtig ist hierbei zweierlei: eine **präzise Sprache** und ein klarer Gedankengang. In sprachlicher Hinsicht sollten Sie sich der Fachterminologie bedienen, die zentralen Begriffe definieren und mit Namen, Daten und Zahlen für Genauigkeit sorgen. Und den **roten Faden** Ihres Gedankengangs können Sie deutlich machen, indem Sie bei jedem Abschnitt dessen Funktion benennen (erstes, zweites, drittes Argument, Gegenargument, Entkräftung des Gegenarguments, Zwischenbilanz etc.). Am Ende sollten Sie Ihre Ergebnisse zusammenfassen, die Fragestellung vom Anfang wieder aufgreifen und eine klare Antwort formulieren. Im Übrigen: Klausuren, die nicht zu entziffern sind, können auch nicht bewertet werden. Schreiben Sie also unbedingt leserlich!

Literatur
Eberhardt Hofmann, Monika Löhle: **Erfolgreich lernen**. Effiziente Lern- und Arbeitsstrategien für Schule, Studium und Beruf, 3., überarbeitete Auflage Göttingen 2016.

Literaturempfehlungen

1. Zum Geschichtsstudium allgemein

Christoph Cornelißen (Hg.), Geschichtswissenschaften. Eine Einführung, 4. Auflage Frankfurt a. M. 2009.

2. Überblick über die Frühe Neuzeit

Johannes Burkhardt, Deutsche Geschichte in der Frühen Neuzeit, München 2009.
Richard van Dülmen, Kultur und Alltag in der Frühen Neuzeit, 3 Bde., München 1999.
Einführung in die Frühe Neuzeit (Barbara Stollberg-Rilinger): http://www.uni-muenster.de/FNZ-Online/
Axel Gotthard, Das Alte Reich 1495–1806, 5., bibliographisch aktualisierte Auflage Darmstadt 2013.
Thomas Maissen, Geschichte der Frühen Neuzeit, München 2013.Ilja Mieck, Europäische Geschichte der frühen Neuzeit. Eine Einführung, 6., verbesserte und aktualisierte Auflage Stuttgart 1998.
Paul Münch, Lebensformen in der Frühen Neuzeit, Frankfurt a. M./Berlin 1992.
Wolfgang Reinhard, Lebensformen Europas. Eine historische Kulturanthropologie, 2. Auflage München 2006.
Wolfgang Reinhard (Hg.), Weltreiche und Weltmeere 1350–1750, München/Cambridge, MA 2014.
Ulinka Rublack (Hg.), Die Neue Geschichte. Eine Einführung in 16 Kapiteln. Mit einem Vorwort von Jürgen Osterhammel, Frankfurt a. M. 2013.
Luise Schorn-Schütte, Geschichte Europas in der Frühen Neuzeit: Studienhandbuch 1500–1789, Paderborn u. a. 2009.
Winfried Schulze, Einführung in die Neuere Geschichte, 5., überarbeitete und vollständig aktualisierte Auflage Stuttgart 2010.
Barbara Stollberg-Rilinger, Europa im Jahrhundert der Aufklärung, Stuttgart 2000.
Karl Vocelka, Frühe Neuzeit 1500–1800, Konstanz/München 2013.
Anette Völker-Rasor (Hg.), Frühe Neuzeit (Oldenbourg Geschichte Lehrbuch), 2. Auflage München 2006.

3. Klassiker der Frühneuzeitforschung

Marc Bloch, Die wundertätigen Könige, Erstauflage des franz. Originals 1924, dt. München 1998.

Fernand Braudel, Das Mittelmeer und die mediterrane Welt in der Epoche Philipps II., Erstauflage des franz. Originals 1947, dt. 1990, als Taschenbuch Frankfurt a. M. 1998.
Michel Foucault, Überwachen und Strafen. Die Geburt des Gefängnisses, franz. Orig. 1975, dt. 1976, als Taschenbuch Frankfurt a. M. 1994.
Carlo Ginzburg, Der Käse und die Würmer. Die Welt eines Müllers um 1600, Erstauflage des ital. Originals 1976, dt. Frankfurt a. M. 1979 u. ö.
Peter Laslett, Verlorene Lebenswelten. Geschichte der vorindustriellen Gesellschaft, engl. Orig. 1965, dt. als Taschenbuch Frankfurt a. M. 1991.
Gerhard Oestreich, Strukturprobleme des europäischen Absolutismus (1968), in: Ders., Geist und Gestalt des frühmodernen Staates. Ausgewählte Aufsätze, Berlin 1969, S. 179–197.
Wolfgang Reinhard, Zwang zur Konfessionalisierung? Prolegomena zu einer Theorie des konfessionellen Zeitalters (1983), in: Ders.: Ausgewählte Abhandlungen, Berlin 1997, S. 127–147.
Heide Wunder, „Er ist die Sonn', sie ist der Mond." Frauen in der Frühen Neuzeit, München 1992.

4. Quellensammlungen
Deutsche Geschichte in Quellen und Darstellung Bd. 3: Reformationszeit 1495–1555, hg. von Ulrich Köpf, Stuttgart 2001. Bd. 4: Gegenreformation und Dreißigjähriger Krieg 1555–1648, hg. von Bernd Roeck, Stuttgart 1996. Bd. 5: Zeitalter des Absolutismus 1648–1789, hg. von Helmut Neuhaus, Stuttgart 1997.

5. Methodenfragen
Ute Daniel, Kompendium Kulturgeschichte. Theorien, Praxis, Schlüsselwörter, Frankfurt a. M. 2001.
Joachim Eibach, Günther Lottes (Hg.), Kompass der Geschichtswissenschaft, Göttingen 2002.
Hans-Jürgen Goertz (Hg.), Geschichte. Ein Grundkurs, Reinbek 1998.
Martin Lengwiler, Praxisbuch Geschichte. Einführung in die historischen Methoden, Zürich 2010.
Volker Sellin, Einführung in die Geschichtswissenschaft, 2., durchgesehene Auflage Göttingen 2001.
Max Weber, Schriften zur Wissenschaftslehre, Stuttgart 1991.

6. Geschichte der Geschichtswissenschaft
Georg G. Iggers, Geschichtswissenschaft im 20. Jahrhundert. Ein kritischer Überblick im internationalen Zusammenhang, 2., durchgesehene Auflage Göttingen 1996.

Lutz Raphael, Geschichtswissenschaft im Zeitalter der Extreme. Theorien, Methoden, Tendenzen von 1900 bis zur Gegenwart, München 2003.

Markus Völkel, Geschichtsschreibung. Eine Einführung in globaler Perspektive, Köln/Weimar/Wien 2006.

7. Hilfswissenschaften

Friedrich Beck, Eckart Henning (Hg.), Die archivalischen Quellen. Mit einer Einführung in die Historischen Hilfswissenschaften, 5., erweiterte und aktualisierte Auflage Köln/Weimar/Wien 2012.

Ahasver von Brandt, Werkzeug des Historikers. Mit aktualisierten Literaturnachträgen und einem Nachwort von Franz Fuchs, 18. Auflage Stuttgart 2012.

8. Arbeitshilfen

Winfried Baumgart, Bücherverzeichnis zur deutschen Geschichte. Hilfsmittel, Handbücher, Quellen,18., überarbeitete und erweiterte Auflage Stuttgart 2014.

Nils Freytag, Wolfgang Piereth, Kursbuch Geschichte, Paderborn 2004.

Wichtige Abkürzungen

Dies ist eine Liste der wichtigsten Abkürzungen, denen Sie beim Studium der Geschichte der Frühen Neuzeit immer wieder beggnen werden. Richtlinien für Abkürzungen in der Geschichtswissenschaft bieten die Abkürzungsverzeichnisse der Historischen Zeitschrift (HZ) und der Theologischen Realenzyklopädie (TRE):
Historische Zeitschrift: Abkürzungen <URL: http://www.oldenbourg.de/verlag/historischezeitschrift/hz-abkuerzungen.htm>
Theologische Realenzyklopädie, Abkürzungsverzeichnis, 2., überarbeitete und erweiterte Auflage, Berlin/New York 1994.
In der TRE können Sie im Übrigen nicht nur die Abkürzungen (man sagt dazu auch: die Siglen), auflösen, sondern auch umgekehrt nachschlagen, wie eine Zeitschrift, deren vollständigen Titel Sie kennen, richtig abgekürzt wird.

AHR = The American Historical Review
AKG = Archiv für Kulturgeschichte
Anm. = Anmerkung
Annales = Annales. Économies, Sociétés, Civilisations
ARG = Archiv für Reformationsgeschichte
Aufl. = Auflage
Bd., Bde. = Band, Bände
Bll. = Blätter
BlldtLG = Blätter für deutsche Landesgeschichte
ders. = derselbe
dies(s). = dieselbe(n)
ebd. = ebenda
Ed.= Editor (Plural: Eds.)
EdG = Enzyklopädie deutscher Geschichte
EdN = Enzyklopädie der Neuzeit
EHR = English Historical Review
erg. = ergänzt
erw. = erweitert
f. bzw. ff. = folgende Die Abkürzung ff. sollten Sie vermeiden! Da sie unterschiedlich gebraucht werden kann (entweder zur Kennzeichnung von 3 aufeinander folgenden Seiten oder lediglich als Markierung der ersten Seite), ist sie zu ungenau.
FBPG = Forschungen zur Brandenburgischen und Preußischen Geschichte
Forsch. = Forschungen
Ges. = Gesellschaft
Gesch. = Geschichte
GG = Geschichte und Gesellschaft
GWU = Geschichte in Wissenschaft und Unterricht
H. = Heft
HA = Historische Anthropologie
Hg., Hrsg. = Herausgeber
HJ = The Historical Journal
HJb = Historisches Jahrbuch
HRG = Handwörterbuch zur deutschen Rechtsgeschichte
HZ = Historische Zeitschrift
Inst. = Institut(e)
Jb. = Jahrbuch, Jahrbücher
Journ. = Journal
LThK = Lexikon für Theologie und Kirche
MGM = Militärgeschichtliche Mitteilungen
Ndr. = Nachdruck

Glossar

AGENCY, von lat. agere = tun, handeln; Handlungskompetenz. Als Gegenbegriff zu Struktur betont agency das Handlungsvermögen der individuellen Akteure und die Wirkmächtigkeit ihres Handelns.
AKTEN, Schriftstücke, die zur Vorbereitung oder Durchführung eines Rechts- oder Verwaltungsgeschäfts angelegt werden.
ALLEGORIE, von griech. allegoría = das Anderssagen; die Verbildlichung eines abstrakten Begriffs oder Vorgangs.
ANACHRONISMUS, falsche zeitliche Einordnung.
ANALYSE, Zerlegung, Zergliederung eines Ganzen in seine Teile.
ANTHROPOLOGIE, die Wissenschaft vom Menschen.
ARKANPOLITIK, von latein. arcanus = geheim; Geheimpolitik.
ARTEFAKT, latein. = künstlich gemacht; Kunsterzeugnis.
AUSFERTIGUNG, ein amtliches Schriftstück, ordnungsgemäß mit Unterschrift und Siegel versehen.
AUTHENTIZITÄT, Echtheit, Glaubwürdigkeit.
AVERS, Vorderseite einer Münze.

BIBLIOGRAPHIE, wörtlich: Bücherbeschreibung; Verzeichnis der Literatur zu einem Thema.
BIBLIOGRAPHIEREN, die Suche nach Literatur.

CHRONOLOGIE, von griech. chronos = die Zeit, logos = die Lehre; Lehre von der Zeitrechnung.
CUIUS REGIO, EIUS RELIGIO, latein. = Wessen Land, dessen Glauben; der Landesherr bestimmt die Konfession; zentrale Bestimmung des Augsburger Religionsfriedens 1555.

DEMOGRAPHIE, von griech. demos = Volk, graphein = schreiben; die Bevölkerungswissenschaft.
DEMOGRAPHISCHE DATEN, Daten zur Bevölkerungsentwicklung, z. B. Geburtenrate, Mortalitätsrate (= Sterberate).
DESIDERAT, von lat. desiderare = wünschen; etwas Erwünschtes, das bislang fehlt.
DEVIANZ, von latein. devius = vom Wege abliegend; übergreifende Bezeichnung für abweichendes Verhalten.
DIARIUM, latein. = Buch für (tägliche) Eintragungen.
DIDAKTIK, von griech. didache = Lehre; die Wissenschaft vom Lehren und Lernen, eine Art Unterrichtslehre.

DIGITALISAT, Produkt der Digitalisierung eines Objekts, z. B. digital abrufbarer Scan einer archivalischen Quelle. Digitalisate bilden die Originale ab, ohne sie zu edieren, zu transkribieren oder zu kommentieren.

DIGITALE SAMMLUNG, Seite im Internet, die zahlreiche Digitalisate anbietet, meist von Museen, Archiven oder Bibliotheken zur Verfügung gestellt.

DIPLOMATIK, von griech./latein. diploma = Urkunde; die Urkundenlehre.

DISTINKTION, von lat. distinctio = Unterscheidung, Abgrenzung; die soziale Abgrenzung von unteren Schichten.

EDITION, Ausgabe, Herausgabe von Texten; der Editor ist der Herausgeber einer Edition; edieren = Texte herausgeben.

EGO-DOKUMENT, alle Quellen, in denen ein Mensch Auskunft über sich selbst gibt.

EMPIRIE, griech. = Erfahrung; in der Geschichtswissenschaft die Arbeit mit den Quellen.

ETATISMUS, von franz. état = Staat; Fixierung auf den Staat, meist als Vorwurf gemeint.

ETYMOLOGIE, die Lehre von der Herkunft der Wörter.

EUROZENTRISCH, Sichtweise, die auch außereuropäische Gegebenheiten am europäischen Maßstab misst, d. h. an den Werten und Normen, die sich in Europa entwickelt haben.

EXAMEN, latein. = Prüfung.

EXEMPEL, belehrende Beispiele oder Muster.

EXPLIZIT, erklärt, ausdrücklich dargestellt; das Gegenteil von implizit.

EXZERPT, schriftlicher Auszug aus einem Text, eine Art kommentierte Zusammenfassung.

FAKSIMILE, latein. = mache ähnlich!; Reproduktion, die mit dem Original in Größe und Ausführung genau übereinstimmt.

FALSIFIZIERBAR, widerlegbar.

FALZ, die Stellen eines Buches, an denen das Material gefaltet wird.

GEMEINER MANN, Quellenbegriff für den Teil der Bevölkerung, der von der Herrschaft ausgeschlossen war.

GENEALOGIE, von griech. génos = Geschlecht, Abstammung; griech. lógos = Lehre; die Lehre von den Abstammungs und Verwandtschaftsverhältnissen.

GLOSSAR, Wörterverzeichnis mit Erklärungen.

GROßE ERZÄHLUNG, von den Vertretern der so genannten Postmoderne geprägter Begriff für die großen Traditionslinien, in denen sich die Moderne sah, z. B. die Aufklärung.

Glossar

GUTENBERG-GALAXIS, Begriff des Medienwissenschaftlers Marshall McLuhan für eine Welt, die grundlegend vom Buch als Leitmedium geprägt ist; endet mit der Umwandlung der Welt in ein von den elektronischen Medien geschaffenes „globales Dorf".

HABITUS, von lat. habere = haben, das „Gehabe"; das Auftreten eines Individuums, seine Umgangsformen, Gewohnheiten und Vorlieben. Nach der Habitus-Theorie von Pierre Bourdieu bildet der Habitus die Schnittstelle zwischen objektiven Strukturen, in denen der Mensch lebt und die ihn prägen, und subjektiven Wahrnehmungs-, Denk- und Handlungsweisen.

HANDBUCH, zum Nachschlagen gedachte Überblicksdarstellung zu einem bestimmten Teilbereich der Geschichte.

HANDBUCHWISSEN, grundlegende und relativ unstrittige Sachverhalte, Namen, Zahlen und Daten des jeweiligen historischen Kontextes; also in etwa das, was in Handbüchern wie dem „Ploetz" nachgeschlagen werden kann.

HERALDIK, germ./ mlatein./ franz. = Wappenkunde.

HERMENEUTIK, von griech. hermeneúein = auslegen, verständlich machen; Kunst der Textauslegung.

HEURISTIK, von griech. heurískein = finden; die Findekunst.

HISTORIK, Theorie der Geschichtswissenschaft.

HISTORISCH-KRITISCHE METHODE, Verfahren zum wissenschaftlichen Umgang mit Quellen; besteht aus Heuristik, Kritik und Interpretation.

HISTORISMUS, Strömung im 19. Jahrhundert, die maßgeblich zur Verwissenschaftlichung des Faches Geschichte beitrug.

HISTORIOGRAPHIE, von griech. historia = Geschichte, graphein = schreiben; Geschichtsschreibung.

HISTORISCHE SEMANTIK, wissenschaftlicher Ansatz, der die Bedeutung von Wörtern im historischen Wandel unter-sucht.

IDIOGRAPHISCH, das Einzelne beschreibend.

IKONOGRAPHIE, Beschreibung, Form- und Inhaltsdeutung von Bildwerken.

IKONOLOGIE, Lehre vom Sinngehalt von Bildwerken.

IMPLIZIEREN, einschließen.

INKARNATIONSZÄHLUNG, von latein. incarnatio = Fleisch- oder Menschwerdung Gottes, die Zeitrechnung ab Christi Geburt.

INSERTION, das Einfügen einer Urkunde in vollem Wortlaut in eine neue Urkunde.

INTERSUBJEKTIV ÜBERPRÜFBAR, unabhängig von der Person des Forschers und damit auch von anderen Personen (Subjekten) nachvollziehbar; Kriterium der Wissenschaftlichkeit.

KANZLEI, von latein. cancelli = Schranken, die den Amtsraum abtrennten; Behörde eines Fürsten oder einer Stadt, der die Ausfertigung der Urkunden und die Durchführung des Schriftverkehrs oblagen.

KOMMUNIKATION, von latein. communicatio = Unterredung, Mitteilung; besteht aus Information, Mitteilung und Verstehen.

KONTRIBUTIONEN, allg. für militärische Zwecke verwendete Steuern; Zwangsauflage in Kriegszeiten.

KORPUS, Pl. die Korpora, das einer wissenschaftlichen Analyse zugrunde liegende (Text-)Material.

KULTUR, von lat. cultura = Pflege, Veredelung; bereits von Cicero vom Ackerbau auf Philosophie und Literatur übertragen. Die neue Kulturgeschichte fasst Kultur viel weiter als die Dimension der Vergangenheit, die mit Sinnstiftungen und Bedeutungszuweisungen zu tun hat.

LEXIKA, alphabetisch geordnete Nachschlagewerke; Sprach- oder Sachwörterbücher.

LINGUISTIC TURN, engl. = lingustische Wende. Die Vertreter des linguistic turn sehen in der Sprache ein sich selbst regulierendes System von Zeichen, das nicht an die Wirklichkeit gebunden ist.

MARGINALIE, erläuternder Randkommentar in Handschriften, Akten oder Büchern.

MARGINALISIERUNG, etwas oder jemanden an den Rand (engl. margin) drängen, ins Abseits schieben.

MATERIAL TURN, engl. = Wende hin zum Material. Seit den 2000er Jahren zunehmende Hinwendung auch der Geschichtswissenschaft zu den Dingen und ihrer materiellen Beschaffenheit. Gefragt wird nach dem Umgang mit Artefakten in der Vergangenheit, nach ihrem Wert als Quelle für Praktiken, Wissensbestände und Weltanschauungen und allgemein nach der materiellen Kultur einer Gesellschaft, womit die Gesamtheit der jeweils hervorgebrachten und verfügbaren Artefakte sowie ihre Rolle für die Menschen gemeint ist.

MEMOIREN, von franz. mémoire = Gedächtnis, Erinnerung; literarische Darstellung des eigenen Lebens in seinem (politischen) Kontext.

MENTALITÄT, von lat. mens = Geist, Verstand, Gemüt.

METHODE, von griech. méthodos = Weg; Gang der Untersuchung.

MULTIKAUSAL, auf mehrere Gründe zurückzuführen, das Gegenteil von monokausal = auf nur einen Grund, eine Ursache zurückzuführen.

NOMOLOGISCH, um Gesetze wissend.

NOMOTHETISCH, nach Gesetzen suchend.

NUMISMATIK, griech./ latein. /neulatein. = Münzkunde.

Glossar

OFFIZIALAT, bischöfliche Gerichtsbehörde; der Offizial: bischöflicher Richter.
ORAL HISTORY, engl. = mündliche Geschichte; Verfahren der zeitgeschichtlichen Forschung, basiert auf der Befragung von Zeitzeugen.

PALÄOGRAPHIE, von griech. palaios = alt, graphein = schreiben; die Lehre von den alten Schriften.
PERFORMATIVE AKTE, aus der sprachwissenschaftlichen Sprechakt-Theorie übernommene Bezeichnung für Akte, die etwas (in dem Moment) herstellen, indem sie es darstellen, z. B. das performative Ritual der Taufe mit dem performativen Sprechakt „Ich taufe Dich auf den Namen XY".
PERFORMATIVE TURN, auch praxeologische Wende, seit etwa dem Jahr 2000 spürbare Hinwendung der Geschichtswissenschaft zu Performances und Praktiken, d. h. generell zu Handlungen. Der Begriff der Performances verweist auf Aufführungen wie etwa Zeremonien und Rituale, die die bestehende Ordnung darstellen und sie oftmals in der Darstellung erst herstellen. Mit Praktiken sind hingegen alltägliche Handlungsweisen und Routinen gemeint, die immer auch gesellschaftlichen Konventionen folgen. Bei beiden Ausprägungen der performativen oder praxeologischen Wende liegt der Fokus nicht auf der hermeneutischen Frage nach den Motiven, Wünschen und Zielen des konkreten Individuums, das handelt, sondern auf den Regeln, denen es folgt, und damit auf der überindividuellen Aussagekraft scheinbar individuellen Handelns.
PRAKTIKEN, die in der Regel nicht reflektierten, wiederkehrenden Handlungen und Routinen, die eher mit gesellschaftlichen Konventionen und Gewohnheiten als mit individuellen Intentionen zu tun haben. Der US-amerikanische Philosoph Theodore Schatzky spricht von Praktiken als den alltäglichen sayings und doings.
PRÄZEDENZ, von latein. praecedere = voranschreiten; Rangfolge, Vortritt im Zeremoniell.
PRODIGIEN, Vorzeichen, Warnzeichen Gottes.
PROZESS, von latein. procedere = voranschreiten; Verlauf, Entwicklung.
PUBLIZISTIK, von latein. publicare = veröffentlichen; der Bereich, der alle die Öffentlichkeit interessierenden Angelegenheiten samt der Medien, in denen diese behandelt werden, umfasst.

QUANTIFIZIEREN, etwas in Zahlen und messbare Größen fassen.
QUELLENWERT, Aussagekraft einer Quelle im Blick auf eine konkrete Fragestellung.

RATIFIKATION, Bestätigung eines völkerrechtlichen Vertrages durch die gesetzgebende Körperschaft, in der Frühen Neuzeit durch den Monarchen.
REGAL, Pl. Regalien, die dem König vorbehaltenen Hoheitsrechte.

RENAISSANCE, Wiedergeburt (der Antike).

RESERVATRECHTE, die Rechte des Kaisers, die er ohne Mitwirkung des Reichstags ausüben durfte (z. B. Standeserhöhungen).

RESPUBLICA LITTERARIA, latein. = „Republik der Gelehrten", zeitgenössische Bezeichnung für die Gruppe derer, die wissenschaftlich publizierten und in Austausch miteinander standen; eine Art frühneuzeitliche „scientific community".

REVERS, numismatischer Fachausdruck für die Rückseite einer Münze.

REZEPTION, die Aufnahme und Aneignung von Werken durch das Publikum.

RHETORIK, griech. = Redekunst.

RITUAL, eine nach bestimmten Regeln ablaufende Handlungssequenz, die nicht nur Ordnungen widerspiegelt (wie die Zeremonie), sondern auch eine Statusveränderung herbeiführt. Rituale wie etwa die Königskrönung stellen nicht nur etwas dar, sie stellen es zugleich auch her, sie sind performativ.

SÄKULARISIEREN, verweltlichen.

SELBSTZEUGNIS, freiwillig verfasster Text, dessen Autor oder Autorin selbst handelnd oder leidend in Erscheinung tritt.

SEMINAR, von latein. seminarium = Pflanzschule; auf Dialog angelegte Lehrveranstaltung, die den Teilnehmern das wissenschaftliche Arbeiten vermitteln soll.

SEMIOTIK, die Lehre von den Zeichen.

SIEGEL, von latein. sigillum, Diminutiv von Signum = Zeichen.

SPATIAL TURN, engl. = die räumliche Wende; seit den 1990er Jahren zunehmende Hinwendung auch der Geschichtswissenschaft zum Raum als Analysekategorie. Räume werden nicht länger als starr und neutral im Sinne eines vorgegebenen Containers begriffen, sondern als menschliche Konstrukte. So wie die Gesellschaft räumlich geordnet ist, so werden städtische, politische, aber auch scheinbar natürliche Räume wie Flusslandschaften sozial geformt und hergestellt. Die Geschichtswissenschaft ist daher aufgefordert, sowohl nach der Entstehung von Raumvorstellungen als auch nach deren Rückwirkungen auf die Menschen und ihr Handeln zu fragen.

SPHRAGISTIK, von griech. sphragis = Zeichen, Siegel; Siegelkunde.

STANDARDWERKE, maßgebende Grundlagenwerke wie Handbücher, aber auch bedeutende Monographien zum Thema (diese werden oft auch „Klassiker" genannt).

STATISTIK, zahlenmäßig erfasste Untersuchungsergebnisse.

STRUKTUREN, relativ stabile Muster, nach denen bestimmte Beziehungen oder Abläufe gestaltet sind.

SYMBOL, griech. = Zeichen, Sinnbild.

Glossar

TELEOLOGISCH, von griech. telos = Ziel; auf ein Ziel gerichtet.

TERTIUM COMPARATIONIS, latein. = das Dritte des Vergleichs; die den Phänomenen gemeinsamen Eigenschaften, die den Vergleich erst möglich machen.

THEORIE, griech. = Betrachtung, Anschauung; ordnende Verknüpfung von Einzelbeobachtungen.

THESE, von griech. thesis = Satz, Behauptung; eine wissenschaftliche Behauptung, die es zu belegen gilt; Hypothese = Unterthese.

TOPOS, Pl. Topoi, Gemeinplatz, Denk und Ausdrucksschema.

TRADITION, Kategorie für Quellen, in denen Menschen ihre Sicht der Dinge mitteilen wollen.

TRANSKRIPTION, von latein. transcribere = übertragen; Übertragung in eine andere Schrift.

TRANSLATIO IMPERII, latein. = Übertragung des Kaisertums.

ÜBERREST, alles, was unmittelbar von den Begebenheiten erhalten geblieben ist; die unabsichtliche, unwillkürliche Hinterlassenschaft vergangener Zeiten.

UNIVERSITÄT, von latein. universitas = die Gemeinschaft der Lehrer und Schüler.

URKUNDEN, Schriftstücke, die rechtliche Vorgänge festhalten, zu diesem Zweck beglaubigt werden und nach bestimmten formalen Vorschriften gestaltet sind.

VISUAL TURN, engl. = Wende zum Visuellen, auch: Iconic oder Pictorial Turn. Unter diesem Schlagwort wird seit den 1990er Jahren die Rolle von Bildern und von anderen Formen der Visualisierung für die historische Forschung betont: Visualisierungen machen etwas sichtbar, sie können daher als Quelle dienen, prägen aber auch unsere eigenen Sichtweisen und Wahrnehmungen wie die der historischen Akteure und sind nach Horst Bredekamp imstande, als eine Art eigenständiger Akteur Handlungen auszulösen.

VISUALISIEREN, von latein. visualis = zum Sehen gehörig; einen Sachverhalt mit optischen Mitteln darstellen.

WERTE, bestimmen, was sein soll; Normen: regeln, was man tun soll.

ZEREMONIELL, Gesamtheit der Regeln und Verhaltensweisen bei bestimmten feierlichen Handlungen.

ZÖLIBAT, Gebot der Ehelosigkeit für katholische Geistliche.

Bildnachweis

Abb. 1, S. 35: schloesser-magazin.de. Foto: Manfred Storck, Stuttgart
Abb. 2, S. 43: Aus: Zillhardt, Gerd (Hrsg.): Der Dreißigjährige Krieg in zeitgenössischer Darstellung. Hans Heberles „Zeytregister"1618 – 1672. Stuttgart: Kohlhammer 1975, S. 224. © Stadtarchiv Ulm
Abb. 3, S. 63: NFP Neue Filmproduktion tv GmbH, Berlin
Abb. 4, S. 105: Nach: Braudel, Fernand: Das Mittelmeer und die mediterrane Welt in der Epoche Philipps II., Bd. 2, Frankfurt 1990, S. 256
Abb. 5, S. 151: Sächsisches Staatsarchiv – Hauptstaatsarchiv Dresden, 10001 Ältere Urkunden, Nr. 13164
Abb. 6, S. 157: Aus: Acta Pacis Westphalicae, Serie III, Abt. B, Band 1,1, S. 30; mit freundlicher Genehmigung des Aschendorff Verlag GmbH & Co. KG
Abb. 7, S. 167: Österreichisches Staatsarchiv, Haus-, Hof- und Staatsarchiv, Wien
Abb. 8, S. 186: Stadt Augsburg, Kunstsammlungen
Abb. 9, S. 192: Herzog August Bibliothek Wolfenbüttel
Abb. 10, S. 217: Tabelle © UVK Verlag, Konstanz 2006
Abb. 11, S. 229 u. Abb. 12., S. 231: Westfälisches Landesmuseum für Kunst und Kulturgeschichte Münster
Abb. 13, S. 238: ThStA Gotha, Geheimes Archiv A VIII Nr. 12 Bl. 334/335 – liegt: Sammlung Karten Q 2.3/1
Abb. 14, S. 240: aus: Johann Gottfried Meiern: ACTA PACIS WESTPHALICAE PUBLICA … Sechster Theil, Hannover 1736, S. 120
Abb. 15, S. 247: akg-images – Erich Lessing, Berlin
Abb. 16, S. 251: Westfälisches Landesmuseum für Kunst und Kulturgeschichte Münster
Abb. 17, S. 287: Schaubild Bibliographieren. © UVK Verlag, Konstanz 2006
Abb. 18, S. 309: Thesenpapier
Abb. 19, S. 317: Titelblatt
Abb. 20, S. 319: Inhaltsverzeichnis

Register

1. Personen

Alexander der Große 79
Alexander VII. 237

Baumgart, Winfried 258, 259, 265, 277, 284, 291, 292
Bernheim, Ernst 28, 37, 56
Bloch, Marc 106, 214
Bosbach, Franz 203, 216, 228
Braudel, Fernand 92, 104, 215
Brunner, Otto 100, 266
Burckhardt, Jacob 22, 23
Burkhardt, Johannes 19, 97, 101
Bußmann, Klaus 178, 326

Cellarius, Christoph 95
Chigi, Fabio 236, 237
Chladenius, Johann Martin 49
Cicero 25

Derrida, Jacques 54
Droysen, Johann Gustav 14, 30, 45, 174
Dülmen, Richard van 19, 86, 101, 132, 204, 212
Dülmen, Richard van 132

Eberhard Ludwig, Herzog von Württemberg 35
Einstein, Albert 86

Foucault, Michel 121
Fugger, Familie 180

Gadamer, Hans-Georg 60
Geertz, Clifford 112, 117, 132

Gerhard, Dietrich 100
Gerhard, Paul 188
Ginzburg, Carlo 116
Gregor XIII. 198
Grotefend, Hermann 196
Gutenberg, Johannes 179

Habermas, Jürgen 50, 57, 182
Habsburger, Dynastie 142, 144, 146, 199, 232, 274
Heberle, Hans 207, 212, 214, 235
Herodot 25, 26, 30
Hintze, Otto 103
Homer 25
Huizinga, Johan 22

Julius Caesar 194

Karl der Große 152
Karl IV. 162
Karl V. 144
Kirn, Paul 34
Kocka, Jürgen 72, 74, 86
Kolakowski, Leszek 23
Koselleck, Reinhart 33, 51, 83, 86, 100, 120
Krusenstjern, Benigna von 203, 211, 212, 289

Lamprecht, Karl 69, 72, 77
Ludwig XIV. 36, 156
Luhmann, Niklas 79, 82
Luther, Martin 43, 44, 62, 67, 75, 98, 153, 184, 195, 197, 325

Mabillon, Jean 173
Medick, Hans 119, 212, 289
Melanchthon, Philipp 153
Menocchio 116
Mommsen, Theodor 28, 31

Näf, Werner 97
Nipperdey, Thomas 52, 57

Oestreich, Gerhard 83, 97, 109

Panofsky, Erwin 243
Peters, Jan 206, 211, 290
Presser, Jacob 204

Ranke, Leopold von 14, 47, 104, 174
Reinhard, Wolfgang 101, 109, 261, 264
Rousseau, Jean-Jacques 205
Rüsen, Jörn 33, 82, 86

Saussure, Ferdinand de 54
Schilling, Heinz 109, 178, 262, 326

Schopenhauer, Arthur 26
Schulze, Winfried 18, 19, 101, 110, 132, 204, 212
Sieder, Reinhard 111, 132
Stiglic, Anja 326

Talkenberger, Heike 242, 253
Ter Borch, Gerard 246
Thukydides 25, 47
Thurn und Taxis, Familie 187
Tilly, Johann Tserclaes Graf von 223
Treitschke, Heinrich von 62

Ulbricht, Otto 111, 132

Vovelle, Michel 135f., 244

Wallenstein, Albrecht von 35, 224
Weber, Max 50, 53, 57, 73, 78, 83, 86, 108, 112, 147, 170, 235
Wehler, Hans-Ulrich 108
White, Hayden 56
Wohlfeil, Rainer 242

2. Orte

Augsburg 141, 202, 208

Berlin 15, 47, 157, 230
Böhmen 142, 143
Brandenburg 104, 169
Bremen 146

Frankreich 15, 96, 104, 105, 107, 118, 129, 144, 146, 150, 172, 175, 199, 204, 251, 266, 293

Gotha 239, 241
Göttingen 29, 326
Großbritannien 199

Heiliges Römisches Reich (deutscher Nation) 94

Italien 104, 199, 226, 252

Joachimsthal 226

Laichingen 119
Leipzig 39
Ludwigsburg 35

Mainz 141, 172, 179, 296
Münster 133, 144, 149, 150, 172, 176, 178, 187, 193, 194, 201,

206, 207, 216, 222, 228, 229, 236, 246, 326

Niederlande   150, 247
Nürnberg   141

Osnabrück   133, 144, 149, 150, 206, 239
Österreich   142

Paris   154, 189, 197
Portugal   199
Preußen   104

Regensburg   216

Sachsen   141, 150, 169, 173, 239
Schweden   144, 146, 150, 199
Spanien   104, 144, 146, 150, 152, 199, 246
Stockholm   189

Ulm   44, 141, 207

Venedig   175
Versailles   36, 128, 207

Wartburg   195
Westfalen   144, 168, 236
Wien   146, 189
Wittenberg   195, 325
Württemberg   141

3. Sachregister

95 Thesen   63, 325

Ablass   323
Abschlussarbeit   17, 314, 330, 331
Acta Borussica   174
Adel   18, 110, 182, 189, 191, 234, 235, 236
Ahnenprobe   236
Akten   129, 137, 138, 139, 148, 149, 163, 173, 174, 175, 177, 178, 220
Alltagsgeschichte   69, 118
Alphabetisierung   99, 182, 183
Alteuropa   100, 280
Analyse   32, 34, 40, 50, 116, 211, 224, 244, 245
Analytik   57, 71
Annales   104, 105, 106, 111, 118, 136, 222
Anthropologie   119
Antiqua   152, 154

Arbeitshaus   84, 85
Archäologie   35, 125, 223
Archiv   42, 138, 139, 206, 239, 280, 281, 287, 292, 298, 299
Arkanpolitik   183
Aufklärung   27, 48, 182, 183, 257, 267
Aufsatz   279, 282, 289, 290
Augsburger Religionsfrieden   143
Ausfertigung   150, 169, 172

Barock   203, 252
Bartholomäusnacht   197
beglaubigen   157–164, 174
Begriffsgeschichte   68, 76, 90, 120, 174, 204
besiegeln   159
Bevölkerungsentwicklung   66
Bibliographien   259, 271, 280, 284, 285, 286, 291
Bielefelder Schule   108

… 3. Sachregister

Bildersturm 245
Bildrhetorik 245, 246, 248
Breve 163
Brief und Siegel 162, 236
Buchdruck 99, 153, 184
Bulle 162
Bürgertum 135, 182

Calvinismus 98
Christi Geburt 93, 195
Chronologie 194, 196, 197, 200, 207

Demographie 222
Devianz 110
Diplomatie 148, 168, 249, 250
Diplomatik 156, 159, 161, 163, 164, 173
Diskurs 121
Distinktion 119
Dreißigjähriger Krieg 146, 203, 290
Druckschrift 44, 153, 193

ECTS 87
Ego-Dokument 148, 204, 211
Ehre 123
Eigensinn 111, 117
Elitenkultur 116
Emotionen 59, 209
Empirie 72, 73, 75, 81, 85, 86
Endzeiterwartung 94
Enzyklopädie 203, 258, 267, 269, 290
Epoche 11, 16, 21, 31, 75, 87, 88, 90, 92, 93, 96, 97, 100, 101, 102, 103, 105, 136, 179, 197, 201, 202, 209, 223, 227, 243, 276
Ereignisgeschichte 70, 92, 104
erklären 69, 77
Eschatokoll 165, 166
Essay 57, 327, 330

Etatismus 119
Ethnologie 116, 117, 120, 237
europäische Expansion 99

Familienrekonstitution 222
Festkultur 177, 201
Feudalismus 90
Findmittel 139, 299
Flugblatt 187, 188
Flugschrift 193, 198, 199, 200, 201
Fraktur 153, 156, 193
Französische Revolution 129
Frauen- und Geschlechtergeschichte 122
Friedensfest 201, 208
Frühkapitalismus 18, 98
Frühmoderne 101
Frühneuhochdeutsch 200

Gefängnis 60
Geistesgeschichte 106, 179
Geisteswissenschaften 68, 112, 124, 266, 273
Geldgeschichte 224, 228, 252
Gender 74, 76, 123
Genealogie 234, 252
generalisierende Aussagen 57, 66, 77
Gerichtsakten 211
Geschenke 229
Geschichte der Geschichtsschreibung 25
Geschichtliche Grundbegriffe 33, 120, 266
Geschichtsbild 25, 88, 89, 92, 95, 96
Geschlecht 74, 119, 122
Gesellschaftsgeschichte 69, 102, 104, 107, 108, 110, 111, 112, 115, 118, 122
Glaubensspaltung 39, 99
Gleichzeitigkeit des Ungleichzeitigen 91, 99

3. Sachregister

Habsburger Klammer 144
Handbuch 196, 257, 258, 270, 277, 284, 299
Handwörterbuch 266
Heiligenkalender 195, 196
Heilsgeschichte 89, 94
Heraldik 34, 230, 233, 252
Hermeneutik 57, 60, 61, 62, 64, 69, 71
hermeneutische Differenz 61, 68, 117
hermeneutischer Zirkel 61
Herrschaft 18, 36, 78, 79, 80, 83, 110, 137, 141, 145, 163, 170, 183, 219, 224, 235
Heuristik 38, 39, 40, 58
heuristisch 40, 102
Historia magistra vitae 26
Historik 30, 33, 38, 68, 134
Historische Anthropologie 119
Historische Bildkunde 242
Historische Geographie 237
Historische Sozialwissenschaft 69, 83, 107, 108, 112
historisch-kritische Methode 38, 46, 58
Historismus 27, 30, 31, 32, 33, 38, 43, 44, 47, 50, 55, 61, 62, 68, 69, 80, 83, 90, 92, 102, 103, 105, 107, 113, 131, 138, 146, 173, 175
Holzschnitt 180
Humanismus 152

Idealtypus 80, 81
Ideengeschichte 102, 108
Ikonographie 189, 243, 249
Ikonologie 243
Industrialisierung 71, 107, 267
Industrielle Revolution 99
Inquisition 116
Insertion 166

Interpretation 38, 42, 45, 58, 60, 61, 75, 85, 242, 243, 244
intersubjektiv überprüfbar 53, 80, 82

Kaiser 94, 129, 141, 142, 143, 144, 146, 150, 158, 159, 162, 164, 168, 169, 172, 177, 223, 227, 229, 274, 290
Kalender 96, 194, 195, 198, 199, 207
Kanzlei 298
Kapitalismus 80, 90, 119
Kartoffel 99
Kassation 139
Katholizismus 98
Kindersterblichkeit 221
Kipper- und Wipperzeit 228
Kirchenbücher 220
Klausur 330, 334
Klerus 18, 189, 191
Klima 66
Knochen 35, 37
Kommunikationswissenschaft 13, 183
Kommunismus 90
Konfession 98, 143, 145, 199, 207, 220
Konfessionalisierung 98, 109, 118, 220, 279, 280, 285
Kongress 144, 168, 230, 326
Kontext (Diplomatik) 129
Konstruktion 74, 88
Kontrasignatur 163
Kriminalität 110, 177
Kritische Edition 42–44, 177
Kunstgeschichte 89, 241, 243
Kupferstich 180, 249
Kurfürst 141, 150, 172, 173

Lamprecht-Streit 69
Landkarten 237
Lebenserwartung 221

3. Sachregister

Lehenswesen 78
Lesegesellschaften 182
Leserevolution 182, 183
Lexika 267, 269, 281, 284, 290
Linguistic Turn 53, 54, 56, 120, 122, 123, 124
Literaturgeschichte 89
Longue durée 92, 104
Luthertum 98

Magdeburger Zenturien 95
Makrogeschichte 71
Maßeinheiten 223
Medienrevolution 18, 99, 184
Memoiren 37
Mentalitätengeschichte 106, 118, 136, 201, 214
Microstoria 116, 119
Mikrogeschichte 71, 116
Minderheiten 110
Moderne 18, 19, 87, 96, 97, 109, 110, 115, 117, 243
Modernisierung 115
Modul 332
Monographie 279, 289
Mortalitätsrate 221
Münzen 34, 36, 213, 223, 224, 226, 227, 228, 229, 230, 237, 252
Museum 236

Narration 55, 69
Nationalstaat 99, 104, 147
Naturwissenschaften 31, 68, 80, 99, 125
neohistoristisch 69
Neue Kulturgeschichte 111, 112, 115, 122
Normen 25, 83, 116, 117, 128, 211
Nouvelle Histoire 118
Numismatik 34, 224, 228, 230, 252
Nuntius 236, 237
Nürnberger Exekutionstag 208

Objektivität 21, 23, 47, 48, 49, 50, 52, 53, 55
Oral History 136

Papst 75, 159, 164, 168, 198, 237
Paradigma 85
Paradigmenwechsel 115
Parität 145
Parteilichkeit 49, 50
Patenschaft 234
Periodisierung 21, 87, 88, 89, 90, 91, 92, 93, 94, 95, 96, 97, 100
Perspektivität 49, 50, 52
Pertinenzprinzip 139
Petschaft 159
Policey 76, 84, 148
Politikgeschichte 90, 103, 104, 105, 107, 109, 131
Präzedenz 171
Presseforschung 181, 190
Primärquelle 37
Protoindustrialisierung 99
Protokoll 165, 328, 332
Provenienzprinzip 139
Prozess 52, 61, 66, 83, 96, 98, 102, 116, 118, 123, 137
Prozession 36, 201
Prüfung 304, 330, 332, 333, 334
Publizistik 41, 137, 148, 149, 179, 184, 185, 188, 190, 191, 201, 203, 294
Pyrenäenfrieden 146

quantifizierende Verfahren 105, 109, 119
Quasten 233
Quellenkritik 32, 33, 38, 39, 40, 41, 42, 51, 58, 82, 124, 163, 205, 210, 222, 274, 292
Quellen- und Literaturverzeichnis 278, 300, 316, 318

3. Sachregister

Ratifikation   166, 201
Realien   34, 242
Rechenmünzen   227
Rechtsgeschichte   163, 257, 267
Reformation   18, 69, 75, 95, 98, 104, 128, 143, 180, 184, 185, 197, 220, 257, 258, 264, 280, 294
Regal   224
Reichskammergericht   142
Reichsreform   140, 145
Reichstag   141, 142, 145, 216
Reichstaler   216, 227, 228
Reichsverfassung   140, 145, 156, 162, 179, 315
Renaissance   95, 152
res factae   47
res fictae   47
Rezension   301, 327, 329
Ritual   129

Sachquelle   230
Säkularisierung   89, 100
Sattelzeit   100, 109, 120
Schaumünzen   229
Schilling   202
Schwabacher Letter   153
Sehepunkte   49, 272, 301
Sekundärliteratur   34, 134, 278, 279, 300, 316, 320, 324, 325, 326
Sekundärquelle   37
Selbstzeugnis   44, 203
serielle Quellen   66, 215, 218
Siegel   34, 155, 156, 158, 159, 160, 161, 162, 164, 166, 168, 169, 170, 172
Sitzungsgestaltung   305, 308, 310, 311, 312, 313, 327
Sozialdisziplinierung   83, 84, 98, 109, 118
Sozialgeschichte   16, 107, 111, 122, 257

Spatial Turn   92, 130
Sphragistik   34, 156, 159, 163, 173
Staatsexamen   331
Stände   18, 107, 142, 143, 145, 170, 191
Ständekonflikt   143
Standortgebundenheit   49, 50, 51, 52, 53, 300
Statistik   221, 252
Strukturgeschichte   69, 70, 92, 107, 111, 113
Strukturwandel der Öffentlichkeit   182
Subjektivität   50
Sütterlin   154
symbolische Kommunikation   184
Syphilis   35
Systemtheorie   82

Tagebuch   37, 41, 206, 290
Taler   226
Theoriebedürftigkeit der Geschichtswissenschaft   83, 86
Tintenfraß   138
Tradition   34, 37, 41, 80, 97
Transkription   193
Translatio imperii   94
Typar   159

Überrest   34, 37, 41
Universalmonarchie   144, 168
Unparteilichkeit   47, 48, 49
Urkunde   149, 151, 154, 155, 156, 158, 161, 163, 164, 165, 166, 168, 172, 173, 175, 236

Verfassungsgeschichte   264
Verflechtung   235
verstehen   59, 67–72
Vetorecht der Quellen   51, 52, 53, 76, 86

3. Sachregister

Vetternwirtschaft 234
Vier-Reiche-Lehre 94
visualisieren 307
Völkerrecht 18, 98
Volkskultur 62, 116
Volkskunde 125
Vormoderne 25, 100

Wachstum der Staatsgewalt 98, 110, 219
Wahlmonarchie 142
Wallensteins Schienbein 35, 140
Wappen 34, 213, 230, 232, 233, 236
Weltbild 18, 99, 116
Westfälischer Frieden 146
Widerstand 115

Wirtschaftsgeschichte 214, 216
Wissenschaftsgeschichte 77, 201
Wormser Reichstag 184

zeigen, wie es wirklich gewesen ist 47
Zeitbegriff 92
Zeitschrift 40, 100, 104, 106, 108, 120, 181, 280, 282, 289
Zeitung 180, 181, 185, 187
Zensur 181, 189
Zensus 219, 252
Zeremoniell 128, 184, 206, 326
Zölibat 234
Zuchthaus 84
Zweischriftigkeit 152, 156